# 实录毛泽东 ①

## 早年奋斗史（1893—1927）

李 捷　于俊道/主编

MAO

ZE

DONG

北京联合出版公司
Beijing United Publishing Co.,Ltd.

**图书在版编目（CIP）数据**

实录毛泽东.1 / 李捷，于俊道主编. — 北京：北京联合出版公司，2017.12（2025.8重印）

ISBN 978-7-5502-8906-2

Ⅰ．①实… Ⅱ．①李… ②于… Ⅲ．①毛泽东（1893-1976）-生平事迹 Ⅳ．①A751

中国版本图书馆CIP数据核字（2017）第264946号

**实录毛泽东.1**

作　　者：李　捷　于俊道
责任编辑：夏应鹏
封面设计：仙　境
版式设计：顾小固

北京联合出版公司出版

（北京市西城区德外大街83号楼9层　100088）

嘉业印刷（天津）有限公司印刷　　新华书店经销

字数：438千字　　710毫米×1000毫米　　1/16　　印张：23

2018年1月第1版　　2025年8月第15次印刷

ISBN：978-7-5502-8906-2

定价：39.00元

# 总　目　录

## •第一卷•

## • 第二卷 •

## ·第三卷·

## 第一编 "恰同学少年，风华正茂"

# 第一编

## "恰同学少年，风华正茂"

# 一、韶山少年

公元1893年12月26日，毛泽东诞生于湖南省湘潭县韶山冲南岸上屋场。按照中国的传统纪年，这一天是清光绪十九年十一月十九。

## 韶山冲

萧三写道：

在中国的中南地区，在浩浩荡荡的长江（扬子江）的南岸，有一个很大的湖泊——洞庭湖。湖的南面，伸展着一块美丽的大地：流着湘、资、沅、澧四条江河（它们都流入洞庭湖，又转汇入长江）；蜿蜒着五岭山脉、雪峰、武陵，以及衡山山脉——这里有中国著名的五岳之一的南岳衡山。在这块大地上，覆盖着密密的树木、竹子、茶山、果树……散落着整齐的稻田、棉、麻、菜园……住着3000多万人——现在增加到4800万了。

这就是湖南省，中国美丽而又富饶的省份之一。

在湖南省湘江流域的湘潭县韶山冲，有一座大山，叫韶山。山上有韶峰，韶峰高达两三千米，是南岳七十二峰之一。这山好像一座锦屏，一起一伏，绵亘约20里长。这个地带原就叫作韶山冲。一般说，冲长十里。

在这个山清水秀的冲里，有一些稀稀落落的房屋，住着毛、李、钟、周、邹、彭、庞等几姓人，其中姓毛的最多。他们大都是种地的农民和手工业者，忠厚、朴实、勤劳、善良的老百姓。

韶山的落脉处是一座不高但草木茂盛的山，叫韶山嘴。韶山冲有一条小溪顺着韶山，经韶山嘴，弯弯曲曲向东南缓缓地流过去。在韶山嘴的对面，在那山环水抱的南岸，有一栋半瓦半茅的朴素的房屋，叫上屋场。那时候在这所房子里住着两家人，堂屋正中为界。公元1893年12月26日（清光绪十九年十一月十九），这所房子里的毛家诞生了一个男孩子。他就是毛泽东，后来成为中国人民伟大的领袖和导师，我们的毛主席。[1]

## 家世

高菊村等在《青年毛泽东》一书中写道：

毛氏家族源远流长。据《韶山毛氏二修族谱》记载，韶山毛氏原籍江西。元末明初，农民起义，王朝迭兴。由于战争灾难连年不断，其始祖太华公不能立足，于元朝至正年间（公元1341年—1368年），从江西吉州龙城（今江西省吉水县内）迁徙至云南澜沧（今云南省澜沧拉祜族自治县内），娶王氏，生八子。明洪武十三年（公元1380年），太华公因军功封官入湖南，长子清一、四子清四随其父母一道来湘，居住在湘乡县城北门外绯紫桥。十余年后，清一、清四移至湘潭县七都七甲定居，在这个荒僻的山乡，白手起家，垦荒务农。从此，毛氏宗族便在韶山一带繁衍生息，用自己辛勤的劳动和汗水，共同创造了这里的经济和文化。太华公就成为韶山毛氏家族的第一代祖先。

从第1代至第6代，毛氏家族没有固定的谱系。清乾隆二年（公元1737年），韶山毛氏第一次修族谱时，制定了从第七代开始的固定谱系：

立显荣朝士，文方运际祥；

祖恩贻泽远，世代永承昌。

清光绪七年（公元1881年），二修族谱，因恐原订谱系不够，于是又续订了20个：

孝友传家本，忠良振国光；

起元敦圣学，风雅列明章。

以后，毛氏族谱经历三修、四修，均未再续谱系。毛氏从第7代开始严格按照上列谱系取名。

从始祖太华公算起，毛泽东是第20代子孙。目前韶山毛氏最晚的辈系，已是第二十四五代了。

毛氏家规颇严。据族谱记载，有家训十则："培植心田""品行端正""孝养父母""友爱兄弟""和睦乡邻""教训子孙""矜怜孤寡""婚姻随宜""奋志芸窗""勤劳本业"。还有家戒十则，即戒"游荡""赌博""争讼""攘窃""符法""酗酒"等。当然，在封建时代，起主要作用的还是"三纲五常"。[2]

《韶山毛氏族谱》共十五卷，附首一卷，前后修过四次：创修于清乾隆二年（公元1737年），二修于光绪七年（公元1881年），三修于宣统三年（公元1911年），四修于民国三十年（公元1941年）。内容包括传赞、祠堂图记、契文、墓图、家训、家规、任事录、世系表等，是研究毛泽东家世的珍贵资料。据《韶山毛氏族谱》（四修）西河堂民国三十年活字印本，毛泽东的家世如下表[3]：

| 一派 | 始祖 | | 太华 | 元至正年间，避乱由江西吉州迁云南之澜沧卫。 |
|---|---|---|---|---|
| | | 姒 | 王氏 | 生子八。明洪武十三年庚申，以军功拨入楚省，唯长子清一、四子清四与之偕。解组，侨居湘乡北门外绯紫桥10余年。没葬五里牌道士山后。清一、清四二公卜居湘潭三十九都，今之七都七甲韶山家焉。开种韶山铁陂、乌塘、东塘等处，共田400余亩。编为一甲民籍 |
| 二派 | 华公子二 | 长 | 清一 | 生，没。葬向。（按：原谱空而未填，今照录，以下如是） |
| | | 配 | 昌氏 | 生，没。葬向。子二：有恭、有信 |
| 三派 | 清一子二 | 长 | 有恭 | 吏材，载邑乘。生，没。葬向 |
| | | 配 | 金氏 | 生，没。葬向。子三：震、铎、瓒 |
| 四派 | 有恭子三 | 长 | 震 | 生，没。葬本邑七都七甲韶山木梓山隤内，倒地木星午山子向。有碑、墓图、传 |
| | | 配 | 彭氏 | 生，没。葬湘乡县北门外顿皮瑕罗风桥边卯山西向。子三：从文、从武、从昌 |
| 五派 | 震公子三 | 长 | 从文 | 生，没。葬本邑七都七甲韶山震公房祠后梓山隤内，倒地木星丁山癸向。有墓 |
| | | 配 | 张氏 | 生，没。葬韶山羊楼坪，今名羊楼瑕，屋对门山金盆架上右边，庚山甲向。有碑。子一：珊 |
| 六派 | 从文子一 | | 珊 | 生，没。葬本邑韶山流江冲口马鞍冲住屋后元武山隤中岘，壬山丙向。 |
| | | 配 | 匡氏 | 生，没。葬本邑七都七甲韶山羊楼坪对门金盆架上衬姑冢，庚山甲向。有墓图。丈界载禁约契据。子五：立尧、立舜、立继、立雍、立熙 |
| 七派 | 珊公子五 | 长 | 立尧 | 字竹溪。生，没。葬本邑七都七甲韶山冲塘峢，癸山丁向 |
| | | 配 | 何氏 | 生，没。葬本邑七都七甲韶山马鞍冲屋后隤右峺，乾山巽向。丈禁有契碑。子一：显旸（抚弟立舜次子为嗣） |
| 八派 | 立尧子一 | | 显旸 | 字栗山。明嘉靖二十七年戊申五月二十九午时生，没葬宗祠后木梓山，未山丑向。 |
| | | 配 | 李氏 | 生，没。葬木梓山隤，震祖坟下，子山午向。子四：荣楚、荣汉、荣顼、荣理 |
| 九派 | 显旸子四 | 三 | 荣顼 | 字湘泉，生，没。葬韶山焦山冲上窑隤山勒马山下，辛山乙向 |
| | | 配 | 彭氏 | 生，没。葬韶山焦家冲上窑隤山勒马山。子二：朝岳、朝巍 |
| 十派 | 荣顼子二 | 次 | 朝巍 | 字汉宇。明万历四十四年丙辰十一月二十九亥时生，康熙三十七年戊寅五月二十六辰时没 |
| | | 配 | 郑氏 | 明万历四十七年己未七月初一卯时生，康熙四十五年丙戌三月初九午时没。葬房祠对门何家园，辛山乙向。有碑。子七：士翔、士翊、士翰、士翱、士翅、士翩、尩保殇 |
| 十一派 | 朝巍子六 | 四 | 士翱 | 字客卿。顺治四年丁亥四月初一未时生，康熙四十九年庚寅八月十六丑时没 |
| | | 配 | 谢氏 | 顺治六年己丑四月初八卯时生，康熙四十四年乙酉九月初五未时没。葬何家园衬姑冢。子一：文邦；女二：长适张，次适周。 |

| | | | | |
|---|---|---|---|---|
| 十二派 | 士翱子一 | | 文邦 | 字伟才。康熙二十年辛酉十月初二辰时生,乾隆十七年壬申六月初六亥时没 |
| | | 配 | 廖氏 | 康熙三十年辛未十月初七巳时生,乾隆三十一年丙戌六月初五未时没。葬何家园祔姑谢氏冢左,辛山乙向。有碑。子五:方淳、方潜、方沛、方洙、方溪;女三:长适周、次适赵、三适周 |
| 十三派 | 文邦子五 | 长 | 方淳 | 字子朴。康熙四十六年丁亥十二月初一丑时生,乾隆二十九年甲申四月初六申时没 |
| | | 配 | 贺氏 | 康熙五十八年己亥七月十五日巳时生,乾隆二十一年丙子二月巳时没。葬李伯冲冬茅塘老屋后,酉山卯向。有碑。禁界上齐峒,下抵塆,左抵伟才丈界外山,右抵塆。子三:运遂、运选、运逵(出抚弟方溪承桃);女一:适周 |
| 十四派 | 方淳子二 | 次 | 运选 | 字世儒,原名如。乾隆十二年丁卯十一月丑时生,乾隆四十七年壬寅八月三十午时没 |
| | | 配 | 庞氏 | 乾隆十三年戊辰六月十二未时生,乾隆五十六年辛亥四月初九辰时没。葬震公祠对门茅隋仑,今名禁山仑,辛山乙向。有碑墓。子二:际耀、际彩;女二:长适杨,次适汤 |
| 十五派 | 运选子二 | 长 | 际耀 | 字光前,行一。乾隆三十五年庚寅二月二十九酉时生,道光二十九年己酉三月十七戌时没 |
| | | 配 | 庞氏 | 乾隆三十五年庚寅十二月初七午时生,道光二十二年壬寅五月初九戌时没。子四:祥焕、祥麟、祥彦、祥玙;女二:长适何,次适周 |
| 十六派 | 际耀子四 | 长 | 祥焕 | 字其有,行一。乾隆五十九年甲寅十月初九卯时生,道光十九年己亥三月二十四戌时没 |
| | | 配 | 张氏 | 嘉庆七年壬戌十月二十二子时生,道光十二年壬辰七月初九巳时没。葬合夫冢右,同向。子一:祖人;女二:长适文,次适赵 |
| 十七派 | 祥焕子一 | | 祖人 | 字四端。清道光三年癸未九月三十申时生,光绪十九年癸巳十月初三辰时没 |
| | | 配 | 周氏 | 清嘉庆二十五年庚辰十月十二卯时生,光绪二年丙子五月初十辰时没。葬韶山滴水冲铁子山穿坳,丁癸兼丑未向。有碑、墓志。子二:恩农、恩普;女一:适沈 |
| 十八派 | 祖人子二 | 次 | 恩普 | 字寅宾,号翼臣。清道光二十六年丙午四月二十七辰时生,光绪三十年甲辰十月十七寅时没。葬韶山滴水冲大石鼓,辛山乙向 |
| | | 配 | 刘氏 | 清道光二十六年丙午八月初二未时生,光绪十年甲申四月二十六戌时没。葬韶山东茅塘回阴隋尖峰下瑶房坟侧,丑山未向。有碑墓。子一:贻昌;女二:长适张,次适贺 |
| 十九派 | 恩普子一 | | 贻昌 | 字顺生,号良弼,行一。清同治九年庚午九月二十一辰时生,民国八年己未十二月初三辰时没。葬韶山南岸楠竹隋,卯山西向 |
| | | 配 | 文氏 | 清同治六年丁卯正月初八辰时生,民国八年己未八月十二辰时没。葬合夫冢,同向。子五:长次殇,三泽东、四泽铭、五泽覃;女二,殇 |

| | | | |
|---|---|---|---|
| 廿派 | 贻昌子三 | 长 泽东 | 闳中肆外，国而志家。字咏芝，行三。清光绪十九年癸巳十一月十九辰时生 |
| | | 元配 罗氏 | 清光绪十五年己丑九月二十六丑时生，宣统二年庚戌正月初二寅时没。葬韶山南岸土地冲楠竹塝，酉山卯向。子一：远智（承夫继配杨氏子为嗣） |
| | | 继配 杨氏 | 随夫在外，生没候归录。子四：长远仁、次远义、三远智（与夫原配为嗣）、四远怀（出抚弟泽铭为承桃） |
| | | 继娶 贺氏 | 随夫在外，生年候归录 |
| | | 次 泽铭 | 琳玠齐名。字咏莲，行四。清光绪二十二年丙申二月二十一未时生 |
| | | 娶 王氏 | 清光绪二十一年乙未十二月二十二未时生。子四：长、次、三殇，四怀远（承抚兄泽东四子为嗣）；女三；长、次殇，三适王 |
| | | 三 泽覃 | 中学毕业。字咏菊，行六。清光绪三十一年乙巳八月二十七戌时生，民国二十四年乙亥阵亡于江西瑞金 |
| | | 娶 周氏 | 清光绪三十一年乙巳十月十一辰时生。子一：远大 |
| 廿一派 | 泽东子三 | 长 远仁<br>次 远义<br>三 远智 | 字岸英，随父在外，生年候归录<br>字岸青，随父在外，生年候归录<br>字岸龙，随父在外，生年候归录 |
| | 泽铭抚子 | 远怀 | 字式谷，民国十二年癸亥二月初二辰时生 |
| | 泽覃子一 | 远大 | 字楚雄，民国十六年丁卯八月十三未时生 |
| 廿二派 | | | （按：此谱止于第二十二派，因与毛泽东家属无直接关系，故从略） |

毛泽东的父亲叫毛贻昌，字顺生，号良弼，公元1870年生，1920年1月23日卒。早年读过几年私塾，从17岁开始当家理事。

1936年冬，毛泽东回忆说：

我父亲是一个贫农，年轻的时候，因为负债过多而被迫当兵。他当了很多年的兵。后来，他回到我出生的村子，通过做小买卖和别的营生，用心节约，积下一点钱，买回了他自己的田地。

这时我家成了中农，拥有15亩田地。这些田地每年可以收60担谷。一家5口，每年食用共35担——每人7担左右——有25担剩余。利用这个剩余，我父亲又积蓄了一点钱，过了一段时间又买了7亩地，这就使我家具有"富"农的地位了。我们当时每年可以收84担谷。

我10岁时家中有15亩地，一家5口人，我父亲、母亲、祖父、弟弟和我。我家买了外加的7亩地后，我的祖父去世了，但是又添了一个弟弟。然而我们每年仍然有49担谷的剩余，依靠这剩余我父亲就不断地兴旺起来了。

当我父亲还是一个中农的时候，他开始做贩运谷子的买卖，从而赚了一些钱。他成为"富"农之后，就把他的大部分时间用在做这个买卖上。他雇了一个长工，并且让孩子们和妻子都到地里劳动。我6岁就开始干农活了。我父亲并没有开店，他只是从贫农们那里把粮食买下来，然后运到城里卖给商人，在那里他可以得到较高的价钱。在冬天碾米的时候，他便加雇一个短工在地里劳动。所以这个时候我家就有7口人吃饭了。我们家吃得很节省，不过总是够吃的。

......

我则识了几个字，我父亲就让我开始记家里的账。他要我学珠算。由于我父亲对这事很坚持，我就开始在晚间记账。他是一个严厉的监工，看不得我闲着，如果没有账可记，他就叫我去干农活。他是一个脾气暴躁的人，常常打我和我的弟弟。他一文钱也不给我们，而且给我们吃最次的饭菜。他对雇工们做了让步，每月逢十五在他们吃饭时给鸡蛋吃，可是从来不给肉吃。对于我，他既不给肉也不给蛋。[4]

毛泽东的母亲文氏，公元1867年生于湖南省湘乡四都唐家圫，与韶山冲相距十余华里，仅一山之隔；辛于1919年10月5日。文氏原名文素勤，因排行第七，因此又名文七妹。文家世代务农，家境小康，因祖先葬在韶山冲，每年总要拜扫坟墓，想在当地找个落脚点，便将文氏许配给毛贻昌。

文氏生下五男二女，但长子、次子和两个女儿都不幸夭折。毛泽东出生后，文氏唯恐出现意外，便将他寄居在外祖父家，拜当地龙潭的一块巨石为"干娘"，以保平安。因此，毛泽东的乳名叫"石三伢子"。

文氏在毛泽东的心目中留下了美好的记忆。1936年冬，毛泽东回忆说：

我母亲是个仁慈的妇女，为人慷慨厚道，随时都愿意接济别人。她同情穷人，并且当他们在荒年里前来讨米的时候，常常送米给他们。但是，如果我父亲在场，她就不能这样做了。我父亲是不赞成施舍的。我家为了这事曾经多次发生争吵。

我家分成两"党"。一个就是我父亲，是执政"党"。反对"党"由我、我母亲和弟弟组成。有时甚至于连雇工也包括在内。可是在反对党的"统一战线"内部，存在着意见分歧。我母亲主张间接打击的政策。她批评了任何公开动感情和公开反对执政党的企图，说这不是中国人的做法。

......

我父亲早年和中年都不信神，可是我母亲却是一个虔诚的佛教徒。她向自己的孩子们灌输宗教信仰，我们都曾因父亲不信佛而感到伤心。我9岁的时候，曾经同母亲认真地讨论过我父亲不信佛的问题。以后，我们试过很多办法想让他信佛，可是没有成功。他只是咒骂我们，我们被他的攻击所压倒，只好退让，另想新的办法。但他总是不愿意信神。

可是，我看的书逐渐对我产生影响，我自己也变得越来越怀疑神、佛了。我母亲开始为我感到忧虑，责备我对于敬神拜佛的仪式漠不关心，可是我父亲不表示意见；后来，有一天，他出门去收一些款子，路上遇见一只老虎。老虎突然遇见人，立刻逃跑了。然而对此更加感到惊异的却是我父亲。事后他对自己这个奇迹般的脱险思考得很多。他开始怀疑自己是不是冒犯了神明。从此，他对佛教比较尊重了，间或也烧些香。然而，当我变得越来越不信神的时候，老头儿也并不干涉。他只是在自己处境不顺当的时候，才祷告一番。<sup>〔5〕</sup>

## 农民的儿子

毛泽东是农民的儿子。父亲的吃苦耐劳、精明能干；母亲的通情达理、从容镇静，这些淳朴农民的优良品质，都融入了他的身心。后来成为文学家的毛泽东少年时代的好友萧三在《毛泽东的青少年时代》一书中写道：

毛泽东在六七岁的时候，便开始在田地里劳动了。到13岁时，他白天要在地里做一个成年人所做的工作，晚上还要帮父亲记账，因为这时候他已经是全家"最有学问"的人了，就是说，识字最多。此外，他父亲常在夏天月亮底下教他和弟弟打算盘，要他们学会用两只手同时打。但他们吃的只有糙米饭和蔬菜，逢每月的初一、十五，家里给雇工们吃点鸡蛋和鱼之类（很少吃肉），他和母亲、弟弟是没有份的。

从小就耕种田地，从小就受了劳动的锻炼，所以毛泽东深深地知道中国农民群众生活的痛苦与要求。毛泽东自己就是农家出身——这个出身，这个环境，使得他从小时候起就和农民群众有密切的联系。

……

乡间传说着几个这样的故事：

有一年，秋收时节，农民们把稻谷打了下来，都摊在坪里晒着。忽然，天下起雨来了。大家忙着收谷子。幼年的毛泽东没有急着收自己家里的谷子，而先帮助一家佃户去收。父亲生气了。泽东说：人家家里很苦，还要交租，损失一点就不得了；我们自己家里的，自然不大要紧些……

一个冬天，泽东离家去学校读书。路上遇着一个穷苦的青年，他在风雪的冷天里只穿着一件单衣，冷得打战。泽东和他谈了几句话之后，就脱下自己一件夹衣给了他。及至假期回家，家里检查他的衣服时，发现少了一件，质问泽东，泽东照实地说了出来。

又有一次，旧历年底，父亲叫泽东去别人家里取回一笔猪钱。在回家的路上，碰见了一些衣衫褴褛的可怜人，他就把手中的现钱都给了他们。

还有一个很有意义的、足以启发我们读者深思的故事：一天，泽东的父亲叫他和他弟弟去收田里的拖泥豆。弟弟调皮，选豆子长得稀的地方拾，豆子稀，拾起来容易些，面积也宽些。泽东却选了一块豆子长得密的地方，老老实实地一颗一颗地摘、拾。这样，时间要得多，但面积却比较小。父亲来了，随便一看，竟称赞弟弟而责备哥哥。但泽东拿篮子里所得豆子的数量给父亲看，父亲也就不说话了。

从这个故事，可以看出泽东从小做事就是踏踏实实的。他小时就具有一种忠厚诚实和朴素的品质。

也是姓毛的一个邻人，把自己的猪卖给了泽东的父亲。说好了价，也交了些钱，但是没有赶猪回家。过了十来天，猪价也涨了，父亲叫泽东把猪赶回来。泽东到了邻家。邻家说："猪价涨了；我又喂了十多天，现在我是不卖的了。"泽东说："是呀！你又喂了十多天，还是说好了的那些钱，你当然不卖了。"泽东空手回到家里……

韶山冲的人们到现在还都传说着这些故事。"润芝（毛泽东的字）先生从小就是很讲礼性（讲理）的。"他们说。 [6]

### 注　释

〔1〕萧三：《毛泽东同志的青少年时代和初期革命活动》，中国青年出版社1980年7月版，第5—6页。

〔2〕高菊村等：《青年毛泽东》，中共党史资料出版社1990年3月版，第2—3页。

〔3〕宋平生：《新发现的〈韶山毛氏族谱〉叙略及毛泽东家族史事考订》，《中国人民大学学报》1990年第2期，第74—78页。

〔4〕埃德加·斯诺：《西行漫记》，生活·读书·新知三联书店1979年12月版，第105—107页。

〔5〕埃德加·斯诺：《西行漫记》，生活·读书·新知三联书店1979年12月版，第107—110页。

〔6〕萧三：《毛泽东的青少年时代》，湖南大学出版社1988年8月版，第6—9页。

# 二、乡间私塾

## 南岸私塾

从1902年春天起，毛泽东开始在韶山南岸私塾读书，塾师是邹春培先生。毛泽东先读《三字经》，继而读《幼学琼林》《论语》《孟子》《诗经》等。这些书都是中国传统启蒙教育的基本教材。

关于毛泽东在南岸私塾读书的情况，王淑兰（毛泽民的妻子）回忆说：

邹春培先生对我母亲说：三伢子有些特别，他读书从不读出声来，我给他点书，他就说：春培阿公，你老人家不要点，省得费累。邹先生就说，你特来读书，不点书何理要得？他就讲，你不要点，我都背得。原来，先生没有点的书，他也能认得、懂得，因为他开始学会翻《康熙字典》。还有填红蒙字，他就不填，要自己放手写。他写的比一般学生照着填的还要好些。由于他天资聪颖，不需要先生劳神，大家给他起了个诨名，叫"省先生"。他在家里，除了劳动，就是看书。热天，晚上蚊子多，他就在床头放一条凳，凳上放一盏灯，头伸到帐子外面看书；冷天，就干脆不放帐子，困在床上看。[1]

毛宇居（毛泽东的族兄）也回忆起了这样一段往事：

他在南岸读书时，一次，和一些小朋友跑到一个农民的菜园里去摘黄瓜吃。主人发现了，别的小孩一个个跑了，他却不走，忙给主人赔不是。主人倒很赞赏他，说他是个诚实的孩子。还有一次，邹春培先生的母亲晒盐姜，小朋友好玩，喜欢拿点吃。她就把盐姜放到屋顶上晒，然后把梯子搬走，并生气地说，看你们哪个还能吃。毛泽东轻声地笑着说，我们不吃多的啰。他叫同学们拿来一根长线和一根竹竿，自己捉来一只螳螂，把它系到线上，又把线扎在竹竿上，手举着竹竿一攘，螳螂被抛到姜盘里，再轻轻地一拉，螳螂锯齿般的脚便将片片盐姜带了下来。[2]

还有人回忆说：

毛泽东从小酷爱游泳。有一次，邹春培先生因事外出，嘱咐学生们温书。书读熟以后，毛泽东和几个同学便到私塾前的池塘戏水。邹先生回来，见此情景，非常生气，要学生对对子，对不出就要用楠竹板打手心。对子出的是"濯足"，毛泽东不假思索，对以"修身"，先生不禁连连点头。[3]

1904年秋天，毛泽东离开南岸私塾，到韶山关公桥私塾读书，塾师是毛咏生。

1905年春天起，他又到韶山桥头湾、钟家湾私塾读书，师从周少希。

## 井湾里私塾

1906年秋天，毛泽东转到韶山井湾里私塾读书，塾师是毛宇居。在此前后，毛泽东开始研习书法，初习欧（阳询）体，后学钱（南园）体，为他后来博采各家之长、偏重于怀素狂草，打下了基础。

当年毛泽东的同学刘授洪、郭梓材回忆说：

毛泽东的记忆力特强，过目不忘。老师出破题文章要大家做，他做得很快，总是交头卷，还常常帮别人做。他对人很有礼貌，但是对无聊捣蛋的人，则力主治服。他常常对人说："逢恶就莫怕，逢善就莫欺。"[4]

毛宇居先生回忆说：

毛泽东在这里读的是《公羊春秋》《左传》等经史书籍。他最爱看的是《精忠传》《水浒》《隋唐嘉话》[5]《三国演义》和《西游记》等中国古典小说。当时私塾里的规矩，认为小说是杂书，不准学生看。因此，他总是偷着看，见我来了，就把正书放在上面。后来我发觉了，就故意多点书，叫他背，但他都背得出来。[6]

毛泽东在回忆从韶山南岸私塾直至井湾里私塾的5年读书生活时，这样说道：

我8岁那年开始在本地一个小学堂读书，一直读到13岁。早晚我到地里干活。白天我读孔夫子的《论语》和《四书》。我的国文教员是主张严格对待学生的。他态度粗暴严厉，常常打学生。因为这个缘故，我10岁的时候曾经逃过学。但我又不敢回家，怕挨打，便朝县城的方向走去，以为县城就在一个山谷里。乱跑了3天之后，终于被我家里的人找到。我这才知道我只是来回兜了几个圈子，走了那么久，离家才8里路。

可是，我回到家里以后，想不到情形有点改善。我父亲比以前稍微体谅一些了，老师的态度也比较温和一些。我的抗议行动的效果，给了我深刻的印象。这次"罢课"胜利了。

……

我父亲读过两年书，认识一些字，足够记账之用。我母亲完全不识字。两人都是农民家庭出身。我是家里的"读书人"。我熟读经书，可是不喜欢它们。我爱看的是中国旧小说，特别是关于造反的故事。我很小的时候，尽管老师严加防范，还是读了《精忠传》《水浒传》《隋唐》《三国》和《西游记》。这位老先生讨厌这些禁书，说它们是坏书。我常常在学堂里读这些书，老师走过来的时候就用一本正经书遮住。大多数同学都是这样做的。许多故事，我们几乎背得出，而且反复讨论了许多次。关于这些故事，我们比村里的老人知道得还要多些。他们也喜欢这些故事，常常和我们互相讲述。我认为这些书对我影响很大，因为是在容易接受的年龄里读的。[7]

## 辍学务农

1907年秋至1909年夏，毛泽东停学在家。白天参加繁重的体力劳动，晚上帮父亲记账。他还坚持自学，经常在小油灯下读书至深夜。据王淑兰回忆，凡是在韶山冲能够借到的书，他都借来了，连和尚的经书也读。

1936年冬，毛泽东回忆辍学在家的往事时说：

我13岁时，终于离开了小学堂，开始整天在地里帮长工干活，白天做一个全劳力的活，晚上替父亲记账。尽管这样，我还是继续读书，如饥似渴地阅读凡是我能够找到的一切书籍，经书除外。这叫我父亲很生气，他希望我熟读经书，尤其是在一次打官司时，由于对方在法庭上很恰当地引据典籍使他败诉之后，更是这样了。我常常在深夜里把我屋子的窗户遮起，好使父亲看不见灯光。就这样我读了一本叫作《盛世危言》的书，这本书我非常喜欢。作者是一位老派改良主义学者，以为中国之所以弱，在于缺乏西洋的器械——铁路、电话、电报、轮船，所以想把这些东西传入中国。我父亲认为读这些书是浪费时间。他要我读一些像经书那样实用的东西，可以帮助他打赢官司。

……

《盛世危言》激起我想要恢复学业的愿望。我也逐渐讨厌田间劳动了。不消说，我父亲是反对这件事的。为此我们发生了争吵，最后我从家里跑了。我到一个失业的法科学生家里，在那里读了半年书。以后我又在一位老先生那里读了更多的经书，也读了许多时论和一些新书。[8]

这次辍学，不但没有使毛泽东沉沦下去，反而激发起他继续发愤读书的渴望。他对周围的小朋友说，我长大了也要写书，写农民的书。

## 复学以后

1909年秋天，在毛泽东的再三要求下，父亲终于同意他复学了。他来到韶山乌龟井私塾，拜毛岱钟为师。这位塾师，便是毛泽东在同斯诺的回忆中提到的那位"失业的法科学生"。

毛岱钟又名毛简臣，毕业于法政学堂，以讼笔著称于韶山一带。

这时，韶山冲清溪李家屋场回来一位教师，经常向乡亲们讲述在外地的见闻和爱国维新故事。他就是李漱清。毛泽东慕名而至，十分赞同他的主张，他们很快便成为志同道合的师友。

1910年春，毛泽东又到韶山东茅塘私塾读书。塾师是毛泽东的堂叔，名叫毛钟麓。他是一位颇有思想而又见多识广的秀才，曾在云南蔡锷将军麾下供职。后来，他力主毛泽东进新式学堂，还说服了毛泽东的父亲，让毛泽东到东山小学堂读书。

在东茅塘私塾，毛泽东在毛钟麓先生的指导下，读了《纲鉴类纂》《史记》《日知录》等，还接触到一些时论和新书。

这一时期，湖南也和全国一样，正处在辛亥革命前夜，政局动荡不安，社会矛盾危机四伏，几件重大的事件，在少年毛泽东的记忆里留下永难磨灭的印象。1936年冬，他说：

这时，湖南发生了一件事情，影响了我的一生。在我读书的那个小学堂外边，我们学生看到许多豆商从长沙回来。我们问他们为什么都离开长沙。他们告诉我们城里闹了大乱子。

那年发生了严重的饥荒，长沙有成千上万的人挨饿。饥民派了一个代表团到抚台衙门请求救济。但抚台傲慢地回答他们说："为什么你们没有饭吃？城里有的是。我就总是吃得饱饱的。"抚台的答复一传到人们的耳朵里，大家都非常愤怒。他们举行了群众大会，并且组织了一次游行示威。他们攻打清朝衙门，砍断了作为官府标志的旗杆，赶走了抚台。这以后，一个姓庄的布政使骑马出来，晓谕百姓，说官府要采取措施帮助他们。这个姓庄的说话显然是有诚意的，可是皇上不喜欢他，责他同"暴民"勾结。结果他被革职，接着来了一个新抚台，马上下令逮捕闹事的领袖，其中许多人被斩首示众，他们的头被挂在旗杆上，作为对今后的"叛逆"的警告。

这件事在我们学堂里讨论了许多天，给我留下了深刻的印象。大多数学生都同情"造反的"，但他们仅仅是从旁观者的立场出发。他们并不懂得这同他们自己的生活有什么关系。他们单纯地把它看作一件耸人听闻的事而感兴趣。我却始终忘不掉这件事。我觉得造反的人也是些像我自己家里人那样的老百姓，对于他们受到冤屈，我深感不平。

不久以后，在韶山，秘密会社哥老会里的人同本地一个地主发生了冲突。这个地主到衙门里去控告他们。因为他有钱有势，所以很容易胜诉。哥老会的人败诉了。但是他们并没有屈服，他们起来反抗地主和政府，撤到本地一个叫作浏山的山里，在那里建立了一个山寨。官府派兵去攻打他们，那个地主散布谣言说，哥老会举起义旗的时候，曾经杀死一个小孩祭旗。起义的领袖，是一个叫作彭铁匠的人。最后他们被镇压下去了，彭铁匠被逼逃走，后来终于被捕斩首。[9] 但是在学生眼里，他是一个英雄，因为大家都同情这次起义。

第二年青黄不接的时候，我们乡里发生了粮荒。穷人要求富户接济，开始了一个叫作"吃大户"的运动。我父亲是一个米商，尽管本乡缺粮，他仍然运出大批粮食到城里去，其中有一批被穷苦的村民扣留了，他怒不可遏。我不同情他，可是我又觉得村民们的方法也不对。

这时还有一件事对我有影响，就是本地的一所小学来了一个"激进派"教师。说他是"激进派"，是因为他反对佛教，想要去除神佛。他劝人把庙宇改成学堂。大家对他议论纷纷。我钦佩他，赞成他的主张。

这些事情接连发生，在我已有反抗意识的年轻心灵上，留下了磨灭不掉的印象。在这个时期，我也开始有了一定的政治觉悟，特别是在读了一本关于瓜分中国的小册子以后。我现在还记得这本小册子的开头一句："呜呼，中国其将亡矣！"这本书谈到了日本占领朝鲜、中国台湾的经过，谈到了越南、缅甸等地的宗主权的丧失。我读了以后，对国家的前途感到沮丧，开始意识到，国家兴亡，匹夫有责。

我父亲决定送我到湘潭一家同他有来往的米店去当学徒。起初我并不反对，觉得这也许是有意思的事。可是差不多就在这个时候，我听说有一个非常新式的学堂，于是决心不顾父亲反对，要到那里就学。学堂设在我母亲娘家住的湘乡县。我的一个表兄就在那里上学，他向我谈了这个新学堂的情况和"新法教育"的改革。那里不那么注重经书，西方"新学"教得比较多。教学方法也是很"激进"的。

我随表兄到那所学堂去报了名。我说我是湘乡人，以为这所学堂只收湘乡人。后来我发现这所学堂招收各地学生，我就改用湘潭的真籍贯了。我缴纳1400个铜元，作为5个月的膳宿费和学杂费。我父亲最后也同意我进这所学堂了，因为朋友们对他说，这种"先进的"教育可以增加我赚钱的本领。这是我第一次到离家50里以外的地方去。那时我16岁。[10]

## 东山高等小学堂

毛泽东所说的那所非常新式的学堂，就是湘乡县立东山高等小学堂。1910年秋，毛泽东挑着简单的行李，开始了第一次远行。临行前，他改写了日本著名政治改革家西乡隆盛的一首诗[11]，悄悄地夹在父亲精心保管的账簿里。改写后的诗是这样的：

> 孩儿立志出乡关，
>
> 学不成名誓不还；
>
> 埋骨何须桑梓地，
>
> 人生无处不青山！

在东山高等小学堂，毛泽东结交了两位要好的同学，这两位同学便是萧三弟兄俩。哥哥叫萧子升（萧瑜），后来投入国民党营垒，1972年在乌拉圭病逝。弟弟即萧三，当时的名字叫萧子暲，后来成为国际著名的诗人、杰出的无产阶级文化战士。他们的父亲是东山高等小学堂的物理教师，由于这个缘故，兄弟二人也进了这所新式学堂，同毛泽东结下了一段不解之缘。他们三人后来都成为中国现代史上有影响的人物。

萧三在《毛泽东同志的青少年时代和初期革命活动》一书中回忆说：

从湘乡县"望春门"出城，步下石梯，坐上渡船，过一道河（涟水），走过一条不很整齐的石块铺成的路，就看见前面右边一座树木葱茏、非常秀丽的山——"东台山"。距"龙城"[12]共六七里地的东岸坪，离山麓不远，有一所整洁堂皇的房屋，围着一道圆的、用烧砖砌成的高墙，前后有两道各两扇很厚的黑漆大门，这就是"东山书院"，这时改为"湘乡县立东山高等小学堂"。

在毛泽东交了入学考试卷子——一篇题为《言志》的作文之后，学校的校长李元圃对同事们说："今天我们取了一个建国才！"毛泽东同志进了这个"洋学堂"。

黄昏时候，圆锥形的东台山，和尖尖的白色的七宝塔的影子，倒插在围绕着校舍的圆池里。

几个小同学和新来的毛泽东同志站在石桥上，靠着石栏杆说话。他们一时望望桥下的水和在水中游动的鱼，一时看看操场上一些同学在打秋千，跨木马，跑的跑，笑的笑……

已经好几天了，在一群小学生中间，在出进"东斋""西斋""后斋"（自修室和教室、寝室）的时候，同学们看到泽东一个明朗的面孔，和善有神的眼光，瘦长的身材，穿着青大布的短褂子和裤子。他不像别的同学（大多是地主的子弟）穿得那么阔气：有时是长袍子，白的绿的丝腰带，从青马褂后面靠左一点露出几寸来，青缎子薄皮底的鞋子；有时是时髦的学生装……不，泽东只有一套比较体面的粗衣服。听他的口音不是湘乡人，他说：家本在湘潭，但母亲是湘乡人，外祖父家姓文，这次就是和文表兄一道来的，……大家都认得这姓文的同学，他去年就来了，绰号"笔刻子"。讲起这些关系时，有几个人笑了，笑"笔刻子"那股寒酸气，也笑毛泽东的穿着等是个"乡巴佬"，……再则毛泽东既不是湘乡人，自然不属于湘乡的上、中、下任何一里（县以下分里，等于区乡）。上里人和下里人常常斗争，而毛泽东总是守中立。于是三方面的人都不当他为自己人。为了这事，他精神上曾感觉痛苦。但有少数的同学和他很好，那就是家境也贫苦，穿着也不阔气，而认真求学上进的；再则是说话的口音和大多数湘乡人稍微不同。比如说"我"，而不说湘乡人特有的土音"嗯邝"。

……

毛泽东说话慢慢的，态度很谦虚、诚恳、大方。在学校里他进步很快，教员们都喜欢他，特别是教经学和国文的教员们，因为他的古文写得很好，经学也有根底。

这个学校每个星期天的上午都要由教员出题目，由学生各自做一篇文章，做完后整天休息。毛泽东每次都认真为文，成绩很好，他写的《言志》《救国图存论》《宋襄公论》，全校有名。

每天早上，学校里集合学生们点名的时候，校长（最初叫作"监督"）常向同学们训话，有时讲一点中国日益贫弱、遭受列强欺侮的时事……小学生们听了，大都愤激。学校里有几个教员是从日本留学回来的，讲起日本自从明治维新以后的富强，和它及其他列强对中国的侵略野心。泽东听了，更为中国忧虑。

在东山学堂里，毛泽东也是自己找书读的时候多。他最喜读中国历史，也读了些外国历史、地理的书。此外有人送给他两种书，一种是说康有为的维新运动——戊戌变法的；一种是梁启超的《新民丛报》，他就读了又读，差不多都能背诵得出来。那时候他非常崇拜康梁，因为他们谈的都是救中国的问题，梁启超的文章写得也好……虽然他们都是改良主义者。

有一次，也是黄昏时候，游戏完了，到了上自修的时间。摇铃了。一群小学生经过操场，蜂拥而入自修室去。一个同学和泽东一起也向着学校第二道大门走。他看见那个小朋友手里有一本书。

"你那是什么书？"泽东和蔼地问。

"《世界英杰传》。"

"借给我读一读……"

过了几天，他很客气地、像犯了错误似的还书给那个小朋友：

"对不住，我把书弄脏了！"

那个同学打开一看，整册书都用墨笔画了许多圈点。圈得最密的是华盛顿、拿破仑、彼得大帝、叶卡捷琳娜女皇、惠灵顿、格莱斯顿、卢梭、孟德斯鸠和林肯这些人的传记。

毛泽东说："中国也要有这样的人物。我们应该讲求富国强兵之道，才不致蹈安南、高丽、印度的覆辙。你知道,中国有句古话:'前车之覆,后车之鉴。'而且我们每个国民都应该努力。顾炎武说得好:'天下兴亡,匹夫有责。'"

停一会儿,他又说:"中国积弱不振,要使它富强、独立起来,要有很长的时间。但是时间长不要紧。你看!"他翻开书里面的一页,指着说,"华盛顿经过了八年艰苦战争之后,才得到胜利,建立了美国……"[13]

毛泽东在东山高等小学堂学习的情况,还可以从高菊村等著《青年毛泽东》一书中略见一斑:

这所学校,当时实行"新法教育",不那么注重经书。西方"新学"教得比较多。教学方法也很激进。他在这里学到了很多中外文学、历史、地理和自然科学,能写一手好古文,教员们很喜欢他。他在这里写过《救国图存论》《宋襄公论》等作文,国文老师阅后批道:"视似君身有仙骨,寰视气宇,似黄河之水,一泻千里。"

他在这里特别爱读康有为、梁启超的文章,如《饮冰室文集》。"还书便条"中提到的《新民丛报》,为梁启超主编,1902年创刊于日本横滨,初期连载过梁的《新民说》,广泛介绍西方资产阶级的学术与政治思想,宣传维新,抨击清廷顽固派,对当时知识界曾有较大的影响。1903年后,因坚持立宪保皇,反对孙中山领导的资产阶级民主革命,曾受到中国同盟会机关报《民报》的批判。1907年停刊,共出96期,有汇编本。当他在这里从表兄手中借阅《新民丛报》后,从内容到文体,颇感新鲜,读了又读,直到可以背出来。这时,他开始"崇拜康有为和梁启超"。

毛泽东读过的那本《新民丛报》原件,保留了他许多手迹。他在第4号《论说》部分关于"国家"问题处批写道:"正式而成立者,立宪之国也,宪法为人民所制定,君主为人民所拥戴;不以正式而成立者,专制之国家也,法令为君主所制定,君主非人民所心悦诚服者。前者,如现今之英、日诸国;后者,如中国数千年来盗窃得国之列朝也。"关于这段话,人们都认定为毛泽东批于1910年下半年,现通观全书批注,似可否定,因批注中还有涉及后一两年之事的内容。[14]

东山高等小学堂的经历,给毛泽东留下了深刻的印象。他在1936年冬回忆说:

在这所新学堂里,我能够学到自然科学和西学的新学科。另外一件事值得一提,教员中有一个日本留学生,他戴着假辫子。很容易看出他的辫子是假的。大家都笑他,叫他"假洋鬼子"。

我以前从没有见过这么多孩子聚在一起。他们大多数是地主子弟,穿着讲究;很少农民供得起子弟上这样的学堂。我的穿着比别人都寒酸。我只有一套像样的短衫裤。学生是不穿大褂的，只有教员才穿，而洋服只有"洋鬼子"才穿。我平常总是穿一身破旧的衫裤，许多阔学生因此看不起我。可是在他们当中我也有朋友，特别有两个是我的好同志。其中一个现在是作家，住在苏联。

人家不喜欢我也因为我不是湘乡人。在这个学堂，是不是湘乡本地人是非常重要的，而且还要看是湘乡哪一乡来的。湘乡有上、中、下三里，而上下两里，纯粹出于地域观念而殴斗不休，彼此势不两立。我在这场斗争中采取中立的态度，因为我根本不是本地人。结果三派都看不起我。我精神上感到很压抑。

我在这个学堂里有了不少进步。教员都喜欢我，尤其是那些教古文的教员，因为我写得一手好古文。但是我无心读古文。当时我正在读表兄送给我的两本书，讲的是康有为的变法运动。一本是《新民丛报》，是梁启超编的。这两本书我读了又读，直到可以背出来。我崇拜康有为和梁启超，也非常感谢我的表兄，当时我以为他是很进步的，但是他后来变成了反革命，变成了一个豪绅，在1925年到1927年的大革命中参加了反动派。

许多学生因为假辫子而不喜欢那个"假洋鬼子"，可是我喜欢听他谈日本的事情。他教音乐和英文。他教的歌中有一首叫作《黄海之战》的日本歌，我还记得里面的一些动人的歌词：

麻雀歌唱，

夜莺跳舞，

春天里绿色的田野多可爱，

石榴花红，

杨柳叶绿，

展现一幅新图画。

这首歌是歌颂日本战胜俄国的。我当时从这首歌里了解并且感觉到日本的美，也感觉到一些日本的骄傲和强大。我没有想到还有一个野蛮的日本——我们今天所知道的日本。

我从假洋鬼子那里学到的就是这些。

我还记得我是在那个时候第一次听说光绪皇帝和慈禧太后都已死去——虽然新皇帝宣统（溥仪）已经在朝两年了。那时我还不是一个反对帝制派；说实在的，我认为皇帝像大多数官吏一样都是诚实、善良和聪明的人。他们不过需要康有为帮助他们变法罢了。中国古代帝王尧、舜、禹、秦皇、汉武的事迹使我向往，我读了许多关于他们的书。同时我也学了一些外国历史和地理。在一篇讲美国革命的文章里，我第一次听到美国这个国家，里面有这样一句："华盛顿经八年苦战始获胜利遂建国家。"在一部叫作《世界英杰传》的书里，我也读到了拿破仑、俄国叶卡捷琳娜女皇、彼得大帝、惠灵顿、格莱斯顿、卢梭、孟德斯鸠和林肯。

　　我开始向往到长沙去。长沙是一个大城市，是湖南省的省会，离我家120里。听说这个城市很大，有许许多多的人，不少的学堂，抚台衙门也在那里。总之，那是个很繁华的地方。那时我非常想到那里去，进一所专为湘乡人办的中学。那年冬天，我请我的一位高小教员介绍我去，他同意了。我步行到长沙去，极其兴奋，一面又担心不让我入学，我几乎不敢希望真能进这所有名的学堂。出乎意料，我居然没有遇到困难就入学了。但是政局迅速发生变化，我后来在那里只待了半年。<sup>〔15〕</sup>

### 注　释

　　〔1〕韶山毛泽东同志故居纪念馆整理：《韶山老人座谈会纪要》（1960年4月）。

　　〔2〕韶山毛泽东同志故居纪念馆整理：《韶山老人座谈会纪要》（1960年4月）。

　　〔3〕韶山毛泽东同志故居纪念馆整理：《韶山老人座谈会纪要》（1960年4月）。

　　〔4〕韶山毛泽东同志故居纪念馆整理：《韶山老人座谈会纪要》（1960年4月）。

　　〔5〕应为《隋唐演义》。

　　〔6〕韶山毛泽东同志故居纪念馆整理：《韶山老人座谈会纪要》（1960年4月）。

　　〔7〕埃德加·斯诺：《西行漫记》，生活·读书·新知三联书店1979年12月版，第106、108页。

　　〔8〕埃德加·斯诺：《西行漫记》，生活·读书·新知三联书店1979年12月版，第108—110页。

　　〔9〕关于彭铁匠率领哥老会会众起义一事，回忆中的时间、地点有误。经查实，这次起义发生在1866年，地点在湘潭另地。

　　〔10〕埃德加·斯诺：《西行漫记》，生活·读书·新知三联书店1979年12月版，第110—112页。

　　〔11〕西乡隆盛的诗原文如下："男儿立志出乡关，学不成名死不还。埋骨何须桑梓地，人生无处不青山。"

　　〔12〕湘乡县城的街道都是用鹅卵石铺的，象征龙鳞，故又名"龙城"。——原注

　　〔13〕萧三：《毛泽东同志的青少年时代和初期革命活动》，中国青年出版

社1980年7月版，第23—26页；参阅萧三：《毛泽东的青少年时代》，湖南大学出版社1988年8月版，第19—23页。

〔14〕高菊村等：《青年毛泽东》，中共党史资料出版社1990年3月版，第18、19页。

〔15〕埃德加·斯诺：《西行漫记》，生活·读书·新知三联书店1979年12月版，第112—115页。

# 三、初到长沙

## 湘乡驻省中学

毛泽东来到长沙，考入湘乡驻省中学，得力于东山高等小学堂一位老师的热情推荐。其时正值1911年春，震惊中外的辛亥革命爆发前夕。

与偏僻闭塞的韶山和东台山相比，长沙又是一番景象。各种各样针砭时弊的报纸杂志广为传播，形形色色的街谈巷议不绝于耳。种种迹象使毛泽东有一种"山雨欲来风满楼"之感，他再也难以平静地读书了，而将更多的精力去关心校园以外那广阔的世界。

1936年冬，毛泽东回忆说：

在长沙，我第一次看到报纸——《民力报》[1]，那是一份民族革命的报纸，刊载着一个名叫黄兴的湖南人领导的广州反清起义和七十二烈士殉难的消息。我深受这篇报道的感动，发现《民力报》充满了激动人心的材料。这份报纸是于右任主编的，他后来成为国民党的一个有名的领导人。这个时候，我也听说了孙中山这个人和同盟会的纲领。当时全国处于第一次革命的前夜。我激动之下写了一篇文章贴在学堂的墙上。这是我第一次发表政见，思想还有些糊涂。我还没有放弃我对康有为、梁启超的钦佩。我并不清楚他们之间的差别。所以我在文章里提出，把孙中山从日本请回来当新政府的总统，康有为当国务总理，梁启超当外交部长。

由于修筑川汉铁路而兴起了反对外国投资的运动。立宪成为广大人民的要求。皇帝的答复只是下旨设立一个资政院。在我的学堂里，同学们越来越激动。为了发泄排满情绪，他们反对留辫子。我的一个朋友和我剪去了我们的辫子，但是，其他一些相约剪辫子的人，后来却不守信用。于是我的朋友和我就出其不意强剪他们的辫子，总共有十几个人成了我们剪刀下的牺牲品。就这样，在一个很短的时间里，我从讥笑假洋鬼子的假辫子发展到主张全部取消辫子了。政治思想是能够改变一个人的观点呵！

在剪辫子事件上，我和一个在法政学堂的朋友发生了争论，双方就这个问题提出了相反的理论。这位法政学生引经据典来论证自己的看法，说身体发肤受之父母，不可毁伤。但是，我自己和反对蓄辫子的人，站在反清的政治立场上，提出了一种相反的理论，驳得他哑口无言。[2]

关于毛泽东在长沙湘乡驻省中学的情况，周世钊在《毛主席青年时期的故事》一书中做了详细的叙述。周世钊后来在湖南省立第一师范学校读书，成为毛泽东的同学和好友。

他写道：

1911年的春天，毛泽东离开了他读了半年书的东山小学，自己挑着行李，由湘乡走到湘潭，又由湘潭搭上湘江里的小火轮，到了长沙。

这是他第一次到长沙。

这时，他是17岁的少年，从来没有远离过家乡。他家里的人也不很同意他离家远出。这回离家180里，来到陌生的长沙，完全是出于要求学习、要求进步的迫切愿望。

初次来到长沙，使他感到到处新奇。他觉得长沙的人多，地方大，市面繁华，比他生活了十多年的韶山村不同多了，就是比他读过半年书的湘乡县也不同多了。特别使他感觉惊奇的是长沙城里热闹的街道，开满了五花八门的洋货铺；长沙城外的湘江中，排列着耀武扬威的外国兵舰。这些现象，给他心理上的刺激最深，过了好多日子还不能平静下来。

他到长沙不久就考取了一个中学。这是湘乡县办在省会的中学，叫作湘乡驻省中学。他在这里读了五六个月的书。

他除认真学好学校的功课以外，头一爱好就是看报。他每天要看的报纸，一是《湘报》，一是《民立日报》。他从这些报纸上学到了许多学校功课里所没有教给他的新知识、新思想。

这时报纸上最引他注意的有几件大事：一是那年3月19日广州黄花岗七十二烈士为了反抗清朝而壮烈牺牲的事件。二是孙中山先生所领导的同盟会的革命纲领。[3] 他又钦佩，又兴奋，即刻写了一篇表示自己政见的文章，贴到学校的墙壁上，主张从日本召回孙中山做政府的总统，康有为做内阁总理，梁启超做外交部长。这时他还不知道孙中山和康、梁主张不同，只觉得他们都是讲革命、讲维新的领袖，是应该结合在一起来反对清朝统治和皇帝制度的。

这年上半年，国内接连发生了不少的大事情。3月间广州黄花岗起义之后，接着4月间清朝又宣布把筑铁路的权利出卖给外国人的"铁路国有"政策，引起人民的愤慨和反对。直隶（河北）、河南、湖北、四川、广东、湖南各省的人民都举行了抗税、罢市、罢课、罢工表示抗议。四川、广东的群众，还成立了保路会，和各地清朝政府驻防军进行斗争。声势越来越大。

湖南是开办新式学校最早的一省。参加以"排满革命"为目的的华兴会的骨干人物，也多半是湖南人。后来华兴会加入了同盟会，接受孙中山的领导。有些在长沙的同盟会会员，时常到学校向学生宣传孙中山的革命主张，一时学校里充满了"排满革命"的空气。反对"铁路国有"的运动在湖南开展以后，学生和教师也是运动中的"急先锋"，态度也最激烈。

毛泽东在这一系列的革命风暴影响下，反对清朝政府的意志更加坚决了。他在班上提议把各人留在头上的辫子剪掉，以表示反对清朝政府的决心。[4]

## 投笔从戎

1911年10月10日，辛亥革命首先在武昌爆发。起义的消息很快传到长沙，湖南革命党人的活动，更加紧张起来；有些人在策动新军起义，响应武汉；有些人向青年学生宣传，鼓动"排满革命"。

辛亥革命同样使毛泽东受到极大的鼓舞，他决心投笔从戎。毛泽东说：

黎元洪领导的武汉起义发生以后，湖南宣布了戒严令。政局迅速改观。有一天，一个革命党人得到校长的许可，到中学来做了一次激动人心的演讲。当场有七八个学生站起来，支持他的主张，强烈抨击清廷，号召大家行动起来，建立民国。会上人人聚精会神地听着。那个宣传革命的演说家是黎元洪属下的一个官员，他向兴奋的学生演说的时候，会场里面鸦雀无声。

听了这次讲演以后四五天，我决心参加黎元洪的革命军。我决定同其他几位朋友到汉口去，我们从同学那里筹到了一些钱。听说汉口的街道很湿，必须穿雨鞋，于是我到一个驻扎在城外的军队里的朋友那里去借鞋。我被防守的卫兵拦住了。那个地方显得非常紧张。士兵们第一次领到子弹，他们正涌到街上去。

起义军当时正沿着粤汉路逼近长沙，战斗已经打响。在长沙城外已经打了一个大仗。同时，城里面也发生起义，各个城门都被中国工人攻占了。我穿过一个城门，回到城里。进城后我就站在一个高地上观战，最后终于看到衙门上升起了"汉旗"。那是一面白色的旗子，上面写着一个"汉"字。我回到学校，发现它已经由军队守卫了。

第二天成立了都督府，哥老会的两名首领焦达峰和陈作新被推举为都督和副都督。新政府设在省谘议局的旧址，议长谭延闿被免职了。省谘议局本身也被撤销。革命党人所发现的清廷文件中，有几份请求召开国会的请愿书。原稿是现在的苏维埃政府教育人民委员徐特立用血书写的。当时他切断指尖，表示诚意和决心。他的请愿书是这样开头的："为吁请召开国会，予（为本省赴京代表）断指以送。"

新都督和副都督在职不久。他们不是坏人，而且有些革命要求。但他们很穷，代表被压迫者的利益。地主和商人都对他们不满。过了没有几天，我去拜访一个朋友的时候，看见他们已经横尸街头了。原来代表湖南地主和军阀利益的谭延闿组织了一次叛乱推翻了他们。

这时，有许多学生投军。一支学生军已经组织起来，在这些学生里面有唐生智。我不喜欢这支学生军，我认为它的基础太复杂了。我决定参加正规军，为完成革命尽力。⁽⁵⁾那时清帝还没有退位，还要经过一个时期的斗争。

我的军饷是每月7元——不过，这比我现在在红军所得的要多了。在这7元中，我每月伙食用去2元。我还得花钱买水。士兵用水必须到城外去挑，但是我是一个学生，不屑挑水，只好向挑夫买水。剩下的饷银，我都用在订报纸上，贪读不厌。当时鼓吹革命的报刊中有《湘江日报》⁽⁶⁾，里面讨论到社会主义，我就是从那里第一次知道社会主义这个名词的。我也同其他学生和士兵讨论社会主义，其实那只是社会改良主义。我读了江亢虎写的一些关于社会主义及其原理的小册子。我热情地写信给几个同班同学，讨论这个问题，可是只有一位同学回信表示同意。

在我那个班里，有一个湖南矿工和一个铁匠，我非常喜欢他们。其余的都是一些庸碌之辈，有一个还是流氓。我另外又劝说两个学生投了军，我同排长和大多数士兵也交上了朋友。因为我能写字，有些书本知识，他们敬佩我的"大学问"。我可以帮助他们写信或诸如此类的事情。

革命这时还没有定局。清朝还没有完全放弃政权，而国民党内部却发生了争夺领导权的斗争。湖南有人说战事不可避免要再起。有好几支军队组织起来反对清朝，反对袁世凯。湘军就是其中之一。可是，正当湘军准备采取行动的时候，孙中山和袁世凯达成了和议，预定的战争取消了，南北"统一"了，南京政府解散了。我以为革命已经结束，便退出军队，决定回到我的书本子上去。我一共当了半年兵。⁽⁷⁾

## 求学与自学

1912年春，毛泽东退出新军，继续求学。这时，学校和未来职业的选择，便成为他面临的迫切问题。他后来回忆说：

我开始注意报纸上的广告。那时候，办了许多学校，通过报纸广告招徕新生。我并没有一定的标准来判断学校的优劣，对自己究竟想做什么也没有明确主见。一则警察学堂的广告，引起我的注意，于是去报名投考。但在考试以前，我看到一所制造肥皂的"学校"的广告，不收学费，供给膳宿，还答应给些津贴。

这则广告很吸引人、鼓舞人。它说制造肥皂对社会大有好处，可以富国利民。我改变了投考警校的念头，决定去做一个肥皂制造家。我在这里也交了1元钱的报名费。

这时候，我有一个朋友成了法政学生，他劝我进他的学校。我也读到了这所法政学堂的娓娓动听的广告，它许下种种好听的诺言，答应在3年内教完全部法律课程，并且保证期满之后马上可以当官。我的那位朋友不断向我称赞这个学校，最后我写信给家里，把广告上所答应的一切诺言重述一遍，要求给我寄学费来。我把将来当法官的光明图景向他们描述了一番。我向法政学堂交了1元钱的报名费，等候父母的回信。

命运再一次插手进来，这一次采取的形式是一则商业学堂的广告。另外一位朋友劝告我，说国家现在处于经济战争之中，当前最需要的人才是能建设国家经济的经济学家。他的议论打动了我，我又向这个商业中学付了1元钱的报名费。我真的参加考试而且被录取了。可是我还继续注意广告。有一天我读到一则把一所公立高级商业学校说得天花乱坠的广告。它是政府办的，设有很多课程，而且我听说它的教员都是非常有才能的人。我决定最好能在那里学成一个商业专家，就付了1块钱报名，然后把我的决定写信告诉父亲。他听了很高兴。我父亲很容易理解善于经商的好处。我进了这个学校，但是只住了1个月。

我发现，在这所新学校上学的困难是大多数课程都用英语讲授。我和其他学生一样，不懂得什么英语，说实在的，除了字母就不知道什么了。另外一个困难是学校没有英语教师。这种情况使我感到很讨厌，所以到月底我就退学了，继续留心报上的广告。〔8〕

在求学和谋职上的犹豫不决，反映了毛泽东对自己未来的认真思考，这在当时的青年学生中也是很典型的。经过一段时间的举棋不定，他终于决定报考湖南全省高等中学。这所学校创办于1912年2月，同年下半年即改名为湖南省立第一中学。

**毛泽东回忆这段往事时说：**

我下一个尝试上学的地方是省立第一中学。我花1块钱报了名，参加了入学考试，发榜时名列第一。这个学校很大，有许多学生，毕业生也不少。那里的一个国文教员对我帮助很大，他因为我有文学爱好而很愿意接近我。这位教员借给我一部《御批通鉴辑览》，其中有乾隆的上谕和御批。

大致就在这个时候，长沙的一个政府火药库发生爆炸，引起大火。我们学生却感到很有趣。成吨的枪弹炮弹爆炸着，火药燃烧成一片烈焰，比起放爆竹来要好看得多了。过了1个月左右，谭延闿被袁世凯赶走，袁现在控制了民国的政治机器。汤芗铭接替了谭延闿，开始为袁筹备登基。

我不喜欢第一中学。它的课程有限，校规也使人反感。我读了《御批通鉴辑览》以后，得出结论，还不如自学更好。我在校6个月就退学了，订了一个自修计划，每天到湖南省立图书馆去看书。我非常认真地执行，持之以恒。[9]

在湖南省立第一中学读书期间，毛泽东曾写过一篇作文，题为《商鞅徙木立信论》。这是目前见到的毛泽东早年的唯一的作文，文章从取信于民入手，着力抨击中国数千年封建专制统治。全文如下：

吾读史至商鞅徙木立信一事[10]，而叹吾国国民之愚也，而叹执政者之煞费苦心也，而叹数千年来民智之不开、国几蹈于沦亡之惨也。谓予不信，请罄其说。

法令者，代谋幸福之具也。法令而善，其幸福吾民也必多，吾民方恐其不布此法令，或布而恐其不生效力，必竭全力以保障之，维持之，务使达到完善之目的而止。政府国民互相倚系，安有不信之理？法令而不善，则不惟无幸福之可言，且有危害之足惧，吾民又必竭全力以阻止此法令。虽欲吾信，又安有信之之理？乃若商鞅之与秦民适成此比例之反对，抑又何哉？

商鞅之法，良法也。今试一披吾国四千余年之记载，而求其利国福民伟大之政治家，商鞅不首屈一指乎？鞅当孝公之世，中原鼎沸，战事正殷，举国疲劳，不堪言状。于是而欲战胜诸国，统一中原，不綦难哉？于是而变法之令出，其法惩奸宄以保人民之权利，务耕织以增进国民之富力，尚军功以树国威，孥贫怠以绝消耗。此诚我国从来未有之大政策，民何惮而不信？乃必徙木以立信者，吾于是知执政者之具费苦心也，吾于是知吾国国民之愚也，吾于是知数千年来民智黑暗国几蹈于沦亡之惨境有由来也。

虽然，非常之原，黎民惧焉。民是此民矣，法是彼法矣，吾又何怪焉？吾特恐此徙木立信一事，若令彼东西各文明国民闻之，当必捧腹而笑，嗷舌而讥矣。呜呼！吾欲无言。

国文教师阅过这篇作文，极为赞赏，评了100分，还做了7处眉批和文末总评。

湖南省立图书馆，坐落在长沙城内离新安巷大约3里路的定王台。它创建于清朝末年，藏书丰富。图书馆分上下两层，楼上是藏书房，楼下为阅览室。院落里面还有花园和一个不大的金鱼池。

1936年冬，毛泽东向斯诺谈起他在省立图书馆自学的情景时，说道：

我这样度过的半年时间，我认为对我极有价值。每天早晨图书馆一开门我就进去。中午只停下来买两块米糕吃。这就是我每天的午饭。我天天在图书馆读到关门才出来。

在这段自修期间，我读了许多的书，学习了世界地理和世界历史。我在那里第一次看到一幅世界地图[11]，怀着很大的兴趣研究了它。我读了亚当·斯密的

《国富论》、达尔文的《物种起源》和约翰·穆勒的一部关于伦理学的书。我读了卢梭的著作，斯宾塞的《逻辑》和孟德斯鸠写的一本关于法律的书。[12] 我在认真研读俄、美、英、法等国历史地理的同时，也阅读诗歌、小说和古希腊的故事。

我那时住在湘乡会馆里。许多士兵也住在那里，都是"退伍"或者被遣散的湘乡人。他们没有工作，也没有什么钱。住在会馆里的学生和士兵总是吵架。一天晚上，他们之间的这种敌对爆发成为武斗了。士兵袭击学生，想要杀死他们。我躲到厕所里去，直到殴斗结束以后才出来。

那时候我没有钱，家里不肯供养我，除非我进学校读书。由于我在会馆里住不下去了，我开始寻找新的住处。同时，我也在认真地考虑自己的"前途"，我差不多已经做出结论，我最适合于教书。[13] 我又开始留意广告了。这时候湖南师范学校的一则动听的广告，引起我的注意，我津津有味地读着它的优点：不收学费，膳宿费低廉。有两个朋友也鼓励我投考。他们需要我帮助他们准备入学考试的作文。我把我的打算写信告诉家里，结果得到他们的同意。我替那两位朋友写了作文，为自己也写了一篇。3个人都录取了——因此，我实际上是考取了3次。那时候我并不认为我为朋友代笔是不道德的行为，这不过是朋友之间的义气。[14]

毛泽东就这样结束了在湖南省立图书馆自学的生活，跨入湖南省立第四师范学校的大门。这时，正是1913年的春天。半年的自学虽然短暂，却在毛泽东的记忆里留下了美好的回忆。

1951年秋天，周世钊等几位当年湖南的老同学在北京见到了毛泽东。这时，毛泽东已成为中华人民共和国中央人民政府主席。他们不禁回忆起青年时代在长沙读书的情景。毛泽东十分高兴，竟兴奋地提起他在湖南省立图书馆第一次见到世界地图的情景：

说来也是笑话，我读过小学、中学，也当过兵，却不曾看见过世界地图，因此就不知道世界有多大。湖南图书馆的墙壁上，挂有一张世界大地图，我每天经过那里，总是站着看一看。过去我认为湘潭县大，湖南省更大，中国自古就称为天下，当然大得了不得。但从这个地图上看来，中国只占世界的一小部分，湖南省更小，湘潭县在地图上没有看见，韶山当然更没有影子了。世界原来有这么大！

世界既大，人就一定特别多。这样多的人怎样过生活，难道不值得我们注意吗？从韶山冲的情形来看，那里的人大都过着痛苦的生活，不是挨饿，就是挨冻。有无钱治病看着病死的；有交不起租谷钱粮被关进监狱活活折磨死的；还有家庭里、乡邻间，为着大大小小的纠纷，吵嘴、打架，闹得鸡犬不宁，甚至弄得投塘、吊颈的；至于没有书读，做一世睁眼瞎子的就更多了。在韶山冲里，我就没有看见几个生活过得快活的人。韶山冲的情形是这样，全湘潭县、全湖南省、全中国、全世界的情形，恐怕也差不多！

我真怀疑，人生在世间，难道都注定要过痛苦的生活吗？绝不！为什么会有这种现象呢？这是制度不好，政治不好，是因为世界上存在人剥削人、人压迫人的制度，所以使世界大多数的人都陷入痛苦的深潭。这种不合理的现象，是不应该永远存在的，是应该彻底推翻、彻底改造的！总有一天，世界会起变化，一切痛苦的人，都会变成快活的人、幸福的人！

"世界的变化，不会自己发生，必须通过革命，通过人的努力。我因此想到，我们青年的责任真是重大，我们应该做的事情真多，要走的道路真长。从这时候起，我就决心要为全中国痛苦的人，全世界痛苦的人贡献自己全部的力量。"〔15〕

### 注　释

〔1〕应为《民立报》，著名同盟会会员宋教仁、于右任主编。下同。

〔2〕埃德加·斯诺：《西行漫记》，生活·读书·新知三联书店1979年12月版，第115—116页。

〔3〕公元1905年8月，在孙中山的倡议和领导下，兴中会、光复会、华兴会等资产阶级革命小团体，在日本东京联合组成资产阶级革命组织——"中国同盟会"，推孙中山为总理，提出了"驱除鞑虏，恢复中华，建立民国，平均地权"的革命政治纲领，作为革命斗争目标。同盟会是领导辛亥革命的一个由资产阶级、小资产阶级和部分反清士绅联合的革命政党。——原注

〔4〕周世钊：《毛主席青年时期的故事》，中国少年儿童出版社1977年6月版，第1—4页。

〔5〕1911年10月，毛泽东加入湖南新军，编入新军第25混成协第50标第1营左队。

〔6〕一说为《湘汉新闻》。见高菊村等《青年毛泽东》，中共党史资料出版社1990年3月版，第20页。

〔7〕埃德加·斯诺：《西行漫记》，生活·读书·新知三联书店1979年12月版，第116—118页。

〔8〕埃德加·斯诺：《西行漫记》，生活·读书·新知三联书店1979年12月版，第118—119页。

〔9〕埃德加·斯诺：《西行漫记》，生活·读书·新知三联书店1979年12月版，第119—120页。

〔10〕参见《史记·商君列传》。

〔11〕据萧三在《毛泽东同志的青少年时代和初期革命活动》（中国青年出版社1980年7月版）中说，这幅世界地图的名称是《世界坤舆大地图》。

〔12〕据考证，这批著作包括：亚当·斯密的《原富》、约翰·穆勒的《穆勒名学》、卢梭的《民约论》、斯宾塞的《群学肄言》、孟德斯鸠的《法意》。至于达尔文的《物种起源》，很可能是赫胥黎《天演论》的误记。因为当时只能看到这部著作的前五章（单行本）。见龚育之、逄先知等《毛泽东的读书生活》第89页注2。

〔13〕耐人寻味的是，1970年12月18日毛泽东会见斯诺时，曾表示"四个伟大"讨嫌，总有一天要统统去掉，只剩下一个Teacher，就是教员。因为他历来是当教员的，现在还是当教员。其他的一概辞去。

〔14〕埃德加·斯诺：《西行漫记》，生活·读书·新知三联书店1979年12月版，第120—121页。

〔15〕周世钊：《毛主席青年时期的几个故事》，载于《新苗》1958年第9期。

# 四、峥嵘岁月

## 第四师范

1913年春，毛泽东以优异成绩考入湖南省立第四师范学校预科，在这里度过了勤奋学习的一年。

据《新湘评论》编辑部的资料说：

毛泽东在学习上一贯刻苦、勤奋。还在他刚踏入第四师范时，这一特点就给人们留下了深刻的印象。那时，学校各方面的条件都比较差，既无图书、仪器，又无宽敞的活动场所，校舍是几栋破烂的旧房，居住十分拥挤。同学们聚在一起时，常把学校设备差作为话题，牢骚、怪话不断。毛泽东从不参与这种议论。有一次，他对同学说，学习当然要有适当的条件，但最重要的还是自己的努力。假如自己没有认真学习的打算，没有刻苦钻研的精神，纵然学校设备再好，学习条件再优越，也得不到什么收获。古人不是有"囊萤"[1]"映雪"[2]的故事吗？他们学习条件虽差，仍然学得很好。我们现在有房屋住，有教师讲课，已具备了学习的基本条件，就看我们自己如何努力了。假如一定要等到学习条件十分完善，才去认真学习，那就会白白地糟踏最宝贵的时间。[3]

在第四师范，有两位老师对毛泽东产生了重要的影响。一位名叫袁仲谦，是预科的国文、习字教员。另一位是杨昌济，在预科教修身课。

谈起这两位老师，毛泽东回忆说：

学校里有一个国文教员，学生给他起了"袁大胡子"的绰号。他嘲笑我的作文，说它是新闻记者的手笔。他看不起我视为楷模的梁启超，认为他半通不通。我只得改变文风。我钻研韩愈的文章，学会了古文文体。所以，多亏袁大胡子，今天我在必要时仍然能够写出一篇过得去的文言文。

给我印象最深的教员是杨昌济，他是从英国回来的留学生，后来我同他的生活有密切的关系。他教授伦理学，是一个唯心主义者、一个道德高尚的人。他对自己的伦理学有强烈信仰，努力鼓励学生立志做有益于社会的正大光明的人。我在他的影响之下，读了蔡元培翻译的一本伦理学的书。[4]我受到这本书的启发，写了一篇题为《心之力》的文章。那时我是一个唯心主义者，杨昌济老师从他的唯心主义观点出发，高度赞赏我的那篇文章。他给了我100分。[5]

毛泽东在第四师范期间，听课十分认真，还记下大量的笔记。现在能够见到的笔记只有47页，是乡人从灰烬中抢救出来、珍藏下来的。笔记用直书九行纸本，前11页是手抄的屈原《离骚》和《九歌》，后36页主要是听课笔记，也有一些读书札记，并冠以《讲堂录》。这些笔记，经考证，约形成于1913年10月至12月间。其中修身课和国文课记录的便是杨昌济和袁仲谦两位老师讲授的内容。这两部分内容，在《讲堂录》中占了绝大部分，从中可见两位老师在毛泽东心目中的重要地位，以及毛泽东当时的兴趣所在。

以下是《讲堂录》的节录：

### 11月1日　修身

人情多耽安佚而惮劳苦，懒惰为万恶之渊薮。人而懒惰，农则废其田畴，工则废其规矩，商贾则废其所鬻，士则废其所学。业既废矣，无以为生，而杀身亡家乃随之。国而懒惰，始则不进，继则退行，继则衰弱，终则灭亡。可畏哉！故曰懒惰万恶之渊薮也。

奋斗。夫以五千之卒，敌十万之军，策罢乏之兵，当新羁之马，如此而欲图存，非奋斗不可。

朝气。少年须有朝气，否则暮气中之。暮气之来，乘疏懈之隙也，故曰怠惰者，生之坟墓。

药文弱。文弱者多，国用不振，吾国是也，坐此而不能与外竞。夫兵者，国之卫也，非强悍有力者不胜其任，尤非多受教育者不能有功。吾国士人既甚弱矣，则兵出于召募，而无赖鲜识之徒充其选，驱之临战，不待交而先溃，历年国受巨创者以此。游乎日本，则大不然者。有主教育者演说曰：日本立乎世界竞争之涡，诸强挟全势以临我，危乎殆哉！非兵不立，则身体之锻炼其急矣，云云。其在日本，学校最重运动，其运动之法有诸种：庭球、野球、蹴球、弓拔、击剑、柔道、短艇、游泳、徒步、远足会皆是。西国亦然。如远足会之事，以期举校远行，先择佳地，既至，则集众演说，莫敢不至者。凡此皆所以药文弱之道也，勉矣后生。

勤务。勤务之益，一以医偷惰，二以药文弱。有地板之室，不应用帚扫，致扬尘，必以布揩之。

倪宽为弟子都养，承宫为诸生执苦。[6]

国文　1时

谨言慎行即是学。古者为学，重在行事，故曰行有余力，则以学文；夫子以好学称颜回，则曰不迁怒，不贰过。不迁怒，不贰过，盖行事之大难者也。徒众三千，而仅以好学称颜回；称颜回而仅曰不迁怒不贰过，此其故可以思矣。

人之为人，以贤圣为祈向，而孝义廉耻即生焉。然曾参孝矣，不识小受大逃之义；申生孝矣，不知陷亲不义之道；陈仲子则亦廉哉，则有讥其太矫；冉子好义，而不知周急不继富为君子之道；原宪知耻，辞粟不以与于邻里乡党之中。是何也？学有不足也。

知觉类化。解甲物而有通乎己，思此理而有会乎彼。及其至也，大宇之内，万象之众，息息而相通，是谓知觉类化。

闭门求学，其学无用。欲从天下国家万事万物而学之，则汗漫九垓，遍游四宇尚已。

游之为益大矣哉！登祝融之峰，一览众山小；泛黄勃之海，启瞬江湖失；马迁览潇湘，泛西湖，历昆仑，周览名山大川，而其襟怀乃益广。

读《游五姓湖记》，则见篇中人物，皆一时之豪；吾人读其文，恍惚与之交矣。游者岂徒观览山水而已哉，当识得其名人巨子贤士大夫，所谓友天下之善士也。

选文当重直观主义，以切时令为贵。

《与翁止园书》，戒淫也。淫为万恶本，而意淫之为害，比实事尤甚，当懔懔然如在深渊，若履薄冰。

才不胜今人，不足以为才；学不胜古人，不足以为学。

天下无所谓才，有能雄时者，无对手也。以言对手，则孟德、仲谋、诸葛而已。

人之议之者尊之也。天下惟庸人不惹物议，若贤者则时为众矢之的，故曰事修而谤兴，德高而毁来。

程子曰：货色两关打不破，其人不足道也。

恶事终有露布之一日，故曰若要人不知，除非己莫为。

## 十月初三　国文

伊尹道德、学问、经济、事功俱全，可法。伊尹生专制之代，其心实大公也。尹识力大，气势雄，故能抉破五六百年君臣之义，首倡革命。

作文有法，引古以两宗为是。一则病在气单。

《书》乃唐、虞、夏、商、周之史。

文章须蓄势。河出龙门，一泻至潼关。东屈，又一泻至铜瓦。再东北屈，一泻斯入海。当其出伏而转注也，千里不止，是谓大屈折。行文亦然。作史论当认定一字一句为主，如《范蠡论》重修身而贵择交句，《伊尹论》之任字是。

拿得定，见得透，事无不成。

惟明而后可断，既明而断矣，事未有不成者，伊尹是也。

人心即天命，故曰天视自我民视。天命何？理也。能顺乎理，即不违乎人；得其人，斯得天矣。然而不成者，未之有也。

能文写字。文贵颠倒簸弄，故曰做；字宜振笔直书，故曰写。俗话之演成，必经几多研究，认为合理而真，始克流传不朽，颠扑不破，此类是也。

## 11月15日　修身

王船山：有豪杰而不圣贤者，未有圣贤而不豪杰者也。圣贤，德业俱全者；豪杰，歉于品德，而有大功大名者。拿翁，豪杰也，而非圣贤。

孔子尝言志矣，曰：志于道，著于德，依于仁，由于义。曰：老者安之，少者怀之，朋友信之。曰：士志于道，而耻恶衣恶食者，未之有也。孟子尝言志矣，曰：志至也，气次也。持其志，毋暴其气。曰：夫天未欲平治天下也，如欲平治天下，当今之世，舍我其谁也。曰：乃所愿则学孔子也。曰：我亦欲正人心，定邪说，距诐行，以承三圣者。

孟子所谓豪杰，近于圣贤，曰：陈良楚产也，悦周公、仲尼之道，北学于中国。北方之学者未能或之先也，乃所谓豪杰之士也。曰：待文王而后兴者凡民也。若夫豪杰之士，虽无文王犹兴之类是也。

高尚其理想（立一理想，此后一言一动皆期合此理想）。

理想的人物。理想者，事实之母也。

心之所之谓之志。

程子曰：小人不合小了，他本不是恶。

万物并育而不相害，道并行而不相悖。庶几道德之理想矣。

我之界当扩而充之，是故宇宙一大我也。

孟子曰：体有贵贱，有小大。养其小者为小人，养其大者为大人。一个之我，小我也；宇宙之我，大我也。一个之我，肉体之我也；宇宙之我，精神之我也。

《管子》：不偷取一世。人之爱情，通于过去现在未来三世界。现在之群，固致其爱情，不待言矣。然而千载以上之人，千载以下之人，其致其爱情，亦犹是焉。不观乎人心乎，其读史也，则尝思慕忠贤；其置产也，则务坚其契约，故曰人无有不善也。

某氏曰，吾观古之君子，有杀身亡家而不悔者矣。［圣贤救世实有如此，如孔子（在陈匡），耶稣（磔死十字架），苏格拉底（以故毒死）。］

语曰，毒蛇螯手，壮士断腕，非不爱腕，非去腕不足以全一身也。彼仁人者，以天下万世之身。而以一身一家为腕。惟其爱天下万世之诚也，是以不敢爱其身家。身家虽死，天下万世固生，仁人之心安矣。（天下生者，仁人为之除其痛苦，图其安全也。）

中国固自由也，人民与国家之关系，不过讼狱、纳赋二者而已，外此无有也。故曰：日出而作，日入而息，凿井而饮，耕田而食，帝力何有于我哉！惟无关系也，故缺乏国家思想、政治思想。中国自由，西国专制；中国政法简，租赋轻，西国反之（满清不专制）。

被征服的民族不自由，言其近例，台湾朝鲜是也。

中国待属国甚宽，苞茅贡聘之外，余均听其自治，越南、高丽是也。越南归法，五人聚语者有禁，藏兵器者有禁，夜不得闭户，便巡察也。高丽归日，事事听其主治，而民戢戢如群羊矣，盖其苦尤有甚于台湾者也。

## 11月23日　修身

张子曰：为天地立心，为生民立道，为往圣继绝学，为万世开太平。为生民立道，相生相养相维相治之道也；为万世开太平，大宗教家之心志事业也。

有办事之人，有传教之人。前如诸葛武侯范希文，后如孔孟朱陆王阳明等是也。

宋韩范并称，清曾左并称。然韩左办事之人也，范曾办事而兼传教之人也。

帝王一代帝王，圣贤百代帝王。

在上者为政教，在下者为风俗。变之自上者，效速而易迁；变之自下者，效迟而可久。（在上者虽有圣君贤相，然人亡而政息，效虽速而易迁。）刚字立身之本，有嗜欲者不能刚。豢龙氏所以能豢龙者，龙虽神而不能脱夫嗜欲也。

惟安贫者能成事，故曰咬得菜根，百事可做。

乐利者，人所共也，惟圣人不喜躯壳之乐利（世俗之乐利），而喜精神之乐利，故曰饭疏食饮水，曲肱而枕之，乐亦在其中矣。不义而富且贵，于我如浮云。

光武曾游于太学，习《尚书》。古太学以经分科。

严光，东汉气节之士也。光武既立，征之，不就。访之，以安车迎至。帝坐匡床请出，光卧应曰：尧舜在上，下有巢由。当光之至也，大司徒（首相也）侯霸（光学友）迎之。光与书曰：君房足下，致信鼎足，甚善。怀仁辅义天下悦，阿谀顺指要领绝。侯以书览帝，帝曰：狂奴故态也。后世论光不出为非。不知光者，帝者之师也。受业太学时，光武受其教已不少。故光武出而办天下之事，光即力讲气节，正风俗而传教于后世。且光于专制之代，不屈于帝王，高尚不可及哉。

中国学术发达有三期。一能动的发达期，周末是也。二受动的发达期，佛教大兴，经典甚盛，上下趋之，风靡一时，隋唐是也。三能动而兼受动的发达期，朱、程、张、周诸人出，性理之学大明。然其始也，咸崇佛学，由佛而返于六经，故为能动而兼受动的发达期，宋元是也。

## 进入湖南一师

1914年二三月间，湖南省立第四师范学校合并于省立第一师范学校，毛泽东被编入预科第三班。因为湖南四师是春季升学，而一师是秋季升学，毛泽东在预科多读了半年，直到这一年秋季，才编入本科第八班。毛泽东在湖南省立第一师范学校读了4年多，1918年6月毕业。

《新湘评论》编辑部的资料写道：

第一师范的前身，原来是南宋理学家张栻[7]讲学的城南书院。清朝末年，这里办起了师范学堂。辛亥革命后的第二年，改为湖南省立第一师范学校。改名后，第一师范的《校章》上明确提出，"特采最新民本主义（民主主义）规定教育方针。所谓民本主义教育，包括三个方面：一、道德实践。二、身体活动。三、社会生活（包括智育及课程教育）以及职业训练（包括智能实习和各种学生会活动）"。"时时以国耻唤醒学生之自觉心"，"各种教授应提倡自动主义"。那时的公立学校，大都是被守旧派控制，一师虽然好一点，但是由于旧的影响一时难以清除，所以在对学生的管理方面，还带有许多烦琐的封建色彩。如学生应该遵守的"秩序"一项，就规定了28个"不得"："不得经管一切非关学术之事业""不得入一切非学术之党社及教育会""不得干预外事，扰乱社会秩序""非经校长认可，不得私自开会演说""不得讴吟俚曲，调弄俗乐，及购置一切有损无益之书籍"，等等。但不管怎样，第一师范毕竟还有一些思想开明、诲人不倦的教员，加之不少学生来自比较贫寒的家庭，生活朴实，勤于攻读，学习氛围较好。毛泽东决定利用这个环境，扎扎实实地多学点知识，打下一个坚实的基础。

……

当时，第一师范的课程非常繁杂，有近20门学科，毛泽东把它比作一个"杂货摊"。繁杂的课程，与他追求真理的目的发生了冲突。他觉得在这样的学校里，长此以往，宝贵的时间必将白白地流逝。他为此而痛心，曾几次想退学。有一次，甚至已经走到了校长室的门口，他转念一想，读书总得有个地方，于是又退了回来。当时，社会上流行着科学救国、实业救国等思想，这在半殖民地半封建的社会里，只不过是一些不切实际的空想。在当时的条件下，要救国，就只有革命。因此毛泽东根据寻求革命真理的需要，自己制订了一个学习计划，把学习的重点放在哲学、史地、文学等社会科学的研读上，对于其他的课程，不花过多的时间和精力。例如上哲学课，一般同学因听不懂，多昏昏欲睡；毛泽东则用心听讲，认真做笔记，深入思考。课余和自修时间，还在孜孜不倦地钻研。他对文学也非常爱好，曾精心研读过《昌黎先生集》[8]《昭明文选》[9]以及《诗经》[10]《楚辞》[11]等，对屈原的《离骚》《九歌》尤为喜爱，曾十分工整地抄在自己的笔记本上。因而无论是古文，还是浅近文言文，都做得很好。他还爱好诗词，但不常作，偶一下笔，即成佳句。"自信人生二百年，会当水击三千里"就是毛泽东当年所写的一首诗中的两句，抒发了一个革命青年的伟大志向和广阔胸怀，曾被同学们广泛传诵着。

为了满足自己的求知欲望，毛泽东想方设法找书看。他常到城里的书店和旧书铺去，看到合适的书，就买下来。第一师范藏书丰富的图书馆，更是他常去的地方。图书馆里有关社会科学方面的书籍，许多他都借阅过。尤其是司马光的《资治通鉴》[12]和顾祖禹的《读史方舆纪要》[13]，他读得十分仔细。由于借书频繁，他与图书管理员熊光楚成了好朋友。

在学习上，毛泽东还养成了好问的习惯。他常对同学说，我们称某人有学问，是指他好学好问，学与问是不能分开的，只有好学好问的人，才可能有学问。在学习中，他不去探究无关重要的奇闻逸事，而喜欢和同学们讨论各种学术问题，切磋琢磨，互资裨益。也常列出学习上的疑难和社会改造的问题，向老师请教。[14]

毛泽东的同学萧三回忆说：

毛泽东考入第一师范时，编入戊班，即第五班。入校以后，他仍是非常好学的，但还是以自修为主。他经常读书不倦。同学们很快就都佩服他的天才，他的严肃治学的精神，他的朴实、诚恳、谦虚的态度。他的作文一出，全校轰动，教员把它贴在学监室的对面走廊墙壁上，课余时，那里围满了人，在读着传观的文章。但毛泽东并不自恃聪明，或者骄傲自满。相反，他的求知欲非常之强，肯用苦功。晚上学校规定的自修时间短了，他就在寝室里继续读书。学校吹号熄灯了，他就自备一盏灯，下面用一节竹筒垫起，坐在床上看书，有时通宵不眠。

毛泽东在学校里虽也照例上课，但他有自己的读书计划，他注重自修。当抓住一个中心问题时，即专门研究它，一切别的乱杂功课就都不管了。他喜欢社会科学，根本不理其他不切实用的功课（这与他特别关心社会政治问题有关系。后来他又曾专心研究自然科学，认为不应当把马克思主义和自然科学孤立起来）。他那时的主意是：只要一两门功课考取100分，其余纵是得零分，但平均能得60分，可以及格就得了。有一个时期毛泽东专门研究中国历史，把所有关于中国历史的书，无论新的旧的都找了来，于是连续不断、一本一本地研究。在教室里上那些毫无意义的功课的时候，不管讲台上教员在讲什么，他总是看他自己带来的书。为了"顾全大局"和教员的面子，他把讲的教科书摆在上面，下面盖着他自己要读的书。有时候就直接选择不上课。因为当时的教育制度非常混乱。

学与用常是脱节的，形式主义的教学方法，实属误人子弟。但泽东同志那时也只能采用一种消极的办法，以抵抗那种不合理的教育制度。此外，他主要是靠自己奋发求学，以补学校教育之不足，以满足自己的求知欲望。举凡古今中外的一切名著——诸子百家、诗词歌赋、稗官小说、近人文集以及外国人著作的翻译、哲学、文学……他无不浏览。他那时读书常做笔记，本子上写得满满的，洋洋洒洒，俱见思想之驰骋纵横。这种笔记本后来堆满了一网篮。

在任何环境内能自己读书的习惯，泽东是养成了的——他曾故意蹲在人们来往嘈杂的城门口看书，以锻炼在闹中求静的本领。

学校行政方面不喜欢毛泽东之"破坏校规"，但又爱他的有才能。有几次行政方面为顾及自己的"威信"，讨论开除他出校的问题。这时一个很有威望和信仰的教员杨昌济先生说道："毛泽东是一个特别学生，你们不懂得他，不能拿寻常校规来论！"

有一次，校方又要开除他，那是因为他领导同学们反抗腐败的学校行政。教国文的袁仲谦先生出来担保，又得以留下。袁先生很器重毛泽东，但起初不赞成他的"梁启超式"的文章，说那只是半通，要他攻韩愈等唐宋八大家……"谢谢袁大胡子，必要时，我现在还可以作一篇清通的古文。"——毛泽东后来对人笑说。

第三次学校要开除他而没有实行，是因为有名的数学教员王立庵先生给说保了。毛泽东那时并不喜欢数学，甚至交过白卷，但王先生仍是器重他。学校放假期间，泽东不回家去，留住在长沙城时，还曾在王家住过，也并不是学数学，王先生却供给他食宿。

……

史学文学之外，泽东对哲学是最醉心研究而很有心得的。

毛泽东的求知欲是非常强的。在第一师范时，除在校自修及找本校的教员问学外，长沙城里不时有所谓名流学者从外省来的，毛泽东常一个人去拜访他们，向他们虚心请教，想从他们那里得到一些新的知识。访问回来之后，他又常向同学们谈论他对于被访问者的印象，并加以自己对他们的评判。

长沙城里曾有人举办过"船山学社"，每星期日设座讲学，讲王船山的种种，泽东也去听讲。王夫之的民族意识特别引起他的注意。

他常对人说，"学问"二字连起来成一个名词是很有意义的，我们不但要好学，而且要好问。[15]

在湖南省立第一师范学校的经历，对青年毛泽东来说是有重要意义的。他回忆说：

我在师范学校读了5年书，抵住了后来一切广告的引诱。最后，我居然得到了毕业文凭。我在这里——湖南省立第一师范度过的生活中发生了很多事情，我的政治思想在这个时期开始形成。我也是在这里获得社会行动的初步经验的。

这所新学校有许多校规，我赞成的极少。例如，我反对自然科学列为必修课。我想专修社会科学。我对自然科学并不特别感兴趣，我没有好好地去学，所以大多数这些课程我得到的分数很低。我尤其讨厌一门静物写生必修课。我认为这门课极端无聊。我往往想出最简单的东西来画，草草画完就离开教室。记得有一次我画了一条直线，上面加上一个半圆，表示"半壁见海日"〔16〕。又有一次，在图画考试时，我画了一个椭圆形就算了事，说这是蛋。结果图画课得了40分，不及格。幸亏我的社会科学各课得到的分数都很高，这样就扯平了其他课程的低分数。

……

我在长沙师范学校的几年，总共只用了160块钱——里面包括我许多次的报名费！在这笔钱里，想必有1/3花在报纸上，因为订阅费是每月1元。我常常在报摊买书、买杂志。我父亲责骂我浪费。他说这是把钱挥霍在废纸上。可是我养成了读报的习惯，从1911年到1927年上井冈山为止，我从来没有中断过阅读北京、上海和湖南的日报。〔17〕

## 良师益友

毛泽东在湖南省立第一师范学校结识了不少良师益友。在老师中，有杨昌济、徐特立、袁仲谦、黎锦熙、方维夏、王季范等。在同学中，有罗学瓒、周世钊、蔡和森、陈章甫、张昆弟、萧三、萧子升等。其中，又以杨昌济和黎锦熙对他的影响最大，联系也最多。

在1915年4月15日杨昌济的日记中有这样的记载：

毛生泽东，言其所居之地为湘潭与湘乡连界之地，仅隔一山，而两地之语言各异。其地在高山之中，聚族而居，人多务农，易于致富，富则往湘乡买田。风俗淳朴，烟赌甚稀。渠之父先亦务农，现业转贩，其弟亦务农，其外家为湘乡人，亦农家也，而资质俊秀若此，殊为难得。余因以农家多出异材，引曾涤生、梁任公之例以勉之。毛生曾务农两年，民国反正时又曾当兵半年，亦有趣味之履历也。〔18〕

关于杨昌济对毛泽东的影响，萧三回忆说：

杨昌济（号怀中）先生对毛泽东和许多同学影响很大。杨先生是长沙人，在第一师范教伦理学、心理学、教育学、哲学。他曾在日本留学6年，又在英国留学4年，但始终不离中国的理学传统，喜讲周、程、朱、张，喜讲康德、斯宾塞和卢梭的《爱弥儿》……杨先生并不善于辞令，也不装腔作势，但他能得听讲者很大的注意与尊敬，大家都佩服他的道德学问。他的讲学精神，使得在他的周围，形成了认真思想、认真求学的学生之一群——毛泽东，蔡和森（泽东在第一师范的挚友，湘乡人，家贫好学，后去法国，在勤工俭学的学生及华工中组织共产主义的团体，回国后，在中共中央做宣传工作，成为中国革命一个优秀的领导者。1931年在香港被捕，引渡到广州，反革命刽子手把他的四肢摊开，钉在壁上活活打死，胸脯被刺刀戳得稀烂），陈昌（号章甫，浏阳人，也是泽东的好友，长于演说，后入共产党，在大革命失败以后，英勇地牺牲了）……每逢星期日，他们相约到杨先生家里去讲学问道。杨先生是诲人不倦的，也很器重毛、蔡、陈等几个学生。杨先生曾说，"人要有理想"，"没有哲学思想的人便很庸俗"……他对他们讲中国及西洋哲学，讲青年的前途，人们应有的人生观、世界观或宇宙观……。他的哲学基础是唯心论，那时对毛泽东等的影响颇大。

……

杨怀中先生对学生们的影响不仅在讲学上，在生活规则或规则生活上的影响也颇深。他反对封建的腐朽生活，提倡民主的科学的新生活。他废止朝食，行深呼吸，主张静坐，常年行冷水浴，冬天也不间断。年轻热情的毛泽东、蔡和森等也模仿他。有一年多，他们都不曾吃早饭。一个暑假期内，毛、蔡和张昆弟（益阳人，号芝圃，后来是共产党内做工人运动的重要干部，大革命失败后英勇地牺牲了）三人同住长沙对河岳麓山上，爱晚亭读书、休养，每天吃新蚕豆饭一顿，既废朝食，也不晚餐——这当然也有节省的意思在内，因为他们都穷呵！在那里他们每天清早在山上打坐，然后下来去塘里或河里洗冷水澡。这样持续到假期满后回校，到冬天11月里还不停止。毛泽东更扩大浴的范围：在太阳下面、在大风里、在大雨下、赤着让身体晒、让吹、让淋。泽东叫这作"日浴""风浴""雨浴"。那时他们又常去水陆洲——湘江里游泳。凡此一切，目的在锻炼身体。他们又去山中"练嗓子"，对着树木大声讲话，朗诵唐诗；在长沙城墙上天心阁一带对着风大声叫喊……这些行动，不期然而然地正合乎现在大家所知道的日光浴、空气浴、淋浴等疗养卫生的好方法。

在爱晚亭住的时候，他们只各有一条面巾，一把雨伞和随身的衣服。泽东常着的一件"土地袍子"（灰布长褂），给人的印象最深。

岳麓山上有一副对联："西南云气来衡岳，日夜江声下洞庭。"在这山上，在这背景下，毛泽东等一天早晚是体操、静坐、读书、看报、谈论和思考问题。

夜里他们露宿，睡草地上，彼此离得远远的，怕呼吸空气不好……回校后他们就在操场露宿，直到打霜以后。

关于上面所举的一切，毛泽东那时在自己的日记里写道：

与天奋斗，其乐无穷！

与地奋斗，其乐无穷！

与人奋斗，其乐无穷！

这也可见他青年时代的抱负了。[19]

杨昌济先生之子杨开智也回忆说：

1913年春天到1918年夏天，毛泽东在湖南省立第一师范学习。在同一时期，我的父亲杨怀中先生也在该校任教。他敬佩毛泽东的卓越学识和伟大的抱负，毛泽东也非常尊敬这位老师，师生之间一直保持着十分密切的交往（在1937年2月1日延安各界为徐特立同志60寿辰举行的庆祝会上，毛泽东曾说：我在湖南第一师范求学时，最敬佩的两位老师，一位是杨怀中先生，一位是徐老）。

……

1916年暑假，怀中先生在板仓家中度假。暑假期间的一天，毛泽东风尘仆仆，一把雨伞、一双草鞋，从长沙城出发，步行了120华里，来到当时还是穷乡僻壤的板仓杨家下屋我们家中。这是毛泽东第一次来板仓。毛泽东在板仓期间，曾以很大的兴趣浏览了我父亲的藏书，特别是所订阅的新书报刊，和我父亲讨论了一些学术问题和社会问题。有一次，我的父亲跟他谈到，距板仓40多里路的地方住着一位从日本留学归来的柳午亭先生（后来为革命牺牲了的柳直荀同志的父亲），是一位体育运动的热心倡导者和实践者。那时，体育问题是毛泽东悉心研究的问题之一。第二天，他就由一位农民带路，去访问了柳午亭先生。柳先生非常高兴地接待了毛泽东，他们进行了广泛的交谈。毛泽东回来时跟我父亲谈到了此行的印象，称赞柳先生在体育的研究和实践上有较高的造诣，许多地方值得效法。

毛泽东在一师期间的学习实践和初期的革命活动对我父亲的思想有十分重要的影响。我们经常听到父亲讲述毛泽东青年时期的革命故事，印象最深的是他那超人的革命胆略。

1915年时，湖南第一师范的校长名叫张干，是一个昏庸腐朽的守旧顽固派。他对军阀政府逢迎献媚，对进步学生仇视压制，一心想把学校办成为帝国主义、封建势力服务的孔家店。那时学校礼堂里挂着"大总统"袁世凯的"训令"。每当在礼堂集合学生时，他总要对着"训令"念念有词，妄图以此作为禁锢学生的精神枷锁。他官气十足，到校上下班都要坐着三人抬的大轿。学生的举动稍不顺他的心，动辄要遭训斥，甚至挂牌除名。因此进步师生早就对这位校长侧目而视了。1915年6月，张干为了讨好军阀政府当局，竟规定每个学生要额外交10元钱的杂费。许多工农子弟无力交纳，眼看有失学之虞。一时校内外舆论哗然，一个赶走反动校长的群众运动有一触即发之势。这时，毛泽东挺身而出，因势利导地积极领导了这场斗争。他看到一些同学草拟的驱张文告，只侧重于讲校长增加学费的不应该，或者只是列举了张干私德方面的一些劣迹，觉得没有抓住要害，就对他们说：既要赶走校长，就要集中揭露他的办学无方，贻误青年。于是他在学校后山的君子亭亲自起草了一篇4000余字的驱张宣言，历数张干办学无方、贻误青年的种种罪行，同时对整个封建主义的教育制度进行了有力的揭露和批判，文章理直气壮，深得进步师生的赞同。当晚就被一些同学拿到印刷局印刷出来，广为散发了。张干看到"宣言"，吓得发抖，恼羞成怒，竟叫嚣要查办为首"闹事"的学生，要开除毛泽东等学生的学籍。消息传出，群情更加激愤，一些进步教师也为此愤愤不平。杨怀中、徐特立等教师为此发起和召集了一个全校教职员工会议，抗议张干的反动措施，支援进步同学的革命行动。怀中先生还很有感慨地在教室黑板上写了"强避桃源作太古，欲栽大木柱长天"的对联，以表示自己的义愤。在群众的压力面前，张干不得不收回成命，最后终于滚出了学校。[20]

关于驱逐校长张干一事的始末，更为准确的说法是这样的：

驱逐校长的斗争更是一件轰动全校的事。那是1915年上学期快要结束的时候，省议会颁发了一项新规定：从本年秋季起，师范学校学生每人缴纳10元学杂费。对大多数穷学生来说，这是一个不小的数目。大家都议论纷纷，群起反对。有人说这个规定是第一师范校长张干为了讨好当局而向政府建议的，提出要赶走张干；加之，原四师的部分同学对合校后要多读半年书，早有不满情绪，于是一场驱逐校长的学潮发生了。在第9班同学的发动下，全校很快就罢课了。同学们四处散发传单，揭露张干不忠、不孝、不仁、不悌之类的一些事实。毛泽东认为这没有击中要害。他对同学说，我们不是反对他当家长，而是反对他当校长，要把他从校长的宝座上拉下来，就要揭发他对上阿谀奉承、对下专横跋扈、办学无方、贻误青年的事实。大家认为很有道理。于是毛泽东在学校后山君子亭又起草了一个传单，经与罢课发起人商量后，立即派人坐守在印刷局连夜印刷，清晨带回学校，广为散发。省教育司派督学来校调处，要学生复课。学生不同意，纷纷用纸条写上"张干一日不出校，我们一日不上课"之类的话，由各班值周生收交督学。督学没法，只好答复说，这个学期快完了，你们还是上课，下学期张干不来了。张干怒不可遏。有一个学生告密，说传单是毛泽东写的。张干从笔力雄浑的文风中，也断定是毛泽东写的，要挂牌开除包括毛泽东在内的17名同学。后遭到王季范、袁仲谦等教师的反对，没有成为事实。

事隔35年后的1950年10月，徐特立、谢觉哉、王季范、熊瑾玎和周世钊等去看望毛泽东，谈到张干仍在长沙当中学教员时，毛泽东说：张干这个人，原来我不高兴他。当时他只有三十几岁，很有能力，很会说话，我估计他一定要向上爬。结果没有向上爬，现在还在画粉笔，算他有操守，难能可贵。又说：现在看起来，当时赶张干是没有多大必要的，多读半年书有什么不好呢！[21]

　　1915年3月，毛泽东的同班同学易昌陶不幸在衡山家中病逝，这个消息使毛泽东陷入深深的痛惜之中。他在致友人的信中写道：

　　"同学易昌陶君病死，君工书善文，与弟甚厚，死殊可惜。"

　　易昌陶，又名易咏畦，是一位博学多识的学生。消息传来，由校长张干、学监王季范、教员杨昌济发起，于5月23日召开全校追悼会。随后，又将师生致送的挽诗挽联256首（副），编印成册，题名《易君咏畦追悼录》。其中，收录了毛泽东的一副挽联和一首挽诗，如今已成为珍贵的历史资料。

## 悼友人易咏畦（1915年5月）

　　胡虏多反复，千里度龙山，腥秽待湔，独令我来何济世；
　　生死安足论，百年会有役，奇花初苗，特因君去尚非时。

## 挽易昌陶

　　去去思君深，思君君不来；
　　愁杀芳年友，悲叹有馀哀。
　　衡阳雁声彻，湘滨春溜回；
　　感物念所欢，踯躅南城隈。
　　城隈草萋萋，涔泪侵双题；
　　采采馀孤景，日落衡云西。
　　方期沆瀁游，零落匪所思；
　　永诀从今始，午夜惊鸣鸡。
　　鸣鸡一声唱，汗漫东皋上；
　　冉冉望君来，握手珠眶涨。
　　关山蹇骥足，飞飚拂灵帐；
　　我怀郁如焚，放歌倚列嶂。
　　列嶂青且茜，愿言试长剑；
　　东海有岛夷，北山尽仇怨。[22]
　　荡涤谁氏子，安得辞浮贱；
　　子期竟早亡，牙琴从此绝。
　　琴绝最伤情，朱华春不荣；
　　后来有千日，谁与共平生？

望灵荐杯酒，惨淡看铭旌；

惆怅中何寄，江天水一泓。[23]

毛泽东对湖南省立第一师范学校的环境感到满意，并学习和接触到不少新鲜知识和新的事物。他回想起过去几年的读书生活，认识到自己过去是太强调自学了。他重新思考，为自己定下新的为学之道。

1915年6月25日，毛泽东在写给湘生的信中说道：

湘生足下：

初一日接君书，今二十五日矣，未作复者，吾夏假住处未定也。前友人招往浏阳，继吾不欲往，寓省城又无钱，故只有回家一法。学校试验今日完，吾于课程荒甚。从前拿错主意，为学无头绪，而于学堂科学，尤厌其繁碎。今闻于师友，且齿已长，而识稍进。于是决定为学之道，先博而后约，先中而后西，先普通而后专门。质之吾兄，以为何如？前者已矣，今日为始。昔吾好独立蹊径，今乃知其非。学校分数奖励之虚荣，尤所鄙弃，今乃知其不是。尝见曾文正[24]家书有云：吾阅性理书时，又好做文章；做文章时，又参以他务，以致百不一成。此言岂非金玉！吾今日舍治科学，求分数，尚有何事？别人或谓退化，吾自谓进化也。阅足下所定课程及为学之功，使愧慑无地。不知足下之意，学校与自修果已定否？看君欲学英文、数学，又似预备进学校。如言自修，吾举两人闻君。其一康有为。康尝言：吾四十岁以前，学遍中国学问；四十年以后，又吸收西国学问之精华。其一梁启超，梁固早慧，观其自述，亦是先业词章，后治各科。盖文学为百学之原，吾前言诗赋无用，实失言也。足下有志于此乎？来日之中国，艰难百倍于昔，非有奇杰不足言救济，足下幸无暴弃。同学陈子[25]，有志之士，余不多见。屠沽贾炫之中，必有非常之人，盍留意焉！人非圣贤，不能孑然有所成就，亲师而外，取友为急，以为然乎？读君诗，调高意厚，非我所能。……

又《明耻篇》一本，本校辑发，于中日交涉，颇得其概，阅之终篇，亦可得新知于万一也。

泽东顿首

六月廿五日

复启者，适得高等师范信，下期设招文史两科，皆为矫近时学绝道丧之弊。其制大要与书院相似，重自习，不数上讲堂，真研古好处也。吴校长，即作训学生辞者，教习闻皆一时名宿。阅其招学通告，固自与他（校）不同，吾意与足下宗旨相合，可来考乎？寄上通告一纸，伏乞详（察）。

泽东又及

信中提到《明耻篇》一书，是1915年夏天，湖南省立第一师范学校的学生集资刊印的，目的是揭露袁世凯卖国求荣的卑鄙行径。1915年1月，日本国政府令其驻中国公使向袁世凯提出旨在独占中国的二十一条后，5月7日，又发出最后通牒，限48小时内答复。5月9日，袁世凯对日本的要求，除声明第5号一部分"容日后协商"外，其余一概加以承认。因此，中国人民将5月7日作为国耻纪念日。

《明耻篇》全书辑有七篇文章和一个附件。文章为：（一）救国刍言；（二）中日交涉之前后状况；（三）已签字之中日新约及交换照会；（四）请看日本前此计灭朝鲜之榜样；（五）日本祸我中国数十年来之回顾；（六）高丽亡国后归并日本之惨酷情形；（七）越南亡国惨状略述。附件为：中日贸易出入额之比较。卷首有一师教习石润山写的《感言》。书中揭露日本侵略中国、灭亡朝鲜，法国灭亡越南以及袁世凯卖国的罪行；并陈述了救国方法，力图唤起人们不忘国耻，奋起挽救民族危机。毛泽东阅读该书时，加了许多圈点和着重号，并在多处写有批语。在该书的目次第二、三、四、五和附件的篇名上方，毛泽东均画了圈，并写有"圈出五篇为最紧要者，其余不阅可也"。

毛泽东还在《明耻篇》封面上题书：

五月七日，

民国奇耻；

何以报仇？

在我学子！

他还在卷首《感言》后题志：

此文为第一师范学校教习石润山先生作。先生名广权，宝庆人。当中日交涉解决之顷，举校愤激，先生尤痛慨，至辍寝忘食，同学等爰集资刊印此篇，先生则为序其端而编次之，云云。

《救国刍言》亦先生作。

这一时期，毛泽东依然是康有为、梁启超的崇拜者。在湖南一师读书期间，他再一次向表兄文咏昌借阅了《新民丛报》《盛世危言》等书刊。至今还保留着毛泽东1915年2月24日写给文咏昌的还书便条：

咏昌先生：

书十一本，内《盛世危言》[26]失布匣，《新民丛报》[27]损去首叶，抱歉之至，尚希原谅。

泽东敬白

正月十一日

又国文教科（书）二本，信一封。

从1915年夏至冬，毛泽东、徐特立、杨昌济、黎锦熙等，在一师校内外的反袁斗争活动，一直未停。据黎锦熙回忆，这年暑假，许多爱国师生仍在做宣传救国的工作，毛泽东大部分时间住在长沙，不停地演说、写文章。

高菊村等在《青年毛泽东》一书中写道：

这年秋冬之际，全国反对袁世凯当皇帝的斗争达到高潮。鼓吹帝制的"筹安会"按照袁世凯的旨意，图谋变更国体。湖南汤芗铭首起响应，设立筹安会湖南分会，电劝袁世凯复辟帝制。湖南拥袁和反袁斗争炽热化，长沙小吴门附近的"船山学社"，成了公开进行反袁演说的场所。毛泽东和一师进步师生经常到此处参加活动。他还将汤化龙、康有为、梁启超三人有关对当时形势表示不满的文章编印成册，并于1915年12月12日写信给萧子升，请他题写书名："汤康梁三先生之时局痛言。"

这个反袁小册子编印出来以后，他组织并参加同学们在校内外的散发宣传活动，向友人寄赠。陈昌曾在日记中写道："上午八时接润之兄书，并承赐《汤康梁三先生之时局痛言》一本。夫康氏素排议共和，今又出而讥帝制，其所谓时中之圣。斯人若出，民国亦云幸矣！"[28]

这里提到毛泽东致信萧子升，请他为《汤康梁三先生之时局痛言》题写书名。原信无写作年月，据考证，写信时间应在1915年冬，而有的学者则进一步推论为1915年12月。萧子升在湘乡东山高等小学堂时，就与毛泽东是同学。随后，两人又同在湖南省立第一师范学校读书，过往甚密，并常有书信往来，交流学习心得，探讨人生社会哲理。这封信的原文如下：

子升学长执事：

日昨会面遽卒，欲谈未畅。思信《君宪救国论》[29]一阅，兄处既无此，以后随意觅之可也。所谓五段课程，实用功至浅，前以劝陈君[30]课余宜以学文，遂随及之。言先于行，良滋惭愧。晨读英文，午前八时至午后三时上讲堂，四时至晚饭国文，明灯至熄灯温习各门功课，熄灯后以一时运动。所谓五段者如此。近校中印发汤康梁[31]三先生书文，封面当签署"汤康梁三先生之时局痛言"十一字，仰吾兄翰赐书为幸，长以此信笺之长减半寸为限，大小真草，随兄为之。须此甚急，可否明天上午赐来？不一。

弟　泽东白
十二日

毛泽东与萧子升还有一段有趣的交往。1917年夏，萧子升订了一个读书札记本，题名为《一切入一》。他请毛泽东在扉页上题词，毛泽东慨然允诺，欣然命笔，抒发了他对博与精问题的看法：

君既订此本成，名之曰《一切入一》，命予有以书其端。予维庄生有言：吾生也有涯，而知也无涯。今世学问之涂愈益加辟，文化日益进步，人事日益蕃衍，势有不可完诘者。惟文化进矣，人之知慧亦随而进，则所以完诘之者，仍自有道也。顾完诘也同。而有获有不获，则积不积之故也。今夫百丈之台，其始则一石耳，由是而二石焉，由是而三石四石，以至于万石焉。学问亦然。今日记一事，明日悟一理，积久而成学。高以下基，洪由纤起，在乎人之求之而已。等积矣，又有大小偏全之别，庇千山之材而为一台，汇百家之说而成一学，取精用宏，根茂实盛，此与夫执一先生之言而姝姝自悦者，区以别矣。虽然，台积而高，学积而博，可以为至矣，而未也。有台而不坚，有学而不精。无以异乎无台与学也。学如何精，视乎积之道而已矣。积之之道，在有条理。吾国古学之弊，在于混杂而无章，分类则以经、史、子、集，政教合一，玄著不分，此所以累数千年而无进也。若夫西洋则不然，其于一学，有所谓纯正者焉，有所谓应用者焉，又有所谓说明者焉，有所谓规范者焉，界万有之学而立为科。于一科之中，复剖分为界、为门、为纲、为属、为种，秩乎若瀑布之悬岩而振也。今而有志于学，不遵斯道焉，固未可以薪其精矣。虽然，犹未也。博与精，非旦暮所能成就，必也有恒乎？曰，日行不怕千万里。将适千里，及门而复，虽矻矻决不可及，恒不恒之分也。君之为此本也，意果存乎是，而欲尽其力以致之欤！此本之将以为积，审矣。搜罗万有，以博其心胸，抑又无疑。惟是札砭兼收，小大毕聚，虽美于目，而未必可悦于心，则宜有以条理之，挈其瑰宝，而绝其淄磷焉。又持之以久远，不中途而辍。诚若是，则固百丈之台之基矣，而予又奚疑！

民国六年夏　同学弟毛泽东

## 时事与人生

毛泽东在湖南省立第一师范学习期间，始终关心着天下大事，认真思考着人生的理想和道路问题。他对时事与人生的兴趣，并没有因为湖南一师安逸的学习条件而有丝毫的削减。

萧三回忆当时的情景时说：

自从他到了长沙，看到报纸以后，他就是一个最勤最忠实的读报者。在第一师范的自修室里，楼上楼下灯光之下，人们都在咿唔念书的时候，你只要到那时学校里设在一头的阅报室去，总可以遇到毛泽东在那里看报。他注意的是国内外的政治、军事形势。

第一师范的校舍后面有操场（前面街对面还有另一个操场），有不高的山丘。出学校的大门，往左边不远，有修好不久的粤汉铁路的一段——长株路。晚饭过后，同学们常到山上或者顺着铁路去散步。看火车开过去。有时他们往前面走到湘江的岸边，看水陆洲，看打鱼的划子、渡船……在散步的时候，毛泽东对同伴们讲述中国以及世界的新闻，有条有理，了如指掌。

那是第一次帝国主义世界大战的年代。毛泽东就好像是给同学们做每周以来国际国内的军事政治的时事报告：奥国的太子怎样在塞尔维亚被杀死，德国威廉二世怎样出兵，德俄、德法、德英如何宣战，凡尔登如何难攻，英法如何联盟，美国如何"参战"发财，日本如何趁火打劫，提出灭亡中国的二十一条……

"你的脑子真特别，"同学们惊叹地说，"我们同样也看了报的，为什么我们不如你分析得清楚呢？"

是的，毛泽东的政治头脑在这时候已经很发达了。他善于分析，善于总结、概括、归纳——这又是科学的头脑，学者的头脑。他给同学说时事问题的时候，常常联系到中国的历史，以及近年来中国的事变。

第一师范订了上海和长沙的两份报纸，人数多，报纸少。毛泽东乃自己订阅一份。把新闻从头到尾看了之后，他裁下报纸两边或四周的白纸条，用绳线订好。在那些不宽的、长长的纸条上，他把在报上所见到的地理名字一个个都写上，然后对着地图看。写的是英文。同学们问他："你这是做什么呢？"

毛泽东回答说："我学着写英文，再则，我把世界各国所有城市、港口、海洋、江河、山岳的名称记熟。还有，最重要的，报纸是活的历史，读它又可以增长许多知识。"

的确，在上井冈山以前，泽东没有间断过看上海、北京、长沙的报纸，而且看得都很仔细。有时一张报纸，他可以看几个小时。报纸旁边一本中国地图，一本世界各国地图，每个地名都查得很仔细。直到现在，你随便提什么地名，他都可以立即告诉你，那是在中国哪一省，哪一县；在世界哪一国哪一个角落。

有一个时期，毛泽东专门研究地理。和专门研究历史时一样的办法——抓住中心，旁征博引，不离其宗，一直到有了相当的成绩，才告一个段落。

由于从小就有这样"学而不厌"的精神，从青年时代就养成了这种刻苦治学的习惯和方法，毛泽东成了博古通今的人。他是非常博学的，同时他的学问又是很渊深的。

和世界历史的巨人马克思、恩格斯、列宁、斯大林一样，伟大的革命家毛泽东是宣传家、组织家、兵士，但首先还是学者。[32]

中共湖南省委宣传部曾经邀请湖南省哲学社会科学研究所、韶山毛泽东旧居陈列馆、长沙市毛主席革命纪念地办公室、湘乡县委宣传部的部分同志，从1977年5月起，查阅了大量的原始文献，访问了许多当事人，经过两年多的准备，形成《毛泽东同志的青少年时代》这部资料性著作。书中记载说：

毛泽东非常关心时事，十分认真地阅读报章杂志。他认为，要改造国家，改造社会，必须了解社会的现状，了解国内外局势的发展和变化。当时长沙的《公言》杂志，以很大篇幅刊载了第一次世界大战的消息，毛泽东是每期必读的；还有一种《甲寅》杂志，其中刊载了不少反对帝制的文章，他也常到朋友那里借阅。最能帮助他了解国内外大事的，还是学校阅报室的每日报纸。

第一师范的阅报室里，湖南、上海、北京等地有名的报纸，每天都安置在报架上，去看报的同学也不少，而每天必到，一看就是一两个钟头的，却只有毛泽东一人。他看报很仔细、认真，有时把地图带去，看看报纸，又查查地图；有时把文章中提到的世界各国的城市、山岳、河流、港口等记下来，然后再查出英文名称。他对同学说，这是一举三得：了解时事，熟悉地理，学习英文。他的同班同学周世钊回忆说："第一师范的同学都称他是'时事通'。如果有不明了的时事问题，找他一谈就解决了；如果在自习室、运动场找他不见，常常在阅报室可以找见他。晚饭后，星期天，他喜欢和班上同学沿着铁路散步，大家看到麓山夕照，湘水归帆，心神轻松开朗。就在这时，他每每为我们分析中国和世界的政治、军事形势，是那么详尽，那么明晰，那么有根有据，特别是谈到列强如何侵略中国，中国为什么被侵略而不能抵抗，青年对救国应负的责任时，同学们的情绪，随着他有感情、有鼓动力的谈话，时而兴奋，时而激昂，时而愤怒。因此，同学们都赞誉他'身无半文，心忧天下'。"

1917年11月7日（俄历10月25日），俄国爆发了伟大的十月革命，上海《民国日报》在11月10日，湖南《大公报》在11月17日先后做了报道。尽管资产阶级的报纸站在反动立场上，歪曲事实真相，诋毁这次革命，但是，俄国的工农兵夺取了政权这一铁的事实，是无论如何掩盖不了的。毛泽东从报道的字里行间，看出了这场革命是世界上的一件大事，以非常兴奋的心情，和同学们展开了热烈的讨论。

毛泽东阅读报纸，从不间断。为了便于随时阅读，他宁可别的东西不买或少买，每月紧打紧算，省出一块钱来，自己订了一份报纸。后来他回忆说：我在第一师范学校的几年中，总共用了160块钱，在这个数目中，有1/3花在报纸上，因为每月订一份报纸，就是一块钱。我还常常在书摊上买些书和杂志。父亲责骂我这是浪费，把钱白白地花在废纸上头。可是我养成了读报的习惯，从1911年到1927年，就是在走上井冈山以前，我从没有停止阅读北京、上海和湖南的每日报纸。

在学习上，毛泽东善于汲取他人的长处，从不放过获得新知识的机会。学校有个国文教员，课教得不好，同学们都不满意。毛泽东了解到这位教员曾经办过报，便常去找他讨论时事问题，并对同学们解释说，我们看一个人，要多看他的长处，只有虚心地学习人家的长处，才能弥补自己的不足。那时长沙常有外省的学者名流前来讲学，毛泽东总是前去拜访，虚心求教，并和他们建立通信联系。

长沙小吴门附近的船山学社，也是毛泽东常去的地方。船山学社于1915年开办，是湖南一些文人学士为纪念明末清初的思想家王船山[33]、专门讲演王船山学术思想的场所。袁世凯称帝时，这里是少有的能够公开听到反袁呼声的地方。毛泽东常邀集一些同学，到这里来听讲。当时，他正专心研究王船山的学说，这些讲演，对他的研究也有一定的帮助。

1915年，陈独秀主编的《新青年》杂志出版了。经杨昌济先生的介绍，毛泽东成了它最热心的读者。

《新青年》是当时宣传新文化运动的著名刊物。从创刊号起，就鲜明地树起了科学与民主两面大旗，以介绍西欧新思想、批判中国旧思想为职志。陈独秀在《新青年》上发表了许多文章，反复论证封建礼教与民主政治势不两立。他把思想上反对封建礼教与政治上主张民主制度结合起来，猛烈地抨击封建主义。李大钊同志也是《新青年》的主要撰稿人。他在该刊发表的《青春》等文章，热情号召青年"冲决过去历史之网罗，破坏陈旧学说之囹圄"，为中国的"回春再造"而努力。他的那些富有哲理的政论文章，除了贯穿反对封建主义的思想外，还用初步的辩证观点和充沛的革命乐观主义，热情地教育和鼓舞人民。这些充满战斗激情的文章，把毛泽东的思想引入到一个新的境界。他一边读，一边思考，常把文章中的精辟论述，整段地抄在自己的笔记本上，并加上自己的见解；也常和朋友们谈论这些文章的观点和问题；还曾将自己的文章送给《新青年》发表[34]。

毛泽东读了《新青年》之后，思想更加开阔了。陈独秀、李大钊一类先进人物，成了他心目中的崇拜对象，康有为、梁启超则早已被他抛弃。他认为"康似略有本源（按：指哲学、宇宙真理），然细观之，其本源究不能指其实在何处，徒为华言炫听，并无一杆树立、枝叶扶疏之妙"。[35]他觉得陈独秀、李大钊等人的思想，较之康、梁的思想进步得多，这种新思想代表了时代的声音，而康、梁的思想则成了时代的阻力。[36]

毛泽东在给同学的信中，经常纵论他对天下大势的看法，内容涉及国内外。这里仅录1916年7月25日毛泽东致萧子升的信，便可从中了解大概：

升兄足下：

十二日由湘潭发一函，十八日由校发一函，皆详述时事，不知有遗落否？盼复不至，曷胜延企。国局自上月三十日约法、国会、内阁三大问题[37]解决后，南方相继取消独立，撤除军务院，渐趋统一。此由于南部诸英之深明大义，及段氏[38]之中枢斡运，黎公[39]之至诚感人，其力尤多。……

前言附和帝制者，不可穷惩，虽然，其诸罪魁祸首，为塞后患、励廉耻起见，又何可不治，庶几震竦天下之耳目，而扫绝风霾腥秽之气。故拿办八人令[40]下，人心奇快。阅报至此，为之惊骇。此衮衮诸公，皆曰势焰熏灼，炙手可热，而今乃有此下场！夫历史，无用之物也。居数千年治化之下，前代成败盛衰之迹岂少，应如何善择，自立自处？王莽、曹操、司马懿、拿破仑、梅特涅之徒，奈何皆不足为前车之鉴？史而有用，不至于是。故最愚者袁世凯，而八人者则其次也。此次惩办，武人未及，如段芝贵、倪嗣冲、吴炳湘等，皆不与于罪人之数，舆论非之，即八人者，闻亦多逃矣。

近日朝野有动色相告者一事，曰"日俄协约"。此约业已成立，两国各尊重在满之权利外，俄让长春滨江间铁路及松花江航权，而日助俄以枪械弹药战争之物。今所明布者犹轻，其重且要者，密之不令人见也。驻日公使有急报归国，《大公报》登之，足下可观焉。大隈[41]阁有动摇之说，然无论何人执政，其对我政策不易。思之思之，日人试我国劲敌！感以纵横万里而屈于三岛，民数号四万万而对此三千万者为之奴，满蒙去而北边动，胡马骎骎入中原，况山东已失，开济之路已为攫去，则入河南矣。二十年内，非一战不足以图存，而国人犹沉酣未觉，注意东事者少。愚意吾侪无他事可做，欲完自身以保子孙，止有磨砺以待日本。吾之内情，彼尽知之，而吾人有不知者；彼之内状，吾人寡有知者焉。吾愿足下看书报，注意东事，祈共勉之，谓可乎？

西人似无大烈之战，据经济家从经济上观察，战事[42]不能再延一年。现在德、奥始终未败，鞑旦海峡始终未破，塞、比、门三国[43]已亡，自去冬罗马尼亚加入后，同盟国声威更振，协约方面则屡思耸动葡萄牙、希腊，然至今未动云。

墨乱[44]未已，美以兵力干涉，喧传已久，然未见实行，反有墨乱徒侵入美南部，恣杀民人之事。威尔逊任期已满，正在选举中。候补者[45]威尔逊、许士、罗斯福[46]。有举威者，芝加高则举许。许，大理院长，主和平与威同。美人忌罗氏雄杰。罗亦自知不胜，乃宣告让许。吾意美人既不愿加入欧战，又扩张兵备之事，舆论尚未成熟，故此次非威即许，政策既不变，则威不妨联任。至罗当民国元年与塔虎脱竞争，由共和党裂为进步党，以此使民主党之威尔逊坐收渔人之利。犹忆其往某处演说，怨家刺之，血流肠溃，犹从容演说毕乃就医，未尝不叹其勇且壮！闻其春秋盛，雄奇迈往之气未衰。愚意此刻非彼用武之时，欧洲非彼用武之地。彼之时，乃十年以后；其地，则太平洋耳。日美战争之说，传之已久。十年之后，中国兴会稽之师[47]，彼则仗同袍之义，吾攻其陆，彼攻其海。既服三岛，东西两共和国亲和接近，欢然为经济食货之献酬，斯亦千载之大业已。今之退让，殆亦有见于此乎！

湘城报纸近无虑七八家，《大公报》[48]殊有精神，以厄于篇幅，不能多载新闻。《湖南公报》[49]纯系抄录，然新闻为多。近日海上诸名流演说，如孙中山之地方自治等，长哉万言，殊可益智，《湖南公报》载之，而《大公报》不见。又如《时报》[50]著名访员之通函，该报亦向不录，为可惜也。此数日载有天坛宪法草案[51]原稿，此可摘下，而议会之议事录，亦可注意焉。

书此既竟，接足下及暲兄[52]大示，始知前两书均未达览，承寄银市信[53]，亦未奉到。盖初九日在家动身，正兄言旋不久，尚在途中耳。在校颇有奋发踔励之概，从早至晚，读书不休，人数稀少，天气亦佳，惟甚畏开学上课。暲兄在原地教学甚善。望时惠箴规，借益愚陋。现在兵已退去，前所以能住，升兄知之也。余意不尽，敬颂

日绥。

弟 泽东白<br>七月二十五日灯下

这封长信，集中体现了毛泽东心忧天下大事，以民族大业为己任的胸怀。其中预言，中日之间"二十年内，非一战不足以图存"，并告诫要"注意东事"，堪称唤起国人的警句。而在当时，毛泽东不过23岁。

## 健全的体魄

毛泽东在湖南省立第一师范学校读书期间，十分注意体育锻炼。他对体育的重要性有特殊的认识，把它视为磨砺意志和品行的工具，以求身心并完之效。他在1916年12月9日写给黎锦熙的信中这样写道：

劭西仁兄大人阁下：

去冬曾上一函，所言多不是[54]，得书解责，中心服之。前之所言，诚自知其不当。袁氏笼络名士，如王、梁、章、樊诸人[55]，均堕其术中。以此联想及兄。其实兄尚非今之所谓名士也。事务之官，固不同乘权借势之选，而兄之所处，不过编书，犹是书生事业，并事务官而无之，于进退之义何有？此弟之甚妄言也。……今乃有进者：古称三达德，智、仁与勇并举。今之教育学者以为可配德智体之三言。诚以德智所寄，不外于身；智仁体也，非勇无以为用。且观自来不永寿者，未必其数之本短也，或亦其身体之弱然尔。颜子[56]则早夭矣；贾生[57]，王佐之才，死之年才三十三耳；王勃、卢照邻[58]或早死，或坐废。此皆有甚高之德与智，一旦身不存，德智则随之而隳矣！夫人之一生，所乐所事，夫曰实现。世界之外有本体，血肉虽死，心灵不死，不在寿命之长短，而在成功之多寡。此其言固矣。然苟身之不全，则先已不足自乐于心，本实先拔矣。反观世事，何者可欤？观卢升之[59]集，而知其痛心之极矣。昔者圣人之自卫其生也，鱼馁肉败不食，《乡党》一篇[60]载之详矣。孟子曰：知命者不立夫岩之下。有身而不能自强，可以自强而故暴弃之，此食馁败而立岩墙也，可惜孰甚焉！兄之德智美矣，

惟身体健康一层，不免少缺。弟意宜勤加运动之功。弟身亦不强，近以运动之故，受益颇多。闻之至弱之人，可以进于至强。东西大体育家，若罗斯福，若孙棠，若嘉纳，<sup>（61）</sup>皆以至弱之身，而得至强之效。弟始闻体魄、精神不能并完，且官骸肌络及时而定，不复再可改易，今乃知其不然。心身可以并完也，而官骸亦无时不可改易也。愚意如此，不知合兄之心否？余不多言，

敬请

教安！

小弟　泽东谨上<br>十二月九日

在众多的体育项目中，毛泽东最喜欢游泳和郊游、爬山、风浴。在这些活动中，毛泽东接触社会，接触大自然，从中领受到无穷的乐趣。

在张昆弟的日记中，记述了1917年9月间同毛泽东的一次郊游活动：

## 9月16日

今日星期，约与蔡和森、毛润之、彭则厚作一二时之旅行。早饭后，彭君过河邀蔡君同至渔湾市会伴，余与毛君先到渔湾市。稍久，彭君一人来，蔡君以值今日移居不果行。此议发自蔡君，余诺之，并商之彭毛二君也。事之难合，诚莫能料。三人遂沿铁道行，天气炎热，幸风大温稍解。走十余里休息于铁路旁茶店，饮茶解渴，稍坐又行。过十余里，经大托铺，前行六里息饭店，并在此午饭。饭每大碗五十文，菜每碗二十文，三人共吃饭五大碗，小菜五碗。饭后稍息，拟就该店后大塘浴，以水浅不及股止，遂至店拿浴具前行。未及三里寻一清且深之港坝，三人同浴，余以不善水甚不自由。浴后，行十四里至目的地下，时日将西下矣。遂由山之背缘石砌而上，湘水清临其下，高峰秀挹其上，昭山其名也。山上有寺，名昭山寺，寺有和尚三四人。余辈（告）以来意，时晚，欲在该寺借宿。和尚初有不肯意，余辈遂有作露宿于丛树中之意。和尚后允借宿，露宿暂止。晚饭后，三人同由山之正面下，就湘江浴。浴后，盘沙对语，凉风暖解，水波助语，不知乐从何来也。久之，由原路上，时行时语，不见山之倒立矣。和尚待于前门，星光照下，树色苍浓，隐隐生气勃发焉。不久进寺，和尚带余辈至一客房，指旷床为宿处，并借余辈小被一块。房外有小楼一间，余辈至小楼纳凉，南风乱吹，三人语笑称善者久之。谈语颇久，甚相得也，毛君云，西人物质文明极盛，遂为衣食住三者所拘，徒供肉欲之发达已耳。若人生仅此衣食住三者而已足，是人生太无价值。又云，吾辈必想一最容易之方法，以解经济问题，而后求遂吾人理想之世界主义。又云，人之心力与体力合行一事，事未有难成者。余甚然其言。且人心能力说，余久信仰，故余有以谭嗣同《仁学》可炼心力之说，友鼎丞亦然之。彭君以清夜之感，久有为僧之志，且云数年后邀余辈同至该

邑名山读书，余与毛君亦有此志，毛君之志较余尤坚。余当时亦有感云，风吹树扰声天籁，欲报无从悟弃形。但未出以相示。夜深始睡。

十七日补

## 9月23日

昨日下午与毛君润芝游泳。游泳后至麓山蔡和森君居。时将黄昏，遂宿于此。夜谈颇久。毛君润芝云，现在国民性惰，虚伪相崇，奴隶性成，思想狭隘，安得国人有大哲学革命家、大伦理革命家，如俄之托尔斯泰其人，以洗涤国民之旧思想，开发其新思想。余甚然其言。中国人沉郁固塞，陋不自知，入主出奴，普成习性。安得有俄之托尔斯泰其人者，冲决一切现象之网罗，发展其理想之世界。行之以身，著之以书，以真理为归，真理所在，毫不旁顾。前之谭嗣同，今之陈独秀，其人者，魄力颇雄大，诚非今日俗学所可比拟。又毛君主张将唐宋以后之文集诗集，焚诸一炉。又主张家族革命，师生革命。革命非兵戎相见之谓，乃除旧布新之谓。

今日早起，同蔡毛二君由蔡君居侧上岳麓，沿山脊而行，至书院后下山，凉风大发，空气清爽。空气浴，大风浴，胸襟洞澈，旷然有远俗之慨。归时十一句钟矣。

由麓山归，作家书一封。下午送信晋城，托胡君带归。

这段往事，同样给毛泽东留下了难忘的记忆。1936年冬，他对斯诺提起在湖南省立第一师范学校的学习和生活时，兴奋地说道：

……

但是，我逐渐地团结了一批学生在我的周围，形成了一个核心，后来成为对中国的国事和命运产生广泛影响的一个学会。这是一小批态度严肃的人，他们不屑于议论身边琐事。他们的一言一行，都一定要有一个目的。他们没有时间谈情说爱，他们认为时局危急，求知的需要迫切，不允许他们去谈论女人或私人问题。我对女人不感兴趣。我14岁的时候，父母给我娶了一个20岁的女子，可是我从来没有和她一起生活过——后来也没有。我并不认为她是我的妻子，这时也没有想到她。在这个年龄的青年的生活中，议论女性的魅力通常占有重要的位置，可是我的同伴非但没有这样做，而且连日常生活的普通事情也拒绝谈论。记得有一次我在一个青年的家里，他对我说起要买些肉，当着我的面把他的用人叫来，谈买肉的事，最后吩咐他去买一块。我生气了，以后再也不同那个家伙见面了。我的朋友和我只愿意谈论大事——人的天性，人类社会，中国，世界，宇宙！

我们也热心于体育锻炼。在寒假当中，我们徒步穿野越林，爬山绕城，渡江过河。遇见下雨，我们就脱掉衬衣让雨淋，说这是雨浴。烈日当空，我们也脱掉衬衣，说是日光浴。春风吹来的时候，我们高声叫嚷，说这是叫作"风浴"的体育新项目。在已经下霜的日子，我们就露天睡觉，甚至到11月份，我们还在寒冷的河水里游泳。这一切都是在"体格锻炼"的名义下进行的。这对于增强我的体格大概很有帮助，我后来在华南多次往返行军中，从江西到西北的长征中，特别需要这样的体格。[62]

1925年间，毛泽东来到长沙，漫步湘江，当年的往事重又浮现眼前。他追昔抚今，受激昂情绪的鼓舞，吟成《沁园春·长沙》。诗中再现了毛泽东在湖南一师期间与同学友人畅游湘江、针砭时弊的情景：

## 沁园春
### 长 沙

独立寒秋，
湘江北去，
橘子洲头。
看万山红遍，
层林尽染；
漫江碧透，
百舸争流。
鹰击长空，
鱼翔浅底，
万类霜天竞自由。
怅寥廓，
问苍茫大地，
谁主沉浮？

携来百侣曾游。
忆往昔峥嵘岁月稠。
恰同学少年，
风华正茂；
书生意气，
挥斥方遒。
指点江山，
激扬文字，

粪土当年万户侯。

曾记否，

到中流击水，

浪遏飞舟？

1958年12月，毛泽东在广州重读这首词时，曾写下这样的文字，也是对当年的追忆：

"那时初学，盛夏水涨，几死者数。一群人终于坚持，直到隆冬，犹在江中。当时有一篇诗，都忘记了，只记得两句：自信人生二百年，会当水击三千里。"〔63〕

关于毛泽东游泳的情况，高菊村等在《青年毛泽东》一书中写道：

1918年3月，毛泽东协助学校请上海《教育》杂志主编李石岑来校讲演。李既是当时的一名学者，又是一位游泳专家。据一师七班学生李泽荣回忆：李石岑在校演讲后，毛泽东请他到湘江现场教授游泳技术。那时，大约是清明前后，还穿着棉衣，毛泽东带着30多人，到橘子洲头练习游泳。李石岑先生下水做示范，毛泽东和我们也就一鼓作气地跳下水去，游了三四十分钟。〔64〕

《新湘评论》编辑部的资料也写道：

第一师范前面的湘江，江宽水深，是游泳的好场所。毛泽东经常邀集同学，到湘江中的橘子洲头附近和南湖港一带游泳。由于他从小就喜爱游泳，所以技术好、胆量大、坚持力强。他不但能横渡湘江，还能从猴子石游到相距近十里的牌楼口去。他也能在别人穿棉衣的天气，在江中游泳。有一次他和罗学瓒等几个同学，不顾北风呼啸，天气寒冷，毅然去江中游泳。……不过，也发生过危险。有一次，毛泽东游泳将要达到对岸时，被大浪冲入木簰下，幸好被一个同学救了出来。解放后，与老同学谈及此事时，他诙谐地说：那次如果不是亏了一个同学搭救，我险些"出了洋"。虽然如此，但他并不像有些人那样，"一朝被蛇咬，十年怕井绳"，而是总结经验教训，坚持锻炼。〔65〕

毛泽东还酷爱冷水浴。高菊村等《青年毛泽东》一书中写道：

一师浴室旁有一口水井，毛泽东每天清晨蒙蒙亮起身，第一件事是到这里进行冷水浴。他脱去上衣，将水一桶一桶地吊上来，先是用水擦身，擦了淋，淋了擦，这样反复做上一二十分钟，直到全身发红发热为止。他常对同学们说：冷水浴有两大好处：第一，它可以促进血液循环，增强身体的抵抗力，并能强壮筋骨；第二，它可以培养勇猛无畏的气魄和战胜困难的精神。有同学问他为何能如此坚持，他回答说：在冬季坚持冷水浴确实不容易，但只要下定决心，难关是可以突破的。根据我的经验，一切锻炼身体的活动，不论是复杂的，还是简单的，也不论是花时间多的，还是花时间少的，要把它坚持到底，都不是容易事情。关键问题在于一个人有没有决心和毅力。只要有决心和毅力，就会坚持到最后，就可以习惯成自然，不会感到有什么困难了。所以重要的问题，在于持之以恒。[66]

登山，也是毛泽东经常性的运动项目。《新湘评论》编辑部的资料写道：

与第一师范隔江相望的岳麓山，踏满了他和他的朋友们的足迹。有一次，当黎明即将来临的时候，他和蔡和森等健步登上了山巅。不久，突然冷风四起，空气清新，他们趁机做"空气浴"，和"大风浴"。极目远眺，四面起伏的绿浪，天际灿烂的彩霞，江上往来的白帆，大自然的瑰丽风光，尽收眼底。这时，他们想起山顶云麓宫前望江亭上的一副对联"西南云气来衡岳，日夜江声下洞庭"，体味着其中的意境，顿觉胸怀开阔，旷然有凌云之慨。还有一次，在一个电闪雷鸣、狂风大作、暴雨倾盆的夜晚，毛泽东鼓起勇气，顶风冒雨，登上岳麓山，然后又从山顶跑下来，遍体湿淋淋地来到了山下蔡和森的家里。蔡伯母问他这是怎么回事，他说这是为了体会《书经》上"纳于大麓，烈风雷雨弗迷"这句话的情趣，并借以锻炼身体和意志。

野外露宿是一种锻炼勇敢和胆量的好办法。毛泽东经常邀集朋友，到学校后山的君子亭，岳麓山的爱晚亭、白鹤泉和湘江中的橘子洲头等处露宿。当夜幕降临，游人散尽的时候，他们还在那里高谈阔论，直至夜阑，大家都疲倦了，才各自找个地方，相隔一定的距离，露宿到天明。有一天早晨，几个游人来到岳麓山，见庙旁露天底下一条长板凳上睡着一个人，头脚都用报纸盖着。游人吵醒了他，他动了一动，翻过身，收拾好报纸，起身就走了。这个人就是毛泽东。原来，山上夏夜蚊子多，他只好用报纸盖着身子睡觉。这种露宿活动，甚至到了下霜的日子，他们还在坚持。[67]

毛泽东非常注意德、智、体全面发展。据当年在湖南省立第一师范学校第八班读书的贺果回忆说：

学校将一些爱好球类和田径的同学，组成"选手队"，一心为了在全省学生运动会上夺锦标，得名次。我们这些人也简直成了运动迷，上课不专心，学习不发愤，光想着比赛。体育运动究竟为了什么？我们谁也没有去想这个问题。毛泽东总是耐心地启发诱导我们，他曾对我说，你有锻炼的兴趣，这是可贵的，但不要只偏重一两项，搞畸形发展，还应该懂得运动的目的，是为了增强体质，以便有充沛的精力去搞好学习，担负起改造社会的大任。[68]

1917年6月，湖南省立第一师范学校开展德智体优秀"人物互选"活动，毛泽东成为全校学生的佼佼者。《毛泽东同志的青少年时代》一书写道：

"人物互选"是当时学校考查学生学业和操行的一种办法。互选的条件包括德育、智育、体育三个方面。德育方面的内容有敦品、自治、好学、克己、俭朴、服务等项；智育方面的内容有才具、言语、文学、科学、美育等项；体育方面的内容有胆识、卫生、体操、竞技等项。选举的办法是：各班同学在本班教室举行，每人最多投3票，每票只能选举一人，被选对象不限本班，列举项目必须名实相符。全校11个班400多人参加选举，当选者34人，其中毛泽东得票最多。其他当选者只有德智体3项中的一项或两项得票，而毛泽东3项都得票。在德智体3个方面所包括的细目中，毛泽东得票也最多，有敦品（敦廉耻、尚气节、慎交友、屏外诱之类）、自治（守秩序、重礼节、慎言笑之类）、文学（长于国文词章之类）、言语（长于演讲、论辩、应对之类）、才具（应变有方、办事精细之类）、胆识（冒险进取、警备非常之类）6项[69]；而其他当选者只有两人达到4项，多数都只在一个方面得票。"才具"一项，只有毛泽东和另一个同学得票；而"胆识"和"言语"两项，则为毛泽东所独具。

选举结束，同学们议论开了。有的说："毛泽东得票最多，的确是应该的。"有的说："我们的毛伟人真有'咬菜根'的精神，不讲吃，不讲穿，心里想的，口里谈的，都是怎样改造国家社会的大事。可惜人物互选的项目，就没有哪一项包括得了。"[70]

萧三回忆起毛泽东在一师时的品格时说：

在湖南第一师范时，毛泽东的好学和为人，他的思想、言论、品行，他的自求进步，富有自信力和不可屈辱，勇于反抗不合理的事物的精神和谦虚诚恳的态度，他的俭朴的生活，豁达而又踏实的作风，引起同学们衷心的钦佩。不少人受了他的影响也力求上进，向他看齐。他和同学好友们都以至诚相处，晤谈时只讨论学问文章道德品行和人民生活、民族命运等天下国家的大事，从不涉及个人生活琐事。他高高的身材，微微有点弓的背，脚步大而坚定；有魄力，但按部就班，又无表面铺张和个人出风头意思的活动；他的勤勉有恒的博览，精细深入的钻研；他的从容的、清楚的谈吐，略低着或偏着头听别人的谈话，而自己只"嗯""是的"地回答，在倾听对方说完之后，他有条有理地给对谈者分析，提出要点，做成结论。他的话并不多，但每一句都很中肯，都能启发人再往前进，再往远处大处着想。你有什么疑问，只要和他一谈，便一切迎刃而解，一切都明朗化，都有了办法。他的办法、主意之多，他的异乎寻常人的丰富的创造性，他的无穷尽的毅力、智慧，他的异乎常人的明确和敏捷的判断力与推测力，他的大刀阔斧而又精细的气魄与风度……得到全校师生的爱戴。[71]

## "游学先生"

《新湘评论》编辑部的资料写道：

1917年7月，学校放暑假了，同学们纷纷离校回家。毛泽东也回韶山看望双亲，但他很快就返回长沙，邀请在楚怡小学教书的老同学萧子升，利用暑假这段时间，一同到农村做调查。

一个晴朗的早晨，毛泽东来到楚怡学校。他穿着一件白色旧上衣，带着一把旧雨伞和一个布包，布包里有一套换洗衣服、毛巾、笔记本、毛笔和墨盒。他和萧子升从楚怡出发，过湘江后，换上草鞋，踏上了去宁乡的石板路。

这次"长途旅行"，他们有意识地不带一文钱，而采用"游学"的办法。"游学"，本来是旧社会某些知识分子，用以寻师求学的一种方法，但是也有一些潦倒落拓的文人，没有出路，又不愿从事生产劳动，于是就以"游学"为名，到处流浪，靠给人家写字作对联糊口，实际上是一种变相的行乞行为。毛泽东给这种旧形式，注入了新的内容，运用它来进行农村调查，既新鲜，又很有意义，一路上遇到学校、商店、庙宇等，他们就写一副对联送去，人家给几个钱，就用来作为路上的费用。萧子升爱面子，只写不送。毛泽东则利用送对联的机会，广泛地接触社会各阶层人士，调查当地的历史、地理、民情、风俗等情况，从中了解社会世态，熟悉风土习尚，获得新的知识。

7月的农村，骄阳似火，气候炎热。毛泽东走在农村的小路上，满目田野风光，心里只觉得既舒畅，又亲切。他每到一个地方，就和贫苦农民拉家常，或者一起劳动。开始时，农民们觉得很奇怪：看他的装束，不像当地的农民；听他谈吐，又丝毫不像旧日的"游学"先生。毛泽东那土生土长的农民语言，那温和平易的态度，那关心体贴农民疾苦的思想感情，很快就取得了贫苦农民的信赖。农民们对这两个远道而来的青年人非常喜爱，留他们吃饭，让他们住宿，打开长年压抑着的心扉，向他们倾吐苦水，诉说不平。

一天，毛泽东和萧子升来到宁乡杓子冲访问友人何叔衡，受到了热情的接待。经何叔衡介绍，毛泽东到了一个农民的家里。夜，已经很深了，他还和那位农民围坐在一盏清淡的桐油灯下，促膝谈心。主人以忧郁的心情告诉毛泽东，他作贩田（佃田），交的"三七租"，不分白天黑夜卖力气，种出的谷子，七成交给了东家，自己终年劳累，却不得温饱。毛泽东听了这些诉说，英俊坚毅的脸上，充满着对农民的深厚同情和对地主的极大愤慨。

毛泽东来到宋家潭，在一所茅屋里，同一位老农和一位青年农民谈话。这两个农民上无片瓦，下无寸地，是当地受苦很深的两户佃农。毛泽东从他们眼前的生活，问到他们所受的痛苦：你们种谁的田？种了多少田？每年收多少谷？交了多少租？家里有多少人？生活怎么过法？东家的态度怎样？毛泽东的话，句句问到了农民的心坎上。两个农民先后诉说了自己苦难的家史和东家的狠毒，详细地回答了毛泽东提出的问题。毛泽东从这样的调查中，得到了对阶级剥削和阶级压迫的感性认识。

在何家住了两晚，毛泽东和萧子升又继续上路了。临行时，何家好意地送钱给他们做路费，他们坚持不要。此后，毛泽东决意不再去拜访同学和朋友，因为不愿意再受到像何家那样优厚的待遇。在他看来，艰苦的环境，可以磨炼战胜困难的意志。

他们向着沩山走去。途中经过一座不知名的山，山坡上有棵古老的松树，两人在树下睡了一觉，起来又走。走了一段，发现路旁有户人家，看家的是个老头，他们就进屋去与老人拉家常。那个老人姓王，曾经在县衙里当过门房，以为他们是要饭的，问他们为什么出来要饭？毛泽东说，我们想旅行，想看看农村的情况，又没有钱，只好"游学"。老人说：要饭的人并不坏，他们往往是最正直、最老实的。只有那些当官的最不正直，我在衙门里当门房时看到，谁想打赢官司，就得送钱给县官，谁给的钱多，县官就帮谁说话。这就叫作"衙门八字开，有理无钱莫进来"。毛泽东听后愤怒地说：这是什么世道！对衙门官吏的恨，加深着他对人民的爱；而对人民的爱，又加深着他对官吏的恨。爱与恨交织在一起，使他的心情久久无法平静。告别老人后，他还在愤懑地想着这世上不公平的事情。

不久，沩山隐约出现在面前，沩山曾是佛教史上的名山，山上有个很大的佛寺，里面住着很多和尚。毛泽东想了解佛教和佛教徒的生活，于是上了山。在佛寺里，他们听了方丈对于佛经的讲解，了解了佛教徒的生活，还和方丈讨论了老子、庄子的经典。

接着，他们不顾酷暑，跋山涉水，来到了安化。在安化县城参观了紫云山、东华阁、培英堂、孔庙、北宝塔等名胜古迹，毛泽东还兴致勃勃地在宝塔上挥笔题词：洢水拖兰，紫云反照，铜钟滴水，梅岭寒泉。

在调查途中，他们克服了生活中的种种困难。有时候口渴了，就在路旁喝几捧凉水；走累了，就到塘里洗洗澡；有时走到前不挨村、后不着店的地方，就在野外露宿。一次，他们沿着一条大河走去，河床很宽，但河水小。晚上，月亮出来了，照着他们的身影，乍看起来，好像有四个人在沙堤上行走。他们决定在沙滩上睡觉。大自然给他们增添了无穷的乐趣，他们风趣地说：沙滩是床，蓝天是帐，月亮当灯，星星做伴。毛泽东还指着岸边一棵老树说，这就是我们的衣柜。说着，顺手把布包、雨伞挂在树枝上。睡觉没有枕头，他们又找了两块石头，石头太高，就把一半埋在沙地里。就这样，他们欣赏着山乡夏夜的自然风光，舒舒服服地入睡了。

向社会实践学习的强烈欲望，和自觉寻找困难、战胜困难的决心，驱使他们不断向前。接着，毛泽东又调查了益阳、沅江两县的情况。在沅江时，正值湖区涨水，道路被淹，与外面的交通也断了。眼看暑假即将过去，他们便乘船返回长沙。

历时一个多月的农村调查，足迹遍及长沙、宁乡、安化、益阳、沅江五县的许多地方，行程达900余里。在调查过程中，他们每天都接触一些新问题，获得一些新知识。回长沙的路上，当他们回顾、总结自己的收获时，毛泽东深有体会地说，这次调查，使我们获得了比较丰富的社会知识，对农村情况有了进一步的了解，而且锻炼了克服困难的能力，知道了困难不是不可以战胜的。我们的目的完全达到了。

这年冬天，毛泽东又到浏阳县文家市铁炉冲一带去做调查。他住在友人陈绍休[72]家里，广泛了解了这一带农村的情况，向农民宣传了反对封建、反对迷信的革命道理。他没有一点架子，和农民们一起挑水、种菜。针对这里有的农民没有栽果树的习惯，毛泽东指着山上的果树说：前辈人不栽树，你们哪有果子吃？他还亲手栽了几棵板栗树，并且意味深长地说：前人种树，后人吃果。附近的农民知道铁炉冲来了个很好的"毛先生"，都高兴地来找他谈心。每天晚上，陈绍休家里挤满了贫苦的农民。在这普通的农舍里，毛泽东听到了贫苦农民的呼声。

通过调查，毛泽东进一步熟悉了社会，了解了农民。他感到"今之天下纷纷，就一面而言，本为变革应有事情"。应该用真理去教育群众，"变换全国之思想"，以便改造社会。因此，他在继续关心农民问题的同时，又不断接触工人群众，了解他们的疾苦和要求，启发他们的觉悟。[73]

**关于这段有趣的游学经历，毛泽东回忆说：**

一位姓唐的教员常常给我一些旧《民报》看，我读得很有兴趣。从那上面我知道了同盟会的活动和纲领。有一天我读到一份《民报》，上面刊载两个中国学生旅行全国的故事，他们一直走到西藏边境的打箭炉。这件事给我很大的鼓舞。我想效法他们，可是我没有钱，所以我想应当先在湖南旅行一试。

第二年夏天，我开始在湖南徒步旅行，游历了5个县。一个名叫萧瑜的学生与我同行。我们走遍了这5个县，没有花一个铜板。农民们给我们吃的，给我们地方睡觉；所到之处，都受到款待和欢迎。和我一同旅行的萧瑜这个家伙，后来在南京在易培基手下当国民党的官。易培基原来是湖南师范的校长，后来成了南京的大官，他给萧瑜谋到北京故宫博物院管理的职位。萧瑜盗卖了博物院里一些最珍贵的文物，于1934年卷款潜逃。[74]

**在这次游学之前，毛泽东还于1916年暑假同蔡和森游历湖南数县。他的同学萧三回忆说：**

1916年夏天，毛泽东利用暑假期间，邀同好友蔡和森一道，游历湖南几县。他们从长沙动身，各带一把雨伞。伞把上缠一条毛巾，脚穿一双草鞋，徒步游历了浏阳、湘阴、岳阳，绕洞庭湖半个圈而返，历时一个多月才回家。他们动身的时候，几乎不带一文钱，但走遍了许多地方。他们的办法是：遇到机关、学校、商店，他们就作一副对联，用红纸写好送去；人们就给他们吃饭，或打发几个钱，天黑了就留他们住宿。这在旧社会叫作"游学"。——没有出路的"读书人"，又不肯从事体力劳动生产，就靠写字作对联送人，"打秋风"以糊口。善于利用某些旧的形式来做新的事业的毛泽东却用这个办法来游历乡土，考察农民生活，了解各处风俗习惯，——这是他这个举动的现实主义的一面，也是主要的一面。农民问题在他脑子里，是从小以来就没有一刻放松过的呵。他一向反对死读书，主张活读书，即不光是书本上的学问，天下国家万事万物都要学习。他向往着古人"周览名山大川……襟怀日广"的说法。他也很有意周游全国，但是他没有旅费，于是用变相的行乞方法，先游湖南。——我们说，这是毛泽东青年时代罗曼蒂克的一面。

这次远行的路上，毛泽东写过几篇通讯，寄湖南《通俗日报》，用很深刻和明白晓畅而又幽默的文字，暴露社会上各种现象，如有一篇述说他们在湘阴参观一个女子学校，校长、教员都蓄有胡子。毛泽东写道："胡子之作用大矣哉！"

在路上他们到一处，吃一处，遇着寺庙，就进去和和尚谈天，给人家送字。有的农民起初有些怀疑，见他们又不像平常游学先生，又不大像叫花子，还有的说他们是算八字的……但毛泽东等和农民一接近，农民就很欢迎，好好地款待他们。沿途他们了解各县农民的风俗习惯，农民的生活状况，地主、佃户如何收租、送租的，贫农的痛苦等。农民给他们饭吃，给他们提供住宿。万一找不到食宿的处所时，他们就露宿，吃山楂子、蔷薇果等东西。

1917年夏天，毛泽东和另一个同伴萧子升从长沙出发，徒步去旅行，他们经宁乡，特别访问了何叔衡的老家，备受款待。经何叔衡的介绍，毛泽东到一位贫苦农民家里，和这位农民促膝谈心。在何家留宿，然后继续出发，参观了宁乡有名的沩山寺，向和尚借宿，再前进，走安化。路远天黑，走不到县城，他们就露宿河堤，第二天才进安化县城。从安化又走益阳、沅江。一路上也是送对联、"打秋风"。在沅江时，因涨大水，就乘民船返回长沙了。他们不带一个钱，身边只有一把雨伞、一条毛巾和一双草鞋，但用乞食的办法，走遍各地回到长沙，还剩下一路上人们帮助他们的很少的"路费"。

1917年冬天，毛泽东一人从长沙步行到浏阳文家市铁炉冲陈绍休同学家里，他和当地农民共同挑水种菜，对农民宣传反对封建、破除迷信的道理。他平易近人，语言通俗，没有一点架子，远近的农民都来找他。他针对当地农民没有栽树的习惯说："前人栽树，后人乘凉"，"前人栽树，后人食果"，你们为什么不替后人想想呢？他自己就在铁炉冲栽了几棵板栗树。每天晚上陈家挤满了农民，他们都愿意和"毛先生"谈心。毛泽东在这里住了几天才又步行回长沙去。

毛泽东沿途吟诗、题词甚多。至今还有人能忆起下面两首：

> 骤雨东风过远湾，
> 滂然遥接石龙关；
> 野渡苍松横古木，
> 断桥流水动连环。
> ×××××××
> ××××××
> 客行此去遵何路？
> 坐眺长亭意转闲。

（据我弟萧子风回忆）

> 沩水拖蓝，
> 紫云反照，
> 铜钟滴水，
> 梅岭寒泉。

（在安化参观紫云山等地题词）<sup>〔75〕</sup>

## 一师学友会

高菊村等在《青年毛泽东》一书中写道：

1915年秋，毛泽东开始任一师学友会<sup>〔76〕</sup>文牍。1917年10月8日，一师学友会改选，毛泽东被选为总务兼教育研究部部长。在此之前，总务和各部部长均由学监和教员充任，他开创了学生任其职的先例。

毛泽东在一师学友会工作期间，表现出极大的工作热情和出色的组织才能，为促进一师同学德育、智育、体育的全面发展做了大量工作。这些，在一师校志中有大量记载。

1917年10月13日和14日，毛泽东在学友会职员会议上，提出六项提案，并被通过：第一，征集会金；第二，确定各部开演和学生参加各部的办法，聘定各部指导教员及每周活动的次数等；第三，编制预算；第四，公布成绩，设立学生成绩展览处；第五，学友会和各部详做工作记录，建立记事录制度；第六，设立图书室。

1918年2月19日，毛泽东和代会长方维夏召集学友会庶务、会计、文牍和各部部长、组长开会，商讨本期会务进行计划。他向会议提出学友会各部活动计划，校运动会、办刊、夜校和经费等问题，"经众磋议许久"，均为会议通过。[77]

至今还保存着毛泽东的一份学友会记事录，写于1918年5月29日，追记他在10日学友会交接会上的发言。

五月十日，职员毛泽东等，将本会一切会金器物图书及簿据等，移交审计喻恒、皮文光二君，代理保存。一年会务，即以此日结束，前任职务终了。先是，本期始业，二月十九日开职员会议，会务赓续进行。大体计划为：一、各部照旧进行；二、夜学另举副主任，作一种学校形式办去；三、筹备运动会及成绩展览会；四、附于校中之报告书，发表成绩（因缺经费，停止杂志）；五、本会图书室添置图书；六、修改会章等项。进行不逾一月，即因战事影响，南军退守衡水，北军进驻本校，同学星散，存者不过百余，不能再行研究，本会遂与校中各事，同归停顿。至是，三级以下各班，因校中伙食不继，将放假出校，四级亦因毕业已届，将出，急谋收束之法，遂召集留校各职员自会长以降会议，除公决以会务移交喻、皮二君及会长外，并由毛泽东等提及数事。

接着，毛泽东提出两项建议："一则本会经费之扩充也，一则宜加设交际一部也。"关于加设交际部的理由，他说：

而以本会现状而论，分部一十有五，可图与毕业生联络者无一焉，仅一教育研究部，亦不能举联络之实。似此偏重肄业生，而遗却毕业生，毕业生虽有甚爱母校之心，亦无实地表现之处。东西各国学校，师生之间，同学相互之间，感情极重，联络之心至切，联络之机会亦至多，所以一校之设，既有毕业，则毕业者从而维持之，推广之，同学之间，虽在异地，犹能互相汲引，勉学兢业，即如美国雅礼大学，其分校及于我省[78]，是其明证。而我国学校之情况反是，学生仅在校内有机械之关系，一经毕业，即不过问，毫无联络团结，既无由生其爱惜母校同组事业之心，此则甚为可惜也。抑本校之地位则师范也，其须联络之情，较之其他学校尤切。教育办事，重在互相比较参观，交换其知识，而讨论其方法。本校立在省会，为全省国民教育之枢纽，诚使联络得法，研究有方，不难使全省教育焕然改观。今如第一联合中学等校，尚能组织校友会，调查毕业生，作成图表张览，一见即动其寻旧思故之心，引其向上发展之志。愚昔曾至长郡校友会，晤其干事黎君，询问办法，归而颇思仿其办法，设立交际一部，拟以此意陈之诸办事人及同学之前，因循未果。今愚等又将去矣，惟有望后来同学诸兄，竭力以图其成而已。至其大体办法，亦可草拟于下。

**交际部细则**

第一条　本部专为联络毕业生，图教育之改良及普及而设。

第二条　本部设部长一人，选举居近省城之毕业生充任，干事若干人，选举毕业生每班一人及肄业生二人充任。

第三条　本部事务如下：

一　筹备本会会所；

二　调查毕业生过去及现在之状况；

三　接洽旅省之毕业生；

四　刊发报告书。

第四条　凡毕业生每年负通函一次以上之义务，报告己身及所在地从前及现在之状况，以便刊发报告书。其报告己身状况之事项如下：

一　姓名；

二　别号；

三　年龄；

四　籍贯；

五　住所；

六　通信处；

七　经过状况；

八　现在状况。

第五条　报告书即根据各毕业生之报告排列成表，附以本会近时进行各种办法及状况，刊而发之毕业生。

第六条　毕业生每年每人照章缴纳会费银二角，所得捐百分之一，以直接或付托他人或邮局汇寄之方法交到。

第七条　本细则有未尽者，随时修改。

七年<sup>(79)</sup>五月二十九日　毛泽东

**又据《毛泽东同志的青少年时代》记载：**

1917年下学期至1918年上学期，毛泽东担任第一师范学友会总务（实际负责人）兼教育研究部部长。他主要倡导两件事：一是学术研究，一是体育锻炼。这时，学友会设立15个部，其中属于体育方面的有拳术、剑术、足球、游泳、竞技等八部。以前，各部部长均由教师兼任，大多徒挂空名。毛泽东提出改由四、五年级学生担任，教师从旁加以辅导，以便发挥学生的特长，培养他们办事的能力。这个建议得到了校方的同意。鉴于过去各部的活动没有记载，时日一久，无从稽考，毛泽东决定各部增设录事（文书）一人，详细记载本部活动进展情况，以便于总结经验，不断提高。

为了把体育活动开展起来，毛泽东想了很多办法，提了很多好的建议。由于他办事有方，善于发动和组织群众，终于使学校的课外体育活动搞得生气勃勃。

针对学校雨天没有运动场，晚上不能开展运动的情况，毛泽东倡导大家开展乒乓球运动。《第一师范学友会纪事录》这样记载说："本会有各种室外运动而缺少室内运动，便于晴朗而不便于风雨，便于日间而不便于夜间。室内运动如打弹子等，本最优美之游戏法，但因房屋缺少不能实行。盖本会之困难有二：一曰经费，一曰房屋，以致诸事不能充分进行。此则关于房屋者也，惟乒乓一事轻而易举，随处设席，无需专室，运动既和疾适度，而置备复易。乃做木架12个，竹布网12片，每班各一，由每班一人具名领取，球及拍子自备，指定本会事务室、礼堂、会客室、洋楼上诸处为击球地点。于是乒乓之声一时聒耳，或谓之乒乓狂云。"

为了给同学们提供更多的运动机会，毛泽东还把自己创造的一种"六段运动"介绍给同学们。六段运动集体操、拳击等各种运动之长，涉及手、足、躯干、头部及拳击与跳跃等动作共6段27节。这种运动能够活动全身各个器官，既不受时间、场地的限制，又不需要任何器械，随时随地都可以做，同学们纷纷效法进行。

过去，课余时间，有的同学对于体育锻炼和学术研究，往往只偏重一项，不能二者兼顾；有的对于体育活动，往往是"三天打鱼，两天晒网"，不能坚持下去。毛泽东根据自己的实践，给同学们讲了三点体会：第一要持之以恒，不论春夏秋冬，晴雨风雪，都不要间断；第二要全神贯注；第三要有蛮拙精神。当时，还有一些同学效法杨昌济先生，实行"静坐法"。毛泽东对自己最尊敬的老师的有些做法也是不苟同的。他认为"天地盖唯有动而已"，也就是生命在于运动的意思，靠所谓静坐法是不能收到强身之效的。他的见解和行动终于使那些同学开始活动在运动场上。

……1951年秋天的一个夜晚，毛泽东接见几位在北京的湖南教育界人士时，又谈到了自己当年在第一师范时锻炼身体的好处。他说：你们办学校应该注意一个问题，就是要重视青年学生的体育锻炼。我认为有志参加革命的青年，必须锻炼身体；不能锻炼身体的人，就不配谈革命。大家不是读过《红楼梦》吗？《红楼梦》中两个主角，我看都不太高明。贾宝玉是阔家公子，饮食起居都要丫头照料，自己不肯动手；林黛玉多愁善感，最爱哭泣，只能住在大观园的潇湘馆中，吐血、闹肺病。这样的人，怎么能革命呢？你们办学校，不要把我们的青年培养成贾宝玉、林黛玉式的人。我们不需要这样的青年。我们需要坚强的青年，身体和意志都坚强的青年。[80]

## 接办工人夜学

湖南省立第一师范学校工人夜学，创办于1917年上半年。起初由师范、高小两部教职员开办，逐渐由盛而衰。同年10月，学友会改选，毛泽东当选学友会总务以后，接手续办工人夜学。

据《新湘评论》编辑部的资料说：

第一师范附近，有铜元局、黑铅炼厂、电灯公司等工厂，聚居着很多工人、人力车夫、蔬菜小贩和其他劳动者。他们过着饥寒交迫的生活，没有机会受教育，绝大多数是文盲和半文盲。毛泽东看到了这一问题的严重性，觉得应该赶快设法改变这种状况。

1917年下学期，毛泽东担任第一师范学友会总务兼教育研究部部长，他以课余的主要精力，满腔热情地主办了一个工人夜学。夜学设在第一师范附近的国民学校内。关于夜学艰巨而光荣的经历，毛泽东精心办学的辛勤劳动，在当时的《夜学日志》和1918年编纂的《一师校志》里，都留下了珍贵的记载。

那是新学期刚刚开始的时候。有一天，毛泽东召集学友会负责人开会，研究、制订工作计划。在会上，毛泽东倡议主办工人夜学，并提出了四条理由：（一）我国现状社会之中坚，实为大多数失学之国民；（二）欧美社会普及教育很有成效，我国国民虽然境遇不同，但人人应有受教育的机会；（三）可作为师范三、四年级学生实习的场所；（四）可借以打破社会与学校鸿沟分明、相隔相疑的局面。他认为，"现时学校大弊，在与社会打成两橛，犹鸿沟之分东西。一入学校，俯视社会犹如登天；社会之于学校，亦视为一种神圣不可捉摸之物"。而通过办工人夜学，能加强学生与工农群众的联系。毛泽东还提出了这样一个理想，即将来要做到"社会之人，皆学校毕业之人。学校之局部，为一时之小学校；社会之全体，实为永久之大学校"。他在上面讲到的"大多数失学之国民"，主要是指因贫困上不起学的广大工农群众。如果说，他在1915年读《明耻篇》写"何以报仇，在我学子"的时候，还认为拯救国家主要是依靠青年学生的话，那么现在他已经开始认识到工农群众是社会的中坚了。

毛泽东的提议，获得了学友会全体负责人的一致赞同。主办工人夜学的倡议通过后，学友会立即采取行动，写了招生广告，张贴在来往行人最多的街道上，并函托警察分发。这个广告，通篇洋溢着真挚、深厚的阶级感情，用具体生动、通俗易懂的白话文，说出了工人们的心里话：

"列位大家来听我说句白话。列位最不便益的是什么，大家晓得吗？就是俗语说的，讲了写不得，写了认不得，有数算不得。都是个人，照这样看起来，岂不是同木石一样？所以大家要求点知识，写得几个字，认得几个字，算得几笔数，方才是便益的。虽然如此，列位做工的人，又要劳动，又无人教授，如何能到这样真是不易得的事。现今有个最好的法子，就是我们第一师范办了一个夜学。这个夜学专为列位工人设的，从礼拜一起至礼拜五止，每夜上课两点钟，教的是写信、算账，都是列位自己时刻要用的。讲义归我们发给，并不要钱。夜间上课又于列位工作并无妨碍。若是要来求学的，就赶快于一礼拜内到师范的号房报名。列位大家想想，我们为什么要如此做？无非是念列位工人的苦楚，想列位个个写得算得。列位何不早来报个名，大家来听听讲。有说时势不好，恐怕犯了戒严的命令，此事我们可以担保，上学以后，每人发听讲牌一块，遇有军警查问，说是师范夜学学生就无妨了。若有为难之处，我替你做保，此层只管放心。快快来报名，莫再耽搁。"

可是，广告贴出后，报名的寥寥无几。学友会又将招生广告用大张纸书写，张贴在显要处。但报名的仍然不多，前后两次仅有9人报名。这个意外的情况，使大家感到很诧异。毛泽东召集有关的同学分析原因，认为：第一，工人夜学不要钱，请工人来读书，这是个新鲜事，不容易使人们相信；第二，仅仅把广告张贴在街上，是不会引起人们注意的；第三，要警察分发广告也不妥，他们是否分发已属疑问，即算发了，警察代表官厅，人民望而生畏，反而增添了疑惧。总之，不是工人不愿上学，而是对夜学不了解。原因找到之后，毛泽东组织一批同学，带着广告，深入到工人宿舍区和车间，边发边宣传，当面向工人解释广告内容，大受群众的欢迎。从铜元局周围，铁路两旁，到洪恩寺一带，左自大椿桥，右至社坛岭、天鹅塘等地，一共发了600多张。广告像春风一样，吹暖了工人的心，他们奔走相告，都说："读夜书去！"不到3日，报名的达到102人。两天以后，又增至120余人。

经过毛泽东的精心筹备。工人夜学开学了！1917年11月9日晚，第一师范旁边的国民学校教室里，灯光明亮，气象一新。工人们兴高采烈地涌来，毛泽东和夜校教职员们亲切地把一批批衣服褴褛的工人领进教室。为着教学的方便，夜校对工人的文化水平进行了摸底测验。测验的结果，有的能写清全部测验内容，有的能写出所住街道名称和自己的名字，有的连自己的名字也写不出来。试卷评定后，毛泽东按照工人的文化程度分为甲乙两班，以便分班上课。接着，举行开学仪式。在开学仪式上，毛泽东带着喜悦的心情走上讲台，亲切地说：今夜开学了，分了班，你们就是这夜学的学生了，再过两天，到下礼拜一便要上课。接着，将《上课说明书》逐条逐句地向工人们详细解释："每次上课，衣服听便，不必求好"；每周上课三晚，每晚两点钟，7点起9点止；"每次上课须带笔墨"；"每人发听讲券一张"；……工人们聚精会神地倾听着，感到格外亲切。他们从阴暗的车间，来到这通明透亮的教室，就像由冰封雪冻的冬季，来到了温暖明媚的春天！

根据工人的需要，夜学课程有国文、算术和常识三门。国文内容分认字、写字、短文、便条和写信；算术以珠算为主，稍加笔算；常识包括历史、地理、经济、物理等。所有课程，都由夜学教员结合实际自编讲义。毛泽东讲授历史课，向工人们讲述"历代之大势及近年关系最巨之事迹"，揭露帝国主义的侵略和封建主义反动统治的罪行，歌颂劳动人民英勇斗争的革命精神，以培养工人"历史的观念及爱国心"，启发他们的思想觉悟。

为了使工人学习得更好，毛泽东经常利用课余时间，找工人谈心，耐心地听取他们的意见和要求，结合实际，不断研究和改进教学方法。旧学校的教学方法，是教员"灌"，学生"吞"；教员贪多，学生"嚼不烂"；一方照本宣科，一方死记硬背。毛泽东不满意这种方法，他比较注意采用启发式，工人们最爱听他讲课。他也很关心其他教员的教学，总是团结他们一道实践，不断总结经验，提高讲授水平。经过几天的实践，他在《夜学日志》上进行了初步的小结："实验三日矣，觉国文似太多太深。太多宜减其分量，太深宜改用通俗语（介乎白话与文言之间）。常识分量亦嫌太多（指文字），宜少用文字，其讲义宜用白话，简单几句标明，初不发给，单用精神演讲。将终，取讲义略读一遍足矣。本日历史即改用此法，觉活泼得多。"有一天，毛泽东听物理课教学，发现教员讲得过于枯燥，工人听不懂，大都低头闷坐，情绪低落。他感到，长此下去，不仅教员白费力，而且很可能由此使工人们感到厌倦，产生退学的思想。为了引起大家的学习兴趣，也帮助教员改进方法，课毕，毛泽东告诉工人们：物理一科，极有趣味，方才所讲，只是开始。将来如电灯之所以能发亮，轮船火车之所以能奔跑，其中的道理都要讲给大家听。这些通俗易懂、循循善诱的话语，不仅引起了工人们求知的欲望，而且对那位教员改进教学方法，也是一个很大的启示。教员们都认为："此亦足以引起追求的兴味，其法大可采也。"

"毛先生是我们的贴心人！"这是工人们异口同声的心里话。的确，毛泽东对工人的学习和生活非常关心，许多细枝末节都想到了。课前，他常和一师的厨工一道，为夜学准备茶水；课间，找工人谈心，了解他们的学习和生活情况；雨天，就告诉大家"雨具自置椅下看管"；发现教室灯光不足，就及时在《夜学日志》上注明，"教室洋油灯四盏，有二盏不明，灯在四角，中间颇暗，应添一盏"；课毕，则细心地布置作业。有一次，他告诉工人们："今次有未带笔墨的，下次要带来。学习纸带回去写好，下次带来定甲乙记分。"当夜深人静、万籁无声的时候，他还在总结教学经验，填写《夜学日志》。毛泽东对工人的关怀体贴，如同春雨一般，一点点，一滴滴，滋润着工人们的心田。

毛泽东善于以自己的热情，鼓励周围的人们，并用自己的实际行动，推动大家工作。尽管当时反动军阀傅良佐和谭浩明的军队，出入长沙，时局很不稳定，晚上经常戒严，给工人上学造成很大困难，但是，工人们仍然坚持学习，教员们继续坚持上课。1918年上学期，夜学继续开办。为了扩大社会影响，推动其他学校也办工人夜学，毛泽东还向湖南《通俗教育报》投稿，详细介绍主办工人夜学的情况和经验。通过这一系列的实践，毛泽东对工人有了初步了解，同他们建立了真挚的感情，也取得了联系工人的一些经验。同时，把彻底改造旧社会的革命火种，撒到了工农群众这个"社会中坚"的浩荡队伍之中！[81]

**注　释**

〔1〕晋朝人车胤，家贫，经常没有灯油。夏天，他用小白布袋盛数十个萤火虫，晚上借萤光读书。——原注

〔2〕晋朝人孙康，性敏好学，家贫无油。冬天，他常在晚上借着雪光读书。——原注

〔3〕《新湘评论》编辑部：《毛泽东同志的青少年时代》，中国青年出版社1979年10月版，第36—37页。

〔4〕指德国哲学家、伦理学家泡尔生著《伦理学原理》。后来杨昌济在湖南省立第一师范学校讲修身课时，曾以此作为教材。

〔5〕埃德加·斯诺：《西行漫记》，生活·读书·新知三联书店1979年12月版，第121—122页。

〔6〕倪宽，通作儿宽，西汉时人。据《汉书》卷五十八载，他"治《尚书》，事欧阳生。以郡国赞诣博士，受业孔安国，贫无资用，尝为弟子都养"。颜师古注："都，凡众也；养，主给烹炊也。"承官，字少子，东汉时人。据《后汉书》卷二十七载，他少孤，年八岁为人牧豕。乡里徐子盛以《春秋经》授诸生数百人，他路过息庐下，乐其业，因就听经，遂请留门下。"为诸生拾柴，执苦数年，勤学不倦。经典既明，乃归家教授。"

〔7〕张栻，南宋人，号南轩，居衡阳。他提倡孔孟儒学，从事于讲学授徒，著有《论语解》《孟子说》等。——原注

〔8〕昌黎先生，即唐代著名的文章家韩愈。他的文章，融会各家风格，自成一家，世称韩文。——原注

〔9〕《昭明文选》，南北朝梁昭明太子萧统所编，选录秦汉以迄当时的诗文，凡60卷，为中国历史上有名的文选。——原注

〔10〕《诗经》，是我国最早的诗歌总集，共有305篇，分为风、雅、颂三部分。——原注

〔11〕《楚辞》，汉朝人刘向集屈原、宋玉所作诸赋而成。——原注

〔12〕司马光，北宋人，官至宰相时，受命撰中国历代编年史，自战国写至五代，即《资治通鉴》。——原注

〔13〕顾祖禹，明朝末年人，精通史地。明亡后，隐居山中，专心著述。所著《读史方舆纪要》，详载中国地域形势，山川险夷，及古今战守、攻取、成败

得失的事迹。——原注

〔14〕《新湘评论》编辑部：《毛泽东同志的青少年时代》，中国青年出版社1979年10月版，第35—39页。

〔15〕萧三：《毛泽东的青少年时代》，湖南大学出版社1988年8月版，第43—47页。

〔16〕李白的一首名诗中的话。——原注

〔17〕埃德加·斯诺：《西行漫记》，生活·读书·新知三联书店1979年12月版，第121—126页。

〔18〕杨昌济：《达化斋日记》，湖南人民出版社1981年1月版。

〔19〕萧三：《毛泽东的青少年时代》，湖南大学出版社1988年8月版，第45—48页。

〔20〕杨开智：《粪土当年万户侯》，载于1977年9月7日《文汇报》。

〔21〕《新湘评论》编辑部：《毛泽东同志的青少年时代》，中国青年出版社1979年10月版，第63—64页。

〔22〕岛夷，原指我国古代东南沿海一带居民，此处借指日本。北山，古指今甘肃省西部边境，或指吉林一带，此处泛指东北一带。当时日本和沙俄互相勾结，侵略满蒙；袁世凯承认日本提出的二十一条，激起全国人民的无比愤怒。——原注

〔23〕这首诗录自毛泽东致湘生信。1915年《易君咏畦追悼录》中收录的这首诗，与这封信中的诗有四字不同。一是"方期沆瀁游"的"沆"字为"沅"字，一是"子期竟早亡"的"期"字为"渊"字，一是"后来有千日"的"日"字为"里"字，一是"飞飚拂灵帐"的"灵"字为"云"字。——原注

〔24〕曾文正，即曾国藩（1811—1872），字涤生，湖南湘乡人。清末湘军首领。道光进士。1853年初为镇压太平天国革命，以吏部侍郎身份在湖南办团练，后扩编为湘军。1865年调任钦差大臣，对捻军作战，战败去职。与李鸿章、左宗棠创办江南制造局等军事工业。有《曾文正公全集》，文中提到的"曾文正家书"，俱收录其中。——原注

〔25〕陈子，指陈昌（1894—1930），字章甫，湖南浏阳人。新民学会会员。中共党员。湖南省立第一师范学校学生，与毛泽东同学。1915年毕业后，任长沙县五美小学教师。1917年在一师附小任教。后从事工人运动，1926年任水口山铅锌矿工会主任。1927年大革命失败后，继续坚持斗争。1929年去上海，被派往湘西贺龙部工作，途经澧县时被捕，1930年在长沙就义。——原注

〔26〕《盛世危言》，清末郑观应（1842—1922）著。书名及内容编排屡经变更，1893年始定此名出版。该书批评顽固派的泥古不化、甘心愚陋，指责洋务

派学习西方技术而不从事本国政治改革，是"遗其体而求其用"，"遗其精义而袭其皮毛"。主张变革以御外侮，要求设立议院，广办学校，发展工商业，实行"商战"，以抵制侵略，挽回权利。毛泽东在1936年与斯诺谈话时说，他少年时阅读此书，"非常喜欢"。——原注

〔27〕《新民丛报》半月刊，梁启超主编，1902年创刊于日本横滨。初期连载梁启超的《新民说》，广泛介绍西方资产阶级的学术与政治思想，宣传维新，抨击清廷顽固派，对当时知识界曾有较大的影响。1903年以后，因坚持立宪保皇，反对孙中山领导的资产阶级民主革命，受到中国同盟会机关报《民报》的批判。1907年年终停刊，共出96期，有汇编本。毛泽东于1910年下半年在湘乡东山高等小学堂读书时借阅过，并在该报第4号《新民说》"论国家思想"第3段末批写道："正式而成立者，立宪之国家，宪法为人民所制定，君主为人民所拥戴；不以正式而成立者，专制之国家，法令为君主所制定，君主非人民所心悦诚服者。前者，如现今之英、日诸国；后者，如中国数千年来盗窃得国之列朝也。"1936年毛泽东在与斯诺谈话时说，第一次看到《新民丛报》，从内容到文体，颇感新鲜，因此"读了又读"，并开始"崇拜康有为和梁启超"。——原注

〔28〕高菊村等：《青年毛泽东》，中共党史资料出版社1990年3月版，第64页。

〔29〕《君宪救国论》，为筹安会重要成员杨度所著，旨在为袁世凯称帝制造舆论。——原注

〔30〕陈君，指陈昌。——原注

〔31〕汤，指汤化龙（1874—1918），袁世凯为大总统后，曾任临时参议院副议长、众议院议长、教育总长等职。康，指康有为（1858—1927），辛亥革命后，曾任孔教会会长。梁，指梁启超（1873—1929），曾任袁氏政府司法总长。3人均对袁世凯复辟帝制表示不满，发表过一些言论。——原注

〔32〕萧三：《毛泽东的青少年时代》，湖南大学出版社1988年8月版，第51—53页。

〔33〕王船山：名夫之，湖南衡阳人。抗清失败后，隐居衡阳石船山，世称船山先生，是明末清初著名的唯物主义思想家，政治上反对复古，提倡奋斗精神，在湖南思想界有很大的影响。——原注

〔34〕毛泽东在《新青年》上发表的文章，题目是《体育之研究》，见《新青年》第3卷第2期。——原注

〔35〕1917年8月给黎锦熙的信。——原注

〔36〕《新湘评论》编辑部：《毛泽东同志的青少年时代》，中国青年出版社1979年10月版，第42—45页。

〔37〕指1916年6月6日袁世凯死后，黎元洪继任大总统，宣布恢复民国元年临时约法，重开国会，恢复国务院，以段祺瑞为国务总理。——原注

〔38〕段氏，指段祺瑞（1865—1936）。——原注

〔39〕黎公，指黎元洪（1864—1928）。——原注

〔40〕1916年7月14日，黎元洪下令惩办洪宪帝制祸首杨度、孙毓筠、顾鳌、梁士诒、夏寿田、朱启钤、周自齐、薛大可八人。——原注

〔41〕大隈，指日本首相大隈重信。——原注

〔42〕指1914年7月爆发的第一次世界大战。战争于1918年11月以同盟国战败而告结束。——原注

〔43〕指当时的塞尔维亚、比利时、门的内哥罗（黑山）三国。——原注

〔44〕墨乱，指在1910年至1917年墨西哥资产阶级民主革命期间多次发生的全国政权更迭事件。——原注

〔45〕候补者，即今称候选人。——原注

〔46〕许士，即查尔斯·伊万斯·休斯，美国最高法院陪审法官。罗士福，即西奥多·罗斯福（1858—1919），曾在威尔逊之前就任美国总统。——原注

〔47〕会稽之师，典故。公元前494年，越王勾践为吴王夫差打败，遂卧薪尝胆，于公元前473年攻灭吴国。会稽，为越国都城。后常借喻兴兵报仇雪耻。——原注

〔48〕指长沙《大公报》，1915年9月创刊。——原注

〔49〕《湖南公报》，1912年4月在长沙创刊，后成为进步党人的报纸。——原注

〔50〕《时报》，1904年6月在上海创刊，得到康有为、梁启超等人的支持和资助。——原注

〔51〕指1913年在北京天坛祈年殿拟订的《中华民国宪法草案》，规定政府采用内阁制，限制总统权力。后被袁世凯废弃。——原注

〔52〕暲兄，指萧子暲，即萧三。——原注

〔53〕银市信，指寄至湘潭县银田寺转毛泽东的信。1916年暑假，毛泽东曾回家照料病重的母亲，6月下旬返乡，7月中旬回到长沙。银田寺，镇名，离韶山冲约30里。——原注

〔54〕1915年9月，黎锦熙赴北京任教育部教科书编纂处主持人。同年11月9日，毛泽东写信给他，劝他莫为袁世凯所利用，并说："方今恶声日高，正义蒙塞，士人丁此大厄，正当龙潜不见，以待有为，不可急图进取。"——原注

〔55〕王、梁、章、樊，指王闿运、梁启超、章炳麟（太炎）、樊增祥。四人曾在袁世凯政府任职。——原注

〔56〕颜子，即颜渊，孔子高徒，好学有德，但身体虚弱，31岁去世。——原注

〔57〕贾生，即贾谊，西汉名士，曾为梁怀王太傅，死时方32岁。——原注

〔58〕王勃，初唐四杰之一，有文才，因渡海溺水，受惊而死，时方28岁。卢照邻，初唐四杰之一。后为风痹症所苦，投颍水而死。——原注

〔59〕卢升之，即卢照邻。——原注

〔60〕指《论语·乡党》。其中说："鱼馁而肉败不食，色恶不食，臭恶不食，失饪不食，不时不食，割不正不食，不得其酱不食。"——原注

〔61〕罗斯福，即西奥多·罗斯福，酷爱运动，卸总统任后，曾到非洲东部探险。孙棠（Sando），德国铁路哑铃操的普及者。嘉纳，日本东京大学教授，讲道馆馆长。曾将日本柔术改良为柔道。——原注

〔62〕埃德加·斯诺：《西行漫记》，生活·读书·新知三联书店1979年12月版，第121—124页。

〔63〕《毛泽东诗词集》，中央文献出版社1996年9月版，第9页。

〔64〕高菊村等：《青年毛泽东》，中共党史资料出版社1990年3月版，第51页。

〔65〕《新湘评论》编辑部：《毛泽东同志的青少年时代》，中国青年出版社1979年10月版，第51—52页。

〔66〕高菊村等：《青年毛泽东》，中共党史资料出版社1990年3月版，第53页。

〔67〕《新湘评论》编辑部：《毛泽东同志的青少年时代》，中国青年出版社1979年10月版，第52—53页。

〔68〕转引自高菊村等：《青年毛泽东》，中共党史资料出版社1990年3月版，第53页。

〔69〕这六项的得票情况是：敦品11，自治5，文学9，言语12，才具6，胆识6，共49票。——原注

〔70〕《新湘评论》编辑部：《毛泽东同志的青少年时代》，中国青年出版社1979年10月版，第65—66页。

〔71〕萧三：《毛泽东的青少年时代》，湖南大学出版社1988年8月版，第57—58页。

〔72〕陈绍休，第一师范学生，新民学会会员，1920年赴法勤工俭学，后病逝于法国。——原注

〔73〕《新湘评论》编辑部：《毛泽东同志的青少年时代》，中国青年出版社1979年10月版，第67—71页。

〔74〕埃德加·斯诺:《西行漫记》,生活·读书·新知三联书店1979年12月版,第122页。

〔75〕萧三:《毛泽东同志的青少年时代和初期革命活动》,中国青年出版社1980年7月版,第48—51页。

〔76〕学友会创立于1913年秋,初名"技能会"。1914年改称自进会。1915年秋定名学友会。学友会设会长一人(校长兼),总务一人,各部部长各一人,庶务、会计、文牍各一人。宗旨为"砥砺道德,研究教育,增进学识,养成职业,锻炼身体,联络感情"。——原注

〔77〕高菊村等:《青年毛泽东》,中共党史资料出版社1990年3月版,第67—68页。

〔78〕指长沙雅礼大学和湘雅医学专门学校。

〔79〕指民国七年,即1918年。

〔80〕《新湘评论》编辑部:《毛泽东同志的青少年时代》,中国青年出版社1979年10月版,第55—57页。

〔81〕《新湘评论》编辑部:《毛泽东同志的青少年时代》,中国青年出版社1979年10月版,第71—76页。

# 五、新民学会

## 征友启事

毛泽东在1915年9月27日致萧子升的信中写道：

近以友不博则见不广，少年学问寡成，壮岁事功难立，乃发内宣，所以效嘤鸣而求友声，至今数日，应者尚寡。兹附上一纸，贵校有贤者，可为介绍。

同年11月9日，毛泽东致信黎锦熙，也提到征友一事。信中说：

弟在学校，依兄所教言，孳孳不敢叛，然性不好束缚。终见此非读书之地，意志不自由，程度太低，侪侣太恶，有用之身，宝贵之时日，逐渐催落，以衰以逝，心中实大悲伤。昔朱子谓："不能使船者嫌溪曲。"弟诚不能为古人所为，宜为其所讥，然亦有"幽谷乔木"之训。如此等学校者，直下下之幽谷也。必欲弃去，就良图，立远志，渴望兄归，一商筹之。生平不见良师友，得吾兄恨晚，甚愿日日趋前请教。两年以来，求友之心甚炽，夏假后，乃作一启事，张之各校，应者亦五六人。近日心事稍快惟此耳。

这里提到的征友启事，毛泽东后来回忆说：

我这时感到心情舒畅，需要结交一些亲密的同伴。有一天我就在长沙一家报纸上登了一个广告，邀请有志于爱国工作的青年和我联系。我指明要结交能刻苦耐劳、意志坚定、随时准备为国捐躯的青年。我从这个广告得到的回答一共有三个半人。一个回答来自罗章龙，他后来参加了共产党，接着又转向了。两个回答来自后来变成极端反动的青年。"半"个回答来自一个没有明白表示意见的青年，名叫李立三。李立三听了我说的话之后，没有提出任何具体建议就走了。我们的友谊始终没有发展起来。[1]

罗章龙回忆这段往事时说：

1912年，我由浏阳至长沙求学，就读于长沙第一联合中学，于1917年上期毕业，其间我结识了毛泽东。

1915年5月中旬某日，我赴司马里第一中学（校址为南宋时辛弃疾练飞虎营遗址）访友，于该校会客室门外墙端，偶见署名"二十八画生征友启事"一则[2]，启事是用八裁湘纸油印的，古典文体，书法挺秀。我驻足浏览，见启事引句为《诗经》语："愿嘤鸣以求友，敢步将伯之呼。"内容为求志同道合的朋友，其文情真挚、辞复典丽可诵，看后颇为感动。返校后，我立作一书应之，署名纵宇一郎。逾三日而复书至，略云：接大示，空谷足音，跫然色喜，愿趋前晤教云云。旋双方订于次星期日至定王台湖南省立图书馆见面。是日，适逢久雨初晴，丽日行空，空气清新宜人。同学陈君圣皋[3]也欣然同往。

定王台位于长沙东城，乃汉长沙定王发所筑。昔人诗尝以潭州马定王台并列，如"定王虚旧业，潭郡古雄州"。北宋时朱晦庵登定王台诗云：

寂寞藩王后，光华帝子来。千年余故国，万事只空台。

日月东西见，湖山表里开，从知爽鸠乐，莫作雍门哀。

定王台表里湖山，风物开廊可观。上午9时左右，我们到达定王台省立图书馆。但见阅览者熙攘杂，人数众多。在走廊处有一少年仪表端庄，器宇轩昂，心知即所欲晤见之人。我们乃趋前为礼，彼此互通姓名，方知少年姓毛名泽东，字润之。二十八画乃其名字的笔画数。略谈数语后，圣皋则去阅览室看书，润之建议到院内觅一僻静处倾谈。进得院内，寂静无哗，我们就坐在一长条石上，直谈到图书馆中午休息时止。

谈话内容涉及很广，包括国内外政治、经济以至宇宙人生等等。而对于治学方针与方法，新旧文学与史学的评价等，谈论尤多。谈到音韵改革问题，主张以曲韵代诗韵，以新的文学艺术代替"高文典册"与宫廷文学。在旧文学著作中，我们对于《离骚》颇感兴趣，曾主张对《离骚》赋予新评价。

关于治学问题，润之认为，对于宇宙，对于人生，对于国家，对于教育，均属茫然！因此主张在学问方面用全部力量向宇宙、国家社会做穷原竟委的探讨，研究有得，便可解释一切。关于生活方面所涉及较少。临别，润之表示"愿结管鲍之谊"，并嘱以后常见面。[4]

我归后翌日，适一师同学彭道良来访，谈话中提到定王台事，彭乃询其详，我以实告。彭笑道："昨日之事可称三奇会。"我问何故？彭云："圣皋与兄为联中二奇，益以毛奇，岂非三奇？"时黄昆吾同学在侧，因问毛奇之名何自来？彭从容解说道："我与二十八画生同班同学，颇知其为人品学兼优，且具特立独行之性格。他常语人：'丈夫要为天下奇（此乃宋王廷珪送王邦衡诗句），即读奇书、交奇友、著奇文、创奇迹，做个奇男子。'伊本人近所写日记，亦有惊人语，如云：'力拔山兮气盖世，猛烈而已！不斩楼兰誓不还，不畏而已！八年于外，三过其门而不入，忍耐而已！'（后发表于1917年4月1日《新青年》三卷二号。）合而观之，此君可谓奇特之士，因此同学中戏称为毛奇，且语意双关。"（毛奇（Molkt）系德意志建国时普鲁士著名将领，在普法战争中功绩卓著。)

后我又以彭所语往询同乡陈赞周（圣皋之弟，亦在一师肄业）。赞周道："润之气质沉雄，确为我校一奇士，但择友甚严，居恒骛高远而卑流俗，有九天俛视之慨。观其所为诗文戛戛独造，言为心声，非修养有素不克臻此！直谅多闻，堪称益友！"我闻赞周语后，心益释然！乃写诗纪其事：

定王台晤二十八画生

白日东城<sup>(5)</sup>路，娜嬛<sup>(6)</sup>丽且清，风尘交北海<sup>(7)</sup>，空谷<sup>(8)</sup>见庄生。策<sup>(9)</sup>喜长沙傅，骚<sup>(10)</sup>怀楚屈平，风流期共赏，同证此时情。

自定王台谈话后，每遇周末，我们两人经常约定到天心阁、城南书院、长郡中学、韩玄墓、板仓杨寓等处晤谈。或到郊外云麓宫、自卑亭、水陆洲、溁湾市、猴子石、东南渡等处远足游览。

天心阁为长沙东城古堡，地势高峻，俯瞰全城，极形胜。天心阁有古铁炮百余尊。联云：拔地千寻，四面云山齐首俯，距天一尺，九霄日月正肩摩。

板仓杨寓位于河西，岳麓山自卑亭迤北。有稻田数十亩，均为长沙东乡杨氏祀田，庄前有古樟林高数十尺，广荫数亩，前有小溪，自山麓流入湘江。其后平原即岳麓书院。

一次，我与润之一起步行去韶山，走到长沙与湘潭之间，离长沙三四十里处，甚为乏累，就在路边休息。见一位老农在茅屋边打草鞋，润之就与他攀谈家常，边谈边帮他锤草、搓绳、编织，织好后又帮他把草鞋锤平。我见润之对打草鞋的工序很熟练，便问，你会打草鞋？他说，我会，走路很费鞋子，大家都应该学会打草鞋。

在长沙，我陪润之到过许多地方。长沙附近有个拖船埠，那里有座禹王碑，传说禹王曾在此拖过船，古史说："大禹治水，栉风沐雨，八年于外三过家门而不入。"润之对他颇有兴趣。认为禹王是个劳动人民，对他怀有好感。

对于湖南历史上先进人物的遗迹，如：楚国屈原的故居（玉笥山），汉朝贾太傅祠，岳麓山上的崇德寺（唐朝诗人杜甫流浪时曾在此寺住过），长沙的飞虎营（南宋文学家辛稼轩将军在长沙练兵的地方），以及王夫之的家乡等地，我们都同去访问过。<sup>(11)</sup>

## 创立新民学会

征友启事之后，在毛泽东周围逐渐团结起一批学生。他们聚在一起，议论天下大事：人的天性，人类社会，中国，世界，宇宙。共同的理想和追求，使他们越来越感到有成立一个共同组织的必要。

毛泽东回忆说：

我同住在其他大小城市的许多学生和朋友建立了广泛的通信关系。我逐渐认识到有必要建立一个比较严密的组织。1917年，我和其他几位朋友一道，成立新民学会。学会有七八十名会员，其中许多人后来都成了中国共产主义和中国革命史上的有名人物。参加过新民学会的较为知名的共产党人有：罗迈，现任党的组织委员会书记；夏曦，现在在二方面军；何叔衡，中央苏区的最高法院法官，后来被蒋介石杀害；郭亮，有名的工会组织者，1930年被何键杀害；萧子暲，作家，现在在苏联；蔡和森，共产党中央委员会委员，1927年被蒋介石杀害；易礼容，后来当了中央委员，接着"转向"国民党，成了一个工会的组织者；萧铮，党的一个著名领导人，是在最早发起建党的文件上签名的6人之一，不久以前病逝。新民学会的大多数会员，在1927年反革命中都被杀害了。

大约就在这个时候，湖北成立了另外一个团体，叫作互助社，同新民学会性质相近。它的许多社员后来也成了共产党人。其中有它的领袖恽代英，在反革命政变中被蒋介石杀害。现在的红军大学校长林彪也是社员。还有张浩，现在负责白军工作。北京也有一个团体叫作辅社，它的一些社员后来也成了共产党员。在中国其他地方，主要是上海、杭州、汉口、天津[12]，一些激进的团体由富有战斗精神的青年组织起来，开始对中国政治产生影响。

这些团体的大多数，或多或少是在《新青年》影响之下组织起来的。《新青年》是有名的新文化运动的杂志，由陈独秀主编。我在师范学校学习的时候，就开始读这个杂志了。我非常钦佩胡适和陈独秀的文章。他们代替了已经被我抛弃的梁启超和康有为，一时成了我的楷模。

在这个时候，我的思想是自由主义、民主改良主义、空想社会主义等思想的大杂烩。我憧憬"19世纪的民主"、乌托邦主义和旧式的自由主义，但是我反对军阀和反对帝国主义是明确无疑的。

我在1912年进师范学校，1918年毕业。[13]

1920年冬，毛泽东起草了《新民学会会务报告（第一号）》。报告对新民学会的缘起做了说明：

新民学会的发起，在民国六年之冬。发起的地点在长沙，发起人都是在长沙学校毕业或肄业的学生。这时候这些人大概有一种共同的感想：就是"个人及全人类的生活向上"，如何使个人及全人类的生活向上，乃成为一个迫待讨论的问题。这时候尤其感到的是"个人生活向上"的问题，尤其感到的是"自己生活向上"的问题。相与讨论这类问题的人，大概有十五人。有遇必讨论，有讨论必及这类问题。讨论的情形至款密，讨论的次数大概在百次以上。至溯其源，这类问题的讨论，远在民国四五两年，至民国六年之冬，乃得到一种结论，就是"集合同志，创造新环境，为共同的活动"。于是乃有组织学会的提议，一提议就得到大家的赞同了。这时候发起诸人的意思至简单，只觉得自己品性要改造，学问要进步，因此求友互助之心热切到十分。——这实在是学会发起的第一个根本原因。又这时候国内的新思想和新文学已经发起了，旧思想旧伦理和旧文学，在诸人眼中，已一扫而空，顿觉静的生活与孤独的生活之非，一个翻转而为动的生活与团体的生活之追求。——这也是学会发起的一个原因。还有一个原因，则诸人大都系杨怀中先生的学生。与闻杨怀中先生的绪论，作成一种奋斗的和向上的人生观，新民学会乃从此产生了。[14]

1918年3月间，毛泽东等根据大家长期议论的结果，草拟出新民学会章程，还制订了一个赴日求学计划。他们将这些草案分发给大家传阅，征求意见。据《萧三日记》记载：

3月31号（日）晴（阴历二月十九日）

……二兄[15]来坐已久，交阅润之所草新学会简章。二兄意名为新民会云。又述润之等赴日本求学之计划。

4月8号（一）雨（阴历二月二十七日）

……接二兄手书，力主予出洋。付来润之所重草新学会简章。

4月13号（六）晴（阴历三月初三日）

……夜润之来。明日新民学会开成立会。……[16]

1918年4月14日，新民学会正式成立。关于新民学会成立日期，史学界过去曾有过争论，当事人的回忆等也说法不一。《萧三日记》的记载为我们提供了可靠的依据：

4月14号（日）晴（阴历三月初四日）

……新民学会今日成立，开成立会于对河漾湾寺侧刘家台子蔡君林彬[17]寓。到会者：二兄及余、何叔衡、陈赞周、毛润之、邹彝鼎、张昆弟、蔡林彬、邹蕴真、陈书农、周明谛（名弟）、叶兆桢（以上皆第一师范同学）、罗璈阶[18]（长郡中学毕业）诸君。未及到者：陈章甫、熊焜甫、周世钊、罗学瓒、李和笙[19]、曾以鲁、傅昌钰（现在日本东京高工）、彭道良诸君。以上皆基本会员。是日议决简单，选举职员，写会友录等事。关于本会之规律，所定者为：一不虚伪；二不懒惰（此项余所主张加入者）；三不浪费；四不赌博；五不狎妓。会章俟后录。职员：二兄被举为总干事；毛泽东、陈书农为干事。蔡君家备午饭。自上午11时到齐，议事至下午5时后始闭会。一同渡河归校，惟罗君他去。二兄及蔡君晚饭于此。二兄亦去。蔡君宿此。[20]

对新民学会成立会的情况，毛泽东起草的《新民学会会务报告（第一号）》

追述得更为详细：

现在述新民学会的第一次会——就是新民学会的成立会。民国七年四月十七日新民学会成立，在湖南省城对河岳麓山刘家台子蔡和森家开会。到会的人如下：蔡和森、萧子升、萧子暲、陈赞周、罗章龙、毛润之、邹鼎丞[21]、张芝圃[22]、周晓三[23]、陈启民[24]、叶兆桢、罗云熙[25]。通过会章。会章系鼎丞、润之起草，条文颇详；子升不赞成将现在不见诸行事的条文加入，颇加删削；讨论结果，多数赞成子升。于是表决会章的条文如此：

第一条　本会定名为新民学会。

第二条　本会以革新学术，砥砺品行，改良人心风俗为宗旨。

第三条　凡经本会会员5人以上之介绍及过半数之承认者，得为本会会员。

第四条　本会会员须守左之各规律：

　　一、不虚伪；

　　二、不懒惰；

　　三、不浪费；

　　四、不赌博；

　　五、不狎妓。

第五条　会员对于本会每年负一次以上通函之义务，报告己身及所在地状况与研究心得，以资互益。

第六条　本会设总干事一人，综理会务；干事若干人，协助总干事分理会务；任期三年；由会员投票选充之。

第七条　本会每年于秋季开常年会一次；遇必要时，并得召集临时会。

第八条　会员每人于入会时纳入会费银一元，每年纳常年费银一元；遇有特别支出，并得由公决征集临时费。

第九条　本会设于长沙。

第十条　会员有不正行为，及故违本简章者，经多数会员之决议，令其出会。

第十一条　本简章有不适用时，经多数会员决议，得修改之。

会章表决，推举子升任总干事。是日叙餐。餐毕，讨论会友出省出国诸进行问题，至下午散会。天气晴明，微风掀拂江间的绿波和江岸的碧草，送给到会诸人的脑里一种经久不磨的印象。[26]

新民学会的成立，在中国现代史上是一件有深远意义的事情，也给与会者留下难以忘怀的记忆。

据李维汉本人回忆说：

新民学会从不自我标榜，但由于它的乾乾不息的前进运动，在实际上，成为我国在俄国十月革命以后成立的影响最大的革命社团之一。它的主要发起人是毛泽东和蔡和森。

我于1916年春考入湖南省立第一师范学校第二部，1917年暑期毕业后，即在附小教书。那时，毛泽东、张昆弟、邹彝鼎等在第一师范第一部读书。蔡和森于1913年考入第一师范，在1914年至1915年与毛主席同学，此时已转至高等师范学习。已毕业的同学何叔衡和萧子升在楚怡小学教书，陈绍休等在一师附小教书。他们常在一起讨论个人和社会如何进步的问题，深感有建立一个组织之必要。经过多次酝酿，大约在1917年冬，决定"集合同志，创造新环境，为共同活动"（《新民学会会务报告》），乃有组织学会之议，取名"新民学会"。我因邹彝鼎、张昆弟的联系，也参加在内。

1918年4月的一个星期天，在长沙岳麓山刘家台子（后叫周家台子）蔡和森家中召开了成立会。参加会的有：毛泽东（润之）、蔡林彬（和森）、萧旭东（子升）、萧植藩（子暲）、陈绍休（赞周）、罗璈阶（章龙）、邹彝鼎（鼎丞）、张昆弟（芝圃）、邹蕴真（泮清）、周名弟（晓三）、陈书农（启民）、叶瑞龄（兆桢）、何瞻岵（叔衡）、李维汉（和笙）等14人。会上讨论通过了会章，选举了干事。会章规定学会的宗旨是"革新学术，砥砺品行，改良人心风俗"（《新民学会会务报告》）。会章还规定会员须遵守如下纪律：一、不虚伪；二、不懒惰；三、不浪费；四、不赌博；五、不狎妓。会议选举萧子升为总干事，毛泽东、陈书农为干事。中午，在蔡和森家吃的午饭，饭后继续讨论了会员向外发展的问题，至下午散会。学会成立后，总部一直设在长沙。由于萧子升不久即去法国，会务由毛泽东主持。至同年8月，罗学瓒（云熙）、周世钊（惇元）、熊楚雄（瑾玎）、熊光楚（焜甫）、陈昌（章甫）、傅昌钰（海涛）、曾以鲁（星煌）、彭道良（则厚）等相继入会。会员增至20余人。

从新民学会通过的会章，可以看出学会开始只是一个小资产阶级知识分子要求"向上""互助"的团体。会员们绝大多数是青年人，都抱着要革新，求进步的热烈愿望。但是对于怎样革新，如何进步，尚在摸索中，并不明确，学会的宗旨由开始的"革新学术，砥砺品行"，到后来修改为"改造中国与世界"，其间有一个发展过程。"改造中国与世界"的宗旨是毛泽东平日所主张，而为1920年7月留法会员在蒙达尼集会和1921年1月国内会员在长沙集会所一致通过。这个宗旨的变化是新民学会历史发展的一个转折，是新民学会大多数会员在五四运动以后，接触到马克思主义和劳动运动，因而在思想上发生重大变化的一个标志。[27]

**另一位成立会的参加者陈书农，生前留下这样一段回忆：**

新民学会成立前有个酝酿的过程。二三年前，毛泽东还在第一师范读书，为了寻找朋友，发表了一篇"嘤鸣求友"启事，内容记不清了，解放后有一个记载，周世钊可能记得。罗章龙就是见启事而认识毛泽东的，李立三也算半个朋友，以前在校内早就有联系往来。

新民学会成立我记得是1918年（民国七年）4月7日，星期日，我的一篇日记有过记载，有的人说是7月份，那是完全错误的，我清楚地记得开会时，蔡林彬门口一棵桃树开满了花。开会前是口头通知，分头去的。有13人参加了会议：毛泽东、蔡和森、萧三、张昆弟、罗学瓒、陈昌、熊光楚、萧子升、罗章龙、邹蕴真、陈书农、何叔衡，还有一个记不起来了。会上通过了章程，章程的宗旨记不清了，大体是探讨学术、商量国家大事、做人的方法等。这些都是有文字记载的，章程不太长，是毛泽东起草的，事先和大家商量了的，因此在通过时没有发生争论，只做了一些文字修改，就一致通过了。当时我也是学会干事之一，萧子升是总干事。从此，新民学会正式成立了。

后来发展会员，只要本人申请，彼此同意，由领导机构批准即可入会，发展的速度是较快的。1919年11月16日周南女校会议，欢迎新会员入会，会员都是学联会中较积极优秀的同学。会后照相留影共41人，我认识28人：贺延祐、易克穰、李思安、任寿鹏、蒋竹如、周敦祥、李云杭、唐耀章、陶斯咏、毛泽东、陈纯粹、周世钊、魏璧、熊梦飞、钟国陶、陈书农、黄胜白、劳启荣、匡日休、喻恒、彭璜、熊瑾玎、何叔衡、罗宗翰、夏曦、钟秀、张怀、萧青野。

……

1921年夏季，新民学会自行解散，在解散之先，毛泽东与萧子升曾发生过争论。毛泽东对萧子升说："你跟我们走，还是要当一辈子绅士？"毛泽东主张解散新民学会，萧子升不同意。

新民学会解散之前，就有了社会主义青年团的组织。[28]

邹蕴真于1979年8月回忆说：

我们在湖南第一师范读书的那几年，正是辛亥革命由胜利走向失败，袁氏称帝，军阀割据，全国极端混乱的时期。人民生活日益艰苦，外强侵略日益猖獗。这种岌岌可危的国势，使我们深刻认识到，只有把全国有志、有为、有远见、不屈不挠、不自私的爱国人士组织团结起来，群策群力，共同奋斗，实行彻底的革命，才是救民建国的正确途径和有效方法。于是，便产生了组织新民学会的动机。我们一些要求进步的青年，在课余饭后，假日星期，偶有空闲，即共同研讨有关学会各方面的种种问题：如学会的根本目的，实现目的的有效方法，我国的实际情形，人民的迫切要求，世界的民主运动和革命思潮，等等。这样深入研究，反复酝酿了一段时间，最后在十月革命胜利的鼓舞下，乃正式组成新民学会，并假同学蔡和森住宅，举行成立大会，公开表示我们为中华民族生存发展而奋斗终生的决心！

蔡和森家住长沙市对河岳麓山东北山脚下一个不大不高的黄土丘陵半腰中，当地人叫作周家台子，又叫二里牌或二里半，与一师隔河相望。正屋向南，紧接着正屋阶级和正门出路两旁，各围着一个竹篱小菜圃，因房屋有些破旧，四周树木，不多不高，有时阳光可从壁缝瓦隙中射进来，映成斑点。前后左右并无邻居，房屋环境显得僻静。

记得开成立会的日期，是1918年4月的一个星期日。那天风和日暖，我起床很早，和毛泽东同志在学校吃过早饭后，从离校门口不远的朱张渡（也叫灵官渡）过河，到位于湘江中流的水陆洲东侧。洲的西侧还有一道河，因未发水，灰白细沙的河床高出水面，没有渡船，我们只好徒步走过去。由于河沙又细又松，走起来很费力费时，到和森家已9点过了，但来开会的人还到得不多。我们向蔡伯母请了安，但未见蔡伯父。等到10点左右，大家便围坐在两张旧方桌连接成的长方会议桌周围，开始进行会议。当时是否推选主席和推选何人为主席，现都忘了。仅记得学会的宗旨是："联络感情""砥砺品节""研究学术""改良社会"四项。入会资格很简单，只是"纯洁""向上"两条四字。会员守则大致是："不虚伪""不懒惰""不浪费""不赌博""不狎妓"等带有消极限制性的五条。至于那天到会的人数和姓名，因当时未写笔记，平素又不会社交，故都记得不大清楚了。大概有毛泽东、蔡和森、何叔衡、陈章甫、萧子升、李维汉、萧子暲、罗章龙、邹鼎丞、罗学瓒、熊光楚、张昆弟、陈书农、邹蕴真等十多人。此外，曾参加筹备会多次，而因其他缘故没参加成立会的人，还有好几个，如周名第等（已留学日本）。在会议过程中，大家的态度都比较严肃认真，不苟同别人，也不固执己见，实事求是，以理服人，从未发生激烈的争吵。自始至终，大家兴趣很浓，一个接着一个发言，没有间断，中间也没有休息。

兴趣缩短了时间，大家谈着谈着，不觉已到中午。蔡伯母出于一片母爱，煮了一锅饭，做了几样菜，叫我们垫垫饥，再把会开好开完。我们也就毫不客气地领意了。事后，我曾向毛泽东、何叔衡说：和森家境并不宽裕，一家生活全靠他妈一人菲薄的小学教薪维持，我们吃的饭菜，理应如数付钱才是。他们却同声回答说：这有什么关系，小气人呀！[29]

**蔡和森的妹妹蔡畅回忆起新民学会筹备情况时说：**

1917年6月我的三哥蔡和森在湖南高等师范文科毕业。这时，我们一家，以母亲葛健豪为首，都住在长沙岳麓山下周家台子的"沩痴寄庐"。母亲已经在长沙的女子教员养成所毕业，一时找不到工作。大姐庆熙还在自治女校学刺绣，她的女儿、我的外甥女刘昂也在小学念书。家中只有我一人，于1916年夏在周南女校音乐体育科毕业后，留校当体育教员，每月挣八块钱，加上母亲剩余的一点首饰，勉强维持生活。为什么和森没有找工作呢？一方面当然是在长沙找工作确实困难，另一方面主要是因为他和毛泽东同志等进步同学，正在酝酿组织新民学会。他们正在反复讨论、琢磨，如何把解决个人出路问题与整个社会的改造问题结合起来。

当时，湖南是北洋军阀与南方资产阶级革命势力争夺之地，但革命势力的武装力量都是南方军阀的部队。连年征战，兵荒马乱，民不聊生。毛泽东、蔡和森等有志青年，正是在资产阶级无力把革命进行到底，封建军阀又一味倒行逆施，百般蹂躏老百姓的多灾多难的历史环境之下，举起改造中国的革命大旗的。

从1917年秋季起，毛泽东以及张昆弟、罗学瓒、邹鼎丞、何叔衡、陈章甫、萧子升等进步青年更为频繁地来往我们家中。他们多数是第一师范的学生，而第一师范的校址几乎正和我家的住处隔岸相对。由我家去杨怀中先生所住的饮马堂也只有三四里路。每逢远远望见毛泽东来临时，我的外甥女就高兴地喊叫："润之先生来了。"还在那时和森就已非常钦佩毛泽东，说他品德非凡，文章出众。在我们家中他俩经常促膝长谈，纵论天下事。有时他俩和其他知心朋友同出郊游，一面欣赏大自然的美好风光，一面筹划革命活动的前景。这时俄国两次革命胜利的消息已经曲折传来，陈独秀、李大钊等革命先行者已通过《新青年》杂志在国内进行最早的社会主义宣传。所有这些都吸引了他们的强烈兴趣。

1918年春，毛泽东回湘潭度寒假，带着他母亲来长沙治扁桃腺炎（那时叫"蛾子"，还是难治之症），就住在我们家里，由庆姊日夜照护。不久，和森就和毛泽东到洞庭湖滨去旅游了半个多月，实际上大概就是详细商谈组织新民学会的大政方针吧。这样大的旅游毛泽东已与萧子升进行过一次。1918年4月17日终于在我们家中召开了新民学会的成立大会。我这时由于年小还没有参加这些活动，但是还隐约地记得那天中午会餐的情景，因为这次简单的午饭是庆姊、我和母亲几个人亲手做的。〔30〕

## 组织赴法勤工俭学

新民学会成立后的一项重要决定，便是组织赴法勤工俭学。在做出这项决定之前，新民学会曾派罗章龙等3人去日本留学。

罗章龙回忆说：

新民学会成立后，讨论最多的一个问题是会员出省出国的问题。当时的情况是：大部分会员先后毕业，现实的问题是升学或就业。新民学会的会员都是有理想有抱负的青年，他们觉得仅仅在长沙学习或工作还不能满足。而湖南在当时较其他省份闭塞，交通又不方便，文化政治处于比较落后状态，因此大多数会员有出省求学的意思。加之当时中国和外国相比，科学也较落后，所以要求出国学习的思想也比较强烈。那时出国留学多在两个方面，一个是去南洋，因为这些国家华侨多，地域广；另外就是到那些资本主义较发达的国家去留学。当时的苏联还没有为广大青年所认识，对苏联没有明确的概念，加上反动派的阻挠，能知道苏联革命真相就不容易了。当时留学最流行的是到日本，因为那时有种看法，认为日本是辛亥革命的策源地，孙中山先生组织兴中会、同盟会和武昌起义都受到日本的影响；其次日本是东方和西方科学文化的桥梁地带，维新早，接受西方的科学技术早。当时在日本留学的有上万人，湖南人就不少，因此新民学会干事会开会决定派人到日本去。并决定傅昌钰、周晓三、罗章龙等3人去日本（傅昌钰是先一年去的）。我是愿意去的，但家庭经济条件困难，而又不好当着大家的面说。会后我同何叔衡和润之谈了。润之说：这不是你个人的事，有困难大家想办法。何先生说：你有困难是实情，我们几个人一定设法送你去。其他同志也从道义上、经济上支援我，我自己也筹集了一些钱，会员们帮了一半，就决定动身了。在做准备时，我说我有个老师周频卿，到过日本。润之说那我们去见见他吧！于是我们一块去见周，他是同盟会的第一批会员。他说日本搞革命的人很多，他去那里深受影响。他是反袁的，是湖南派去炸袁世凯的几个人中的一个，只是由于他们投弹技术不熟练没有把袁炸死。润之听了这些很感动。在我临行前他说，相信前面会有困难，但如果有充分的准备就会好些。为了送我远行，学会在长沙北门外的平浪宫举行聚餐，大家鼓励我，消除顾虑，润之还用"二十八画生"的笔名为我写了一首诗相赠，诗云：

## 送纵宇一郎东行

云开衡岳积阴止，天马凤凰春树里。

年少峥嵘屈贾才，山川奇气曾钟此。

君行吾为发浩歌，鲲鹏击浪从兹始。

洞庭湘水涨连天，艨艟巨舰直东指。

无端散出一天愁，幸被东风吹万里。

丈夫何事足萦怀，要将宇宙看稊米。

沧海横流安足虑，世事纷纭何足理。

管却自家身与心，胸中日月常新美。

名世于今五百年，诸公碌碌皆余子。

平浪宫前友谊多，崇明对马衣带水。

东瀛濯剑有书还，我返自崖君去矣。

这首诗是1918年春写的。又瞻岵[31]临别赠言，书短句云："若金发砺，若陶在钧，进德修业，光辉日新！"

到了上海，我即预订了一张去日本的船票。忽然发生了一件事，1918年5月7日，日本反动政府对东京的中国留学生进行殴打，采取高压手段，迫使他们回国，留学生予以反抗，发生冲突，还有流血牺牲的。这个消息传到上海，上海各界人士组织了支援日本的中国留学生运动，我也参加了，并接待了一些从日本回来的同学。我见到他们愤愤不平地揭露日本军政当局的暴行，即决定：现在不能到日本去了。在接待的过程中，我认识了一些学生，有几个和我谈得很好，其中有一个叫黄日葵的对我说：莫去日本了，日本不能容纳我们这些人。我们是中国人，可在本国学习，如果要搞革命也可以在中国搞。他并告诉我，他准备转学到北京大学。黄还告诉我《新青年》的出版中心在上海。我们就找到了上海群益图书公司，这个公司是湖南人开的。他们讲，编辑部已不在上海了，负责人都到北京去了，我们这里是发行机关。他们并送我们一些《新青年》杂志和书籍，其中有的是廉价的。为了征得学会的同意，我从上海回到湖南，将此情况向毛润之和何叔衡讲了。他们认为，既然日本的情况如此，我们就不必去了，并同意我去北京。从此后，新民学会就决定不再派人到日本，而是到北京去从事开辟工作。[32]

关于毛泽东赠诗送别的情形，罗章龙在《椿园载记》一书中补充说：

平浪宫聚会，"大家热情洋溢，并赋诗赠别。我遂乘华盛轮船东行赴沪。启程前，润之到码头送行，当面交给我一个信封，说内有诗一首相赠。启封一看，系题为'送纵宇一郎东游'的七言古风"。[33]

新民学会正式决定组织赴法勤工俭学，是在1918年6月下旬。《新民学会会务报告（第一号）》中记载：

自民国七年四月十七日学会成立至这年八月，4个月中，有两件可记的事：一、加入新会友。学会自开过成立会后，随即加入的会友，为下列九人：周惇元[34]、何叔衡、李和笙、邹泮耕[35]、熊瑾玎、熊崑甫[36]、陈章甫[37]、傅昌钰、曾星煌。二、发起留法运动。此事以前尚有人发起，没有成。至是长沙方面之最初发起者，为蔡和森与萧子升。时子升在楚怡任课，和森就居楚怡，日夕筹议。何叔衡、毛润之、陈赞周等时复加入讨论。是时其他会友亦有几人行将外出，遂于六月尽间，在第一师范附属小学陈赞周、萧子暲处（陈、萧在此任课）开一会议。计到会者：何叔衡、萧子升、萧子暲、陈赞周、周惇元、蔡和森、毛润之、邹鼎丞、张芝圃、陈启民、李和笙等。因事未到者几人。这次讨论，集中"会友向外发展"一点，对于留法运动认为必要，应尽力进行。是日叙餐。自此，留法一事，和森和子升专负进行之责。不久，和森赴京。

此时湖南政局乱极，汤芗铭、刘人熙、谭延闿、傅良佐、谭浩明、张敬尧，互相更迭，教育摧残殆尽，几至无学可求。和森至京，与李石曾、蔡子民[38]二先生接洽结果，知留法俭学及留法勤工俭学颇有可为。乃函告子升、润之、赞周、鼎丞等，从事邀集志愿留法之同志。起初愿往极少。至八月十九日，始有25人由湘到京。自此往者渐众。此时会友往北者：和森、子升、子暲、赞周、焜甫、芝圃、星煌、鼎丞、和笙、云熙、润之、章龙十二人。除章龙在北大文科，润之在北大图书馆外，余均在留法预备班（芝圃、和笙、星煌在保定班；和森在布里村班；子升、子暲、赞周、焜甫、鼎丞、云熙在北京班）。此事在发起时并未料到后来的种种困难，大家都望着前头的乐园，本着冲动与环境的压迫，勇往前进。此事的结果，无论如何，总有一些好的影响。但在中间，会友所受意外的攻击和困难实在不少，但到底没有一个人灰心的。

会友在京，曾请蔡子民、陶孟和、胡适之三先生各谈话一次，均在北大文科大楼。谈话形式，为会友提出问题请其答复。所谈多学术及人生观各问题。

会友在京，初系散居。后来集居一处，地点在后门内三眼井胡同7号。同居的人如下：子升、云熙、赞周、润之、焜甫、章龙、玉山（欧阳玉山于此后一年入会），和森亦由布里村搬来加入。八个人聚居三间很小的房子里，隆然高亢，大被同眠。子暲与望成（刘望成于此后一年入会）则住于胡同之第8号。到八年[39]一月，子升赴法。二月润之回湘，萧子暲赴沪。赞周诸人因法文班课堂由马神庙北大理科迁入西城翼教寺法文馆，居所事实上不得不变易，章龙亦改寓他处，三眼井胡同的同居生活遂散。赞周等既至西城上课，乃改寓北长街99号福佑寺后院，又是一个新的同居生活。此时，子暲已由沪归，比在三眼井，便只缺了润之、章龙与子升，同居还有8个人。同时在保定的芝圃、和笙、星煌3人与其余预备留法诸君40余人，则同居于育德中学。预备期满，京、保诸会友，便陆续赴法去了。[40]

在新民学会会友准备赴法勤工俭学期间，有两位会友竟不幸早逝，其中一位还是赴法勤工俭学的积极参加者。不幸的消息，使毛泽东深为痛惜。他在《新民学会会务报告（第一号）》中追述道：

这里要述两件极不幸的事，即民国七年七月会友叶瑞龄之去世，及民国八年四月会友邹鼎丞之去世。

叶君名兆桢，益阳人，湖南省立第一师范毕业，为人和平中正，有志向学。于毕业归家的途次遇热，抵家即故。

邹君名彝鼎，湘阴人，与叶君同学同班。好学有远志，持身谨严而意志坚毅。七年十月赴北京留法预备班。因历年积劳得病，至此迸发。八年一月回湘，四月竟死。所作日记及论文数十本，朋友们想替他刊出其警要。但现在还没有刊。凡与他接近过的人，大概没有不觉得他是一个可敬可爱的人。他有一个极爱念的未婚妻，临死寄给她一封信，可惜没有第三人看见不能将他的遗墨存留。他是发起学会的一个重要人。他于学会之发起，既认为有必要，便毫不游移。他于学会抱有极大的希望。他丝毫不料他自己之不幸短命。他之从善如流，他之改过不吝，他之胸怀坦白、毫无城府，他之爱人如己，他之爽快，他之勇敢，他之真诚，他之好学，他之对于道义之热情——这些都是曾经和他见过面，或曾经和他相处较久的人所知道的。[41]

1918年8月19日，毛泽东第一次来到北京，这意味着他从湖南走向全国的政治和文化中心。此刻的北京，正是新文化运动的前沿，许多新文化运动的宿将和新秀都聚集在这里。新的思潮，新的人物，使毛泽东眼界大开。他回忆说：

我在学校的最后1年，母亲去世了，这样我更不想回家了。那年夏天，我决定到北平去。当时湖南有许多学生打算用"勤工俭学"的办法到法国去留学。法国在世界大战中曾经用这种办法招募中国青年为它工作。这些学生打算出国前先去北京学法文。我协助组织了这个运动，在一批批出国的人里面有许多湖南师范学校的学生，其中大多数后来成了著名的激进分子。徐特立也受到这个运动的影响，他放弃了湖南师范学校的教席到法国去，这时他已经40多岁了。不过他到1927年才参加共产党。

我陪同一些湖南学生去北京。虽然我协助组织了这个运动，而且新民学会也支持这个运动，但是我并不想去欧洲。我觉得我对自己的国家还了解得不够，我把时间花在中国会更有益处。那些决定去法国的学生从现在任中法大学校长的李石曾那里学习法文，我却没有这样做。我另有打算。

北京对我来说开销太大。我是向朋友们借了钱来首都的，来了以后，非马上就找工作不可。我从前在师范学校的伦理学教员杨昌济，这时是国立北京大学的教授。我请他帮助我找工作，他把我介绍给北大图书馆主任。他就是李大钊，后来成了中国共产党的一位创始人，被张作霖杀害。李大钊给了我图书馆助理员的工作，工资不低，每月有八块钱。

我的职位低微，大家都不理我。我的工作中有一项是登记来图书馆读报人的姓名，可是对他们大多数人来说，我这个人是不存在的。在那些来阅览的人当中，我认出了一些有名的新文化运动头面人物的名字，如傅斯年、罗家伦等等，我对他们极有兴趣。我打算去和他们攀谈政治和文化问题，可是他们都是些大忙人，没有时间听一个图书馆助理员说南方话。

但是我并不灰心。我参加了哲学会和新闻学会，为的是能够在北大旁听。在新闻学会里，我遇到了别的学生，例如陈公博，他现在在南京当大官了；谭平山，他后来参加了共产党，之后又变成所谓"第三党"的党员；还有邵飘萍。特别是邵飘萍，对我帮助很大。他是新闻学会的讲师，是一个自由主义者，一个具有热烈理想和优良品质的人。1926年他被张作霖杀害了。

我在北大图书馆工作的时候，还遇到了张国焘[42]——现在的苏维埃政府副主席；康白情，他后来在美国加利福尼亚州加入了三K党；段锡朋，现在在南京当教育部次长。也是在这里，我遇见而且爱上了杨开慧。她是我以前的伦理学教员杨昌济的女儿。在我的青年时代杨昌济对我有很深的影响，后来在北京成了我的一位知心朋友。

我对政治的兴趣继续增长，我的思想越来越激进。我已经把这种情况的背景告诉你了。可是就在这时候，我的思想还是混乱的，用我们的话来说，我正在找寻出路。我读了一些关于无政府主义的小册子，很受影响。我常常和来看我的一个名叫朱谦之的学生讨论无政府主义和它在中国的前景。在那个时候，我赞同许多无政府主义的主张。

我自己在北京的生活条件很可怜，可是在另一方面，故都的美对于我是一种丰富多彩、生动有趣的补偿。我住在一个叫作三眼井的地方，同另外7个人住在一间小屋子里。我们大家都睡到炕上的时候，挤得几乎透不过气来。每逢我要翻身，得先同两旁的人打招呼。但是，在公园里，在故宫的庭院里，我却看到了北方的早春。北海上还结着坚冰的时候，我看到了洁白的梅花盛开。我看到杨柳倒垂在北海上，枝头悬挂着晶莹的冰柱，因而想起唐朝诗人岑参咏北海冬树挂珠的诗句："千树万树梨花开。"北京数不尽的树木激起了我的惊叹和赞美。[43]

在与毛泽东同行赴京的新民学会会友中，也留下了许多关于他组织赴法勤工俭学活动的回忆。

直接参与过湖南赴法勤工俭学的李维汉回忆说：

新民学会会员的活动主要分为两支：一支在国内，主要在湖南；一支在国外，主要在法国。积极倡导留法勤工俭学运动是学会成立后在国内首先开展的一项重要活动，是学会讨论会员向外发展的一个主要措施。

留法运动始于1912年，由蔡元培、李石曾、吴稚晖、汪精卫、张继等人发起，吴玉章同志也是发起人之一。留法学生包括官费、俭学和勤工俭学三部分人。第一次世界大战前去法的不多。战后，发展甚速。法国巴黎和国内的北京、上海都建立了华法教育会，有的省如四川、广东建立了分会，主持留法勤工俭学事宜。新民学会成立后，会员深感向外寻求新思想新文化的必要。1918年6月，在长沙第一师范附小召开的一次会员会上，确定进行留法运动，由萧子升和蔡和森负责进行。在此之前，已有湖南学生罗喜闻等在进行留法的准备，互通一些消息。新民学会的这次会后不久，蔡和森受学会委托赴北京和蔡元培、李石曾联系赴法的准备工作。毛泽东在湖南则进行号召和组织工作。在这个过程中湖南也成立了华法教育会分会。是年8月，毛泽东同我们准备留法的二十几个人到北京。在北京的会员至此增至十二人，有毛泽东、蔡和森、萧子升、萧子暲、陈绍休、熊光楚、张昆弟、曾以鲁、邹蘖鼎、李维汉、罗学瓒、罗章龙。同来北京的青年还有李富春、贺果、任理、侯昌国、唐灵运等。我们二十几个人从汉口乘火车北上，到了河南郾师（今郾城），因郾师以北铁路被大水冲断，在郾师城郊停留一天一夜，第二天步行到许昌，再搭车到北京。在郾师耽搁的时间里，毛泽东和有些同学三三两两地在附近和老乡们交谈，了解风土人情。到北京后，毛泽东开始是住在豆腐池9号杨怀中先生家里，后来搬到地安门内三眼井吉安东夹道7号，和蔡和森、罗学瓒等八人住在一起，"隆然高亢，大被同眠"（《新民学会会务报告》），过着清苦的生活。杨怀中先生来北大教书前是湖南省立第一师范和高等师范的伦理学教员，思想开明、进步，为人刚正、真诚。新民学会的成立以及我们思想的"向上"，都同他对我们的影响有关。对于留法运动，他也十分赞成，亲自出面联系，帮助筹措费用。

毛泽东当时经杨怀中先生介绍在北大图书馆做助理员工作。其他会员除罗章龙在北大学习外，则分别在北京、保定、蠡县布里村的留法预备班学习。萧子升、萧子暲、陈绍休、熊光楚、邹蘖鼎、罗学瓒在北京班；蔡和森在布里村班；张昆弟、李维汉、曾以鲁与李富春、贺果、任理等在保定育德中学留法预备班。在保定的同学一面学习法语，一面学习机械学、机械制图。每人学一种工艺（钳工、木工、铸工等）。机械学和制图课的教员是刘仙洲[44]。我在保定留法预备班只学习半年。1919年初，邹蘖鼎病重，我和张昆弟护送他回湖南，不久，就病故了。他也是学会发起人之一，曾和毛泽东一起起草新民学会章程。他和后来留法、于1921年病故的陈绍休都是极好的同学。他们的夭折是一件很不幸的事情。我和张昆弟送邹返湘后未再回保定。我自己是在为筹措赴法用费和安家奔走（我们1919年赴法的一批全是自备用费。我主要靠第一师范教员朱炎先生[45]帮助100元）。[46]

**罗章龙后来考入北京大学，未赴法勤工俭学。他回忆说：**

我从上海回到湖南，在带回的一些书报材料中，发现《新青年》第10期登有华法教育会的文件，号召中国青年到法国勤工俭学，干事会就开始讨论。[47]毛润之、萧子升、蔡和森、何叔衡等，一致主张到法国勤工俭学。我们先写信给在北京的杨昌济先生，杨先生很忙，尚未回信。于是干事会就决定先派蔡和森到北京去。蔡和森到京见了杨先生，说明来意，杨先生很赞成，并通过杨先生找到李石曾进行交涉。和森给长沙写信：事已有了眉目，大家可以来京群策群力将留法运动开展起来。随即由润之率领首批会员二十来人，从长沙坐火车前往北京。当火车到河南郾城县，因沙河涨水，铁路淹了十几公里，我们在漯河车站宿了一夜。第二天，毛润之、我、陈绍休坐临时车子到了许昌，在那里停留一二天。润之对许昌很感兴趣，许昌是三国的魏都，但旧城已荒凉。他建议去看看，我们就向当地一些农民了解了魏都的情况，知道旧址在郊外，乃步行前往凭吊魏都旧墟，并作诗纪行。前几年，河南有同志来谈，还提及当地农民记得这件事。

新民学会会员到北京以后，我们分散住在几个会馆里，润之是湘潭人，就住湘乡会馆。因为会馆多半离城较远，进城交通不便，后来我们就集中住在城内。我们在北京大学找了三间很小的房子，这就是三眼井吉安所夹道7号。

吉安清朝时叫作梓宫，是停放皇帝棺材的地方，等墓造好了，再把棺材运进去。这个地方很大，有宫殿，有住房，清朝垮台后成了一片废墟，但宫殿还在，没有占用。附近有一条小巷叫吉安所东夹道，地方偏僻，房租也便宜。我们由萧子升出面，以北大学生的名义租了三间房子，房东是已经没落的满族人。同住的有萧子升、陈绍休、毛润之、陈焜甫、罗章龙、欧阳玉山等七个人，后来又有蔡和森，共八个人。润之在《新民学会会务报告》里说："八个人居三间很小的房子里，隆然高亢，大被同眠。""大被同眠"这句话有个典故，唐朝有个姓张的人，是个大家庭，张公倡议全家人住在一个屋里，盖一个大被子。我想，这可能是象征一家人团结的意思。润之的这句话，是形象思维的话。有人曾问我："你们是否盖一床大被？"当时的情况是：炕上从左面算起，睡觉的顺序是：陈绍休、萧子升、毛泽东、罗章龙，每个人只能占有一块方砖这样宽的地方，湖南人的被子大，摊不开，有的被子垫在底下，不能各人盖各人的被子，多余的被子压在上面，大家保暖。由于人多炕窄，挤得骨头发酸，晚上有事起来时，还要轻声招呼左右的人。从1918年秋到1919年春，润之在这里住了六七个月。

开始，我们在外面小馆子里吃饭，因为饭费贵，生活上也不习惯，后来大家商议，自己起火。北京买大米困难，为了经济起见，我们吃面。但是，南方人不会做面食，又闹出种种笑话。有一天，我买了个脸盆，萧子升就用这个脸盆做了一盆糨糊，大家外出工作了一天，肚子很饿，但谁也吃不下。我们的房东是个腼腆的中年妇女，平时很少出来，只是从窗户里望着我们，有事情让她的八九岁的小女孩出来说话。她见我们不会做面食，很好笑，就走出来教我们做面食。一个送水的山东人老侯，也愿意帮忙，他说：我不要你们的工钱，我做好了和你们一起吃就可以了。他见我们什么炊具也没有，就把自己的一套炊具搬来放在院子里，每天为我们做饭，和我们一起吃馍、吃咸菜。他是个劳动人民，同我们的感情很好。房东慢慢地熟悉了，常帮助我们缝补。她的男人当差从河南回来了，问我们是干什么的？我们告诉他，我们要到法国留学。他说："得要许多钱呀！"我们说：是公费。他对我们很好。我后来在河南搞工运，在关键时刻他还帮过我们的忙。

当时生活很苦，但从中得到些锻炼：北方很冷，每人只有一件旧棉衣，因此，有好几个人病倒了，没有病的更得到锻炼。我们一面工作，一面集中学习，非常紧张。我们还走了许多地方，都是步行游历。交结了许多工农朋友。北大图书馆馆藏丰富，古今中外的书籍很多，据说清代公家藏书几百万册都集中在北大，教师也多，不少有学问的人，南方、北方的学生都有，我们从中交了许多朋友，其中多数成为以后的同志。当时，工作学习紧张，物质生活上的困难就不在意了！

1918年8月19日，由湖南到北京的新民学会会员，有和森、子升、子暲、赞周、焜甫、芝甫、星煌、鼎丞、和笙、云熙、润之、章龙12个人。除润之在北大图书馆，我在北大文科学习外，其余都到留法预备班。

赴法勤工俭学是新民学会会员北上的一个重要任务。为什么会有勤工俭学运动呢？到北京后，经过多方了解，我们逐渐知道了事情的内幕。我们见到了李石曾，前后谈过很多次话。李的祖父是前清的宰相，叫李高阳，他父亲也是相当于省级的大官。李石曾的祖传遗产很多，是个官僚地主，同时是资本家。在欧洲大战前期和中期（1914年左右），他到过法国，对法国的社会、官僚很熟悉，在法国的外交界有地位，对中国的官场也很熟悉，法文讲得很好。他在法国经营了一些工厂、企业，较大的是巴黎豆腐公司。他找了些会做豆腐的人，在巴黎出售几十种豆制品。当时，在巴黎的报纸上，有些人写文章提倡素食主义，果然很赚钱。他从中国引了许多同乡到法国做工（前后有成百人），其中河北蠡县的人最多，现在还有北方侨乡之称。欧洲大战发生后，法国男子从军，工厂、农村缺乏劳动力，法国政府同中国政府订了个合同，要中国政府招募华工30万到法国做工。当时北京政府组织了一个惠民公司，借此机会在中国招募工人，办理上船，运到法国，安排在法做工等事宜，从中谋利。据说当时去法的华工超过了预定数字，来来去去共几十万人。到1918年第一次世界大战结束后，对这些华工，法国认为需要的就留下，不需要的就送回国。招募与遣送华工回国，中国官厅都有利可图。这件事发生在勤工俭学之前。李石曾参加了招募华工这项活动，从中得到了好处。他是个很有心计的人，看到华工不能继续去法，这件事已无前途，他就很想在政治上活动。他家资很富，但没有青年拥护他，他想借个名义插手到教育界中去，以取得政治地位。为了达到这个目的，李石曾伙同吴稚晖等人在巴黎办了个《旅欧杂志》，宣传无政府主义，表示个人清高，想做个名流，借以在教育界抬高他的地位。这时发生了另一件事，欧战结束，中国国际地位提高（因中国是参战国，参加了协约国一方，打败了同盟国）。各国为了交好中国，退还一部分庚子赔款，李想活动一笔法国的庚子赔款由他来支配，以便私图。他是华侨，不是中国的正式官员，活动此事比较有利。他通过法国一位退职总理的赞助，得到法国政府同意，退还一笔款给中国。李即对中国政府说：这笔钱是我们想法搞来的，要组织个委员会管理，作为中华教育基金。这笔钱数目不小，计划在法国办一个大学。法国是陆续退还的，李还办了一个银行，把钱存在该银行。李为了争取群众的拥护和支持，即宣传勤工俭学。李的这个方案我们是事后才知道的。我们当时认为不管他的动机如何，但同意中国青年去法勤工俭学肯定是对的，就帮助他开展工作。

李很重视湖南青年。一次，李在北京香山别墅，招待我们谈话、吃饭，有子升、和森、润之和章龙四个人。他显出道貌岸然的样子，自称不做官，吃素不吃荤，穿着也很朴素。他的别墅是富丽堂皇的，招待筵席丰盛，但他不吃荤菜，坐在一旁殷勤陪客。我们从西山回来后，认为这事很需要，就公推润之执笔，写了个勤工俭学的具体实施方案。子升修改文字后，送到李石曾手里，李很同意按此计划动员湖南和全国的青年参加勤工俭学运动。于是湖南、四川掀起了一个高潮，我们觉得李石曾这个人不可靠，后来他果然在里昂大学把留法同学撇开了。萧子升后来当了赴法勤工俭学组织的秘书，李很器重他，认为他能干，萧最后与我们分开了。

新民学会会员有几个在法国去世了，其中有陈绍休和杨怀中先生的一个侄儿杨楚。

法国的庚子赔款，在这个运动中慢慢地退还了。李石曾是法国大学毕业的，学生物专业，他当时以教授学者的身份活动。"四一二"以后掌握了北方政权，做了蒋介石底下的大官，提拔萧子升做了农政部次长。

新民学会会员许多人家里很穷，家境都不宽裕，要留法一个人得几百元旅费，先后几批来京的会员，只有25人取得了一笔路费，这是我们通过留京湘绅和华法教育会活动的结果。1920年在上海半淞园集会后赴法的一批新民学会会员全都是公费。在公费名单中，有润之和我的名字，但我们俩没去，把公费让给别的会员了。还有的人是自己想办法筹借旅费或采取互相帮助的方法解决的。

后来新民学会会员大部分都走了，只有润之和我两人留在北京，为什么呢？开始准备都去，后来详细商量，润之主张不要都去，北京比长沙好，我们留下来是需要的，如果北京没有一两个人，新民学会在北京就是个空白。当年杨怀中先生在学界很有誉望，在湖南教育界、政界都有威信。杨是中国第一批去英国的留学生，他在北大任教授，也希望我们留在身旁，我考入北大后，润之也通过杨先生的关系，进了北大图书馆工作。

在第一批会员留洋后，船到马赛时，云熙、玉生、绍休等联名来信，敦促我出国，我当时向润之说：大家都去了，他们也希望我动身，你留下吧，我去欧洲。他说：不然，我们留下来是有理由的，我进北大是职员，活动范围受限制，你是学生身份，最好活动，范围更广泛些。工作方面是需要你的。于是我就决定留在北大不走了。我在学生中积极活动，他在教职员中做联系工作。这些做法后来都实现了。第二年春天，润之决定回湖南去，临行时向我说：我们的工作今后一定会发展下去，望努力前进，多多通信，注意身体。不久何叔衡从长沙来信，也说到北方地区重要，一举一动影响全国，千万不要离开，好自为之！北方的革命工作也逐步持续开展起来了。〔48〕

除在上述记载之外，至今还保留着为数不多的珍贵文献资料。细读这些文献资料，并和当事人的回忆相对照，更可以使人们对毛泽东第一次北京之行和组织湖南赴法勤工俭学的活动有更深入的了解。

蔡和森对赴法勤工俭学态度最为积极，是这个运动的急先锋。1918年6月25日，他先期到达北京，便连连发信，催促会员尽速来京。正是在蔡和森的再三敦促下，毛泽东终于下了赴京的决心。

在《新民学会会员通信集》第一集里，保存有蔡和森当时写给毛泽东的4封信。第一封写于6月30日夜：

润之兄：

弟二十日开船，二十四日在汉口搭车，二十五日晚抵京，共经三日三夜，晴雨参半，一路颇适。兄事已与杨师〔49〕详切言之，师颇希望兄入北京大学。弟以一面办报一面入学为言，师甚然之。……大学蔡校长〔50〕，弟会见一次，伊正谋网罗海内人才，集中一点，弟颇羡其所为。觉吾三人〔51〕有进大学之必要，进后有兼事之必要，可大可久之基，或者在此。储养练习，或可同时并得。望兄细与子升讨论研究，定其行止，复我一函，是所至盼！顺问

近祉！

弟　彬肃
七年六月三十夜在北京〔52〕

7月21日，蔡和森又致信毛泽东，催促他下决心来京。信是这样写的：

润之兄：

前覆一片，未尽所怀，今补呈之。……至兄之行止，尚待自为斟酌，私心以为兄有来此之必要者数端：（一）既不往东，又不往南，自以来京为最宜。（二）吾辈须有一二人驻此，自以兄在此间为最好。（三）自由研究以兄为之，

必有多少成处，万不至无结果。至现在情形，杨师自是喜兄来寓，每日可以学习英日文。弟事殊不好计，故亦望兄来指教。至佃屋请工二事，亦祈兄斟酌弟之家情，为我主张，实不胜感激盼祷也。顺叩

暑安。不具。

弟　彬白 [53]

7月26日，毛泽东给蔡和森写了一封回信，议论才、财、学三事，表示愿意从事国民教育，"失此不为，后虽为之，我等之地位不同，势不顺而机不畅，效难比于此日矣"。不久，蔡和森又致信毛泽东等，详细说明他力主赴法勤工俭学的理由。

赞、暲诸兄转升、润二兄 [54]：

……润兄七月二十六日之信，已经收到，所论才、财、学三事，极合鄙意。究竟我们现所最急者，是一财字；而才次之；而学则无处不有，无时不可以自致。然非学无以广才，非才无以生财；此所以学会之会员，为须加以充足的物色与罗致，不当任其自然发展也（中国万恶万罪，及不进化，皆起于任自然）。兄自由研究及私塾之说，是弟中层之目的。……来书"失此不为，后虽为之，我等之地位不同，势不顺而机不畅，效难比于此日矣"，弟深以为然。三年以来，每觉胡林翼之所以不及曾涤生者，只缘胡凤不讲学，士不归心，影响只能及于一时，故弟住刘家台时，未尝不想当教员也。……吾兄颇以去长沙为遗恨，弟则久思所以补救之方；其方若曰：如得鼎兄出以挥霍旁通之才，广联高小中学专门之学生，而且介绍京湘之常常通信，实无异亲炙也。前于楚怡诸生，欲其通信，即是此意。前将起程时，与家母商议，谓三年之内，必使我辈团体，成为中国之重心点。并且要使女界同时进化，是以舍妹有邀友自读之意，弟又有决意留京四年，每年回长沙一次，以与各界联络之宣言；故其置重长沙之处，亦复大略与兄相同。前与升兄书，谓恨行时不及将种种善后方法与商，即指此等。…… [55]

不久，毛泽东经过认真思考，终于决心前往北京，组织赴法勤工俭学。蔡和森得悉这个消息，欣喜万分。他在信中说：

润之兄：

昨夜奉读来示，极忠极切！本以待兄主张然后定计，今计定矣。只要吾兄决来，来而能安，安而能久，则弟从前所虑种种，皆不成其问题；盖所仰赖于兄者，不独在共学适道，抑尤在与立与权也。大规模之自由研究，最足动吾之心，慰吾之情，虽不详说，差能了解，兄之"梦呓"，尤是弟之兴经，通我智核，祛我情瞽，其为狂喜，自不待言。前者对于大学之兴味，全在制造友生，对于往法兴味，全在团结工人；二皆不适，亦既耿耿于心。只以事不称意，遂思超脱原计，另辟一路；实则又入网罗，此运思不缜密之过也。自由研究社，略分内容与

外延。今兄于外延已略揭其端，远矣大矣，只有巴黎一处，当加矣！至其内容，弟尝思非财力差厚不举，非通一二外国文字不行。故前有虑其太早之说，又有往法做三五年工即行回国开馆延朋之想，由今思之，此亦似太早计。着手办法，惟有吾兄所设之"乌托邦"为得耳。……兄之行止，幸已确定，无犹夷，前书斟酌之说，实无所用其斟酌也！熊希龄氏若抵湘，请兄为往法事往会之，问其答应筹款若何，其详在致升兄书中，请查阅。谨此顺问行期。

蔡林彬
八年七月二十四日 [56]

毛泽东在长沙加紧做赴京的准备。在此期间，他于8月11日致信罗学瓒，建议他从事小学教育。信中说：

荣熙学长鉴：

接蔡君信，知兄已发函复我到京。赴法二百元能筹，旅保一百元无著是一问题。旅保费，俟弟至京与蔡商量筹借，或有著未可知，有著之时再函知兄前来可也。文凭须即寄来，由邮双挂号不误。弟又有一言奉商者，兄予从事工艺似乎不甚相宜，而兄所宜乃在教育。弟与蔡君等往返商议，深以同人多数他往，无有几个从事小学教育之人，后路空虚，非计之得。近周君世钊就修业 [57] 主任之聘，弟十分赞同欣慰。前闻兄有担任黄氏 [58] 讲席之说，不知将成事实否？往保固是一面，然不如从事教育之有大益。性质长此，一也；可便研究与性相近之学，如文科等，二也；育才作为会务之后盾，三也。有此诸层，似宜斟酌于远近去住之间，而不宜贸然从事（南洋亦系教育，暂息以候南信亦是一法）。以后与兄商量之处尚多，此亦其一也。余不具。

弟　泽东
八月十一号

罗学瓒收到这封信后，并没有改变赴法勤工俭学的决心。他很快来到长沙，会同毛泽东等20余人，于8月15日登上赴京的路程。

毛泽东在离开长沙之前，最放心不下的是慈母的病情。他特地给在唐家坨务农的七、八舅父写了一封信，恳请他们代为照料。

七、八二位舅父 [59] 大人座下：

前在府上拜别，到省忽又数日。定于初七日开船赴京，同行有十二三人 [60]。此行专以游历为目的，非有他意。家母在府上久住，并承照料疾病，感激不尽。乡中良医少，恐久病难治，故前有接同下省之议。今特请人开来一方，如法诊治，谅可收功。如尚不愈之时，到秋收之后，拟由润连 [61] 护送来省，望二位大人助其成行也。

甥叩

1918年8月15日（农历七月初九），毛泽东一行离开长沙，几经周折，于8月19日（七月十三日）到达北京。

一到北京，毛泽东便忙碌起来，四处为赴法勤工俭学的同学们联系，帮助解决住宿、学习及赴法经费等问题。

另外，在1920年华法教育会广东分会刊印的《留法俭学报告书》中，刊登有署名"湖南学生"的一篇《留法勤工俭学会湖南会员纪事录》。其中记述了蔡和森、毛泽东等先后来京组织赴法勤工俭学的活动，还为我们提供了湖南赴法勤工俭学运动的背景情况。

## 留法勤工俭学会湖南会员纪事录（节录）
### 湖南学生

湖南留法勤工俭学预备学生其始不过三四人，以私人单独进行。以后至于成立预备班五处，来学者三百余人，先后赴法者百数十人。在湘准备来京入预校者，尚不可以数计。其影响不云不大。今闻同乡诸公，嘉学生之能以精诚谋借款，苦力求学识，遂争设分会，共相提挈，共相扶助，使全体学生得早达赴法以工求学之目的，此不特学生等之幸，实吾湘全省之幸；又不独吾湘幸，使各省教育界之先进尽如吾同乡诸公见义勇为，则庞然蠢然之中华民国一转眼间必脱胎换骨而为法兰西，再转眼间必鹤立鸡群而为世界主人翁，则诸公驾彩云而洒甘露，受施者实遍大千世界，岂仅此数百余怅然无依之苦学生耶。惟学生等所经过之情形，诸公庸有未知，爰缕晰记之，呈览于诸公大会一堂之际，以为要求助力拜见之资云耳。

### 湖南留法勤工俭学预备最初之萌芽

民国六年十月，罗承鼎、戴勋二君（以下简称罗君或戴君）在广州得识广东留法俭学会会长黄强，遂起留法俭学之念。斯时广州军事正急，黄以广东工艺局局长总办兼援闽总司令部副官长及兵站部长之职，无暇筹备留法预校，遂介绍罗、戴二君入京师预校。二君得介绍书即兼程还湘。既抵湘，适南北战线正在岳鄂之交，行旅不敢飞渡。二君留居湘垣，以由广携回之章程散发湘中各校，并奉书蔡子民、李石曾二先生，询问预校情形。

### 就湘组织预校未成之议

蔡、李二先生复罗、戴函谓：如果湘省人数众多，可与湘教育会商议就省组织预校，教员可由本会介绍，凡须本会协助之处，当竭力赞助云云。罗君持蔡先生函请之教育会长陈润霖[62]。陈以大兵驻省，经费、校舍均难设法，未允所请。罗又欲退而至南县组织，赞成者虽有数十人之多，终以无款而止。

## 罗君等来京与蔡、李二先生接洽之初步

七年二月北军入长沙，罗君在省组合预备来京之数十人皆星散避命，罗遂与段振襄、戴勋、周楚善、高风四君来京。初谒李石曾先生云：曾有信至长沙，属暑假后来京。盖保定预校前班尚未毕业，寄宿舍不能容纳。今既来京，寄居旅馆太不经济，惟租房自炊，日间至大学旁听，夜晚入大学法文班习法文，暑假后再入保定预校。继谒蔡先生，陈述专靠借款而来之意。蔡先生云：章程所定借款一条，本属一种计划，后以各方面阻力，未能实行。今君既来，自当设法使必达目的而后可。

## 罗君上书熊秉三、章行严二先生[63]
## 及与章先生面谈之结果

四月上旬，李石曾先生自天津回，招罗君至其寓云：在津会晤熊先生言及此事，熊先生极端赞成。回京与章行严先生言，章亦如之。湘省既得熊、章二先生之赞助，借款不难筹集。欲乘此机会为湘专开一班，人数须在三十以上，君可一面函湘邀集学生来京，一面上书熊、章二先生要求代筹川资借款。于是罗君之书由李先生转达。李又介绍罗君承鼎、段君振襄面谒章先生，言所允川资如能作靠，则可入预备学校肄业；万一稍有变动，则预备期满，一介寒酸断无力自费赴法，不如早求李先生设法介绍以华工应招赴法。章先生言：应招工作粗重，与教育无关，又非学生所宜，汝等可放胆入预校。我已与熊先生商议，明年毕业赴法，即公家无款可筹，私人亦当为力。万不可稍怀犹豫，轻于应招。

## 国内借款说之由来

罗君等居京数月，客囊久空，举火为奇，杜于皇[64]之穷愁复见。罗君因事间一两日必往见李先生。李先生至大学亦必招罗谈，每见必以旅居生活状态相询。罗君稍稍露其穷相，李先生必尝以数十元济之。一日，李先生在大学招罗告之曰：昨日下午在教员休息室与章先生谈及君等窘状，章言：兵祸连年，湘人早已十室九空，加以纸币低落，即稍有余力，又安所得现洋而汇寄。章言：如此数君等在法旅费，极愿设法补助。我亦曾极力为君等求之。

## 与侨工局接近之起源

章行严先生因事突然南下，罗君等皇皇如有失。屡向李石曾先生要求介绍

入北京某某工厂做工，欲实行勤工俭学于国内。李先生亦向某某数工厂交涉，均不能就。罗君遂求李先生探询侨工局招募之事。适侨局有事约李先生是日下午赴会。次日李先生告罗曰：已与侨工局商议，在法国组织华工学校。先在国内由侨工局设一预备学校，收纳如君等资格情形之人。一年或三年毕业，兼习工作。毕业后即由侨工局送赴法国。日间则做工或求学，夜晚或星期则尽力于华工教育。此举彼此均有利益。

## 侨工局借款之成立

久之，侨工局预校之议不能实行。李先生最后遂云：侨工局已允对于入华法教育会预校之学生为借款之补助。国内旅费有家庭万分不能接济者，侨工局亦允借给。但学生必须本诸良心，先尽私人之财力。私力既竭，然后求借款补助。如蓄其私力，专恃借款，则不但失此项借款之性质，且与华法教育会之本旨大相背谬。此次款额只限二十五名。付款手续必须湖南在京任事之人经理，侨工局不与学生直接交涉。于是李先生属罗君要求教育部视学员李宝圭（李曾充第二师范教员），出为经理。罗君谓以穷学生之资格求人以经理款项之事恐不见信，遂未果行。后数日，石曾先生言：已与王子刚先生商及经理款项之事，王欣然诺之。

## 同学之来京

六月底[65]，湖南省立第一师范学生蔡君林彬（此人未入预校）至。初谒李先生，李遣人引至罗君处接洽。罗以经过一切情形相告，并嘱其速函至湘，招邀同学。蔡君居省城久，对于各校学友相识甚多，一纸至湘，影响颇大。未几日鲁君其昌、张君宪武、郭君兴汉等十四人，自沪以欲入预校之意函告罗君。不数日，熊君世麟等七人至。又数日，张君宪武至保定。鲁君其昌、郭君兴汉均自沪至京。七月十九日[66]，毛君泽东（此人未入预校）等十二人亦自湘来京，而留法之形体遂具。

## 在华法教育会开会之情形

同学到京之时，李先生正避暑西山，遂函请返京。李先生既返，亟亟以得人经理借款为谋。先是李先生闻蔡君林彬与杨怀中先生有师生之谊，欲杨先生出为经理。遂请蔡子民先生函商杨先生。杨又函商王少荃、胡子靖两先生，均慨然允诺。七月二十六日下午，集会于华法教育会。蔡子民、李石曾、彭志云三先生外，湖南则有胡子靖、杨怀中、王子刚、王少荃四先生。是日所磋商者，学生分校之办法（是时分长辛店、保定、天津三处），借款经理之手续。各先生均出席演说，历三点钟始散。湖南经理借款之干事会遂雏形于此时。李先生演说借款一节略述于下：

（上略）侨工局为什么借款给我们华法教育会的人呢？因为现在在法国的华工有十多万，若不设法施点教育给他们，他们在国外必有种种不正当的行为，惹起外国人苛待或逐出国境。回到国内不但不能为社会上的良善分子，而且行奸行诈的手段越发高，那不于社会更有害吗？于今想对他们施一种相当的教育。政府既不能拿出好多款资造成多数的教材送到法国，组织华工教育学校，那最简便最经济的办法，就只有借点川资让我们这班学生到法国去，一面自己可以求学，一面又可以教导华工。我们对于华工智识上要算是先进，这种义务是应当尽的。况既受了侨工局借款的优待，这个责任就更不容辞了。借款的办法怎样呢？侨工局经济力也是有限，我们学生如果人数太多，只好一班一班地赴法。比方第一班三十人领这项借款到法国，五个月内还过来，第二班又去。这样子轮流一年，可以去两班人。（下略）

## 开会后干事之进行

开会后，胡、杨、王、王四干事在熊公馆会议。所议决之事，即成立湖南华法教育分会，一在长沙，一驻北京；及学生借款保证之办法。侨工局方面由熊先生接洽。后8月29日，李先生又邀集侨工局长张弧先生与湖南各干事先生在华法教育会为初次之接洽。借款额遂扩充至七十余名。

在北京期间，毛泽东还多次同老师黎锦熙会面。据《黎锦熙日记》记载：

6月30日

至怀中<sup>(67)</sup>宅，晤蔡和森（林彬，湘乡人，一师校同学，改入岳麓山高师校国文专修科；他6月25日到京，进行京保两处开留法预备班事），因得萧子暲函。

8月29日

至石驸马大街督办河工处赴"华法教育会湖南分会"之筹备会，晤怀中、振翁、陈蔗青、李偶君、子靖等。议决先起章程、函稿，为工读学生赴保预备者四五十人筹资三千元，拟向侨工事务局函借也。

9月8日

下午3时至子靖处，并晤润之、子升，稍话。……至湘乡馆，晤子暲及润之、子升等，谈学。

11月2日

至北京大学赴"湖南留法预备科"学生欢迎会之约。晤子靖、怀中、少潜。先照相。余演说东西哲学文化之关系及国语之重要。

12月10日

萧子升至。晚饭后，久谈学事及留法问题。

12月16日

子升、和森至，久商旅费及工场事。

12月17日

又商借款赴法事。

12月20日

纯弟由长沙来京，组织留法预备也。

12月29日

晚归，润之至，谈报事及世界问题。 [68]

在北京期间，毛泽东和蔡和森等还于10月上旬前往保定，迎接由陈赞周、邹鼎丞带领的长沙初级班30余名学员。随后，蔡和森同他们一起，前往保定蠡县布里村留法工艺实习学校学习。毛泽东为他们送行，随后回到北京。

关于毛泽东保定之行的情况，在贺果的日记里有简要记载。贺果，字培真，是毛泽东在湖南一师的同学，当时在保定育德中学附设留法高等工艺预备班学习。他在日记中写道：

9月4日　七月二十九日 [69]

余于四日前由京搭车来此，入育德中学之留法高等工艺预备班。其宗旨本勤工俭学会之初意，假勤工以留学法国，使贫寒学生不致有向隅之叹。余本一师范生也，然余之初志不愿以师范生终此一生。今此既有预备班，且以高等工艺之名以冠其上，余之工业生活或可于此发轫，以至于高造，亦未可逆料也。余须以毅力为之可也。

9月27日　八月二十三日

上午上机械制图两小时、法文两小时。下午往商务馆，和笙君买法文一部。星煌 [70] 君长沙付来洋三十元，代毛润之还余十元。以两元还李长极君，和笙君借两元，余六元。发家兄12号名片一张、毛泽东君名片一张，寿五兄名片一张，系催保证书；彭道良君名片一张。

10月6日　九月二日

是日下午，长沙初级班三十余人到此。余等在此同学多到站欢迎，搬运行李。分寓第一栈、泰安栈。陈君赞周、邹君鼎臣（丞）护送到此。萧君子升、毛君润之、蔡君和森自北京来。

10月7日　九月三日

下午湖南全体学生在莲池摄影。本班与初级班及北京数人济济一时。晚与和笙君、芝圃君往第一栈，与毛、蔡、萧诸君谈一时许。归时已十时矣。

（后略）

10月27日　九月二十三日

今日画图一张。晚，写家信第十五号，发毛润之一片。预定发寿五兄一片，此可缓数日；袁伯谐一片亦可稍缓数日。予近日精神似已复原，甚为充足，虽终日劳作亦不为苦。惟目力因用过甚，不免有损耳。然须设法保护也。

12月15日　十一月十三日

近日温度平均二十四五度（华）（午），早晨低至16度。曾[71]从京归，带来毛润之、罗荣熙[72]信各一函。[73]

在北京期间，毛泽东必须自谋生计。他经杨昌济介绍，认识了北京大学图书馆主任李大钊。他被安排在北京大学图书馆做助理员，负责新来杂志报刊的管理，登记前来阅览者的姓名。这使毛泽东每月挣得八块银元的工资。

1919年1月25日，北京大学哲学研究会成立。毛泽东为了便于到北京大学旁听，报名参加了研究会。

同年2月19日，北京大学新闻学研究会召开改组大会。毛泽东也出席了这次大会。

在新闻学研究会，毛泽东结识了《京报》社长邵飘萍，听他讲授《新闻工作的理论与实践》，还多次拜访过邵飘萍。他终于获得了北京大学"听讲半年"的证明书。

然而此刻，毛泽东已不在北京大学。

1919年3月间的一天，毛泽东突然得知母亲文氏病危消息，又值一批赴法勤工俭学的湖南青年要到上海登船，他便匆匆忙忙地结束了第一次北京之行，绕道上海，回乡服侍。

毛泽东回乡后在给舅父母的信里写道：

七、八两位舅父大人暨舅母大人尊鉴：

甥自去夏拜别，匆匆经年，中间曾有一信问安，知蒙洞鉴，辰维兴居万福，履瞩多亨，为颂为慰。家母久寓尊府，备蒙照拂，至深感激。病状现已有转机，喉蛾十愈七八，痄子尚未见效，来源本甚深远，固非多日不能奏效也。甥在京中北京大学担任职员一席，闻家母病势危重，不得不赶回服侍，于阳（历）3月12号动身，14号到上海，因事逗留二十天，4月6号始由沪到省，亲侍汤药，未尝废离，足纾廑念。肃颂福安！各位表兄表嫂同此问候。

四、五、十舅父[74]大人同此问安，未另。

愚甥　毛泽东禀

四月二十八

在上海逗留的20余天里，毛泽东一一送走了湖南赴法勤工俭学的同学和朋友们。

3月15日，环球中国学生会召开赴法留学学生欢送会。毛泽东也参加了这次会议。

毛泽东送走了湖南赴法勤工俭学的青年，自己却决定暂时留在国内。这不仅是因为经费拮据，他的外文程度还不过关，更重要的还是因为他预感到中国伟大变动的年代即将来临。

萧三回忆说：

毛泽东决定自己不出国，留在国内从中国现实中探索救国救民的道路。他觉得，中国有许多事物需要深入地研究、调查。中国处在伟大的变动中，自己不能离开这个战斗的环境。

……

1919年春天，毛泽东由北京经天津、山东、浦口、南京，一段一段地借钱买票，来到了上海。在上海送别了一批去法国的同学、青年之后，毛泽东决定回湖南去。他经常惦念着这块土地，他是在这里生长的，是在这里求学和开始社会活动的。这里还有许多新民学会的会员，有会务需要发展。他要回到故乡去，结合同志，继续研究学问；团结人民，和压迫者做斗争。[75]

周世钊曾经这样评价毛泽东参与领导的湖南赴法勤工俭学运动：

这一运动的收获，不仅在于使湖南几十个青年得到到法国勤工俭学的机会，也不仅在于使这群勤工俭学的学生成为革命斗争中的中坚分子，而最主要的是它在湖南知识分子的思想革新上和革命斗争的开展上有着巨大深刻的影响：（一）打破了湖南知识分子蹈常守故，安于习俗的思想，掀起了向西洋学习新思想、新科学的高潮。像年将半百、教书几十年的徐特立同志，也受了这次运动的影响，而接着赴法去做老留学生，就是一个很显明的例子。（二）毛泽东由于亲自到了北京，和北京各大学的进步教师和学生有了一定的接触和联系，对于北京青年学生的学术活动和政治活动能够互通声息。这样，就为他于五四运动时期在长沙开展革命活动创造了有利条件。[76]

### 注　释

〔1〕埃德加·斯诺：《西行漫记》，生活·读书·新知三联书店1979年12月版，第122—123页。

〔2〕二十八画生征友启事时间，约在1915年夏秋之间，有关征友动机可从毛泽东致黎邵西信中见到（1915年9月），信中云："人谁不思上进，而当其求涂不得，歧路彷徨，其苦有不可胜言者！"——原注

〔3〕陈圣皋，湖南浏阳人，联中学生，学冠侪辈，倜傥多异行。1927年前

后，陈任里仁小学校长，后辞职隐沦以终。——原注

〔4〕斯诺著《西行漫记》内称毛自述："征友初得三个半人，第一个为罗章龙，另外还有两个。"据所知其中一个为湘阴黄焕，即黄铭功老师的侄子，亦联中学生，体弱多病，早逝了。所谓半个人指李隆郅。后邹彝鼎提到此事云：按通俗解释，一个人是完全的人，半个是残缺不全的意思，含有贬义。但按古典此语亦有所本。昔符坚谓仆射权翼曰："吾以十万之师取襄阳，唯得一人半耳。"翼问："谁耶？"坚曰："释道安一人，习凿齿半人也。"（见《高僧传》。）——原注

〔5〕东城，指长沙东城，定王台所在地，当时晤二十八画生处。——原注

〔6〕嫏嬛，见伊世珍《嫏嬛记》，传说中的神仙洞府，藏书甚富。——原注

〔7〕北海，指唐李邕。长沙定王台图书馆藏有李北海书写的麓山寺碑文。——原注

〔8〕空谷，即空谷足音，比喻极难得的音信或事物。作者见到二十八画生的"征友启事"，立即投函询问，旋得回信，中有"空谷足音，跫然色喜"，语出庄子《徐无鬼》篇："夫逃虚空者……闻人足音跫然而喜矣。"跫（qióng穷）然：行人之声。庄生：指庄周。——原注

〔9〕策，指汉贾谊上文帝的《治安策》。贾太傅即贾谊，曾为长沙王太傅。——原注

〔10〕骚，指楚屈原所作的《离骚》。屈平即屈原。——原注

〔11〕罗章龙：《椿园载记》，东方出版社1989年6月版，第1—4页。

〔12〕在天津。领导激进青年的组织是觉悟社。周恩来是创始人之一。此外还有：邓颖超（后为周恩来夫人）；马骏，1927年在北京被处死；谌小岑，担任国民党广州市委书记。——原注

〔13〕埃德加·斯诺：《西行漫记》，生活·读书·新知三联书店1979年12月版，第124—125页。

〔14〕《新民学会资料》，人民出版社1980年9月版，第2页。

〔15〕二兄，指萧子升。

〔16〕《新民学会资料》，人民出版社1980年9月版，第166页。

〔17〕蔡林彬，即蔡和森。

〔18〕罗璈阶，即罗章龙。

〔19〕李和笙，即李维汉。

〔20〕《新民学会资料》，人民出版社1980年9月版，第166—167页。

〔21〕邹鼎丞，即邹彝鼎。

〔22〕张芝圃，即张昆弟。

〔23〕周晓三，即周明谛。

〔24〕陈启民，即陈书农。

〔25〕罗云熙，又作罗荣熙，即罗学瓒。

〔26〕《新民学会资料》，人民出版社1980年9月版，第3—4页。

〔27〕李维汉：《回忆新民学会》，《新民学会资料》，人民出版社1980年9月版，第455—458页。

〔28〕陈书农：《回忆新民学会情况》，《新民学会资料》，人民出版社1980年9月版，第445—447页。

〔29〕邹蕴真：《新民学会成立会和1921年新年会议概况》，《新民学会资料》，人民出版社1980年9月版，第541—543页。

〔30〕蔡畅：《回忆新民学会会员的活动》，《新民学会资料》，人民出版社1980年9月版，第567—568页。

〔31〕瞻岵，即何叔衡。——原注

〔32〕罗章龙：《回忆新民学会（由湖南到北京）》，《新民学会资料》，人民出版社1980年9月版，第508—510页。

〔33〕罗章龙：《椿园载记》，东方出版社1989年6月版，第6页。

〔34〕周惇元，即周世钊。

〔35〕邹泮耕，即邹蕴真。

〔36〕熊焜甫，即熊光楚。

〔37〕陈章甫，即陈昌。

〔38〕蔡孑民，即蔡元培。

〔39〕指民国八年，即1919年。

〔40〕《新民学会资料》，人民出版社1980年9月版，第4—6页。

〔41〕《新民学会资料》，人民出版社1980年9月版，第6—7页。

〔42〕张国焘，1938年叛党，投靠蒋介石国民党。——原注

〔43〕埃德加·斯诺：《西行漫记》，生活·读书·新知三联书店1979年12月版，第126—128页。

〔44〕刘仙洲，字振华。解放前任清华大学教授。解放后加入中国共产党，任清华大学副校长。已故。——原注

〔45〕朱炎，字采亮。湖南高等师范毕业，在第一师范教博物课。解放后曾任长沙市人民代表大会代表。已故。——原注

〔46〕李维汉：《回忆新民学会》，《新民学会资料》，人民出版社1980年9月版，第458—460页。

〔47〕一说为杨昌济从北京来信，介绍赴法勤工俭学的情况。见高菊村等

《青年毛泽东》，中共党史资料出版社1990年3月版，第87—88页。

〔48〕罗章龙：《回忆新民学会（从湖南到北京）》，《新民学会资料》，人民出版社1980年9月版，第510—516页。

〔49〕杨师，指杨昌济，时在北京大学任教。

〔50〕蔡校长，指蔡元培，时任北京大学校长。

〔51〕指毛泽东、蔡和森、萧子升。

〔52〕《新民学会资料》，人民出版社1980年9月版，第43—44页。

〔53〕《新民学会资料》，人民出版社1980年9月版，第57—59页。

〔54〕赞，指陈赞周。暲，指萧子暲。升，指萧子升。润，即毛泽东（润之）。

〔55〕《新民学会资料》，人民出版社1980年9月版，第49—51页。

〔56〕原文如此。信的确切时间待考，载《新民学会资料》，人民出版社1980年9月版，第56—57页。

〔57〕修业，指长沙修业学校。

〔58〕黄氏，指湘潭黄氏族校。

〔59〕七舅父，文正兴（1853—1920）。八舅父，文正莹（1859—1929）。

〔60〕后有变化，毛泽东一行于七月初九（8月15日）离开长沙，同行者为20余人。

〔61〕润连，即毛泽民。

〔62〕即陈凤荒（凤芳）。

〔63〕熊秉三，即熊希龄；章行严，即章士钊，号秋桐。

〔64〕即杜浚，明末湖北黄冈人，明亡隐居不出，宁饿死亦不事清，长期为反清人士所推崇。

〔65〕据1918年6月30日蔡和森致毛泽东信中称，他于6月25日抵北京。

〔66〕此处记载有误，据罗学瓒家信记述，毛泽东、罗学瓒等20余人于1918年8月19日（农历七月十三日）下午抵北京。

〔67〕怀中，即杨昌济。

〔68〕据黎锦熙回忆，毛泽东当时不想在北京久留，要回去搞运动，并打算办一个小报。后来回湖南就办了《湘江评论》。"世界问题"是当时欧洲第一次世界大战结束，巴黎和会的中国地位问题。

〔69〕此日期为农历，下同。

〔70〕星煌，即曾以鲁，湖南武冈人，新民学会会员。

〔71〕曾，指曾以鲁。

〔72〕罗荣熙，即罗学瓒。

〔73〕张允侯等：《留法勤工俭学运动》（1），上海人民出版社1980年10

月版，第168—186页。

〔74〕四舅，文正儒（1844—1919），号玉善；五舅，文正美（1847—1922），号玉里；十舅，文正华（1864—1930），号玉森。均为毛泽东的堂舅，在湖南湘乡务农。

〔75〕萧三：《毛泽东同志的青少年时代和初期革命活动》，中国青年出版社1980年7月版，第73、74页。

〔76〕周世钊：《湘江的怒吼》，《新民学会资料》，人民出版社1980年9月版。第397页。

# 六、在"五四"激流中

## 湘江的怒吼

1919年4月6日，毛泽东回到长沙。他一面照料重病的母亲，一面广泛联络各界人士。5月上旬，北京学生爆发五四爱国运动的消息传到长沙，毛泽东立即行动起来，组织新民学会在湘会员，联络长沙各校学生骨干和新闻界、教育界的代表，在湖南掀起反帝反封建的革命浪潮。40年后，周世钊回忆这段往事时，这样评价说：

五四运动在长沙，从一开始就是和毛泽东的革命活动分不开的，没有毛泽东在长沙的革命活动，五四运动在长沙也就无声无色了。

周世钊继续回忆说：

当毛泽东陪送湖南第一批留法勤工俭学学生到上海时，大家认定他也会到法国去。但是法国邮船将要从上海放洋的前几天，毛泽东告诉大家：他决定不去法国。这使大家惊奇了。七八个月来，他的全部时间和精力都耗费在留法勤工俭学的宣传、组织和准备的工作上。今万事俱备，就要启程，却做出这样的决定，是很难令人理解的。"这是为什么呢？"大家这样问他。他说："我觉得我们要有人到外国去，看些新东西，学些新道理，研究些有用的学问，拿回来改造我们的国家。同时也要有人留在本国，研究本国问题。我觉得关于自己的国家，我所知道的还太少，假使我把时间花费在本国，则对本国更为有利。"

这时，报纸上天天传来巴黎和会中我国外交失败的消息。北京、上海和全国各地的青年学生正酝酿争回青岛、反对北洋军阀政府卖国外交政策的运动。毛泽东送别了去法的朋友们，就回到长沙，以更多的时间研究时事，并向长沙的教育界、新闻界和青年学生进行各种联络活动，推动湖南学生爱国运动。

一天，毛泽东来修业小学找我，他对我说："北京、上海等地的学生正在因外交失败消息而悲痛和愤怒，正在酝酿开展爱国运动，湖南也应该搞起来。我想在这方面做些工作。"当我知道他还没有确定居住的地方时，就劝他住到修业小学来，这地方适宜，便于与外面联系，且可以在学校里教几点钟课。他同意了。

过了几天，他将他的简单行李搬到修业学校，在高小部每周教6小时的历史课，其余时间，完全可以自由运用。

从新民学会成立后，陆续吸收了一些进步的大中学生和中小学教员做会员。长沙几个主要学校的教师和学生中差不多都有新民学会的会员。毛泽东这时分别走访了他们，讲述几个月来他个人在北京、上海的经历，并向他们介绍他所接触的一些值得敬佩的人物。谈到国内外形势时，他认为由于外交问题的影响，全国的人心都很不安，青年学生更将有具体的表示。我们新民学会会员决不可站在旁边看热闹，要立即行动起来。他又约集所有在长沙的会员到楚怡小学何叔衡那里开了半天的会。他在会上对欧战后的世界局势，南北军阀混战的情况，张敬尧在湖南所造的罪恶，以及在新思潮的激荡下全国人民的觉悟逐渐提高的事实，都做了详细的分析和说明。他还对如何组织青年学生的力量，如何与张敬尧进行斗争，也提出了他的意见。参加会议的人都觉得有很大的启发，因而增强了在长沙开展爱国运动的信心。

北京五四运动的消息传到长沙后，毛泽东除紧密和新民学会会员及各学校学生骨干分子联系外，又广泛和新闻界、教育界人士交换对时局的看法和湖南人民支援北京学生、反对卖国外交的具体意见。这些人正因受张敬尧的严密控制，爱国运动搞不起来，心情十分苦闷。听了毛泽东的话，大家觉得头脑开朗多了，都表示愿意按照他所指出的奋斗目标去努力。[1]

1919年5月中旬，邓中夏受北京学生联合会委派来到长沙。他找到毛泽东、何叔衡，向他们介绍了北京学生运动的情况，还商量重组湖南学生联合会。经过毛泽东等人的热心筹划，5月28日，新的湖南学生联合会宣告成立，由彭璜任会长。会址设在长沙落星田商业专门学校。又据萧三回忆，在此期间，毛泽东还写了一份字数不多、热情奋发的传单，号召大家行动起来。传单用几个学校学生会的名义发出。他只记得传单的头一句是："同胞们，起来！"[2]

蒋竹如在湖南学生联合会里担任干事部部长。他回忆说：

我当时是湖南第一师范的学生，并已参加了毛泽东发起组织的新民学会。5月23日晚上，我正在一师十三班的自习室里复习功课，忽然毛泽东把我叫了出去，并告诉我：北京学生派来了两个代表——邓仲澥[3]和×××（现已记不起姓名），要求湖南学生起来罢课，和北京学生采取一致行动。两代表暂住在楚怡小学何叔衡那里。我们现在要商量一下怎样响应北京的学生运动。于是，他邀我和陈书农、张国基等几个人，到一师后山操坪里，在月光下商谈了一阵。决定通过新民学会会员的活动，每个学校推举一个或两三个代表，于25日上午到楚怡小学开会。第二天，我们便分途进行，通知各校推派代表。

5月25日上午，我和陈书农很早就到了楚怡小学。随后，各校推举的学生代表也陆续来了，其中有湖南商专的易礼容、彭璜，湖南工专的柳敏，湖南法专的夏正猷、黎宗烈，明德中学的唐耀章，雅礼学校的李振南，周南女校的魏璧、劳启荣，楚怡工业学校的朱后郑，长沙师范的缪瑞祥、高标，妙高峰中学的何培元等，共计20多人。毛泽东介绍双方的代表见面后，就请北京来的两位代表报告五四运动发生的经过情况。接着，两代表相继发言，汇报北京学生和市民群众游行示威的经过和继续罢课的目的。希望湖南学生实行总罢课，声援北京学生的爱国斗争，要求惩办曹汝霖、章宗祥、陆宗舆三个卖国贼，拒签巴黎和会通过的对德和约。大家聚精会神地听到两代表介绍天安门前5000群众集会的热烈情况，都很激动兴奋；听到火烧赵家楼（曹汝霖住宅）、痛殴章宗祥，莫不击掌称快，连说："烧得好！""打得好！"两代表报告完毕，毛泽东便提出罢课的问题，征求大家的意见。结果一致主张罢课，和北京学生采取一致行动。随即做出决议：一、成立湖南学生联合会，作为发动罢课和统一各校学生行动的领导机构；二、到会代表散会回校后，抓紧传达北京两代表的报告内容和会议的决议事项；三、全省学联成立后，立即实行罢课。会上还酝酿讨论了全省学联的章程，主要内容是：设正副会长各一人；分评议、干事两部，各设部长一人，评议员和干事各若干人，评议员由各校派出的代表一人充当，干事部分设总务、交际、社会服务、编辑四股，各设股长一人。两天以后，各校学生代表都正式推举出来，章程也草拟好并油印出来。

5月28日上午，各校代表齐集省教育会，举行湖南学生联合会成立大会。首先逐条讨论通过了章程，然后进行选举。选举结果：法专代表夏正猷、商专代表彭璜分别当选为正副会长，商专代表易礼容当选为评议部长（干事部长姓名记不起了）。同时通过了罢课宣言。

学生联合会的会址设在落星田湖南商专，它的办事人员大多是新民学会的会员。毛泽东有时也住在商专里面，就近指导学联的各项活动。可以说，他是这个富有战斗性的新的学生组织的实际领导者。

学联成立后，曾将章程、宣言和成立大会的新闻稿，分送长沙《大公报》和其他报纸，请予刊载。结果除《大公报》把章程作为"来件"登出外，其余都被检查员扣留了，没有登出来。

学联成立的第一个任务，就是发动各校实行罢课，和北京学生采取一致行动。当时长沙各校学生的思想并不一致，大多数学生极力主张罢课；一部分学生模棱两可，采取徘徊观望的态度；少数学生反对罢课。学联开了好几次会动员酝酿，没有取得一致意见。直到6月2日召开全市学生大会，才通过决议，定于6月3日举行总罢课，并发布宣言。宣言略称："……夫学生之求学，以卫国也。国如不存，学于何有？我湖南学生出于良心之感发，鉴于时势之要求，决议自6月3日起，全体罢课，力行救国之职责，誓为外交之后盾。"

6月3日，大多数学校罢课了，只有明德、法专和几个女学校没有罢课。法专代表黎宗烈、邱惟勤对罢课坚持甚力，带领部分同学手持木棒站岗，不许上课，终于达到了罢课的目的。经过毛泽东的耐心说服，明德也随即罢课了。法专代表夏正猷身为学联会长，而自己的学校不能带头实行学联的决议，引起了各校学生的不满，遭到攻击。他不久便辞职了，学联改选彭璜为会长，湘雅代表应元岳为副会长，长郡代表彭光球为评议部部长。在这次改选中，我被选为干事部部长。这时，五四运动的风暴席卷全国。各省重要城市工商学界，纷纷举行罢工、罢市、罢课，到处游行示威，掀起了反帝爱国斗争的高潮。[4]

1919年6月中下旬，长沙各校相继放假。毛泽东和湖南学生联合会负责人住在商业专门学校，共同商议，指导学生运动。7月9日，在毛泽东的推动下，湖南学生联合会发起成立湖南各界联合会。

在指导学生运动中，毛泽东决心将早已萌发的创办刊物的计划付诸实行。

周世钊回忆说：

从湖南的学生爱国运动进入高潮后，毛泽东常和学联的主要负责人研究提高群众觉悟、巩固革命热情的办法。认为除了加强群众的基层组织外，必须以正确的革命思想武装群众的头脑，才能推动爱国运动的继续前进。因此，有发行一种有高度政治思想性的刊物的必要。

他的意见，很快就得到大家的赞同，决定由湖南学生联合会出版一种评论性质的定期刊物，并推他负主编责任。在他紧张筹备10多天之后，一个形式内容略如当时风行全国的《每周评论》的《湘江评论》第一期于7月14日出版了。

毛泽东在他写的《创刊宣言》中说明了《湘江评论》发行的宗旨。他说：现在世界革命的潮流，是任何力量所不能阻挡的。世界上最强大的力量是全体人民联合的力量，人民应当团结起来为自己的彻底解放向强权统治作斗争。《湘江评论》的职责，就在于研究、传播和推行当前世界革命的新高潮。

创刊号的内容有西方大事述评、东方大事述评、世界杂评、湘江杂评、新文艺等等。差不多全部文章都是毛泽东写的。每篇文章都发挥着反封建、反军阀统治的思想，都洋溢着不妥协的反抗精神，读起来使人感到痛快和有力量。由于这些文章不但揭露了反动统治阶级的罪恶，而且为人民指出了斗争的方向和途径，读过这些文章之后，大家觉得累积在心头的焦虑和苦闷得到解除，眼前出现了光明和希望。有人说："《湘江评论》就是湘江的怒吼。"有人说："《湘江评论》就是湖南人民的声音。"有人说："《湘江评论》才算得真正代表人民说话的刊物。"

第一期的《湘江评论》印2000份，一天就卖光，加印2000份，不到3天也卖光。从第二期起印5000份，还不能满足外地读者的需要。当时一个地方的报刊发行到这种数量，是很难的。长沙、湖南全省和武汉、广州、成都等地的青年学生、进步教师，多成了《湘江评论》的好朋友。每期出版，争相阅读。北京的《每周评论》曾在第36期上做了介绍，说："武人统治之下，能产生我们这样的一个好兄弟，真是我们意外的欢喜。""《湘江评论》的长处是在议论的一方面。《湘江评论》第2、3、4期连续登载的《民众大联合》一篇大文章，眼光很远大，议论也很痛快，确是现今的重要文字。"

毛泽东在《民众大联合》这篇文章里，指出："陆荣廷的子弹永世打不倒曹汝霖等一班奸人。而我们起而一呼，奸人就要站起来发抖，就要舍命飞跑。这是欧洲各国被压迫的人民的斗争方式；采取这种革命办法的首领，是德国的马克思。我们应该起而仿效，我们应该进行我们的大联合。"接着他又指出，"民众大联合最根本的是农民和工人的组织。农民们应该结成一个联合的组织，以谋我们种田人的种种利益。我们种田人的利益必须由我们自己去求。工人们同样要结成一个联合的组织，以谋我们工人的种种利益。其他如学生、妇女、教员……都应该根据切身的利益和要求，组织起来，进行各种改革和斗争。民众大联合必须这样建立在全国工人、农民为主体，各阶层人民都分别组织起来的基础上，才能有力量，才能胜利地进行革命斗争。"他最后还指出，"俄国十月革命成功，全世界为之震动，因而推动了欧亚两洲人民革命运动，因而发生了中国伟大的五四运动。五四运动的规模空前深广。在极短的时间内，旌旗南向，过黄河而到长江，黄浦汉皋、洞庭闽水，更起高潮。天地为之昭苏，奸邪为之辟易。由此全国人民觉醒起来：天下者我们的天下，国家者我们的国家。我们不起而斗争，谁起而斗争？刻不容缓的民众大联合，我们应该积极进行。"

《湘江评论》只编写了5期，每期绝大部分的文章都是毛泽东自己写的。刊物要出版的前几天，预约的稿子常不能收齐，只好自己动笔赶写。他日间事情既多，来找他谈问题的人也是此来彼去，写稿常在夜晚。他不避暑气的熏蒸，不顾蚊子的叮扰，挥汗疾书，夜半还不得休息。他在修业小学住的一间小楼房和我住的房子只隔一层板壁。我深夜睡醒时，从壁缝中看见他的房里灯光荧荧，知道他还在那儿赶写明天就要付印的稿子。文章写好了，他又要自己编辑、自己排版、自己校对，有时还自己到街上去叫卖。这时，他的生活仍很艰苦，修业小学给他的工资每月只有几元，吃饭以外就无余剩。他的行李也只有旧蚊帐、旧套被、旧竹席和几本兼作枕头用的书。身上的灰布长衣和白布裤，穿得很破旧。朋友想借钱给他添置点必要的衣物，都被他谢却。劝他晚上早点休息，他又总以约稿未齐、出版期迫、不得不多写几篇、少睡几点钟没有关系来回答。

当时热烈欢迎《湘江评论》的人虽多，但恨《湘江评论》骂《湘江评论》的人也不少。他们认为《湘江评论》提倡男女平权、劳工神圣、反对旧礼教、批评孔夫子，是邪说异端、大逆不道。长沙有一家报纸骂《湘江评论》是怪人怪论。

以张敬尧为首的军阀统治集团，则以《湘江评论》正面与他们为敌，公开地批评他们，反对他们，千方百计加以摧毁。他们造出了欺骗群众的谣言说："过激派到了湖南，不得了！"派军警到承印《湘江评论》的湘鄂印刷公司检查、捣乱。等到第五期还在印刷时，就横暴地封闭了湖南学生联合会和《湘江评论》。

《湘江评论》虽然只出版了四期，刊行时间也只1个多月，但它的影响却很深远：不但启发了人民的革命思想，鼓舞了青年的革命斗志，也为各学校、团体办刊物开辟了道路，树立了榜样，使它们如雨后春笋一样地产生出来。在《湘江评论》和各种各样刊物宣传鼓舞下，湖南人民的觉悟提高了，青年斗争的方向逐渐明确了，因此更进一步开展了爱国运动，为此后的驱张运动、工人运动打好了思想基础。[5]

蒋竹如也回忆说：

学联在开展上述种种活动之外，还掀起了反对旧礼教提倡新文化运动。1919年6月10日，学联发行的《救国周刊》在长沙出刊了。除登载有关反日爱国活动的新闻报道外，并著文抨击旧礼教，宣扬新文化。为了巩固群众的革命热情，提高群众的政治觉悟，推动反帝反封建斗争的进一步发展，在毛泽东的提议下，学联通过决议，创办《湘江评论》，推毛泽东负责主编。《湘江评论》创刊号于7月14日出版，好些文章都是毛泽东一手写成的。他那时在修业小学教三班历史课，常在深夜为刊物写稿，每期稿件都由我去接取付印。第1、2期各印2000份，3期3000份，4期5000份。除留少部分赠阅、交换和保存外，大部分由学联组成的卖报小组拿到街头叫卖。每份售价双铜元1枚。

《湘江评论》是当时长沙出版的各种刊物中思想性最高、战斗力最强的一种，在全国范围内博得好评。北京《每周评论》著文介绍，说："《湘江评论》的长处是在议论一方面。第2、3、4期的《民众大联合》，是一篇大文章；眼光很远大，议论很痛快，确是现今的重要文字。"这篇长篇论文，就是毛泽东撰写的。由于《湘江评论》宣传了彻底的不妥协的反帝反封建反军阀统治的思想，使得张敬尧大为震惊，坐立不安，于是，又拿出他那套查禁封锁的老办法来了。8月中旬，第5期刚刚印好，还未来得及发行，张敬尧派来了军警，闯进商专，封闭了学联和《湘江评论》。我们事先得到了风声，把学联的文件、印章和未卖完的各期《湘江评论》，一篮一篓地转移到河西的湖南大学筹备处去了。学联虽被封闭了，但我们并未被军阀张敬尧的淫威所吓倒。从此以后，毛泽东和学联其他负责人搬到湖大筹备处，继续进行革命活动，对张敬尧的黑暗统治，进行揭露和抨击。[6]

唐耀章回忆说：

　　7月中旬的一天，毛泽东负责主编、以学联名义发行的《湘江评论》在长沙创刊了。这是湖南思想界升起的一面贯彻着"五四"反帝反封建革命精神的鲜艳红旗，开辟了湖南新文化运动的新纪元。《湘江评论》完全用白话，从内容到形式都显示出崭新的战斗姿态。广大群众热烈欢呼《湘江评论》的创刊，各校青年争先购读，奔走相告。记得我当时从落星田学联领取50份《湘江评论》到街头叫卖，刚走到东长街就抢购一空。在《湘江评论》创刊前后，传播新思潮的小型白话刊物纷纷出现，《明德旬刊》也紧接着出版，由我与何硕曼主编。我在旬刊第一期写了一篇《欢呼〈湘江评论〉出刊》的文章，开头有这样一段："《湘江评论》出刊了，太阳升起来了，照亮了我们的眼睛；警钟响起来了，震动了我们的耳鼓；启聋发聩，指示了我们前进的方向。我们要向强权作斗争，我们要摔掉吃人的礼教的枷锁。奴隶般的教育，我们不要了。湖南的青年们站起来了，在《湘江评论》的启发下，做推动新文化、新思潮的先锋，一齐奔向反帝反封建的前线。"这番话应说是当时广大青年共同的心声。其他各校先后出版的刊物有10余种，以湘雅医专的《新湖南》、周南女校的《女界钟》为最突出，蔚成新风。《湘江评论》的发行部设在商专的三楼，由李凤池负责。各地读者争相订阅，每期销数在5000份以上。出到第5期，触怒了张敬尧，认为是宣传"过激主义"，大逆不道，并趁机大打出手，派武装军警到商专查封，同时封闭了湖南学联。各校学生会发行的周刊曾成立一个独立的联合会。各派代表1名参加，我是《明德旬刊》的代表；在毛泽东领导下，每周开会一次，安排内容，力求步调一致，以增加宣传的力量。不久，这些生气勃勃的周刊也陆续被张敬尧所扼杀。这样，这个凶恶的军阀统治者也就引火自焚了。[7]

　　易礼容也是新民学会的早期会员。他回忆毛泽东创办《湘江评论》的情景时说：

　　1919年4月毛泽东从北京回到长沙，当时商业专门学校学生彭璜任湖南学生联合会会长，由他出面商请毛泽东主编湖南学生联合会会刊，定名《湘江评论》。学联会设在长沙落星田商专校内，学校头门墙壁上高高挂起木刻湖南学生联合会会牌。毛泽东住宿在商专教员宿舍内。记得一天早上我去他的住室看望他，朝阳正照在他的夏布蚊帐上，他还未睡醒（当然是夜间工作误了睡眠），我揭开他的帐子看，不料惊动了几十只臭虫，它们在他用作枕头的暗黄色线装书上乱窜，每一只都显得肚皮饱满。想来，不止一夜、十夜臭虫饱尝了主编《湘江评论》的人的血！《湘江评论》只出版了5期就被张敬尧勒令印刷厂停止印刷而停刊了，它就陪伴着会牌被打碎的湖南学生联合会，不能公开活动了！[8]

　　《湘江评论》是一张小型的四开四版的报纸，报头旁边写着"发行所湖南学生联合会"，是该会的周报。设有"东方大事述评""西方大事述评""世界杂评""湘江大事述评""湘江杂评""放言""新文艺"等栏目。《湘江评论》前后共出5号，第2号附有"临时增刊"。毛泽东在前4号和临时增刊上共发表文章41篇。

《湘江评论》以"宣传最新思潮为主旨"。1919年7月14日，毛泽东在第1号上发表《〈湘江评论〉创刊宣言》，明确申明这一主旨。

## 《湘江评论》创刊宣言（1919年7月14日）

自"世界革命"的呼声大倡，"人类解放"的运动猛进，从前吾人所不置疑的问题，所不遵取的方法，多所畏缩的说话，于今都要一改旧观，不疑者疑，不取者取，多畏缩者不畏缩了。这种潮流，任是什么力量，不能阻住。任是什么人物，不能不受他的软化。

世界什么问题最大？吃饭问题最大。什么力量最强？民众联合的力量最强。什么不要怕？天不要怕，鬼不要怕，死人不要怕，官僚不要怕，军阀不要怕，资本家不要怕。

自文艺复兴，思想解放，"人类应如何生活"成了一个绝大的问题。从这个问题，加以研究，就得了"应该那样生活""不应该这样生活"的结论。一些学者倡之，大多民众和之，就成功或将要成功许多方面的改革。

见于宗教方面，为"宗教改革"，结果得了信教自由。见于文学方面，由贵族的文学，古典的文学，新兴的文学，变为平民的文学，现代的文学，有生命的文学。见于政治方面，由独裁政治，变为代议政治。由有很（限）制的选举，变为没限制的选举。见于社会方面，由少数阶级专制的黑暗社会，变为全体人民自由发展的光明社会。见于教育方面，为平民教育主义。见于经济方面，为劳获平均主义。见于思想方面，为实验主义。见于国际方面，为国际同盟。

各种改革，一言蔽之，"由强权得自由"而已。各种对抗强权的根本主义，为"平民主义"（兑莫克拉西。一作民本主义，民主主义，庶民主义）。宗教的强权，文学的强权，政治的强权，社会的强权，教育的强权，经济的强权，思想的强权，国际的强权，丝毫没有存在的余地。都要借平民主义的高呼，将他打倒。

如何打倒的方法，则有二说，一急烈的，一温和的。两样方法，我们应有一番选择。（一）我们承认强权者都是人，都是我们的同类。滥用强权，是他们不自觉的误谬与不幸，是旧社会旧思想传染他们遗害他们。（二）用强权打倒强权，结果仍然得到强权。不但自相矛盾，并且毫无效力。欧洲的"同盟""协约"战争，我国的"南""北"战争<sup>〔9〕</sup>，都是这一类。

所以我们的见解，在学术方面，主张彻底研究。不受一切传说和迷信的束缚，要寻着什么是真理。在对人的方面，主张群众联合，向强权者为持续的"忠告运动"。实行"呼声革命"——面包的呼声，自由的呼声，平等的呼声——"无血革命"。不至张起大扰乱，行那没效果的"炸弹革命""有血革命"。

国际的强权，迫上了我们的眉睫，就是日本。罢课，罢市，罢工，排货，种种运动，就是直接间接对付强权日本有效的方法。

至于湘江，乃地球上东半球东方的一条江。他的水很清。他的流很长。住在这江上和他邻近的民族，浑浑噩噩。世界上的事情，很少懂得。他们没有有组织的社会，人人自营散处。只知有最狭的一己，和最短的一时，共同生活，久远观念，多半未曾梦见。他们的政治，只知道私争。他们被外界的大潮卷急了，也辨（办）了些教育，却无甚效力。一班官僚式教育家，死死盘踞，把学校当监狱，待学生如囚徒。他们的产业没有开发。他们中也有一些有用人才，在各国各地方学好了学问和艺术。但没有给他们用武的余地，闭锁一个洞庭湖，将他们轻轻挡住。他们的部落思想又很厉害，实行湖南饭湖南人吃的主义，教育实业界不能多多容纳异材。他们的脑子贫弱而又腐败，有增益改良的必要，没人提倡。他们正在求学的青年，很多，很有为，没人用有效的方法，将种种有益的新知识新艺术启导他们。咳！湘江湘江！你真枉存在于地球上。

时机到了！世界的大潮卷得更急了！洞庭湖的闸门动了，且开了！浩浩荡荡的新思潮业已奔腾澎湃于湘江两岸了！顺他的生。逆他的死。如何承受他？如何传播他？如何研究他？如何施行他？这是我们全体湘人最切最要的大问题，也是"湘江"出世最切最要的大任务。

1919年8月18日，《湘江评论》被张敬尧查封，《湘江评论》第5号全部被当局没收。然而，政治高压并不能阻挡进步思潮的传播。在毛泽东的主持和影响下，湘雅医学专科学校的《新湖南》、女子中学的《女界钟》等继续发挥着重要作用。为了统一各校周刊的宣传，毛泽东还提议成立学生周报联合会，由他和《岳麓周刊》主编曹典琦、《甲工周刊》主编符狄梁、《明德周刊》主编唐耀章、《新湖南》主编龙伯坚组成。

《新湖南》，原是长沙湘雅医学专科学校学生自治会会刊。《湘江评论》查封不久，毛泽东应龙伯坚的邀请，出任《新湖南》总编辑。

1919年9月5日，毛泽东写信给黎锦熙，信中说：

邵西先生：

来示敬悉，承奖甚愧。《湘江评论》出至第5号被禁停刊。第5号已寄来尊处，谅经接到。此间有一种《新湖南》，第7号以后归弟编辑，现正在改组，半月后可以出版，彼时当奉寄一份以就指正。《民铎》六号所登大著《国语学之研究》[10]，读之益我不少，与同号《俄罗斯文学思潮之一瞥》同可谓近数年来不多见的大文章。国语这个问题，弟亦颇想研究。我是学教育的一个人，谈到教育，可便说非将国语教科书编成，没有办法。要想研究，难的又是材料搜集。关于"国语"的材料，先生遇着，千万惠给一点。长沙的留法班有成立的希望。留法一事，算是湖南教育界一个新生命，先生原是注意这事的。再《平民》已收到了好几份。

泽东

一九一九年九月五日从修业学校寄

周世钊回忆说：

和全国各地一样，在五四运动的影响下，湖南省内以推动爱国和新文化运动为目的的小型刊物风起云涌地在各级学校刊行。中学的有《明德周刊》《岳云周刊》《女界钟》等，大学的有高工的《岳麓周刊》、湘雅医学院的《新湖南》等，不下数十上百种。大学的刊物以《新湖南》的刊行有着特别的意义。

湘雅医学院是美帝国主义在中国办的学校。它一贯向中国学生进行亲美、崇美的奴化教育，使其为它的殖民主义服务。多数学生受这种教育的熏染既久，除开读点死书，为个人的名利打算外，从来不大关心国家大事，对政治斗争、社会改革更不感兴趣。但是，五四运动这股汹涌澎湃的浪潮，很快就冲进了湖南，冲进了湘雅。这个平静得像古井似的殖民主义教育场所，也泛起了壮阔的波澜，一些参加了当时爱国运动的学生，居然也办起反对旧礼教、提倡新文化的刊物来了。

1919年1月15日，他们的《新湖南》创刊号出版。他们在发刊词里提出的六项宗旨是：一、反对旧礼教、提倡新道德；二、改造家族制；三、提倡男女平权；四、提倡劳工、反对分利坐食；五、提倡平民教育、反对阶级制度；六、灌输卫生常识。创刊号的几篇文章，主要谈了妇女解放、劳工神圣、废除遗产制度、促进平民教育几个问题。这是他们改革社会的主张，也是他们"新湖南以新中国"的理想。

从来不关心国家社会问题的学生，能够像这样提出改革社会的要求和建设新湖南的理想，应该说是难能可贵的了。

但是他们虽然提出了改革社会的口号，却又在征稿启事中要求来稿的言论不涉及政治。他们想脱离政治来改造社会，显然是一种糊涂思想！

不久，学院放了暑假，没有几个人能继续替《新湖南》写稿。

这时，《湘江评论》已被禁止发行，湘雅学生自治会负责人征得毛泽东同意，从第7期起由他主持编辑。他决心把这个刊物办好，在第7期上写了一篇刷新宣言，说："本报第7期以后的宗旨是：一、批评社会，二、改造思想，三、介绍学术，四、讨论问题。第七期以后的本报，同人尽其力之所能，本着这四个宗旨去做：'成败利钝'，自然非我们所顾。因为我们的信条是：什么都可以牺牲，惟宗旨绝对不能牺牲！"

他为了使《新湖南》周刊能够继承《湘江评论》的精神，每期都写一篇较长的政治论文。同时，对张敬尧的横暴统治做正面的抨击；对当时国际、国内和本省一些重大问题，写出些分析批判的评论和杂感，使读者得到极大的启发和教育。

第7期的重要文章有：《社会主义是什么？无政府主义是什么？》《评新中国杂志》《哭每周评论》《工读问题》等。内容和形式都与第六期以前迥然不同。大家觉得《湘江评论》复活了！

张敬尧对于反对他的报刊是不允许存在的，所以毛泽东主编的《新湖南》才出了5期，就被迫停刊。虽然只是短短的5期，但已替《新湖南》周刊增添了永不磨灭的光彩，给当时的湖南大学生指出了奋斗的途径。[11]

《女界钟》也是五四时期湖南的一家进步刊物。主编周敦祥回忆说：

那是60年前的钟声，是五四运动在湖南省的轰鸣，它的创刊是根据新民学会以革新学术、砥砺品行、改良人心、风俗为宗旨，由我和劳君展、魏璧三会友办起来的。它作为《湘江评论》的补充，发出了湖南女界自己争平等、求解放的怒吼。

……

一天我们议论着这件事，有人说："《湘江评论》停刊了，我们不能换个名字出版吗？"

"对，我们就出个女子的刊物吧！"

这个意见很快就得到大家的赞同。起个什么刊名呢？我们七嘴八舌地议论开了，一个同志提议，叫《女界钟》吧！钟声是唤起人们的声音，女界钟又是唤醒妇女的声音，这是多么合适的名字啊！事后大家推选我当总编辑，可是我还是个学生！学历浅，没有经验，心里总感到害怕，总怕办不好。

有一天我放了学回家，正在为办《女界钟》发愁，不想毛泽东听说我办刊物还有些胆怯，特意前来鼓励我。他说："你怕什么，好好搞吧，我们支持你呢！"《女界钟》有了这个有力的支持，我的胆子壮起来了，大约在10月中下旬终于出版了，这是湖南省妇女界的第一声呐喊，它在长沙城里长鸣！

从此《女界钟》就担负起向妇女传播新思想、新文化的任务，唤起更多的妇女冲破孔孟之道、"三纲五常"、"三从四德"的藩篱，走上为自由解放而斗争的道路，毛泽东不仅勉励我树立信心，而且还给这个周刊写文章，支持把它办好。记得他给《女界钟》写的第一篇文章的中心思想，是论述妇女要实现经济独立，这篇文章是为赵五贞自杀事件而出特刊写的。

赵五贞是一位年轻姑娘，在五四运动倡导的新思想、新文化的熏陶下，她不满于封建包办婚姻，在被迫出嫁时，坐在花轿里自杀了。当时我们从调查中知道，她在出嫁前曾经对她嫂子说过："女子在家从父，出嫁从夫，夫死从子，做女子真是背时呵！"过门那天，她请求花轿要从住在远一点的南门外的姐姐家门口过。终于，她怀着对婚姻自由的憧憬，在花轿里用剃刀自刎而死。这是对封建包办婚姻的反抗，用鲜血控诉了孔孟之道的罪恶。

这件悲愤的事情发生以后，毛泽东建议《女界钟》出一特刊附于《女界钟》第4期，陈启民帮我编辑，陶毅、周世钊等写了文章，主张改革父母包办的封建婚姻制度，代之以婚姻自主、自由恋爱。湖南《大公报》也展开了讨论，在先后发表的20多篇文章中，有的不仅提出了要改革婚姻制度，而且涉及改革社会制度这一根本问题，因此在长沙市引起了很大的震动。

《女界钟》在湖南敲响了捣毁"孔家店"，砸碎"三纲五常""三从四德"的枷锁的钟声。它提倡科学和民主，反对男尊女卑，要求男女平权，教育平等，婚姻自主，社交公开，主张妇女经济独立，同时，反对蓄婢缠足，向社会上展开宣传教育。记得我们还对一些财主家的婢女做过宣传，结果有一个婢女逃出了火坑，同她心爱的人结婚去了。

妇女解放斗争的钟声，使敌人胆战心惊，《女界钟》大概出了4至5期，就被军阀下令封闭了。但是斗争的钟声却是他们封锁不住的，妇女们越来越多地走上了求解放的道路。有的女同学因为参加争取妇女解放活动而被学校当局"默退"后毫不畏惧地冲出男女分校的规范，到男校去读书；一些女同学还参加了新民学会……〔12〕

1919年八九月间，毛泽东曾设想成立一个问题研究会，以研究现代人生诸问题。这个设想因种种原因，未能实现。他曾将自己的想法写成《问题研究会章程》，并寄给邓中夏征求意见。同年10月23日，邓中夏在《北京大学日刊》第467号上发表启事，全文刊登了这个章程。这份珍贵的历史文献也因此而得以保存下来。

邓康启事

我的朋友毛君泽东，从长沙寄来《问题研究会章程》一余张。在北京的朋友看了，都说很好。有研究的必要，各向我要了一份去。现在我只剩下一份，要的人还不少，我就借本校日刊登出，以答关心现代问题解决的诸君的雅意。

## 问题研究会章程

第一条　凡事或理之为现代人生所必需，或不必需，而均尚未得适当之解决，致影响于现代人生之进步者，成为问题。同人今设一会，注重解决如斯之问题，先从研究入手，定名问题研究会。

第二条　下列各种问题及其他认为有研究价值续行加入之问题，为本会研究之问题。

（一）教育问题——

（1）教育普及问题（强迫教育问题）；（2）中等教育问题；（3）专门教育问题；（4）大学教育问题；（5）社会教育问题；（6）国语教科书编纂问题；（7）中等学校国文科教授问题；（8）不惩罚问题；（9）废止学校问题；（10）各级教授法改良问题；（11）小学教师知识健康及薪金问题；（12）公共体育场建设问题；（13）公共娱乐场建设问题；（14）公共图书馆建设问题；（15）学制改订问题；（16）大派留学生问题；（17）杜威教育说如何实施问题。

（二）女子问题——

（1）女子参政问题；（2）女子教育问题；（3）女子职业问题；（4）女子交际问题；（5）贞操问题；（6）恋爱自由及恋爱神圣问题；（7）男女同校问题；（8）女子修饰问题；（9）家庭教育问题；（10）姑媳同居问题；（11）废娼问题；（12）废妾问题；（13）放足问题；（14）公共育儿院设置问题；（15）公共蒙养院设置问题；（16）私生儿待遇问题；（17）避妊问题。

（三）国语问题（白话文问题）

（四）孔子问题

（五）东西文明会合问题

（六）婚姻制度改良及婚姻制度应否废弃问题

（七）家族制度改良及家族制度应否废弃问题

（八）国家制度改良及国家制度应否废弃问题

（九）宗教改良及宗教应否废弃问题

（十）劳动问题——

（1）劳动时间问题；（2）劳工教育问题；（3）劳工住房及娱乐问题；（4）劳工失职处置问题；（5）工值问题；（6）小儿劳作问题；（7）男女工值平等问题；（8）劳工组合问题；（9）国际劳动同盟问题；（10）劳农干政问题；（11）强制劳动问题；（12）余剩均分问题；（13）生产机关公有问题；（14）工人退职年金问题；（15）遗产归公问题（附）。

（十一）民族自决问题

（十二）经济自由问题

（十三）海洋自由问题

（十四）军备限制问题

（十五）国际联盟问题

（十六）自由移民问题

（十七）人种平等问题

（十八）社会主义能否实施问题

（十九）民众的联合如何进行问题

（二十）勤工俭学主义如何普及问题

（二一）俄国问题

（二二）德国问题

（二三）奥匈问题

（二四）印度自治问题

（二五）爱尔兰独立问题

（二六）土耳其分裂问题

（二七）埃及骚乱问题

（二八）处置德皇问题

（二九）重建比利时问题

（三十）重建东部法国问题

（三一）德殖民地处置问题

（三二）港湾公有问题

（三三）飞渡大西洋问题

（三四）飞渡太平洋问题

（三五）飞渡天山问题

（三六）白令英吉利直布罗陀三峡凿隧通车问题

（三七）西伯利亚问题

（三八）斐律宾[13]独立问题

（三九）日本粮食问题

（四十）日本问题

（四一）朝鲜问题

（四二）山东问题

（四三）湖南问题

（四四）废督问题

（四五）裁兵问题

（四六）国防军问题

（四七）新旧国会问题

（四八）铁路统一问题（撤销势力范围问题）

（四九）满洲问题

（五十）蒙古问题

（五一）西藏问题

（五二）退回庚子赔款问题

（五三）华工问题——

（1）华工教育问题；（2）华工储蓄问题；（3）华工归国后安置问题。

（五四）地方自治问题

（五五）中央地方集权分权问题

（五六）两院制一院制问题

（五七）普通选举问题

（五八）大总统权限问题

（五九）文法官考试问题

（六十）澄清贿赂问题

（六一）合议制的内阁问题

（六二）实业问题——

（1）蚕丝改良问题；（2）茶产改良问题；（3）种棉改良问题；（4）造林问题；（5）开矿问题；（6）纱厂及布厂多设问题；（7）海外贸易经营问题；（8）国民工厂设立问题。

（六三）交通问题——

（1）铁路改良问题；（2）铁路大借外款广行添筑问题；（3）无线电台建设问题；（4）海陆电线添设问题；（5）航业扩张问题；（6）商埠马路建筑问题；（7）乡村汽车路建筑问题。

（六四）财政问题——

（1）外债偿还问题；（2）外债添借问题；（3）内债偿还及加募问题；（4）裁厘加税问题；（5）盐务整顿问题；（6）京省财权划分问题；（7）税制整顿问题；（8）清丈田亩问题；（9）田赋均一及加征问题。

（六五）经济问题——

（1）币制本位问题；（2）中央银行确立问题；（3）收还纸币问题；（4）国民银行设立问题；（5）国民储蓄问题。

（六六）司法独立问题

（六七）领事裁判权取消问题

（六八）商市公园设建问题

（六九）模范村问题

（七十）西南自治问题

（七一）联邦制应否施行问题

第三条　问题之研究，须以学理为根据。因此在各种问题研究之先，须为各种主义之研究。下列各种主义，为特须注重研究之主义——

（一）哲学上之主义

（二）伦理上之主义

（三）教育上之主义

（四）宗教上之主义

（五）文学上之主义

（六）美术上之主义

（七）政治上之主义

（八）经济上之主义

（九）法律上之主义

（十）科学上之规律

第四条　问题不论发生之大小，只须含有较广之普遍性，即可提出研究，如日本问题之类。

第五条　问题之研究，有须实地调查者，须实地调查之，如华工问题之类。无须实地调查，及一时不能实地调查者，则从书册、杂志、新闻纸三项着手研究，如孔子问题及三海峡凿隧通车问题之类。

第六条　问题之研究，注重有关系于现代人生者。然在未来而可以预测之问题，亦注意之问题。在古代与现代及未来毫无关系者，则不注意。

第七条　问题研究之方式分为三种——

（一）一人独自之研究

（二）二人以上开研究会之研究

（三）二人以上不在一地用通函之研究

第八条　问题研究会，只限于"以学理解决问题"。"以实行解决问题"，属于问题研究会以外。

第九条　不论何人有心研究一个以上之问题，而愿与问题研究会生交涉者，即为问题研究会会员。

第十条　会与会员间，会员与会员间，只限于"问题研究"之一点，有关此外之关系，属于问题研究会以外。

第十一条　问题研究会，设书记两人，办理会中事务。

第十二条　问题研究会，于中华民国八年西历1919年9月1日成立。问题研究会章程，即于是日订定，且发布。

1966年4月20日，周世钊回忆说：问题研究会"是拟划中的东西，它没有会员、组织，也没有开过什么会"。会章"是毛泽东草拟的"，所列问题"全由毛泽东提出"。尽管如此，它毕竟表示了毛泽东当时对国际、国内大事的思考。

## 发起驱张运动

五四爱国运动后期，毛泽东在湖南发起驱张运动，将反帝反封建的爱国民主运动再次推向高潮。在领导驱张运动期间，毛泽东第二次来到北京，他的思想深处正酝酿着一次根本性的变化，酝酿着一次飞跃。

张敬尧是湖南督军兼省长，字勋臣，安徽霍邱人。曾任过北洋军第七师师长，苏鲁豫皖四省边境剿匪督办，是一位典型的封建军阀。

1919年12月2日，新组建的湖南学生联合会联合各界，在省教育会坪举行第二次焚毁日货示威大会，被张敬尧派其弟张敬汤率兵驱散。一场声势浩大的驱张运动由此揭开帷幕。

萧三回忆说：

张敬尧在湖南的统治愈加横暴、凶恶，剥削压迫愈加残酷，湖南人的反抗就愈加激烈。10多万北兵在湖南各县"清乡"，杀人、放火、掳丁、派伕、强奸妇女、抢劫牲畜、财物……使得人民叫苦连天，全省各阶层的人都痛恨"张毒"。

湖南的某些士绅阶级、政界名流，早就在省外——上海等地进行过反对张敬尧的活动，但是他们没有本省人民群众运动做基础，所以只起了点宣传的作用。

那时，在五四运动的影响之下，在毛泽东主编的《湘江评论》《新湖南》等报刊的启发和号召之下，全省的人民群众，首先是知识青年学生群众和文化教育界都动员起来了，反张运动渐渐成为真正的群众行动。

湖南学生联合会和《湘江评论》等期刊虽然已被封禁，但一批积极分子仍然在毛泽东领导之下做秘密的活动——首先是驱张运动。

11月里，湖南学联发出"再组宣言"，继续公开活动。12月初又在长沙教育会坪举行了一次焚毁日货的示威大会。这次除学生外，工人、店员也参加了。张敬尧的四弟张敬汤骑着马，带着一营队伍来镇压。他破口大骂男女学生为男女土匪，湖南人都是土匪，并且叫兵士把台上的人拖下地来，要他们跪下，打他们的耳光……

这是对学生、教育界以及全湖南人一种很大的侮辱。人们已经到了忍无可忍的程度！

这时候北洋军阀内部，直系和皖系起了激烈的冲突。直系的吴佩孚在进攻湖南时本是很出力而有"功劳"的，但湖南省长兼督军的位置却被皖系张敬尧占去了，吴佩孚只被派驻衡阳，心里很不高兴。驻在常德的冯玉祥对张敬尧也表示不满。

毛泽东分析了这种情况，认为张敬尧已处于孤立的地位，驱逐他出湖南的时机已经成熟。现在只要人民组织起来，行动起来，就可以达到驱张的目的。首先就是学生和教育界的有组织的行动。

焚毁日货时，湖南人受了很大的侮辱，这是一个导火线。毛泽东领导新民学会的会员们和学联的积极分子，商量发动全省学校总罢课，联络省内省外的力量开展驱逐张敬尧的运动。经过他们的日夜紧张活动，全省各学校的学生一致罢课表示反张。湖南学联用中等以上学校13 000个学生的名义发出宣言："张毒一日不去，学生一日不返校。"

这一行动得到全省各界的同情。〔14〕

周世钊的回忆更为详细生动：

提起张敬尧，湖南人民没有一个不切齿痛恨的。一般人谑他为毒，比他为虎，恨他更远在汤芗铭、傅良佐一些统治湖南的北洋军阀之上。他从1918年的夏天打败谭浩明，做了湖南督军兼省长之后，没有做过一件好事情。他放纵他所带来的"北兵"到处奸淫、掳掠、放火、杀人。他们到哪里，哪里的商人就得停止营业，农民就逼得不敢种田。纵在风雨之夜，也要藏躲到深山密林中去；如果没有躲藏得及，落入了他们的手中，就一定要受到凌辱、劫夺和种种难以想象的痛苦。常常弄得几十里内空无人烟。长沙城内城外和附近郊区，也常常发生商店被抢劫、妇女被轮奸、居民被惨杀的案件，见之于长沙报纸上记载的一年之间不下五六十起。他想尽一切办法刮钱，除大量贩运鸦片、巧立名目加收盐税之外，还设立裕湘银行、日新银号，滥发纸币。单以铜元票来说，就发出1万万串以上，银元票发行量也极大。纸币既不兑现，自然就一再贬值，1钱买不到3根油条。教育经费常拖欠五六个月不发，公立学校的师生，常至断炊。弄得学生退学，教师罢课，学校纷纷关门。他的3个兄弟敬舜、敬禹、敬汤，倚仗兵势，助桀为虐，招权纳贿，横行霸道。人民群众这样形容他们："堂堂乎张，尧舜禹汤。一二三四，虎豹豺狼。"大家发出悲痛的呼声："张毒不除，湖南无望。"

毛泽东看到张敬尧的罪恶与日俱增，人民的痛苦到了不可再忍的程度，于是在《湘江评论》被封后就开始进行驱逐张敬尧的秘密活动。他领导被封复组的湖南学生联合会，借检查日货，以坚持反日爱国运动，并与张敬尧对抗。到了1919年12月2日，因张敬尧张敬汤兄弟压迫人民的爱国运动，阻止焚烧日货，侮辱学生代表，于是大规模公开的驱张运动爆发了。

早几天，湖南国货维持会学生调查组在火车站起获了同仁裕等各家所购进日货布匹、南货，数量很多。经评议部议决，于12月2日举行游行示威后，将所起获的日货全部焚毁。

这天天气晴朗。修业学校的中小学的学生和教师，刚吃过早饭就急忙整队出发，去参加示威游行。冬天的太阳照在年轻人绯红的脸上，照出他们内心的愤怒和兴奋。学校的队伍跟着游行大队，走过东长街、青石桥、八角亭、坡子街、西长街，向教育会坪前进。大队的前面，由军乐队引导。一些身强力壮的纠察队员抬着要焚烧的日货走在军乐队后面。男女学生约5000人走在纠察队后面。大队的两边，学生用手挽着用日货布匹联成的长布条，正像出丧时送葬人执绋一样。队伍走过洋货店门口时，"抵制日货""打倒奸商"的口号叫得特别响亮。洋货店悬挂放盘赠彩、七折八扣等旗帜的，都被取掉。下午1时，游行示威的队伍已经齐集在教育会坪。一大堆日货摆放在坪中央，学生和旁观的将达万人，围绕着日货站成多层的圈圈，等候着日货的焚毁。

正当学联负责人和各校学生代表站在特设的台上讲演焚毁日货的意义时，张敬尧的参谋长张敬汤穿着长袍，骑着马，带领一营兵，一连大刀队，冲进坪中，指挥他的兵从内外两面将学生紧紧围住。他自己往台上一站，破口大骂："放火、抢东西，就是土匪；男学生是男土匪，女学生是女土匪。对土匪还要讲道理吗？打啦，办啦，就是道理！"讲到这里，他叫大刀队压着在台上的学生代表跪下，并打他们的耳光。他又在台上顿足大呼："坪中的学生都回去，不许停留！"几百个兵立即用枪上的刺刀对着学生的胸膛，逼着他们离开会场。全体学生带着愤怒的心情回到学校。大家觉得今天受了极大的侮辱，难堪到了极点；但不知怎么办才好。

当天晚上，毛泽东约集了学联负责人和一部分学校的学生代表商量发动全省学校总罢课，联络省内省外的力量开展驱逐张敬尧的运动。他向大家分析了当时的形势，认为驱张已经具备了有利条件：青年学生的愤怒，全湖南省人民的愤怒，全国舆论的抨击，直皖两系狗咬狗的斗争，都使张完全陷于孤立，陷于四面楚歌之中，这回的压迫爱国运动，侮辱学生，更是引火自焚的举动。我们必须利用这个有利时机，坚决把张敬尧赶走，从水深火热中救出湖南3000万人的生命。

学联的干部连日四处活动，酝酿学校总罢课。但有一部分教师和学生对罢课、驱张抱着怀疑观望的态度；有的主张驱张，但不主张罢课。针对这种情况，毛泽东认为第一步要说服教师，第二步要说服学生。于是，他和湖南健学会一些骨干分子如陈润霖、张孝敏、易培基、赵鸿钧等商量，由健学会召集会员开会，统一对罢课驱张的认识。健学会的会员多半是各校比较有威望的校长、教师，由他们发动其他教师，进一步发动学生，容易发生效果。他又在学联召开的各校学生代表会上讲了话。他说："反对张敬尧的斗争，就是反对帝国主义的斗争，就是反对卖国政府、封建军阀的斗争，也就是此时此地的具体的爱国行动。平时大家都赞成爱国，赞成改造社会，现在就到了实际行动的时候了！"他激动的感情，坚定的语气，使大家感动，对表决总罢课起了决定性的作用。除福湘、艺芳两女校外，长沙全体专科学校、中学、师范和一部分小学相继罢课，学联代表中学以上的学校的13 000多名学生发布了"张毒一日不出湘，学生一日不返校"的宣言。[15]

1919年12月3日左右，毛泽东做出组织赴北京等地驱张请愿代表团的决定。12月6日，赴京请愿代表团离开长沙北上。

蒋竹如回忆说：

12月3日下午，毛泽东和新民学会会员周世钊等都在白沙井枫树亭易培基家里开会，我也参加了。毛泽东是会议主持人，对形势做了透彻的分析。决议发动各校学生长期罢课，组织驱张请愿代表团，分赴北京、衡阳、常德三地活动，利用各方面力量驱逐张敬尧。会后，毛泽东嘱我立即去学联布置全市学生罢课运动，尽先组织赴京代表团。我到学联没有找到徐庆誉、张国基，便和评议部长彭光球商量好，马上发出通知，请各校学联代表于4日上午到学联开会。届时，各校代表到齐了，正副会长及各部负责人都到了。会上，我提出了枫树亭的决议。接着彭光球发言，他慷慨陈词，赞成罢课。随后各校代表相继发言，意见有分歧，但绝大多数是赞成罢课的。最后通过决议：一、组织驱张学生请愿代表团赴北京请愿，要求撤惩张敬尧；二、各校在12月6日一律罢课，同学自动回家，不许走漏消息；三、长期罢课，张敬尧不离湖南，学生不回校；四、各校学联代表向学校当局交涉退还伙食费，作为学生回家旅费。

我回到第一师范，当晚即召开了全校学生大会，通过学联的决议。并由大会推举我和钟秀两人为赴京请愿代表团代表。会后，我向一师当局交涉，退出学生入学时所交押金，作为罢课后回家的旅费。12月6日，一师学生全体罢课，各人捆好行李回家去了。其他学校学生，绝大多数也都罢课回家了。张敬尧对学生的行动是很注意的，防范严密。学联怕走漏消息，影响代表行动，便通知各校参加请愿的代表，于6日下午起分批出发，尽快离开长沙。

先是，在学联决定长期罢课的那天晚上，派了易礼容代表先赴汉口明德大学商借两间房子，作为代表团在汉口停留的地方。因为毛泽东在长沙布置后方工作和组织赴衡阳、常德的请愿代表团，不能同我们去京的代表一道行动，我们需要在汉口等他，这是他亲自布置的。

我们自长沙出发前，毛泽东还邀集大家谈了一次话，主要是如何检点行动，避开张敬尧的耳目。因此，我们分作好几批出发，每批二三人或三四人不等，彼此不打招呼。我们到汉口后住在明德大学，和旅鄂湘籍学生取得了联系，得到他们的同情和支持。随后，毛泽东来了，于12月17日继续乘车北上。到京后，全体代表住在马神庙北京大学寄宿舍，毛泽东和由沪来京的傅熊湘等则住在相隔不远的毗卢寺。[16]

张国基回忆说：

驱张运动既已表面化，毛泽东就召集各公团代表开联席会议，布置下一步的工作。他说首先要利用军阀与军阀之间的矛盾，展开联合斗争运动。1918年初，南北军阀混战时，南败北胜。北军打头阵进入湖南的是吴佩孚。吴是北军大将，且立首功，应该获得湖南督军兼省长的位置。可是掌握北洋军政大权的段祺瑞，是皖系的头目，所以他把湖南省的这个肥缺，给予了皖系的张敬尧，反叫吴佩孚冷冷清清地驻军衡阳，为他保卫长沙的南大门，以监视驻在郴州的谭延闿的南军。吴心怀不满，且与张敬尧有隙。其次是冯玉祥，他虽是安徽人，可是属于直系。当时他虽只是个旅长，可他在北军军阀中有善战的声誉，他也不被重视，叫他驻在常德，为张敬尧守卫西门，以拒桂军。因此冯也久怀怨望。还有李根源，率一个师驻长沙任卫戍司令，看到张氏兄弟的横行霸道，也很不满意。当时毛泽东把军阀之间的这些矛盾分析得清清楚楚，于是就决定以湖南省各公团联合会的名义，派出代表分途游说，请他们协助驱张。会上指定我去衡阳找吴佩孚；石盛祖去常德找冯玉祥；蒋竹如、陈纯粹去郴州找谭延闿；长沙的李根源另找人去联络。

布置一定，马上分途出发。我拿着公团代表证和介绍函件，从长沙乘轮船到湘潭（因湘江水落，不能乘小火轮直达衡阳），在湘潭住易礼容亲戚家两天，然后雇小舟去衡阳，住在衡阳市西湖的教育会里。先通过联络，见到吴的参谋长，说明来意，请他与吴佩孚商约会见时间。过了三天之后，参谋长即来西湖教育会，接我去吴的司令部办公室，坐不一会，吴就出来接见我。坐定寒暄之后，他就屏退左右侍卫，连参谋长也叫走了。待我把张敬尧治湘秕政陈述之后，他就说：这些情况，早有所闻，不过我是政府任命的军人，不便出面直接干预政治。湖南人民所受苦难与不满，我也知道和同情。你回长沙后，请你转达各公团，叫他们忍耐一下。我虽无法协助，但你们的意见，待有机会时，我会反映上去的。还有长沙方面的李司令，他会就近加以保护。说到这儿，我就乘机请他写一信给李根源司令，他应允了。我们密谈约一个小时，他起立送客，仍由参谋长送我回西湖教育会，嘱我安心等候吴的亲笔信。两天以后，参谋长把吴的亲笔信送来。我把吴的信收妥后，就离衡阳回长沙。回到长沙，我先把吴的信交给毛泽东，并做了详细汇报。接着常德郴州的代表也相继回到长沙，工作都进行得顺利。不过长沙城里形势紧张，张敬尧正在做垂死挣扎，到处抓人。因此我们白天只能开秘密会议，晚上还要雇小舟睡在橘子洲畔的江面上。

由于张敬尧不发教育经费，1919年秋季，学校都开不了学。经过示威、请愿等大小斗争，才获得少量经费，迟迟于10月开学。学生一到校，革命声势又高涨起来，到11月下旬，反对日本帝国主义、反对勾结日帝的卖国贼、焚烧日货的大示威又一齐爆发。张敬尧看到革命潮流来势凶猛，他就狗急跳墙。12月初的一天，当长沙成千上万的工人、农民、学生和知识分子举行声势浩大的示威游行时，张派来大批荷枪实弹的军警向革命群众进行疯狂镇压。参加游行示威的群众，不怕流血牺牲，同敌人展开了英勇斗争。

张敬尧镇压革命群众的残酷暴行，激起了长沙各界人士的极大愤慨。这天晚上，毛泽东又召集新民学会和学联紧急会议，讨论如何把驱张运动推向新高潮。会上毛泽东特别强调：现在最重要的问题是如何把工农群众、青年学生发动起来，与张敬尧进行坚决斗争。并决定了新民学会和学联下一步的行动。

为了在全国范围内掀起一场声势浩大的驱张运动，毛泽东决定组织驱张代表团，分赴北京、上海、武汉、广州以及衡阳、常德、郴州等地活动，争取全国的同情和支持。许多会员都参加了代表团。毛泽东和会员李思安等经武汉赴北京，这是毛泽东第二次赴北京。在北京，他联合湖南在京各界，组织了旅京湖南各界驱张委员会，并在北京办了一个"平民通讯社"，专门报道驱张活动。彭璜、易礼容、何叔衡、夏曦等人从1919年下半年起先后赴上海、武汉、衡阳活动。彭璜等人在上海办了《天问》杂志，宣传驱张。到1920年5月，北洋军阀中的直系首领冯国璋、曹锟与皖系首领段祺瑞、徐树铮利害冲突激烈，战争即将爆发，因此吴佩孚急着要撤兵北上，以加强直系力量，压制皖系。这时吴在衡阳的北军又与在郴州的谭延闿的南军取得默契，从5月下旬起，吴佩孚率所部由衡阳撤军，顺湘江而下，经长沙径去武汉。吴军北退一步，谭军跟着前进一步。张敬尧所部皖军人数虽多，但因军纪松弛，毫无战斗力，在南军随吴军拥至时，张敬尧就不战而溃。1920年6月11日，张敬尧仓皇逃出长沙，南军随后追赶。到6月底，张敬尧部队全部被赶出湖南，驱张运动获得全胜。[17]

**李思安回忆说：**

张敬尧的残暴统治，激起了湖南人民的痛恨和反对。毛泽东早在1919年春夏就以新民学会为核心，积极组织驱张运动，为使湖南驱张运动在全国造成声势，获得全国人民的支持，毛泽东决定派驱张代表团分途前往北京、上海等地活动，他亲赴北京。

出发之前，毛泽东选择了一个较为隐蔽的小学（正在修建，可能是楚怡）开会，毛泽东亲自规定以"人格"为口号，与会者要回答口号才准入会场。毛泽东之所以拟定以"人格"做口号，是因为1919年12月2日在教育坪烧日货时，张敬汤骂学生做"土匪"，伤了我们的"人格"，意思是激励大家到会，积极从事驱张运动。当时，驱张代表团思想不统一，以毛泽东为代表的多数人很坚决，主张立即罢课，直到张敬尧滚出湖南为止；也有少数人摇摆不定，怕误功课，不同意罢课。针对这种情况，毛泽东鼓励大家满怀信心，勇敢战斗，不要中途而废。

我们1919年12月7日（可能是17，只记得有个"7"字）分途去武汉。毛泽东提议路上看到熟人不要打招呼，到汉口再集合，这样，免被张敬尧的走狗发觉。记得我和徐瑛在长沙上车，到霞岭（注：可能是霞泥）见到蒋竹如上车。出发之前，毛泽东就同既是长沙明德中学校长，又是汉口明德大学校长的胡子静联系好了，我们到汉口就住明德大学。在汉口，毛泽东布置我们分途做宣传发动工作，动员旅鄂湖南学生同我们一道驱张，并串联湖北学生支持我们的驱张运动。这样做，不仅使湖南驱张运动声势浩大，而且也促进了湖北学生的反帝反封建运动。[18]

12月上旬，请愿代表团在武汉会合，商定赴北京请愿计划。

汪国霖回忆说：

毛泽东在代表到达后，召开联席会议，正式组织两个代表团，开始活动。首先发表宣言，数张敬尧祸湘十大罪状。向武汉各校学生会联系，得到武汉学联发表宣言，支持驱张斗争，并电责张敬尧摧残爱国运动。

湖南学生、乡民代表团在汉口举行新闻记者招待会。由毛泽东将张敬尧罪恶做了简明报告，并说明驱张是全国人民的责任，要打倒卖国头子段祺瑞，首先要驱张，剪除段的羽翼。希望新闻界主持正义，挽救中华民族的命运。[19]

另据李伯刚回忆：

毛泽东搞驱张运动来武汉，住在武昌利群书社近一星期，和恽代英见过几次面并谈了话。恽代英也没有对我们传达，只是在和我们交换意见的时候，对今后的具体做法谈到了毛泽东的3点意见：一、毛泽东在湖南创办文化书社，与利群书社紧密联系，互相支援，文化书社没有和外界挂钩时，其书由利群书社寄湘。二、毛泽东建议湖北派几名进步学生到湖南第一师范学习，接受新思想，因为第一师范当时比较进步。三、在湖南办一个织布厂，因为轻工业工人多，联合工人，毛泽东认为是个好办法。后来这3件事都办到了。

毛泽东发"驱张宣言"是在利群书社，住了两天以后才交给我发的。毛泽东把"驱张宣言"交给我，信已经封好了，是印刷品，封面也写好了，是寄给各省的大报馆和各社会团体的，他交给我说："这些文件，请你拿到汉口去寄，不要在武昌报邮。""宣言"大概有百份左右，我拿到汉口去是一处一封分散寄的，这样敌人发现也只发现一封。主席给我发"驱张宣言"的时候，是快要离开的前二三天，住了二三天才给我的。[20]

12月18日，湖南驱张代表团到达北京。毛泽东到北京之后，立即投入驱张的组织和宣传工作中去。

李思安回忆说：

在汉口大概停留10天，我们便一同上北京。记得是严寒天，我们在北京过春节，男生住在北大三院附近的马神庙，我们女生开始住在同学的亲戚家里，后也搬到马神庙。北京是五四运动策源地，学生觉悟都较高，他们对我们驱张代表团热烈欢迎并积极支持。到京之初，我们到新华门当时的徐世昌总统府请愿。我记得，大雪天，我们从一个安了很多电灯的大桥经过，来到总统府前，哨兵的枪都上了刺刀。我们一点也不怕，向他们讲述张敬尧的罪行，争取他们的同情。总统府不接见，我们一连去了好几天。路上，我们议论纷纷，毛泽东也时而插两句中肯的话，时而讲两句诙谐的话。经过几天的斗争，内阁总理靳云鹏的秘书长才不得已答应公民、教职员、学生各派代表2人谈判。毛泽东是公民代表，教职员代表是杨遇夫，我和柳敏为学生代表。记得杨遇夫声色俱厉，拍桌打椅质问秘书长：湖南学生离乡背井，来这么多人，你们为什么不接见？湖南闹得这么凶，你们为什么不解决？秘书长被骂得哑口无言。直到1951年毛泽东接见我们时，还问我："你还记得那次到新华门坐冷板凳吗？"

请愿解决不了什么问题，还得靠群众自己起来斗争。在毛泽东的布置下，我们在湖南会馆召开在京湖南学生大会，还把躲在北京的13个湖南议员拖到会场，要他们签名同意我们驱张。记得毛泽东当时身穿黄呢子大衣，揭露了张敬尧的罪恶，讲了湖南人民的痛苦，并表示坚决跟张敬尧斗争到底，直到张滚出湖南。彭璜接着发言，我第三个讲话，本要我讲张敬尧烧株洲的罪行，因我讲话不喜欢别人限制，要求不出题目。毛泽东说，那好吧，就随便讲。我上台发了一通议论，台下好多人还流了泪。1951年毛泽东接见我时，还谈及此事："你还记得那次在湖南会馆讲话时，慷慨激昂，义愤陈词吗？"

在北京，我们举行了驱张示威游行，参加的人很多，队伍前列有许多揭露张敬尧罪行的大牌子，记得有"祸国害民的张敬尧""贩卖鸦片的张敬尧"等，还把在武汉车站拍摄的张敬尧贩卖鸦片的照片拿出示众，使张声名狼藉。

毛泽东在北京组织了一个平民通讯社，宣传驱张运动，以此大造舆论，使张敬尧在全国比狗屎还臭，真成为过街老鼠。[21]

**周世钊回忆毛泽东第二次来北京的情景时说：**

在北京的一段时间，恰是冰雪满街、寒风凛冽的天气。毛泽东和代表们每日奔走各处，联络湖南学生、湖南议员和湖南在京的名流、绅士，向他们宣传驱张的意义。最后才在湖南会馆开了一次大会，使大家在驱张请愿书上签了名。但当他们向北洋军阀内阁总理请愿时，被拒绝接见，毛泽东和代表们好几次在新华门前坐了几个钟头的冷板凳。

毛泽东觉得向军阀政府请愿，绝不会发生实际效果，他们来北京请愿，不过是向全国人民揭露张敬尧的罪恶，表示湖南人民驱张的决心，以取得舆论的支持而已。这个任务完成之后，他分派一部分代表南往衡阳、郴州，利用军阀间的矛盾，促吴佩孚、谭延闿驱张。他自己于1920年4月到了上海，联络旅居上海的湖南人，要把驱张运动进行到底。这时候，他的生活很艰苦，靠接洗衣服吃饭。但接送衣服要坐电车，洗衣服所得又半耗于电车费。他不以此为意，除日夜做驱张活动外，还和在上海的新民学会会员商讨了改革会务的问题。

这年6月间，张敬尧迫于群众的压力，又因吴佩孚从衡阳撤兵，谭延闿的湘军长驱直下，不能在湖南立足，于是仓皇逃去。驱张运动至此胜利结束。[22]

《新湘评论》编辑部在根据大量文献资料和访问记录写成的《毛泽东同志的青少年时代》一书中，详细记叙了毛泽东在北京领导驱张运动的情况。书中写道：

毛泽东到达北京后，组织了一个"平民通讯社"，亲自担任社长。通讯社从22日开始，向全国一些主要报刊发稿。"每日发之稿件百五十余份，送登京、津、沪、汉各报。"毛泽东当时住在北长街99号一个名叫福佑寺的喇嘛庙里。大殿中一张长长的香案上，放着油印机和一些文具、书籍、稿件，这就是他工作的地方。白天，他组织和领导驱张运动，奔波忙碌；晚上，就坐下来编写稿件。北京的隆冬，寒风呼啸，大雪纷飞，福佑寺东墙外的故宫护城河已经结冰。不知有多少个寒气袭人的夜晚，毛泽东坐在香案旁，在昏黄的灯光下，时而凝神沉思，时而振笔疾书。他通过这一篇篇稿件，把张敬尧祸湘的罪恶和各地驱张运动的消息，传布到全国，教育和鼓舞了广大群众，推动了驱张运动的发展。与此同时，他和代表们奔走呼号，联络湖南在京的学生、议员、名流学者和绅士等，向他们宣传驱张的意义。28日，在前门外的湖南会馆召开了千人大会，由赴京代表报告了驱张的形势，控诉了张敬尧的罪恶，明确而坚定地表示驱张的决心，获得了到会的各界人士的同情和支持。

在此期间，毛泽东与"辅社"建立了密切联系。"辅社"即"辅仁学社"，取名于"以文会友，以友辅仁"的意思。它原是湖南长沙长郡中学的一个以学生为基础的学术团体，成员有30余人，成立略早于新民学会。到五四运动前后，由于大多数成员或出国留学，或到北京等地读书，该社逐渐停止了活动。毛泽东到北京后，主动与辅社在京的成员联系，动员他们参加驱张运动，使他们成了驱张的一支重要力量。1920年1月18日，毛泽东和邓中夏及在京的辅社成员，在陶然亭商讨驱张斗争，并合影留念。

1920年1月28日，雪花飞舞，北风劲吹。中午12时，湖南驱张代表团和北京部分革命群众组成的游行队伍，在毛泽东的率领下，手执写着控诉张敬尧罪恶的小旗子，迎着寒风，踏着积雪，分别从前门、后门、西华门出发，浩浩荡荡地涌向伪总理府新华门，向北洋军阀政府请愿。一路上口号声此起彼落，愤怒的群众，同仇敌忾，斗志昂扬，把往日军警戒备森严的新华门，变成了革命人民声讨军阀的战斗阵地。在向军阀政府示威之后，群众队伍又冲向总理私宅。在这里，毛泽东率领其他五名代表，同反动官僚进行了面对面的斗争，历数了张敬尧祸湘虐民的20多条罪状，表达了3000万湖南人民的战斗意志。最后，他们将游行群众手执的写有张敬尧罪状的旗子，收拢了一大捆，交给反动政府的代表，以示抗议。2月4日，毛泽东再一次率领驱张代表团到伪总理府请愿。北洋军阀政府的官员龟缩在新华门内，不敢露面。

在驱张运动中，自始至终都贯穿着尖锐复杂的思想斗争和政治斗争。新民学会会员中，有人曾提出意见："我们既相信世界主义和根本改造，就不要顾及目前的小问题、小事实，就不要'驱张'。"针对这种错误思想，毛泽东对驱张运动的意义进行了讲解，他指出，驱张运动虽然"只是应付目前环境的一种权宜之计，决不是我们的根本主张，我们的主张远在这些运动之外"；但是，"反抗张敬尧这个太令人过意不下去的强权者"，"也是达到根本改造的一种手段，是对付'目前环境'最经济最有效的一种手段"。[23]

当时，社会上有一股反动势力，千方百计地对驱张运动进行破坏和捣乱。他们网罗了一些反动的官僚、议员、绅士和所谓"社会名流"，七拼八凑地组织了"旅京湘事维持会"和"湖南旅京各界联合委员会"。有的公开保张，有的摆出一副貌似公正的姿态，表面上假惺惺地喊着"驱张"，实际上干着明反暗保的勾当。当阴谋被揭露以后，他们又利用报纸杂志，煽阴风，放暗箭，诬蔑攻击驱张运动。毛泽东对这两个保张团体，进行了坚决的抨击。他第一个署名的《湖南驱张代表电讨保张团》的电文，一方面控诉了张敬尧的罪恶，指出："三年以来，湘民之困苦颠连，九死一生，家无应门之童，野有自缢之女，何一非张敬尧之所赐？"一方面又一针见血地揭露"旅京湘事维持会"是卖身投靠反动军阀的"保张团""卖乡党"，他们"受张多金，纠合三数私党，为骗钱计，不惜卖乡媚敌，都中同乡，差与为伍"。对于保张集团在社会上散布传单，"以伪乱真，浮词耸听"的罪行，也一一给予痛斥。电文还重申了湖南人民要以"驱张除奸为职志"，坚决和"保张团""卖乡党"斗争到底的决心，号召大家起来"共击卖乡保张之贼"。[24] 经过毛泽东和驱张代表团的坚决斗争，保张团体终于土崩瓦解了。

粉碎了反动势力的破坏捣乱，纠正了内部少数人的错误思想和糊涂认识后，驱张运动迅速地扩展。京、津、沪、汉等地的报刊，连续登载了有关湖南人民的驱张活动及各界团体声讨张敬尧的文章。去上海的代表团和原在上海的反张组织"湖南善后协会"，出版了《天问》《湖南》等刊物，宣传驱张。《天问》周刊明确宣告："宗旨以排去张毒为初步，铲除军阀为究竟。"京、津报纸发表了

《政府尚不撤办张敬尧耶！》《张敬尧可以已矣！》的时评。全国各地许多学生团体，纷纷发表要求惩办张敬尧的宣言、通电，全国各界联合会发表《声讨张敬尧通电》，全国学生联合会致书张敬尧，请他"引咎自退"，走为上计。甚至在国外留学的湖南学生也通电讨张。去衡阳的代表团利用直皖军阀的矛盾，要求吴佩孚派兵驱张。吴佩孚是直系军阀的大将，1918年直皖联军攻入湖南时，他的"战功"最大，但是皖系军阀张敬尧捷足先登，爬上了湖南督军兼省长的宝座，而他却被投闲置散地派驻衡阳，以监视湘军头目谭延闿，保护张敬尧。吴佩孚对张敬尧早已心怀不满，因此当代表团要求他派兵驱张时，他即答应设法。何叔衡等同志趁机将衡阳的学生组织起来，并出版了《湘潮》周刊，大力宣传驱张。

1920年4月11日，在驱张斗争胜利发展的大好形势下，毛泽东离开北京去上海。在上海，他住在哈同路民厚南里29号（今安义路63号），用"湖南改造促成会"的名义，同支持驱张斗争的各界人士进行联络，指导驱张刊物《天问》的编辑工作，并亲自为7月4日发行的《天问》第23号撰写了《湖南人民的自决》一文。毛泽东在上海期间，同往常一样，生活还是那样艰苦朴素。当时住在一起的5个人，自己煮饭，轮流值班，吃的大都是油盐蚕豆拌大米煮成的饭。随同毛泽东来上海的两名公民代表住在亭子间里，一位女学生代表住在灶披间，毛泽东和另一位学生代表住在前楼，床上铺的盖的都是自己带来的蓝底印花土布被褥。而床头上，桌子上，则大堆大堆地放着长沙、北京、天津和上海等地出版的书刊。为了推动驱张斗争进一步向前发展，毛泽东常常工作到深夜。

驱张运动的烈火越烧越旺，张敬尧在省内外一致声讨的情况下，惶惶不可终日，像热锅上的蚂蚁，坐立不安。为了进行垂死挣扎，他加紧了镇压活动：明令查办何叔衡同志等教育界驱张代表，通告全国把何叔衡同志等从教育界开除，"永不叙用"；通令各校开除学生代表，强指学生代表"是过激党"，公开公布名单，下令军警通缉；并强令各校开课，三令五申地严禁学生组织社会活动。但是，道高一尺，魔高一丈。针对张敬尧的倒行逆施，各校学生采取了巧妙的斗争手段，如利用旅馆、茶楼做活动场所；发表宣言，劝阻学生入校，另设各种临时补习学校；组织剧团，编演反帝反封建的新剧；暗中为代表团筹款，等等。这样，尽管张敬尧的警察厅采取了各种恫吓手段，也无法把学生的驱张活动镇压下去。

这时，直系军阀和皖系军阀的矛盾已接近爆发，驻湖南的直军急欲撤兵北上以集中力量。1920年5月，吴佩孚部由衡阳北撤，湘军头目谭延闿、赵恒惕得到吴佩孚的默契，跟在他的后面，步步紧逼长沙。张敬尧处在舆论和军事的双重压力下，孤立无援，不得不于6月间仓皇逃离湖南。毛泽东等领导的驱张运动，经过10个月的艰苦奋战，终于取得了胜利。它有力地揭露和打击了封建军阀，教育和发动了人民群众，推动了全国的反军阀运动。[25]

在北京期间，毛泽东多次见到湖南一师时的老师黎锦熙。黎锦熙回忆说：

1919年底，毛泽东第二次来到北京。这年5月在北京兴起的五四运动，标志着"中国反帝反封建的资产阶级民主革命已经发展到了一个新阶段"。在这革命风云激荡的重要历史时期，毛泽东于7月在长沙创办了《湘江评论》，积极热情地宣传马克思主义，歌颂十月革命的伟大胜利，抨击帝国主义和封建主义，同时，又领导了湖南人民驱逐军阀张敬尧的斗争。张敬尧自1918年3月率军进驻湖南当了督军兼省长以来，伙同他的3个兄弟，横行霸道，无恶不作，弄得民不聊生，怨声四起。湖南人民愤怒地控诉说："堂堂乎张，尧舜禹汤，一二三四，虎豹豺狼"，"张毒不除，湖南无望"。面对张敬尧的残酷压迫和统治，毛泽东发动和领导了长沙各校总罢课，组织了以革命团体新民学会会员为骨干的"湖南驱张请愿代表团"，分赴北京、上海、广州、衡阳、常德、郴州等地。毛泽东率领的驱张代表团，于年底到达北京，组织了声势颇大的请愿斗争。1920年1月4日，毛泽东与北洋军阀政府进行了面对面的斗争，历数了张敬尧祸湘虐民的20余条罪状，表达了3000万湖南人民不屈不挠的战斗决心和驱张的坚强意志。

为了扩大驱张宣传，组织革命力量，毛泽东在领导驱张斗争的同时，在北京创办了以揭露张敬尧的罪恶，进行社会主义思想宣传为宗旨的"平民通讯社"。社址在当时北长街99号的一个大喇嘛庙（福佑寺）内，由旁门出入。毛泽东在这里工作的条件是很艰苦的。"办公室"设在正殿里，办公桌系以一个长条香案代替，案上右边放着马克思主义经典著作和各种有关宣传社会主义思想的小册子及报刊。1920年1月4日下午，我到通讯社拜晤毛泽东时，在桌上发现一本毛泽东研读过的《共产党宣言》。案左放着油印机和通讯稿。从1919年12月22日起，"平民通讯社"开始向全国一些主要报刊发稿，每期页数不等，多则10页左右，少则两三页，其中有毛泽东撰写的揭穿"湘事维持会"黑幕及其阴谋破坏"米盐公股"等文章。"湘事维持会"是个拥张的御用组织，它极力破坏和企图瓦解驱张斗争，并阴谋搞垮"米盐公股"。"米盐公股"是湖南历年的公共积蓄，当时湖南留法勤工俭学学生出国旅费等贷金即从此出。毛泽东这些重要文章，深刻地揭露了张敬尧的卑劣阴谋，教育了广大群众，对于推动驱张斗争，起了重大作用。从1920年2月1日起，在上海发行的《天问》周刊，和"平民通讯社"是有密切关系的。

"平民通讯社"与毛泽东创办的《湘江评论》在立场和革命方向上是一致的，它始终贯彻了彻底的不妥协的反对帝国主义、反对封建主义的精神，它发出的文电，被许多报纸采用，在当时产生过广泛而深刻的革命影响。

……

毛泽东在北京从事革命活动的同时，还指导着上海等地的革命斗争。3月

17日夜《湖南改造促成会宣言》改定后，4月1日在上海即成立了"湖南改造促成会"，会址在当时法租界八仙桥永乐里全国各界联合会处。不久，毛泽东离京南下，沿途在天津、济南、泰山、浦口、南京等地进行25天社会调查后，到达上海。[26]

此外，在黎锦熙1920年的日记中，还有这样的记载：

1月4日

下午，至北长街后19号，晤润之。

2月19日

午后，润之至，谈文化运动方法。

3月10日

下午，润之来，久话解放与改造事。

3月17日

灯下，润之至，商湘事善后问题，话近代哲学派别。

在第二次到北京期间，曾发生过一件不幸的事，令毛泽东悲伤不已。这就是毛泽东所崇敬的老师杨昌济先生病逝。

1919年12月初，杨昌济的病情转重，便由西山转入北京德国医院治疗。这年12月，毛泽东等人为驱逐统治湖南的军阀张敬尧来到北京，并且多次到医院看望杨昌济。这时，他虽然身患重病，但仍然十分关心湖南，勉励毛泽东等努力和恶势力进行斗争。他躺在病床上十分乐观，根本没有想到死，相反却在认真盘算病愈后的学习和工作计划。他对前去看望的友人说，自信可以活100岁，还剩50年的工作时间，并且准备5年之后，移家游巴黎，准备学习和研究法、德两国的文字。

1920年1月17日上午5时，病魔终于夺去了杨昌济这位勤奋学者的宝贵生命。他临终前还在与友人谈话，说："吾意正畅。"说罢，便溘然长逝。时年虚数50岁。

……

1月22日，杨开智、杨开慧在《北京大学日刊》刊登《杨昌济教授讣告》。

1920年1月22日，在《北京大学日刊》上，还刊登一则启事，毛泽东也署了名：

敬启者：湖南杨怀中先生以本年1月17日午前五时病殁于北京德国医院。先生操行纯洁，笃志嗜学，同人等闻其逝世，相与悼惜。溯自先生留学日本东京弘文学院及高等师范学校，复留学于英国苏格兰大学，既毕业，赴柏林考察教育，亦逾一年。辛亥冬季，全国兴革命之师，先生于是时归国，即回长沙任高等师范及第一师范各校教授，雍容讲坛，寒暑相继，勤恳不倦，学生景从，如是者七年有余。戊午岁，长沙被兵事，师范学校亦驻兵，教育事业将隳弃无可为，先生乃来北京，任国立大学伦理学教授。参稽群籍，口讲之暇，复有译述，精神过劳，因遂致病。始为胃病，继以泛肿，养疾西山，逾夏秋两季。入冬以后，病势日剧，居德国医院受诊治。医者谓其脏腑俱有伤损，医疗匪易，而先生之病亦竟以不治。以吾国学术之不发达，绩学之士寥落如晨星，先生固将以嗜学终其身。天不假年，生平所志，百未逮一，为教育、为个人均重可伤也！先生既无意于富贵利达，薪资所储仅具薄田数亩，平日生计仍恃修俸，殁后遗族尚无以自存。先生服务教育，亦近十年，揆诸优待教员及尊重学者之意，同人等拟对其遗族谋集资以裨生活。积有成数，或为储蓄，或营生产，俾其遗孤子女略有所依恃，伏冀诸君子知交慨加赙助，此则同人等所感盼者也。诸位亮察。不尽。

梁焕彝　胡　迈　刘棣蔚　黎锦熙　梁焕奎　方　表
薛大可　朱剑凡　章士钊　李　穆　廖名缙　陈润霖
蔡元培　陈　介　张缉光　陈衡恪　范源濂　李　傥
范治焕　陶履恭　杨　度　范　锐　向瑞芝　胡元倓
周大烈　周　超　王志群　毛泽东　熊崇煦同启

如蒙赙赠，请寄送宣外贾家胡同达子营16号湘潭李傥君，或宣内什八半截西口中沈篦子胡同3号胡彦远代收。

这则讣告，还在同年2月1日至3月14日，在长沙《大公报》上以《代讣》为题连日刊载。

3月22日，杨昌济在长沙的生前友好在兴汉门衡粹女校举行隆重的追悼仪式，悼念这位为教育事业而献出了毕生精力的辛勤学者。从该校大厅至图画教室，挂满了哀词和挽联，对杨昌济一生事业、学问和人品做了高度评价。如有的挽联说他"学术合中西""教泽被乡国""自归国后，即授徒讲学，宫墙方竣起，顿教桃李泣春风"。其中方扩军的挽联说："记我公畏箦三呼：努力，努力，齐努力；恨昊天不遗一老，无情，无情，太无情。"追悼仪式从上午9时起至下午5时结束。据当时报纸记载："是日天雨连绵，春气惨然，来会者，皆黯然神伤。"

杨昌济虽然逝世了，但他精心培养的一大批学生，其中特别是参加新民学会的许多学生，却像早春的蓓蕾，含苞待放。杨昌济生前，特别寄希望于毛泽东、蔡和森。在他逝世前不久写给章士钊的信中，曾经恳切地说："吾郑重语君，二子海内人才，前程远大，君不言救国则已，救国必先重二子。"李肖聃发表在《北京大学日刊》上的文章中也说：杨昌济"在长沙五年，弟子著录以千百计，尤欣赏毛泽东、蔡林彬"。

1920年4月11日，毛泽东离开北京，前往上海。他准备在上海同彭璜商议驱张运动后期的方向问题，并送新民学会会员萧三等人赴法勤工俭学。

6月7日，毛泽东在上海致信黎锦熙，信中记述了他从北京到上海的行踪："京别以来，在天津、济南、泰山、曲阜、南京等处游览一晌，二十五天才到上海，寓哈同路民厚南里29号[27]，同住连我四人。"

1936年，毛泽东在同斯诺的谈话中，也兴致勃勃地回忆起登泰山、游曲阜的经历。但在这次谈话中，他将这段经历误记为第一次在北京时的事情了。

关于毛泽东在上海的活动，上海市文物保管委员会根据大量调查记载道：

在毛泽东的领导下，当时主要由新民学会和长沙学联干部组成的驱张代表团，曾分别在北京、上海、衡阳、常德、郴州、广州等地进行请愿活动和扩大驱张宣传。1919年底，毛泽东亲自率领驱张代表团到达北京。

毛泽东先期派驱张代表彭璜来到上海，组织了一个"平民通讯社"，发行了一种名为《天问》的周刊。这个刊物在上海《湖南》月刊上刊登的广告说："宗旨以排去张毒为初步，铲除军阀为究竟。"为斗争指出了明确的方向。5月初，毛泽东又从北京来到上海。他在致黎邵西先生的信上写明：寓哈同路民厚南里29号。这个地址，经过调查勘实，就是今天安义路63号，坐落在路南一所一楼一底的临街房屋。

在这所简陋的房屋里，毛泽东居住了约两个月。毛泽东用"湖南改造促成会"的名义，同支持驱张斗争的各界人士进行联络，指导驱张刊物《天问》的编辑工作，并亲为7月4日发行的《天问》第23号撰写了《湖南人民的自决》一文。《天问》号召群众联合起来，发扬"如去年'五四'之所以对付卖国贼者"的战斗精神。特别是列宁领导的苏俄政府要求与中国建立平等外交关系的文告突破军阀政府的封锁披露出来后，《天问》表示了热烈的响应，从而又提出中国人民应"和俄国农民、工人阶级、红军相提携，为自由而奋战，先竭力打破国内军阀的强权，再竭力打破各国的强权"。表示了和《湘江评论》完全一致的反帝反封建的立场。

毛泽东在上海期间，过着非常艰苦朴素的生活。据有关同志的回忆，当时民厚南里29号寓所的陈设是极其简单的。楼下正间被用来开会和吃饭，除一张方桌、几只凳子之外，就是放在楼梯口的小行灶和楼梯下面的炭篓，别无他物。同住五人轮流司炊，油盐蚕豆拌米煮饭。随同毛泽东来上海的两名公众代表住在亭子间内，一位学生女代表住在灶披间。毛泽东同另一位学生代表住在前楼，北向临街有阳台，阳台里面的门窗下横放一张木栏单人板床，是毛泽东的铺位。另一张床紧靠着西面墙壁。两张床上铺着湖南带来的褥子、棉被和床单，都是用蓝底印花的土布。室中放一张方桌，四只方凳，桌上摆着粗瓷茶壶、茶杯和笔砚文具。一张藤躺椅，通常是靠东面墙壁背光放着。床头、桌上、藤躺椅的扶手上，常常是堆放着长沙、北京、天津和上海等地出版的书刊。在寓所内，毛泽东以看书报的时间为多。有时在室内来回踱步，思考问题。由于他在青年和学生中间的威望，大家总是喜欢追随在他的左右。按照湖南习惯，青年们尊敬地称呼他为毛先生。

毛泽东在上海期间，除了组织驱张活动之外，还召集当时留在上海和准备去法国勤工俭学的新民学会会员在上海城南黄浦江边的半淞园（今半淞园路）开过一次会，明确规定了新民学会的宗旨为"改造中国与世界"，并对学会活动方法、会员条件、入会手续等做了详尽讨论。毛泽东认为学会应当脚踏实地，有根有叶，不事喧哗，多做基础工作。大家都极同意毛泽东的这些主张。同年冬出版的《新民学会会务报告》，刊载了这一次集会的经过，描叙与会人员的心情时说："这日的送别会，完全变成一个讨论会了。天晚，继之以灯。但各人还觉得有许多话没有说完。中午在雨中拍照，近览淞江半水，绿草碧波，望之不尽。"毛泽东还访问了霞飞路渔阳里（在今淮海中路成都路口）内的"外国语学社"。这是上海共产党早期组织为便利自身活动而设置的公开机关，也是稍后的中国社会主义青年团中央机关。在渔阳里略东的花园里口便是《天问》出版社的所在，毛泽东曾多次到那里指导驱张的宣传工作。[28]

同毛泽东住在一起的李思安回忆说：

1920年2月，毛泽东派我同柳敏、陈纯粹去广州，希望孙中山用武力支持我们的驱张运动。当时粤汉路不通，我们只得绕道由上海再到广州。刚到上海，我们收到北京的信，说上海即将召开全国第三届学生代表大会，要我们不去广州，参加全国学代会，并要我们在会议期间，抓紧时机，努力活动，控诉张敬尧的罪行。出席全国学生代表大会的都是全国学生运动的领导者。第三届学代会未结束，毛泽东也到了上海，立即邀请全国学生代表，留法预备团和驱张代表团到松社（蔡松坡读书地方）举行茶话会。毛泽东在会上讲了话，希望全国青年继五四运动后，能像湖南驱张运动一样，立即掀起一个反帝、反封运动高潮，并鼓励大家不要怕，勇敢斗争，回去好好干。还劝勉赴法学生好好学习别国经验，回国后更好地革命。我记得，会后，我们几百人围成半圆形坐在草地上摄影留念。

在上海半淞园举行了在沪新民学会会员大会，讨论了新民学会的宗旨及今后活动。会后我们也照了相，就是我家里挂的那个半淞园照片。

毛泽东在上海住安南路民厚里29号，他常到环龙路44号医院里找孙中山交谈，也找过廖仲恺。

我记得，当时上海傅君健办了一个《天问》周刊，毛泽东在该刊上曾发表过好几篇关于驱张敬尧的文章。解放后，我送了11份《天问》给湖南省博物馆。

由于毛泽东的正确领导，新民学会广泛的活动，湖南各界人民的英勇斗争，全国人民的大力支持，驱张运动终于取得了胜利。1920年6月张敬尧滚出湖南。

我从上海回到湖南后不久，便同萧道五等4人，去南洋工作。临行前，毛泽东在周南女校为我们举行了欢送会，并请我们吃饭。他说：去南洋很好，到那里很好地干。以后毛泽东还同我们有联系，寄过一些进步刊物给我们，要我们努力学点新东西。我是1920年8月去南洋的。1925年回国参加大革命。在长沙还听了毛泽东关于农民运动的讲演。记得他脚穿草鞋，身穿白布褂，一条浅蓝色便短裤，完全是农民打扮。毛泽东讲话声音洪亮，振振有词。〔29〕

**毛泽东在上海还送走了一批赴法勤工俭学的新民学会会员。劳君展回忆说：**

我是在周南学校时参加新民学会的，是由陶斯咏介绍的，时间大概是1919年。新民学会在周南开过一次会议，是在会议室开的，内容是欢迎新会员和女会员入会，毛泽东参加了会议，并讲了话，讲话的内容我记不清楚了。开完会还照了相、吃了饭。

我们在周南办了《女界钟》，宣传反帝、反封建、反军阀，宣传妇女解放，反对娶童养媳。陈启民老师是主编，毛泽东很支持，他在《女界钟》上写过文章、诗。周敦祥、魏璧都写过文章。赵五贞女士自杀，我们写了很多文章，还出了一个专辑。我们1919年离开长沙（在上海待了1年）去法国，就停办了。

我们在周南还办了一个平民学校，学生都是从菜园里（指近郊菜农）招来的，大部分是女的。

毛泽东领导的驱张运动，开过很多会，先是新民学会会员开小会，然后再开大会。开大会时很多是新民学会会员发言，重大事情毛泽东都亲自参加，他总是让大家先发言，最后他做总结发言。

1919年我离开长沙去上海，是准备到法国去的，因为没有赶上船，又等了1年（我是同魏璧两人去的），1920年，新民学会在上海半淞园开过两次会。第一次是新民学会会员和少年中国学会会员参加，有一二百人，还坐成圆圈照了相。第二次是十几个新民学会会员，在松坡图书馆开会，是欢送我们去法国；讨论如何改造中国，如何改造世界的问题，具体内容我记不清楚了。吃了中饭还去照相，照相时还下雨，站一横排。这张照片我一直保存着，抗日战争时期被炸，才损坏了。那个时候，魏璧很年轻，也很活跃。我记得在会快结束时她说："今日不热闹，我打个滚给你们看。"她真的在草坪上打了个滚，大家都笑起来了。

这两次会，毛泽东都参加了，并讲了话，意思是要我们把眼光放远些，不要只管自己的事情，要关心国家大事。我们新民学会的同志每到一个地方都要发挥作用。这次会开得很活跃。当时毛泽东生活艰苦，喜欢穿灰布长衫，比较瘦，但是他吃饭睡觉都是想的如何把中国搞好。

我们赴法上船时，毛泽东亲自把同学们送到船上，还到船上看了每个人的房间（床位），当时黄浦江里外国船很多，我们坐邮船，就是货船。男同志坐四等舱，女同志坐三等舱，走40多天，经中国香港、新加坡、地中海到马赛。到法国后，男同志进工厂做工，女同志补习法文。郭隆真进了工厂，我们都进学校，因为女的进工厂有失国体。我们共去20到30个女的，向警予是最积极的。我们这批留法勤工俭学生搞了一笔补助费，刚刚够生活。[30]

**当时准备赴南洋的张国基还回忆起这样一段往事：**

就在我们快要启程出国的前夕，为了欢送留法勤工俭学的同志和去南洋群岛的一批教员，并借以联络新民学会和少年中国学会的感情，沟通两会会员的革命意志，毛泽东特举办联欢会。当时去法国留学和去南洋教书的都有两会的会员多人。记得联欢会是在农历三月初三旧俗称"踏青节"日，阳历是4月21日举行的。假法租界霞飞路松社，松社是纪念蔡锷的，因蔡锷别号松坡，故名松社。到会的七八十人。新民学会到的有毛泽东、彭璜、李思安、张国基、陈纯粹、欧阳泽等；少年中国学会到会的我认识的有康伯情、王光祈、魏嗣銮、涂开舆、左舜生等。其他还有去南洋的教员姜心培、郭鹿岑、王人统等。毛泽东和康伯情各代表自己的学会讲了话，会场是设在嫩绿如茵的青草坪上，围坐成一个圆圈，还照了一张12英寸的大照片做纪念。这张照片，我保存到1928年，因不便携带，寄存在上海邓脱路的一位孤老太太的家，因世变沧桑，老人久已不在人间，这张珍贵的纪念照已不知其下落，真是很可惜。在开会的那天，还有一个给我印象很深的插曲，就是中午散会后，我们乘电车回去，当电车行驶到毕勒路站，电车尚未停稳，参加联欢会中最年轻的张文亮就急于下车，致跌倒昏迷。我们把他救护到他的住所，这一跌使他受了脑震荡，对文亮脑部一直都有影响。

松社联欢会不几天，当我们去南洋和留法同志们同乘法国邮船panl leat号离开上海的时候，毛泽东亲自送我们到船上。他到每一个人的房间握手作别。临别时他还亲切地握着我的手，谆谆教导说：你要牢牢记住"改造中国与世界"。我们学会宗旨，去切实执行。你们除教好自己同胞的子女和当地原居民亲善合作以外，还要多多地协助他们建国……待到邮轮汽笛长鸣，快要起锚时，他才依依不舍地下了轮船，和我们挥手作别。[31]

**关于上海半淞园会议的情况，以及欢送赴法勤工俭学的新民学会会员的过程，毛泽东在《新民学会会务报告》（第1号）中有详细的记载。报告写道：**

九年[32]的春夏，毛润之、李钦文[33]等，因湘事由京到沪，赞周、焜甫、子暲、望成、玉生、百龄[34]，分由北京、天津、长沙到沪，候船赴法。韫厂、君展、胐如[35]，由湘到沪，练习法文，准备赴法。此时会友在沪计十二人。因赞周等五人赴法期近，遂于五月八日，在上海半淞园开一送别会，在沪会员均到。讨论很长，大要如下：

1. 学会态度：

潜在切实，不务虚荣，不出风头。润之主张学会的本身不多做事，但以会友各个向各方面去创造各样的事。

2. 学术研究：

都觉会友少深切的研究，主张此后凡遇会友三人以上，即组织学术谈话会，交换知识，养成好学的风气。

3. 发刊会报：

赞周、子暲都谓会友相互间应有一种联络通气的东西，则会报甚为要紧，主张急切出版，但为非卖品，除相知师友外，不送与会外之人，大众无不赞成。拟就在上海发刊，推赞周担任征集在法会友的文稿，润之担任在上海付印。后因湘事解决，会友归湘，遂缓发刊。

4. 新会友入会：

都觉介绍新会员入会，此后务宜谨慎，否则不特于同人无益，即于新会友亦无益。议决介绍新会友宜有四条件：（一）纯洁；（二）诚恳；（三）奋斗；（四）服从真理（后来长沙会友决议将奋斗与服从真理合为"向上"）。入会手续如下：（一）旧会友五人介绍；（二）评议部审查认可；（三）公函通告全体会员，以昭审慎。

5. 会友态度：

大概谓会友间宜有真意；宜恳切；宜互相规过；勿漠视会友之过失与苦痛而不顾；宜虚心容纳别人的劝诫；宜努力求学。

6. 不设分会：

学会前有在会友较多的地方设立分会之议，是日讨论，觉无设立的必要，设分会反有分散会友团结力之嫌。如巴黎等会友较多之处，可组织学术谈话会，定期会集。

这日的送别会，完全变成一个讨论会了。天晚，继之以灯。但各人还觉得有许多话没有说完。中午在雨中拍照。近览淞江半水，绿草碧波，望之不尽。

**毛泽东在《新民学会会务报告》（第1号）中还记载道：**

赞周，子暲，煜甫，望成，百龄，玉生六人，以九年五月十一日由沪起身赴法，在沪会友，握手挥巾，送之于黄浦江岸。

这时张敬尧尚据湖南，会友于是有两种团体之发起，一为驱张后谋所以改造湖南者：为"湖南改造促成会"；一为与同志共同修学者：为"自修学社"；均在上海民厚里。六月，张敬尧给湘军赶去。会友之奔走京、沪及衡、永者，陆续回湘，一直到是年冬尽，长沙各会友的情形，略如下列：

陈启民　在周南任课，

陶斯咏　在周南任事，

钟楚生　在周南任课，

何叔衡　在通俗书报编辑所任事，

周惇元　在通俗报馆任编辑，

熊瑾玎　在通俗书报编辑所任事，

毛润之　在第一师范附小任事，

张泉山　在第一师范附小任课，

刘继庄　在第一师范附小任课，

蒋集虚　在第一师范修学，

易阅灰　在第一师范修学，

夏蔓伯　在第一师范修学，

姜竹林　在第一师范修学，

谢维新　在第一师范修学，

李承德　在湘雅医学专门修学，

唐文甫　在明德中学修学，

邹泮耕　在修业任课，

彭荫柏　在文化书社自修，

易礼容　在文化书社任事，

任培道　在文化书社任事。

此时长沙会友所做的事，其具体可见的：蒋集虚、易粤徽[36]、夏蔓伯等，尽力于第一师范之革新；何叔衡、周惇元、熊瑾玎等，尽力于通俗教育，办一种内容完好的通俗报；陈启民、陶斯咏、钟楚生等，尽力于周南女校之革新。

此时在长沙之会友尚有两种努力：一为创办文化书社，一为发起自治运动，均很得各方面同志的同情。此时蔡咸熙（畅）、熊作莹（季光）、熊作磷（叔彬）、任振予（培道）、吴德庄（家瑛）五人入会。[37]

## 湖南自治运动

还在上海停留之时，毛泽东即与彭璜等人商议，将来驱张以后，湖南政局该向何处去的问题。随后，他们草拟了《湖南建设问题条件商榷》，分发各方征求意见。在这个文件里，他们提出废督裁兵、地方自治等奋斗目标，作为对湖南前途的设想。

1920年3月12日，毛泽东写信给黎锦熙，向他征求对《湖南建设问题条件商榷》的意见。信中写道：

邵西先生：

奉上"湖南建设问题条件"二份，有好些处尚应大加斟酌。弟于吾湘将来究竟应该怎样改革，本不明白。并且湖南是中国里面的一省，除非将来改变局势，地位变成美之"州"或德之"邦"，是不容易有独立创设的。又从中国现下全般局势而论，稍有觉悟的人，应该就从如先生所说的"根本解决"下手，目前状况的为善为恶，尽可置之不闻不问，听他们去自生自灭。这样枝枝节节地向老虎口里讨碎肉，就使坐定一个"可以办到"，论益处，是始终没有多大的数量的。——不过，这一回我们已经骑在老虎背上，连这一着"次货"——在中国现状内实在是"上货"——都不做，便觉太不好意思了。

先生是很明白湖南事情的人，敬请将各条斟酌，或要增减修正，见示，以便持赴沪上，从事进行，不胜感盼！

乡弟　毛泽东

一九二〇，三，一二

毛泽东随信寄去《湖南建设问题条件商榷》共2页，这篇文章后来在同年6月14日的上海《申报》上发表。征求意见稿的全文是这样的：

## 湖南建设问题条件商榷

（一）军政

（1）废"督军"，设"军务督办"驻岳阳。

（2）军队以一师为最高额，分驻岳阳、常德、衡阳。

省城治安，以隶属省长之警察维持之，绝对不驻兵。

各县治安，以隶属县知事之警察维持之，废除警备队及镇守使名目。

（3）军费支出总额，至多不得超过省收入总额十二分之一。

（二）财政

（1）银行民办。银行发行纸币基金，由省议会监督存储。基金额与纸币发行额之比例，由省议会议定。

（2）举办遗产税、所得税及营业税。减轻盐税。废除两年来新加各苛税。

（3）民办"湖南第一纺纱厂"。

（三）教育经费

（1）恢复民国二年教育经费原额，以后应时增加。

（2）确定来源。

（3）保管权属之由省立各学校组织而成之"教育经费保管处"。

（四）自治

（1）恢复并建设县、镇、乡自治机关。

（2）成立并公认县、镇、乡工会。

（3）成立并公认县、镇、乡农会。

（五）完全保障人民集会、结社、言论、出版之自由

（六）在最快期内，促进修竣粤汉铁路之湖南线。

    提出者：湖南改造促成会

    通信处：上海法租界八仙桥永乐里全国各界联合会彭璜

在第2页的左上方，毛泽东还特地注明：

"～～～怀疑的地方，或者明后天的晚上来尊处领教。"

1920年6月，张敬尧被驱逐出湖南的消息一传到上海，毛泽东立即抓住时机，提出了"废去督军，建设民治"的口号，6月11日，上海《时事新闻》刊登署名泽东的文章《湖南人再进一步》：

据报南军有攻下长沙之讯。果然，湖南人消极方面的驱张运动总算将要完结了。湖南人应该更进一步，努力为"废督运动"。怎样废去督军，建设民治，乃真湖南人今后应该积极注意的大问题。

废督论倡了几年，督总不曾废掉。卢永祥、唐继尧的废督论，可断其于实际影响很少。但湖南此刻如张敬尧确去，却大有废督的机会。（一）湖南人驱张，出于自决，不受何种黑暗势力的牵制。果真觉悟到督军要废，自己举足踢去就是。（二）湘南湘西军队各征粮至七八年，现虽得了长沙，早如一块石田。一面湖南银行巳（已）倒亏了五六千万，官家财政和民间经济，一齐破产，军队不解散也要解散。军队解散，督军无军可督，最好取消。（三）谭延闿对于督军滋味与曾尝过。此次驱张，原只能将功赎罪，要他丢下这根光骨，总该愿意。湖南人有驱汤芗铭、驱傅良佐、驱张敬尧的勇气，何不拿点勇气把督军废去。湖南人素来有一点倔强性、反抗性和破坏性，可惜太缺乏了一点建设的才。假如这回又把好机会轻轻逸过，那真正冤枉极了！依我的观察，中国民治的总建设，20年内完全无望。20年只是准备期。准备不在别处，只在一省一省的人民各自先去整理解决（废督裁兵、教育实业）。假如这回湖南人做了一个头，陕西、福建、四川、安徽等有同样情形的省随其后，十几年二十年后，便可合起来得到全国的总解决了。我愿湖南人望一望世界的大势，兼想一想八九年来自己经过的痛苦，发狠地去干这一着。

1920年9月3日，长沙《大公报》在第二版开辟"湖南建设问题"专栏。毛泽东在当天的专栏里，发表题为《湖南建设问题的根本问题——湖南共和国》的时评：

乡居寂静，一卧兼旬。九月一号到省，翻阅《大公报》，封面打了红色，中间有许多我所最喜欢的议论，引起我的高兴，很愿意继着将我的一些意思写出。

我是反对"大中华民国"的，我是主张"湖南共和国"的。有什么理由呢？

大概从前有一种谬论，就是"在今后世界能够争夺的国家，必定是大国

家"。这种议论的流毒，扩充帝国主义，压抑自国的小弱民族，在争海外殖民地，使半开化未开化之民族变成完全奴隶，窒其生存向上，而惟使恭顺驯屈于己。最著的例是英、美、德、法、俄、奥，他们幸都收了其实没有成功的成功。还有一个就是中国，连"其实没有成功的成功"都没收得，收得的是满洲人消灭，蒙人回人藏人奄奄欲死，十八省乱七八糟，造成三个政府，三个国会，二十个以上督军王巡按使王总司令王，老百姓天天被人杀死奸死，财产荡空，外债如麻。号称共和民国，没有几个懂得"什么是共和"的国民，四万万人至少有三万九千万不晓得写信看报。全国没有一条自主的铁路。不能办邮政，不能驾"洋船"，不能经理食盐。十八省中像湖南、四川、广东、福建、浙江、湖北一类的省，通变成被征服省，屡践他人的马蹄，受害无极。这些果都是谁之罪呢？我敢说，是帝国之罪，是大国之罪，是"在世界能够争存的国家必定是大国家"一种谬论的罪。根本地说，是人民的罪。

现在我们知道，世界的大国多半瓦解了。俄国的旗子变成了红色，完全是世界主义的平民天下。德国也染成了半红。波兰独立，捷克独立，匈牙利独立，尤（犹）太、阿拉伯、亚美尼亚，都重新建国。爱尔兰狂欲脱离英吉利，朝鲜狂欲脱离日本。在我们东北的西伯利亚远东片土，亦建了三个政府。全世界风起云涌，"民族自决"高唱入云。打破大国迷梦，知道是野心家欺人的鬼话。摧（推）翻帝国主义，不许他再来作祟，全世界盖有好些人民业己（已）醒觉了。

中国呢？也醒觉了（除开政客官僚军阀）。9年假共和大战乱的经验，迫人不得不醒觉，知道全国的总建设在一个期内完全无望。最好办法，是索性不谋总建设，索性分裂，去谋各省的分建设，实行"各省人民自决主义"。22行省三特区两藩地，合共二十七个地方，最好分为二十七国。

湖南呢？至于我们湖南，尤其三千万人个个应该醒觉了！湖南人没有别的法子，唯一的法子是湖南人自决自治，是湖南人在湖南地域建设一个"湖南共和国"。我曾着实想过，救湖南，救中国，图与全世界解放的民族携手，均非这样不行。湖南人没有把湖南自建为国的决心和勇气，湖南终究是没办法。

谈湖南建设问题，我觉得这是一个根本问题。我颇有点意思要发表出来，乞吾三千万同胞的聪听，希望共起讨论这一个顶有意思的大问题，今天是个发端，余俟明日以后继续讨论。

两天以后，9月5日，毛泽东又在长沙《大公报》上发表《打破没有基础的大中国建设许多的小中国从湖南做起》一文。文章写道：

固有的四千年大中国，尽可以说没有中国，因其没有基础。说有中国也只是形式的中国，没有实际的中国，因其没有基础。我在湖南改造促成会答曾毅书中说："中国四千年来之政治，皆大架子大规模大办法，结果外强中干，上实下虚，上冠冕堂皇，下无聊腐败。民国成立以来，名士伟人，大闹其宪法国会总统制内阁制，结果只有愈闹愈糟。何者？建层楼于沙渚，不待建成而楼巳（已）倒矣……"实是慨乎言之。凡物没有基础，必定立脚不住。政治组织是以社会组织做基础，无社会组织决不能有政治组织，有之只是虚伪。大国家是以小地方做基础，不先建设小地方，决不能建设大国家。勉强建设，只是不能成立。国民全体是以国民个人做基础，国民个人不健全，国民全体当然无健全之望。以政治组织改良社会组织，以国家促进地方，以团体力量改造个人，原是一种说法。但当在相当环境相当条件之下，如列宁之以百万党员，建平民革命的空前大业，扫荡反革命党，洗刷上中阶级，有主义（布尔什维克），有时机（俄国战败），有预备，有真正可靠的党众，一呼而起，下令于流水之源，不崇朝而占全国人数十分之八九的劳农阶级，如响斯应。俄国革命的成功，全在这些处所。中国如有彻底的总革命，我也赞成，但是不行（原因暂不说）。所以中国的事，不能由总处下手，只能由分处下手。我的先生杨怀中说："不谋之总谋之散，不谋之上谋之下，不谋之己谋之人。"谋之总，谋之上，谋之己，是中国四千年来一直至现在的老办法，结果得了一个"没有中国"。因此现在唯一的办法，是"打破没有基础的大中国，建设许多的小中国"。

我主张中国原有的二十二行省三特区两藩地，合共二十七个地方，由人民建设二十七个国。这是各省各地方人民都要觉悟的。各省各地方的人民到底觉悟与否，我们不能必，所以只能单管我们自己的湖南。湖南人呵！应该醒觉了！大组织到底无望，小组织希望无穷。湖南人果有能力者，敢造出一个旭日曈曈的湖南共和国来！打破没有基础的大中国，建设许多的小中国，"从湖南做起"。

同年9月26日，毛泽东还在长沙《大公报》上发表《"湖南自治运动"应该发起了》一文。他在文章里强调实际运动的作用，而不满足于湖南自治只停留在理论上、口头上。文章说：

无论什么事有一种"理论"，没有一种"运动"继起，这种理论的目的，是不能实现出来的。湖南自治，固然要从"自治所以必要""现在是湖南谋自治的最好机会""湖南及湖南人确有自立自治的要素与能力"等理论上加以鼓吹推究，以引起尚未觉悟的湖南人的兴趣和勇气。但若不继之以实际的运动，湖南自治，仍旧只在纸上好看，或在口中好听，终究不能实现出来。并且在理论上，好多人从饱受痛苦后的直感中，业己（已）明白了。故现在所缺少的：只有实际的运动，而现在最急需的便也只在这实际的运动。

我觉得实际的运动有两种：一种是入于其中而为具体建设的运动，一种是立于外而为促进的运动，两者均属重要，而后者在现在及将来尤为必须，差不多可说湖南自治的成不成好不好都系在这种运动的身上。

我又觉得湖南自治运动是应该由"民"来发起的。假如这一回湖南自治真个办成了，而成的原因不在于"民"，乃在于"民"以外，我敢断言这种自治是不能长久的。虽则具了外形，其内容是打开看不得，打开看时，一定是腐败的，虚伪的，空的，或者是干的。

"湖南自治运动"，在此时一定要发起了。我们不必去做具体的建设运动，却不可不做促进的运动。我们不必因为人数少便不做。人数尽管少，只要有真诚，效力总是有的。什么事情，都不是一起便可成功，一起便可得到多数的同情与帮助，都是从近及远从少至多从小至大的。颇有人说湖南民智未开交通不便自治难于办好的话，我看大家不要信这种谬论。〔38〕

谈到湖南自治运动，萧三在《毛泽东同志的青少年时代和初期革命活动》一书中写道：

在这时期，毛泽东在长沙革命活动的范围一天天更加扩大，更加多方面，更加深入了。

为了有一个立脚点，要有一个社会职业。毛泽东受聘做了第一师范附属小学的主事（校长）。同时他兼做第一师范校友会（包括已毕业的旧同学）的会长。不久以后他又破例地被聘请做了第一师范一个班的级任兼国语教员。

从1920年夏天起，毛泽东在长沙进行了一连串的社会的、政治的活动。

首先是恢复湖南学生联合会的公开活动。接着就做湖南自治运动——将湖南造成一个较好的环境。

张敬尧被驱逐出湖南之后，湖南人民很希望和平，希望从此再不受北洋军阀的统治和蹂躏了，而由湖南人自己来管理自己的事情。谭延闿、赵恒惕利用这种民情，投机地宣布"湖南自治"，并且提出中国"联省自治"的主张。但这完全是统治阶级的一种欺骗政策。因此在《湖南全体学生终止罢课宣言》里便警告人们说，湘局虽侥幸解决了，但将来的困难还很多，我们"当用自觉的精神来创造一切环境……应有彻底的觉悟……凡事须靠自己，不再做无谓的周旋，向老虎嘴里讨食……"。

为了一面组织和扩大人民的民主运动与革命力量，一面揭破统治者欺骗政策的本质，毛泽东约集了一些朋友和新闻界、教育界人士发起成立一个"湖南改造促成会"。这个会主张废督裁兵，建设民治，希望谭、赵"亦自认为平民之一，往后举措，一以三千万平民之公意为从违……钱不浪用，教育力图普及，三千万人都有言论出版之自由……"。〔39〕

毛泽东曾归纳这个运动的总的方针和口号是："由湖南革命政府召集湖南人民宪法会议制定湖南宪法以建设新湖南。"

同时毛泽东继续他的新闻政论工作。他在长沙的一家报纸上一连发表了10篇文章，评论湖南自治运动。这些论文引导人民要求真正的民主，主张由人民（工人、农民、商人、学生……）自己来讨论和制定"省自治法"和"湖南宪法"。

中国古代有句名言："坐而言，起而行。"毛泽东就正是又"言"又"行"的人。而且他的行动总是和群众紧密联系的。这时期他除发表论文外，发动、组织湖南各界各人民团体集会讨论改造旧湖南，建设新湖南的问题。10月10日又举行了万人的游行示威，喊出"召集人民宪法会议""建设新湖南"的口号；扯下过时了的、军阀官僚的代表机关旧省议会的旗帜……

不久之后，赵恒惕推倒了谭延闿，取得了湖南政权。他仍然在"湘人治湘"的口号下，制定什么"省宪"。

毛泽东在"省宪法草案"发表时，就在报纸上写文章，公开批评它。他着重指出，这个"草案"的最大缺点之一是关于劳动的事项，如工人的工作时间、工钱、休假、教育、卫生等等以及组织工会的权利，根本没有规定。

他一面批评这个"省宪"、这种"自治"，一面又发动广大群众，利用统治阶级这个虚伪的、为自己谋利益的假幌子，做有益于劳苦人民大众的事，拿它作为进行合法斗争的工具。正如古语说的"以子之矛，刺子之盾"[40]，使得统治者无话可说。不然，就把他虚伪的面目完全揭破。[41]

《毛泽东同志的青少年时代》一书对毛泽东在湖南自治运动中的活动是这样记述的：

1920年7月7日，毛泽东回到湖南。随后，担任了第一师范附属小学主事。他以这一社会职业为掩护，积极着手进行"改造中国与世界"的实际工作，他决心首先"将湖南造成一个较好的环境，我们好于这种环境之内，实现我们具体的准备工作"。[42]

还在这年春天，毛泽东在北京和上海的时候，就同彭璜等人，研究过将来驱逐张敬尧以后，如何促进湖南局势朝着有利于革命方面发展的问题。他们草拟了一个题为《湖南建设问题条件商榷》的材料，明确提出，要废除军阀统治，民办银行、实业，发展交通运输，废除苛捐杂税，普及义务教育，建立县、乡自治机关，成立工会、农会，保障人民集会、结社、言论、出版的自由。当时毛泽东在写给黎锦熙的信中，对这一主张特别做了说明。在他看来，湖南是中国的一个省，中国的问题没有从根本上解决，湖南当然不容易有独立的改变；有觉悟的革命者，应该从事"根本解决"中国问题的工作，不能做改良派，"枝枝节节地向老虎口里讨碎肉"。但是，"根本解决"的工作，应该从实际入手。而《湖南建设问题条件商榷》，就是从湖南的实际出发提出来的蓝图。

……

为了使运动朝着有利于人民的方向发展，从1920年9月3日至10月3日，毛泽东在湖南《大公报》上发表了10篇评论文章。他坚定地站在人民一边，以人民的利益为依归，批判各种错误意见，并进一步透彻地阐述了湖南究竟需要一种什么样的自治运动，从而拨开了层层迷雾，提高了各界人士的认识，对于揭穿谭、赵之流的欺骗宣传，壮大革命的力量，起了重要作用。

谭延闿、赵恒惕之流，企图用"湘人治湘"的口号，蒙蔽群众。毛泽东在《湘人治湘与湘人自治》一文中，运用阶级分析的方法，对谭、赵进行了彻底的揭露。他指出：所谓"湘人治湘"，是对"非湘人治湘"而言，"仍是一种官治，不是民治"。因为，如果驱逐张敬尧的目的只是排去"非湘人"，搞换汤不换药的"湘人治湘"，那么，奉天（今辽宁）的张作霖，直隶（今河北）的曹锟，都是本省人，正是"奉人治奉"，"直人治直"，他们比那"非湘人治湘"的张敬尧，"非鄂人治鄂"的王占元，又有什么区别呢？我们根本反对"湘人治湘"这句含有不少恶意的话，因为它"把'少数特殊人'做治者，把一般平民做被治者；把治者做主人，把被治者做奴隶"。文章最后说：我们不仅不愿被外省的"少数特殊人"来统治，也不愿被本省的"少数特殊人"来统治。我们所主张所欢迎的，不是"湘人治湘"，而是"湘人自治"。

针对着社会上有人企图由官绅包办自治运动的情况，毛泽东提出，自治运动应该以"民"为主体，即以种田的农人、做工的工人、从事贸易的商人以及努力向学的学生等为主体。假如不是这样，即使有了"自治"的形式，其内容是打开看不得的，打开一看，一定是虚伪的、腐败的、空洞的。

在各界人士中，还有这样一派议论，说湖南自治这个问题太大，怕开得口。还有些人认为，制定"自治法"非同小可，只有学了政治法律的人，才有资格谈论。毛泽东在《释疑》这篇文章中指出，这些人"还是认（为）政治是一个特殊阶级的事，还是认（为）政治是脑子（里）头装了政治学、法律学，身上穿了长褂子一类人的专门职业。这大错而特错了。春秋时候，子产治郑，郑人游于乡校以议执政。这些郑人，都是学过政治法律的吗？意、英、法、美的劳动者，口口声声'要取现政府而代之'。这些劳动者，都是学过政治法律的吗？俄国的政治全是俄国的工人、农人在那里办理，俄国的工人、农民，都是学过政治法律的吗"？为了让那些长期受反动统治阶级正统思想影响的人们打开眼界，他以通俗而明快的语言接着写道：第一次世界大战而后，"政治易位，法律改观。从前的政治法律，现在一点都不中用。以后的政治法律，不装在穿长衣的先生们的脑子里，而装在工人们农人们的脑子里。他们对于政治，要怎么办就怎么办；他们对于法律，要怎么定就怎么定"。毛泽东号召全体人民起来，与闻政治法律，过问国家大事。他这样写道："你不去议政治法律，政治法律会天天来议你；你不去办政治法律，政治法律会天天来办你。"他认为湖南自治是一件至粗极浅的事，毫没有什么精微奥妙。制定"自治法"，也不一定要根据哪一部法典，可以大多数人来议、来制定，而且只有大多数人议出来、制出来的才有用。不论是工人、农民、商人、学生、教员、兵士、警察、乞丐、妇女等等，都有发言权，都应该发言，也一定能够发言。他甚至在文章中指出：我们但造我们湖南自治的事实，不要自治法，也未尝不可以。

湖南自治的舆论已经造成，但是一般人还停留在空发议论的状态。毛泽东曾反复说明这样一个道理：办一桩事业，有了理论根据，若没有一种运动继起，理论的目的是不能实现的。因此，他一面宣传民主运动的理论，一面从事实际运动。在毛泽东的号召和组织下，长沙的广大市民首先行动起来。1920年9月下旬至10月初，以学生联合会为骨干，长沙各界、各团体都在讨论"省自治法"如何制定的问题。

9月13日，谭延闿召集官绅开会，决定由省政府10人、省议会11人共同起草省宪法（自治法），企图包办制定"自治法"的工作。省议会也忙着讨论起草问题。社会上议论纷纷，有的主张除省政府、省议会外，要有教、农、工、商等公法团体和学联、报联参加；有的主张开长沙市民大会起草；有的主张由个人动议，联名起草。毛泽东和他的战友们，反对政府包办制宪，但认为当前谭延闿还打着"自治"的招牌，这是个稍纵即逝的机会，不能久事拖延，应该趁热打铁，通过一个省宪法，造成一个"紧箍咒"，加在"湖南省长"头上，这对人民、对推进革命运动是有好处的。

于是，在毛泽东领导下，新民学会的会员、学联的干部和各界进步人士，以广大学生群众为基础，联合推动教育、新闻、工商各界人士，开始商讨"制宪"的具体步骤。在10月4日的各界联合会上，大家同意毛泽东的意见，不采取那种理论上虽完善，而手续太烦琐的做法，应该就让谭延闿这个"革命政府"（谭后来发表谈话，不满意"革命"的称号），召集人民宪法会议，这样既在道理上说得过去，实际上也能做得到。

第二天，毛泽东和何叔衡、彭璜、朱剑凡（教育界著名人士）、龙兼公（《大公报》主编）等377人联名，在长沙报纸上发表《由湖南革命政府召集湖南人民宪法会议制定湖南宪法以建设新湖南之建议》书，主张会议代表应是直接的、平等的、普遍的选举产生；宪法起草与公布之权，应属于人民宪法会议；最后根据《省宪法》，产生湖南正式的议会和省、县、区、乡自治政府，以此来反对谭延闿官办的制宪活动。

当时，长沙最有威信的群众团体是湖南学生联合会。10月6日，学联向各团体发出信件说，实现湖南自治，"此际实是唯一最好之时机，千钧一发，稍纵即逝，优游岁月，后悔莫及！今省内外上下人士之所主张者，或则徒托空言，或则各执己见，或则存心敷衍"。信中要求各团体选派代表开会，讨论举行自治运动游行请愿问题。同日，学联发给各校的通知则明白指出："双十节举行市民游行大会，一以警告政府，一以唤醒同胞，庶几人民宪法会议早日实现。"7日，参加学联召开的各界会议的代表极为广泛，各种群众性的、私人的、官办的、进步的、中间的、落后的团体，都有代表参加，大家一致同意10月10日游行请愿，并公推毛泽东等起草《请愿书》。

连日来，在制宪建议书上签名的已增至436人（代表36个团体）。8日，200多个签名者在教育会幻灯场开大会，毛泽东担任大会主席。大会讨论了自治运动进行方法，并通过了宪法会议的选举法和组织法要点，还推举15个代表与政府交涉，要求按此制定人民宪法会议条例。

10月10日，省城各界举行万人游行示威。那天，大旗前导，乐队随行，旌旗猎猎，鼓角喧天。每人胸佩白绫徽章，手执写有标语的白布小旗，秩序井然，极为壮观。虽然天下着雨，但群众情绪一直很高，工界同胞"都是短衣赤足，戴笠游行，尤足表现劳动界的精神"。[43]他们高呼"打倒旧势力""解散旧省议会""湖南自治"和"建设新湖南"等口号，沿途散发20余万份传单，要求政府立即召开人民宪法会议，实现真正的自治。游行队伍行至督军署后，谭延闿假惺惺地满口表示"允纳人民意见"。但是，当队伍到达省议会时，游行群众出于对旧省议会的义愤，扯下了议会的旗子，谭延闿、赵恒惕一伙，立刻撕下了自己的伪装，露出了与人民为敌的狰狞面目。

原来，旧议会的议员，都是军阀指派的地主豪绅，又已超过任期，群众对他们的一派"官治"，早已不满。现在抬头一看，省议会的旗帜仍在迎风招展，惹起了心头的怒火：旧议会这"过去之客"，为什么要据"不散之筵"，包办起制宪工作来呢？于是，在"解散旧省议会"的口号声中，有些人跑上前去，把旧省议会的旗子扯了下来，把那些胡说八道的对联、匾额一一摘掉，丢在一边。

游行群众这一自发的革命行动，得到了人们的热烈喝彩，也吓慌了统治者，触怒了谭延闿。谭延闿发出布告威胁市民说："切勿轻信游词，盲从晕行"，不然"远则危及大局，近则害及一身"。旧省议会告状，谭延闿回复说："其他借题鼓吹侮辱议会之言论，如果仍不觉悟，触犯刑章，政府自当依法取缔。"谭延闿凶相毕露，把他自我标榜的"顺应民情""提倡自治"一类谎言，撕得粉碎。

扯旗事件之后，谭、赵政府传出一种流言，说旗子是毛泽东扯下来的。随后，他们又放出风声，说省议会接到告密信，信中说毛泽东"在图书馆邀集各公团代表开会，运动某军队，捣毁省议会"。警察厅还将毛泽东召去诘问。毛泽东大义凛然，据实辩诬。他特地向警察厅长写了一封公开信，发表在湖南《大

采之处，则请再进一步讨论如何实行。（下略）

易礼容

六月三十晚二点四十二分在武昌<sup>〔50〕</sup>

**毛泽东在按语中说：**

礼容这一封信，讨论吾人进行办法，主张要有预备，极忠极切。我的意见，于致陶斯咏姊及周惇元兄函中己（已）具体表现，于归湘途中和礼容也当面说过几次。我觉得去年的驱张运动和今年的自治运动，在我们一班人看来，实在不是由我们去实行做一种政治运动。我们做这两种运动的意义，驱张运动只是简单地反抗张敬尧这个太令人过意不下去的强权者。自治运动只是简单地希望在湖南能够特别定出一个办法（湖南宪法），将湖南造成一个较好的环境，我们好于这种环境之内，实现我们具体的准备工夫。彻底言之，这两种运动，都只是应付目前环境的一种权宜之计，决不是我们的根本主张，我们的主张远在这些运动之外。说到这里，诚哉如礼容所言，"准备"要紧，不过准备的"方法"怎样，又待研究。去年在京，陈赞周即对于"驱张"怀疑，他说我们既相信世界主义和根本改造，就不要顾及目前的小问题小事实，就不要"驱张"。他的话当然也有理，但我意稍有不同，"驱张"运动和自治运动等，也是达到根本改造的一种手段，是对付"目前环境"最经济最有效的一种手段。但有一条件，即我们自始至终（从这种运动之发起至结局），只宜立于"促进"的地位。明言之，即我们决不跳上政治舞台去做当局。我意我们新民学会会友，于以后进行方法，应分几种：一种是巳（已）出国的，可分为二，一是专门从事学术研究，多造成有根柢的学者，如罗荣熙萧子升之主张；一是从事于根本改造之计划和组织，确立一个改造的基础，如蔡和森所主张的共产党。一种是未出国的，亦分为二，一是在省内及国内学校求学的，当然以求学储能做本位；一是从事社会运动的，可从各方面发起并实行各种有价值之社会运动及社会事业。其政治运动之认为最经济最有效者，如"自治运动""普选运动"等，亦可从旁尽一点促进之力，惟千万不要沾染旧社习气，尤其不要忘记我们根本的共同的理想和计划。至于礼容所说的结合同志，自然十分要紧。惟我们的结合，是一种互助的结合，人格要公开，目的要共同，我们总不要使我们意识中有一个不得其所的真同志就好。

泽　东<sup>〔51〕</sup>

## 注　释

〔1〕周世钊：《湘江的怒吼》，《新民学会资料》，人民出版社1980年9月版，第397—401页。

〔2〕萧三：《毛泽东同志的青少年时代和初期革命活动》，中国青年出版

社1980年7月版。第76页。

〔3〕邓仲澥，即邓中夏。

〔4〕蒋竹如：《湖南学生的反日驱张斗争》，《新民学会资料》，人民出版社1980年9月版，第580—583页。

〔5〕周世钊：《湘江的怒吼》，《新民学会资料》，人民出版社1980年9月版，第405—409页。

〔6〕蒋竹如：《湖南学生的反日驱张斗争》，《新民学会资料》，人民出版社1980年9月版，第584—585页。

〔7〕唐耀章：《湖南学界驱张运动前后》，《新民学会资料》，人民出版社1980年9月版，第595—596页。

〔8〕易礼容：《有关新民学会的史料几则》，《新民学会资料》，人民出版社1980年9月版，第535页。

〔9〕1917年6月北洋军阀皖系首领段祺瑞解散国会后，孙中山在广州组织护法军政府，维护《临时约法》，反对北京政府。次年孙中山受军政府中滇、桂系军阀排挤去职。不久，北洋军阀与南方滇、桂、黔系军阀之间为争权夺利爆发了战争，持续至1919年2月，此即作者所称"南""北"战争。

〔10〕《国语学之研究》，是黎锦熙于1918年10月和1919年1月在武昌、太原国语讲习班的讲稿。

〔11〕周世钊：《湘江的怒吼》，《新民学会资料》，人民出版社1980年9月版，第416—418页。

〔12〕周敦祥：《女界钟》，《新民学会资料》，人民出版社1980年9月版，第522—524页。

〔13〕斐律宾，今译菲律宾。

〔14〕萧三：《毛泽东同志的青少年时代和初期革命活动》，中国青年出版社1980年7月版，第82—83页。

〔15〕周世钊：《湘江的怒吼》，《新民学会资料》，人民出版社1980年9月版，第420—423页。

〔16〕蒋竹如：《湖南学生的反日驱张斗争》，《新民学会资料》，人民出版社1980年9月版，第587—588页。

〔17〕张国基：《新民学会及在南洋的活动情况》，《新民学会资料》，人民出版社1980年9月版，第555—558页。

〔18〕李思安：《回忆驱张运动》，《新民学会资料》，人民出版社1980年9月版，第575—576页。

〔19〕汪国霖：《驱张运动史话——毛泽东同志在"五四"时期的革命活

动》，第80页。

〔20〕李伯刚的回忆（1969年2月）。

〔21〕李思安：《回忆驱张运动》，《新民学会资料》，人民出版社1980年9月版，第576—578页。

〔22〕周世钊：《湘江的怒吼》，《新民学会资料》人民出版社1980年9月版，第423—424页。

〔23〕《新民学会会员通信集》第2集。

〔24〕1920年3月25日北京《晨报》。

〔25〕《新湘评论》编辑部：《毛泽东同志的青少年时代》，中国青年出版社1979年10月版，第125—129页。

〔26〕黎锦熙：《在峥嵘岁月中的伟大革命实践》，1977年9月14日《光明日报》。

〔27〕即现在上海安义路63号。同住者有李凤池、李思安、陈书农等。

〔28〕上海市文物保管委员会：《忆往昔峥嵘岁月稠》，1977年9月14日《文汇报》。

〔29〕李思安：《回忆驱张运动》，《新民学会资料》，人民出版社1980年9月版，第578—579页。

〔30〕劳君展：《新民学会的有关情况》，《新民学会资料》，人民出版社1980年9月版，第448—449页。

〔31〕张国基：《新民学会及在南洋的活动情况》，《新民学会资料》，人民出版社1980年9月版，第559—561页。

〔32〕九年，指民国九年，即1920年。 ——原注

〔33〕李钦文，即李思安。 ——原注

〔34〕赞周，即陈赞周。煜甫，即熊光楚。子暲，即萧三。望成，即刘明俨。玉生，即欧阳泽。百龄，即张怀。 ——原注

〔35〕韫厂，即魏璧。君展，即劳君展。肫如，即周敦祥。 ——原注

〔36〕易粤徽，即易阅灰。 ——原注

〔37〕《新民学会资料》，人民出版社1980年9月版，第10—11页。

〔38〕长沙《大公报》1920年9月26日。

〔39〕见《湖南改造促成会对于"湖南改造"之主张》。

〔40〕《韩非子》里面的话。

〔41〕萧三：《毛泽东同志的青少年时代和初期革命活动》，中国青年出版社1980年7月版，第88—89页。

〔42〕《新民学会会员通信集》第2集。

〔43〕《市民自治运动大会记盛》，《湖南通俗报》1920年10月12日。

〔44〕《新湘评论》编辑部：《毛泽东同志的青少年时代》，中国青年出版社1979年10月版，第133—141页。

〔45〕咸熙姊，即蔡畅。

〔46〕《新民学会资料》，人民出版社1980年9月版，第75—76页。

〔47〕指当时拟议复刊的《湘江评论》。

〔48〕集虚，即蒋竹如。

〔49〕《新民学会资料》，人民出版社1980年9月版，第104—105页。

〔50〕《新民学会资料》，人民出版社1980年9月版，第90—91页。

〔51〕《新民学会资料》，人民出版社1980年9月版，第91—92页。

# 七、成为马克思主义者

## 思想的激变

1920年7月7日，毛泽东回到长沙。第二次北京之行给毛泽东留下深刻的印象，也使他的思想产生了某种重要的变化。

毛泽东领导驱张运动期间，政治空气比较活跃。列宁领导的苏维埃政府发表的废除帝俄时代同中国订立的不平等条约、建立中苏平等关系的宣言，突破军阀政府的封锁，公布出来了。各界人民对此反应十分强烈，全国31个社会团体发了热情洋溢的谢电。《天问》周刊发表文章热烈响应，明确提出中国人民应"和俄国农民、工人阶级、红军相提携，为自由而奋战，先竭力打破国内军阀的强权，再竭力打破各国的强权"。列宁领导下的共产国际已派代表来中国，先后与李大钊、陈独秀等取得联系，交换了关于中国革命问题的意见，研究了发起建立中国共产党的问题。报纸杂志上介绍俄国革命和宣传、讨论社会主义的文章日益增多，有些进步报刊摘译了一些马克思主义著作的部分章节，发表了马克思、恩格斯、列宁等人的简要传记，出版了马克思主义经典著作《共产党宣言》的中文译本，还出版了一些介绍和解释马克思主义的著作。这就使毛泽东有更多的机会进一步接触马克思主义。

在第二次北游期间，毛泽东广泛地接触了各方面的人士，特别是与信仰、宣传马克思主义的李大钊、陈独秀有了密切的联系。在北京，他与李大钊同志经常在一起讨论有关共产主义的理论和赴俄留学等方面的问题。在上海，与陈独秀讨论了他所读过的马克思主义书籍，研究了在湖南开展革命活动的问题。当时，李大钊和陈独秀对毛泽东都产生过较大的影响。

毛泽东认真地观察了多方面的情况，深入地思索了各种问题，并及时地把自己的见闻和想法，写信告诉新民学会会员。他认为，要改造中国，就要避免空发议论、空谈改造，而要研究改造的目的、改造的方法和目前从何处下手等最切实的问题；要组织团体进行共同的研究，避免个人单独冥思苦想，因为这种"人自为战"的"浪战"，是"用力多而成功少"，是"最不经济"的办法。当他得知赴法勤工俭学的一些新民学会会员发起组织了"工学世界社"的消息后，十分关切，立即给罗学瓒写信说："请你将组织、进行、事务等，告我一信。"他主张在长沙办一个"自修大学"，以便研究马克思主义和各国革命运动，培养革命干部。还主张组织一个"留俄队"，赴俄勤工俭学，实地考察俄国情形，学习俄国的革命经验。[1]

在第二次到北京期间，毛泽东经过反复考虑，终于下定暂不出国的决心。这是他思想上的一个重要变化。

1920年3月14日，毛泽东从北京北长街99号寓所寄出一封信，信是写给在湖南的周世钊的。信中写道：

惇元吾兄：

接张君文亮的信，惊悉兄的母亲病故！这是人生一个痛苦之关。像吾等长日在外未能略尽奉养之力的人，尤其发生"欲报之德，昊天罔极"之痛！这一点我和你的境遇，算是一个样的！

早前承你寄我一个长信。很对不住！我没有看完，便失掉了！但你信的大意，已大体明白。我想你现时在家，必正绸缪将来进行的计划，我很希望我的计划和你的计划能够完全一致，因此你我的行动也能够一致。我现在觉得你是一个真能爱我，又真能于我有益的人，倘然你我的计划和行动能够一致，那便是很好的了。

我现极愿将我的感想和你讨论，随便将它写在下面，有些也许是从前和你谈过来的。

我觉得求学实在没有"必要在什么地方"的理，"出洋"两字，在好些人只是一种"迷"。中国出过洋的总不下几万乃至几十万，好的实在很少。多数呢？仍旧是"糊涂"，仍旧是"莫名其妙"，这便是一个具体的证据。我曾以此问过胡适之和黎邵西两位，他们都以我的竟（意）见为然，胡适之并且作过一篇《非留学篇》。

因此我想暂不出国去，暂时在国内研究各种学问的纲要。我觉得暂时在国内研究，有下列几种好处：

1. 看译本较原本快迅得多，可于较短的时间求到较多的知识。

2. 世界文明分东西两流，东方文明在世界文明内，要占个半壁的地位。然东方文明可以说就是中国文明。吾人似应先研究过吾国古今学说制度的大要，再到西洋留学才有可资比较的东西。

3. 吾人如果要在现今的世界稍为尽一点力，当然脱不开"中国"这个地盘。关于这地盘内的情形，似不可不加以实地的调查，及研究。这层工夫，如果留在出洋回来的时候做，因人事及生活的关系，恐怕有些困难。不如在现在做了，一来无方才所说的困难；二来又可携带些经验到西洋去，考察时可以借资比较。

老实说，现在我于种种主义，种种学说，都还没有得到一个比较明了的概念，想从译本及时贤所作的报章杂志，将中外古今的学说剌（刺）取精华，使他们各构成一个明了的概念。有工夫能将所剌（刺）取的编成一本书，更好。所以我对于上列三条的第一条，认为更属紧要。

以上是就"个人"的方面和"知"的方面说。以下再就"团体"的方面和"行"的方面说：

我们是脱不了社会的生活的，都是预备将来要稍微有所作为的。那么，我们现在便应该和同志的人合力来做一点准备工夫。我看这一层好些人不大注意，我则以为很是一个问题，不但是随便无意地放任地去准备，实在要有意地有组织地去准备，必如此才算经济，才能于较短的时间（人生百年）发生较大的效果。我想：（一）结合同志；（二）在很经济的可能的范围内成立为他日所必要的基础事业。我觉得这两样是我们现在十分要注意的。

上述二层（个人的方面和团体的方面），应以第一为主，第二为辅。第一应占时间的大部分，第二占一小部分。总时间定三年（至多），地点长沙。

因此我于你所说的巴黎南洋北京各节，都不赞成，而大大赞成你"在长沙"的那个主张。

我想我们在长沙要创造一种新的生活，可以邀合同志，租一所房子，办一个自修大学（这个名字是胡适之先生造的）。我们在这个大学里实行共产的生活。关于生活费用取得的方法，约可定为下列几种：

（1）教课。（每人每周6小时乃至10小时。）

（2）投稿。（论文稿或新闻稿。）

（3）编书。（编一种或数种可以卖稿的书。）

（4）劳力的工作。（此项以不消费为主，如自炊自濯等。）

所得收入，完全公共。多得的人，补助少得的人，以够消费为止。我想我们两人如果决行，何叔衡和邹泮清或者也会加入。这种组织，也可以叫作"工读互助团"。这组织里最要紧的是要成立一个"学术谈话会"，每周至少要为学术的谈话两次或三次。

以上是说暂不出洋在国内研究的话。但我不是绝对反对留学的人，而且是一个主张大留学政策的人。我觉得我们一些人都要过一回"出洋"的瘾才对。

我觉得俄国是世界第一个文明国。我想两三年后，我们要组织一个游俄队。这是后话，暂时尚可不提及他。

出杂志一项，我觉很不容易。如果自修大学成了，自修有了成绩，可以看情形出一本杂志。（此间的人，多以恢复《湘江评论》为言。）其余会务进行，留待面谈，暂不多说，有暇请简复一信。

弟　泽东<sup>(2)</sup>

　　毛泽东在北京，回想起自上次来京以后的历历往事，深感新民学会处在社会的变动之中，时而组织赴法勤工俭学，时而投身五四运动，时而奋起驱张，固然轰轰烈烈，声势浩大，但毕竟在研究问题方面未免有些肤浅。因此，他在给周世钊的信中，明确提出"应该和同志的人合力来做一点准备工夫"。而这个念头，早在2月间给陶毅的信中，便已萌发出来。

　　陶毅，又名陶斯咏，是毛泽东的同乡，在长沙周南女校毕业后，即留校任事。她也是新民学会会员。毛泽东在给她的信中写道：

斯咏先生：

　　（上略）<sup>[3]</sup>

　　我觉得我们要结合一个高尚纯粹勇猛精进的同志团体。我们同志，在准备时代，都要存一个"向外发展"的志。我于这问题，颇有好些感想。我觉得好多人讲改造，却只是空泛的一个目标。究竟要改造到哪一步田地（即终极目的）？用什么方法达到？自己或同志从哪一个地方下手？这些问题，有详细研究的却很少。在一个人，或者还有；团体的，共同的，那就少了。个人虽有一种计划，像"我要怎样研究""怎样准备""怎样破坏""怎样建设"，然多有陷于错误的。错误之故，因为系成立于一个人的冥想。这样的冥想，一个人虽觉得好，然拿到社会上，多行不通。这是一个弊病。还有第二个弊病。一个人所想的办法，尽管好，然知道的限于一个人，研究准备进行的限于一个人。这种现象，是"人自为战"，是"浪战"，是"用力多而成功少"，是"最不经济"的。要治这种弊，有一个法子，就是"共同的讨论"。共同的讨论有两点：一、讨论共同的目的；二、讨论共同的方法。目的同方法讨论好了，再讨论方法怎样实践。要这样的共同讨论，将来才有共同的研究（此指学问）、共同的准备、共同的破坏和共同的建设。要这样才有具体的效果可睹。"浪战"是招致失败的，是最没效果的。共同讨论，共同进行，是"联军"是"同盟军"，是可以操战胜攻取的左券的。我们非得力戒浪战不可。我们非得组织联军共同作战不可。

　　上述之问题，是一个大问题。于今尚有一个问题，也很重大，就是"留学或做事的分配"。我们想要达到一种目的（改造），非讲究适当的方法不可，这方法中间，有一种是人怎样分配。在现在这样"才难"的时候，人才最要讲究经济。不然，便重叠了，堆积了，废置了。有几位在巴黎的同志，发狠地扯人到巴黎去。多扯一班人到巴黎去是好事；多扯同志去，不免错了一些。我们同志，应该散于世界各处去考察，天涯海角都要去人，不应该堆积在一处。最好是一个人或几个人担任去开辟一个方面。各方面的"阵"，都要打开，各方面都应该去打先锋的人。

我们几十个人，结识得很晚，结识以来，为期又浅（新民学会是七年四月才发生的），未能将这些问题彻底研究（或并未曾研究）。即我，历来很懵懂，很不成材，也很少研究。这一次出游，观察多方面情形，会晤得一些人，思索得一些事，觉得这几种问题，很有研究的价值。外边各处的人，好多也和我一样未曾研究，一样的睡在鼓里，很是可叹！你是很明达很有远志的人，不知对于我所陈述的这一层话，有什么感想？我料得或者比我先见到了好久了。

以上的话还空，我们可再实际一些讲。

新民学会会友，或旭旦学会[4]会友，应该常时开谈话会，讨论吾侪共同的目的，及达到目的之方法。一会友的留学及做事，应该受一种合宜的分配，担当一部分责任，为有意识的有组织的活动。在目的地方面，宜有一种预计：怎样在彼地别开新局面？怎样可以引来或取得新同志？怎样可以创造自己的新生命？你是如此，魏周劳[5]诸君也是如此，其他在长沙的同志及已出外的同志也应该如此，我自己将来，也很想照办。

以上所写是一些大意，以下再胡乱写些琐碎：

会友张国基君安顿赴南洋，我很赞成他去。在上海的萧子暲君等十余人准备赴法，也很好！彭璜君等数人在上海组织工读互助团[6]，也是一件好事！

彭璜君和我，都不想往法，安顿往俄。何叔衡想留法，我劝他不必留法，不如留俄。我们一己的计划，一星期外将赴上海。湘事平了，回长沙，想和同志成一"自由研究社"（或径名自修大学），预计一年或二年，必将古今中外学术的大纲，弄个清楚，好作出洋考察的工具（不然，不能考察）。然后组一留俄队，赴俄勤工俭学。至于女子赴俄，并无障碍，逆料俄罗斯的女同志，必会特别欢迎。"女子留俄勤工俭学会"，继"女子留法勤工俭学会"[7]而起。也并不是不可能的事。这桩事（留俄），我正和李大钊君等商量。听说上海复旦教授汤寿军君（前商专校长）也有意去。我为这件事，脑子里装满了愉快和希望，所以我特地告诉你！好像你曾说过杨润馀君入了我们的学会，近日翻阅旧的《大公报》，看见他的著作，真好！不知杨君近日作何生活？有暇可以告诉我吗？今日到女子工读团[8]，稻田[9]新来了四人。该团连前共八人，湖南占六人，其余一韩人一苏人，觉得很有趣味！但将来的成绩怎样？还要看他们的能力和道德力如何，也许终究失败[男子组大概可说已（已）经失败了]。北京女高师，学生方面很有自动的活泼的精神，教职方面不免黑暗。接李一纯君函，说将在周南教课，不知已（已）来了否？再谈。

毛泽东。

九年二月在北京[10]

同年6月7日，毛泽东在上海写给黎锦熙的信中，也表达了自己决心将各种学说研究一番的迫切愿望。信中说：

邵西先生：

京别以来，在天津、济南、泰山、曲阜、南京等处游览一晌，二十五天才到上海，寓哈同路民厚南里29号，同住连我四人，工读团殊无把握，决将发起者停止，另立自修学社，从事半工半读。同住都有意往俄，我也决去，暂且自习，一年半或两年后，俄路通行即往。想找一俄人，学习俄语，此时尚未找到。我一生恨极了学校，所以我决定不再进学校。自由研究，只要有规律，有方法，未必全不可能。外国语真是一张门户，不可不将他打通，现在每天读一点英语，要是能够有恒，总可稍有所得。我对于学问，尚无专究某一种的意思，想用辐射线的办法，门门涉猎一下。颇觉常识不具，难语专攻，集拢常识，加以条贯，便容易达到深湛。斯宾塞尔最恨国拘[11]，我觉学拘也是大弊。先生及死去了的怀中先生，都是弘通广大，最所佩服。可惜我太富感情，中了慨慷的弊病，脑子不能入静，工夫难得持久，改变也很不容易改变，真是不得了的恨事呵！文字学、言语学和佛学，我都很想研究，一难得书，二不得空时，懈怠因循，只好说"今日不学又有明日"罢了。希望先生遇有关于言语文字学及佛学两类之书，将书名开示与我，多余的印刷物，并请赐寄。收聚了书，总要划一个时间，从事于此。我近来功课，英文、哲学、报，只这三科。哲学从"现代三大哲学家"[12]起，渐次进于各家；英文最浅近读本每天念一短课；报则逐日细看，剪下好的材料。我外国文还在孩子时代，不能直接看书。我只想于未出国去的两三年内，用我已经得到的国文一种工具，看新出的报、杂志、丛书及各译本，寻获东方及世界学术思想之大纲要目，以为出国研究的基本。近来国内到处发了丛书热，不管他动机和内容怎样，总于我这种"知识荒"的人多少有些益处。旅京学会[13]出报的事可实现否？只是这种混合的团体，很不容易共事，不如另找具体的鲜明的热烈的东西，易于见效，兴味较大。我觉得具体、鲜明、热烈，在人类社会中无论是一种运动，或是一宗学说，都要有这三个条件，无之便是附庸，不是大国，便是因袭，不是创造，便是改良派，不是革命派。我想做一篇"具体，鲜明，热烈，与新运动"的文章，无闲暇构思的机会，恐怕不能做了出来。先生能指挥日常生活，将"上衙门""下私宅""作事""读书"支配得那样圆满得当，真不容易。我因易被感情驱使，总难厉行规则的生活，望着先生，真是天上。北京此时想是很热，上海也热起来了。余话后谈。敬问近安。

毛泽东

六，七

1920年底，毛泽东在长沙撰写《新民学会会务报告》（第1号）。他回首3年来的往事，感慨万千，更增添了自己在国内研究各种问题的信心和决心。他在报告开头写道：

新民学会会务报告，乃新民学会的一种生活史。新民学会是一个生活体，新民学会的会员乃这个生活体的各细胞。新民学会有性命已三年了，会员由十几人加到五十几人，会员的足迹由一地及于国内国外各地，所做的事也由一件加到若干件。会员虽然现在大都在修学储能时代，但这个时代已很可贵。这3年中的经历，在会是一种新环境，在会员是一种新生活，我们几十个人，在这种新环境里共同或单独营一种比前不同的新生活，是我们最有意义的事。第一期会务报告的职务，是将这三年中会及会员的生活择要叙述出来，做我们会及会员生活全史的头一段。

毛泽东在会务报告的结尾，还逐一分析了3年来新民学会的优点和缺点：

我们学会很有些优点，然也有些缺点。优点是哪些呢？我们学会无形中有几种信条：像"不标榜""不张扬""不求急效"和"不依赖旧势力"皆是。

这些信条，都在无形中，只存在彼此的观摩和讨论中，没有明白地标举过。因"不标榜"，多数会友彼此间从少面誉，"言必及义"，自歉和勉励的话，总较多于高兴和得意的话。因"不张扬"，学会虽则成立了三年，社会上除开最少数相知的人朋友以外，至今还不知有我们学会的名字。因"不求急效"，会友无论求学做事，只觉现在是"打基础"，结果都在将来；要将来结果好和结果大，就应该将基础打得好，打得大。因"不依赖旧势力"，会友便都觉得我们的学会是创造的，不是因袭的；属于这个学会的各员，现在或将来向种种方面所做出来的种种的事，也是创造的，不是因袭的。因此：我们学会从来没有和旧势力发生过关系，也没有邀过旧势力的人入会。——此外，我们学会会友还有几种好处：第一是头脑清新，多数会友没有陈腐气，能容纳新的思想。第二是富奋斗精神。多数会友大概都有一点奋斗力，积极方面，联合好人，做成好事；消极方面，排斥恶人，消减恶事。于改革生活，进修学问，向外进取各点，均能看出会友的奋斗精神。第三是互助及牺牲的精神。会友间大概是能够互助，并且有一种牺牲精神的。

学会虽有以上各种优点，但也有好多缺点：第一，学术根浅柢薄。会友大概多是中等学校毕业或肄业的学生，升学或毕业在专门以上学校的，还只有最少数，其学术的根柢自然是十分浅薄。第二，思想及行为幼稚。会友的思想，大概均不免幼稚。有一部分会友，于事不免率尔发起，率尔赞成，其行为陷于幼稚。第三，一部分会友做事多于求学。会友在现时本不是全力做事时代，因计划上及事势上之必要，不能不在此时做出相当的基础事。然如现在情形，则有一部分会友大概已在专门做事，牺牲未免太大了。第四，一部分会友间，尚无亲切之联络与了解。此点颇失学会精神，以后宜设法由不相认识和不甚了解的会友，互相认识而且了解起来才好。[14]

## 创办文化书社

毛泽东回到长沙，便以主要精力创办文化书社。1920年7月31日，湖南长沙《大公报》刊登了由毛泽东起草的《发起文化书社》，全文如下：

湖南人在湖南省内闹新文化，外省人见了，颇觉得稀奇。有些没有眼睛的人，竟把"了不得"三字连在"湖南人"三字之下。其实湖南人和新文化，相去何止十万八千里！新文化，严格说来，全体湖南人都不和他相干。若说这话没有根据，试问三千万人有多少人入过学堂？入过学堂的人有多少人认得清字，懂得清道理？认得清字、懂得清道理的人有多少人明白新文化是什么？我们要知道，眼里、耳里随便见闻过几个新鲜名词，不能说即是一种学问，更不能说我懂得新文化，尤其不能说湖南已有了新文化。彻底些说吧，不但湖南，全中国一样尚没有新文化。全世界一样尚没有新文化。一枝新文化小花，发现在北冰洋岸的俄罗斯。几年来风驰雨骤，成长得好，与成长得不好，还依然在未知之数。诸君，我们如果晓得全世界尚没有真正的新文化，这倒是我们一种责任呵！什么责任呢？"如何可使世界发生一种新文化，而从我们住居的附近没有新文化的湖南做起。"这不是我们全体湖南人大家公负的一种责任吗？文化书社的同人，愿于大家公负的责任中划出力所能胜的一个小部分，因此设立这个文化书社。（此外研究社、编译社、印刷社亦急待筹设。）我们认定，没有新文化由于没有新思想，没有新思想由于没有新研究，没有新研究由于没有新材料。湖南人现在脑子饥荒实在过于肚子饥荒，青年人尤其嗷嗷待哺。文化书社愿以最迅速、最简便的方法，介绍中外各种最新书报杂志，以充青年及全体湖南人新研究的材料。也许因此而有新思想、新文化的产生，那真是我们馨香祷祝、希望不尽的！

文化书社由我们一些互相了解完全信得过的人发起。不论谁投的本永远不得收回，亦永远不要利息。此书社但永远为投本的人所共有。书社发达了，本钱到了几万万元，彼此不因以为利；失败至于不剩一元，彼此无怨，大家共认地球之上，长沙城之中，有此"共有"的一个书社罢了呵！

在1920年8月25日长沙《大公报》上，还刊登了毛泽东起草的《文化书社组织大纲》。大纲规定：

（一）本社以运销中外各种有价值之书报杂志为主旨。书报杂志发售，务期便宜、迅速，庶使各种有价值之新出版物，广布全省，人人有阅读之机会。关于在外埠出版之书籍，本社与各书店及各丛书社订定专约，每出一种，即尽速寄湘，以资快览。关于各有价值之日报，本社视阅者较多，即与订约，代办分馆。关于各有价值之杂志，本社与各杂志社订约，代办分发行所。

（二）本社资本全额无限。先由发起人认定开办费，从小规模起，以次扩大。以后本社全部财产为各投资人所公有。无论何人，与本社旨趣相合，自一元以上均可随时投入。但各人投入之资本，均须自认为全社公产，投入后不复再为投资人个人所有，无论何时不能取出，亦永远不要利息。

（三）本社由投资人组织议事会，推举经理一人，付与全权，经营本社一切业务。为经营业务起见，经理得雇请必要之助理人。经理及助理人应支取相当之生活费及办事费，其数由议事会决定。

（四）经理每日、每月均须分别清结账目一次，每半年总清结一次，报告于议事会。议事会每半年开会一次（三月、九月），审查由经理所报告之营（业）状况，并商榷进行。

（五）本社设总社于省城。设分社于各县。分社俟经费充足时举办。

（六）本社在社内设立书报阅览所，陈列书报，供众阅览。此项阅览所，俟经费充足，更须分设。

（七）本社营业公开。每月将营业情形宣告一次。平时有欲知悉本社情形者，可随时来社或投函询问，当详举奉告。

（八）本社议事会细则及营业细则另行规定。

1920年8月2日，文化书社在长沙楚怡小学召开成立会。8月3日，长沙《大公报》刊登题为《文化社昨日开会》的报道。报道说：

昨日文化社发起人假楚怡小学开会。到者赵运文、朱剑凡、李抱一、王正枢、匡日休、熊梦飞、张平子、杨绩荪、朱让枡、龙寿彝、彭璜、易礼容、林韵源、左礼振、吴锦纯、王季范、毛泽东等。赵运文主席。通过组织大纲后，推定筹备员易礼容、彭璜、毛泽东三人担任起草议事会及营业部细则，觅定房屋通信外埠订购书报等事。俟筹备妥帖，即行开议事会，推选经理，正式开幕云。

毛泽东为创办文化书社，还特地请在武汉明德大学任职的易礼容回湘，担任书社经理。社址选在长沙潮宗街56号，并于9月9日正式开业。后来，文化书社还在平江、浏西、武冈、宝庆、宁乡、溆浦等地设有分社。在毛泽东主持下，文化书社成为传播新思想、新文化，宣传马克思主义的文化阵地。

易礼容回忆说：

毛泽东联络各方于1920年6月把张敬尧驱逐出湖南后，7月回湘，继续从事革命活动。创办长沙文化书社，就是他在最短的时间里办成的一件事。

8月2日，毛泽东召集发起人在长沙楚怡小学何叔衡同志处开会，8月20日租定长沙潮宗街56号湖南湘雅医学校三间房屋做社址，9月9日正式开始营业，使初步收集到的中、外（译文）新文化书刊同湖南群众见面。整个书社从筹备到开业只用了两个月的时间，可谓赶忙了。

毛泽东很早就提出要创办文化书社，用新思想、新文化来启发、提高群众的觉悟。他曾在新民学会会务报告中反复强调：要努力"创办文化书社""文化书社经济有效""拟注力文化书社之充实与推广"……半个世纪后重理旧籍，令人深切怀念，他那种高度重视文化书社这一事业的革命精神，犹如同当年在他领导下进行工作一样，感到十分亲切。

应该说，文化书社是1918年4月毛泽东和蔡和森等组织新民学会的革命精神的继续。新民学会会员中的中坚分子，立志"改造中国与世界"，他们中的不少人是文化书社的发起者和支持者。当时参加发起的学会会员，除毛泽东外，还有何叔衡、彭璜、熊瑾玎、陈章甫、陶毅、方维夏、罗宗翰等不少人。在文化书社成立以前赴法勤工俭学的会员，如蔡和森、罗学瓒、蔡畅、李维汉、向警予、熊季光等，也赞成文化书社的宗旨。可以说，新民学会的得力人物，就是文化书社的得力人物。难道不能说文化书社是完完全全地继承了新民学会精神的一桩事业吗？同时，文化书社亦是毛泽东主编的《湘江评论》的革命精神的继续，只要我们重新学习《湘江评论》的重要文章，这道理就容易明白。

文化书社的任务和作用有以下几方面：

第一，尽最大的可能迅速地、全面地搜集国内外新文化书籍、杂志和报纸，并把它送到湖南一部分群众，尤其是学生、工人的手里，使他们逐渐明了中国和世界的革命形势。

当时湖南的社会政治状况，可以用一句话来概括："糟透了！"日本帝国主义侵略中国，成了湖南军阀政府的太上皇，日货充斥市场，人民痛苦不堪。自1912年至1920年6月，8年间湖南一直为南北军阀的混战场所，尤以北洋军阀为祸剧烈！张敬尧自1918年2月占据长沙附近各县至1920年6月退出湖南，他所干的"好事"，是大肆抢劫财物，"扶乩""卜卦""算命"，修建庙宇，亲赴城隍庙拈香、供祭孔圣等等。而湘潭劣绅叶德辉却竭力颂扬他，起草通电，宣称："张督仁政迈乎唐汉，武功过于汤武，学生过激，等于吠尨"……诸如此类与张、叶合流的其他人物的恶言恶行，就无须一一列举了。试想一下，当年的湖南是一个怎样的世界！

在这样的形势下，文化书社适时地起着传播新思想，帮助群众前进的作用。当时，往往一种新书、一种杂志、一份报纸可以影响和启发若干人。记得文化书社曾发卖过一种三个铜板一份的新刊物，许多学生、工人常准确按出版日期，一星期、一个月、一年至几年，一次、十次、百次至几百次，持续不断地来书社购买这刊物，他们对精神食粮的需求是多么如饥似渴呵！我还记得起当年不少先进人物来社买此类刊物时的音容笑貌，真是至可尊敬的形象！因而可以说文化书社在群众中的作用是十分可观的。

第二，文化书社对于团结社会各界，争取他们对革命事业的同情和支持，起了重要作用。

在毛泽东的影响下，湖南一部分文教界和社会人士，如姜济寰（长沙县长，北伐战争时任江西省建设厅长）、左益斋（长沙商会会长，一直连任到全国解放后）、朱剑凡（周南女学校长，后来他的女儿成了党的干部）、赵运文（湘雅医学校秘书，后来不少好医生都毕业于此校）、易培基（第一师范学校校长，颇负盛誉），还有其他一些人，都成了文化书社的社员、投资人，他们称赞毛泽东，说文化书社的好话，扩大了它在社会上的影响。社会各界的同情、支持，使毛泽东领导的早期革命事业在湖南有了"人缘"，为冲破长期统治人民的封建堡垒，发展湖南革命运动，奠定了基础。

第三，建党初期，文化书社是党在国内外的秘密联络机关。

在军阀横行、反动势力猖獗的年代里，党的交通工作只能在秘密的情况下进行，文化书社在当时就起了这样的作用。我记得有一次张太雷和第三国际某负责人，来省视察工作，就是由书社引见毛泽东的。平时，党、团机关有事联系，或同志们来信来访，也都是经过文化书社的。直到党在全国建立了交通系统以后，书社才减轻了联络和传达的责任。

毛泽东十分重视文化书社的工作，文化书社的缘起、组织大纲和社务报告等文件，都是职员们提供一些材料，由他亲自起草制订的。他事无巨细，以身作则，积极主动带领大家埋头苦干。记得有一次我向他说及，社内账目有些不清楚，他听了后，立即让我们把社里的四张桌子拼在一起，一丝不苟地同几个人一道用了几天时间算了一次总账，最后把账目弄得一清二楚。1924年冬，他由上海中央机关请假回湘养病，曾特地与省委书记李维汉同志商量，拨款800元为书社清理债务。1926年初，毛泽东、夏曦和我3人代表国共合作的国民党湖南省党部出席在广州召开的国民党第二次全国代表大会时，毛泽东还同我商量，由我出面写信给国民革命军第二军军长谭延闿，请求拨款维持文化书社业务。后来谭拨了400元毫洋给书社作为活动经费。

书社创办初期是十分困难的。当时由我经手向赵运文借款20元做日常开支。由于无钱买铁炉子，我和陈子博用黄泥小火炉，架着瓦钵做饭，这样撑持了一两个月。书社有几个职员。毛泽东自任"特别交涉员"，其他人如李庠（商业专门学校毕业）、许文亮（后来留苏学习）、冯福生（贫农出身）、刘大身（商专）等都是好党员。李、许两人以后受尽敌人的严刑逼供，临危不惧，是可歌可泣的烈士！冯被捕入狱后受刑反抗，后来同难友趁军阀混战打出牢狱，继续为党工作。刘在游击战争中为党牺牲。书社的成绩，就是由这些品德高尚的坚强战士做出的。

李锐在《毛泽东同志的初期革命活动》一书中，对毛泽东创办文化书社做了高度评价，他说："1920年7月，毛泽东回到湖南展开广泛的革命活动时，在传播马克思主义和新文化运动方面，做了许多工作；其中影响最大并与建党有密切关系的事，是创办了文化书社。"这个评价是符合实际的。[15]

**易礼容在1979年5月17日的另一次谈话中，还回忆说：**

长沙文化书社，有一份由毛泽东主稿的"社务报告"的文件，存在中国革命博物馆，有些重要情况那上头都写了。

文化书社是在1920年8月由毛泽东号召新民学会一些会员和长沙社会文教界若干人开办的。最初只有陈子博和我两个人工作，开办的经费只有20块钱，是由赵运文手借来的。有人说开办时才400多元钱，其实当时400多元银洋是一笔大的钱。

······

长沙文化书社没有直接从事过工人运动。书社的主要任务有四项：一、做新文化传播工作。只要不是宣统皇帝、袁世凯的东西，不问社会主义或无政府主义，几乎都算是"新"的，后来渐渐能加以辨别。然而，胡适的文章，邵力子办的"觉悟"，经过许多时候还算是好的。二、为了打进社会，打开政治局面，毛泽东为书社邀集了四五十个文教界的人做社员，如长沙商会会长左益斋（他交股金200元）。还有长沙县长姜济寰都是社员。还有校长、教员一大堆。文化书社的人可以跟省里的有名人物平起平坐。毛泽东领导的革命事业与长沙社会多少有联系了。三、作为党的秘密联络机关。记得张太雷和第三国际的代表来湖南见毛泽东，是通过文化书社；周佛海代表中央来湖南也是通过文化书社的，如此等等。中央给湘区党每月60元活动费，是经过日本邮局寄文化书社的。四、书社可安置几个人，维持生活。但当时，我们除吃饭外没有工资。后来，办了湖南自修大学，有人兼职，才算有了工资收入。

关于新民学会，前不久李维汉发表了一篇文章，多方面都讲到了。新民学会是于1918年4月，由毛泽东、蔡和森发起成立的。它是受了俄国十月革命的影响。新民学会有两条宗旨，一条要做到不吸烟、不喝酒、不嫖、不赌、不说假话，更要相亲相爱。再一条是"改造中国与世界"。这在当时是进步的主张。

有人以为长沙文化书社是直接受五四运动的影响，我认为不是这样。从时间上看，文化书社是创办在"五四"之后。事实上"五四"影响没有这么快，它是新民学会精神的产物。文化书社的主要社员，都是新民学会的会员。十月革命一声炮响，使毛、蔡积聚了新民学会这个力量，"五四"只是加强了这个力量。文化书社的创立不能忘记新民学会的特殊作用。

1919年7月14日创刊的《湘江评论》是湖南学生联合会的会刊，它不是独立门面的刊物。湖南学生运动于1915年"二十一条"国难时期就搞起来了。到商专学生彭璜任湖南学生联合会会长，由他出面商请毛泽东主编《湘江评论》。他就住在商专教员宿舍里做编辑工作。后来也有人认为，是《湘江评论》推动湖南学生联合会组织成立，这不符合事实。

在文化书社之前，恽代英在湖北曾经创办"利群书社"。对新文化运动有影响。

在湖南驱张（敬尧）运动成功后，毛泽东由北京，经上海回湘。关于上海的"半淞园会议"，我看过中国革命博物馆保存的一张照片上面记载了时间和"辅社"同人等字样。"辅社"似不是毛泽东组织的，会议似不是他领导召开的，他是被邀参加的一人，那年7月，毛泽东由上海经武汉邀我一同回湖南，一路上他似没有提到这个会议。

成立了新民学会，又创办了文化书社，并搞了一系列新生事物后，毛泽东在湖南的声名大得很了！那时，有许多人敬佩他，也有人害怕他，说他是"怪物"。

当年搞成的留法勤工俭学运动，使许多人到国外去了。这个运动为国家为党造就了很多人才。毛泽东本人虽然没有出国，但对此运动做出了重大贡献。[16]

沈均一也是新民学会会员，当时在长沙修业学校中学部即将毕业。他回忆说：

大概是1920年上半年，毛泽东办了一个文化书社，这个书社记不清是不是用新民学会的名义办的，反正书社和学会关系很密切，是可以肯定的。易礼容同志任经理。有一次，听说文化书社到了很多新书，我想去看看书，并且想买一部李季译的《社会主义史》（原著人忘记了）。在一个星期日，我到书社去了，易礼容同志正在忙于清理书籍，有些一捆一捆的新书还没有解捆，我帮着解了几捆。这时，毛泽东来了，先同易礼容谈了一些大概是有关文化书社的问题，随即坐下对我说："近来工作比较忙，连读书看报的时间都挤掉了，以后要坚持每天读两小时的书，读一小时的报。"这几句话，给我的印象很深。[17]

萧三谈起毛泽东创办文化书社的往事，这样写道：

五四运动后，新文化的宣传、鼓动，很快就在全国各地蓬勃展开；新的报刊、书籍的发行和销售，数量大大增长。而湖南在张敬尧统治时期，一切新思想和新事物都被禁遏、摧残，新书新报很不容易输入。同时，张敬尧兄弟又求神打醮，大修庙宇，公开提倡迷信。湖南青年笼罩在这种乌烟瘴气下面，思想觉悟自然不容易提高。

毛泽东在北京、上海开展驱张斗争时就计划张敬尧驱走后，要在湖南大力开展新文化运动。1920年7月他由上海回到湖南后，认为驱张运动已胜利结束，当时最迫切的工作是创办书店集中贩卖新书报，向全省青年传播新思想和新文化。他立即大力筹划了这件事情。为了筹集资金和扩大影响，他争取当时长沙教育界、新闻界、工商界一些有声望的人物共同发起创办一个文化书社。

毛泽东亲自写了一个"发起文化书社缘起"送到报纸刊出。他说："没有新文化，由于没有新思想；没有新思想，由于没有新研究；没有新研究，由于没有新材料。湖南人现在脑子饥荒，实在过于肚子饥荒，青年人尤其嗷嗷待哺。文化书社愿以最迅速最简便的方法，介绍中外各种新杂志，以充青年及前进的湖南人研究的材料。"

开办书社的资金是不容易解决的问题。毛泽东与一些新民学会会员和长沙教育界上层人物商量，大家同意每人投资10元，第一次共筹集了400余元。不久又向各方筹集了一点，共达到1000元。由于资金不多，书社最初一段时间内经售的书不到两百种，杂志40多种，报几种。都是随到随完，远不足以满足买书人的需要。

书社为了积累资金，扩大营业，极力节省开支，只用两个营业员。营业员的工资也很微薄，实际上只够吃饭。所租潮宗街三间做社址的房子也花钱不多。社里的账目随时清理结算，毛泽东常亲自协助核算，使它丝毫不乱。由于采取了这些措施，社里逐渐有了一点积累，营业的范围也逐渐扩大。1920年至1921年春，与省内外发生书报营业关系的达六七十处。当时与省外营业来往最多的，有北京的晨报社、北大出版部、北京学术讲演会、上海的泰东图书馆、亚东图书馆、广东的新青年社、武昌的利群书社。后来营业更加发达，全国各地出版的新书新报，特别是共产党、青年团的机关刊物如《向导》周报、《中国青年》《先驱》等以及新青年社出版的马克思列宁主义书籍，更是大量推销。

这时期销售最多的书是《马克思资本论入门》《社会主义史》《新俄国之研究》《劳农政府与中国》《晨报小说》等；销售最多的杂志是《劳动界》《新青年》《新教育》《新生活》等；销售的报纸只有《北京农报》和《时事新报》，每天也达到四五十份。为了便利买书人，在平江、浏阳、衡阳、邵阳、宁乡、武冈、溆浦等处设了文化书社的分社。长沙城内则在一师、楚怡、修业诸校设了代销处。负责创设分社或代销处的，多半是新民学会会员。

文化书社被人称道的特点有三：一是贩运迅速。由于书社与京沪各地书报业联系紧密，所以国内书报很快就能运到长沙，送到读者手中。二是购书便利。书社营业员虽少，但常将书报送上读者的门。很多学校的学生也因为到处有代销处，每每不出校门就可买到所需要的书刊。三是工作人员服务态度好。除耐烦细心为读者服务外，还常代人向外埠购买所指定购买的新书。因此，全省广大知识青年、革命工人和各界进步人士多半都到文化书社买过书，有过往来。

文化书社从1920年9月开始营业，直到1927年马日事变时才被国民党反动派所捣毁。在这期间，它搬了几次家，头一次由潮宗街迁到贡院东街，第二次由贡院东街迁到水风井。它的创设和发展，是湖南人民文化生活和政治生活上一件大事。它对于在湖南境内广泛地传播马克思主义思想和推动新文化运动，起了极其重大的作用。国民党反动派虽然能够摧毁它的躯壳，但对于它在宣传革命思想，推动革命事业所取得的辉煌成就是永远也摧毁不了的。[18]

毛泽东在创办文化书社的过程中，还为我们留下了4篇重要文献，从中可以看到文化书社在传播进步思潮方面所做的种种努力。1987年6月7日，易礼容曾经回忆说：

"《文化书社通告好学诸君》《文化书社敬告买这本书的先生》《读书会的商榷》和《文化书社第一次营业报告》，这四篇都是当时真实文件，也全是毛泽东执笔起草的。"

《文化书社第一次营业报告》，形成于1920年10月22日，详细说明文化书社发起和筹备的情况，以及近期的经营情况。以下为全文：

## 文化书社第一次营业报告报告筹备及临时营业期内的情形

依照《文化书社组织大纲》第七条："本社营业公开，每月将营业情形宣告一次。"今将筹备及临时营业期内关于本社经过一切情形，择要报告于下：

### （一）发起及筹备之情形

本社发起于本年七月内，发起人鉴于世界新思潮之必须研究，而研究必须有良好材料，则新出版物之介绍机关，必不可少，遂相与共谋书社之发起，八月二日，假楚怡学校开成立会，议决组织大纲八条，推定易礼容君彭璜君毛泽东君三人为筹备员，其职务为筹备书社成立，起草议事会细则及营业细则。关于"筹备成立"一节，可分下列三项：

1. 房屋 初拟在长治路及省教育会等适中地点觅定，仓促不就，始从湘雅医学校赁定潮宗街门牌第56号湘雅旧址房屋之一部，于八月二十日由发起人赵运文君介绍，订定租约。

2. 资本 本社既为公共组织，出资作为公产，亦无利息，则股本收入，事势上只能以同情于本社宗旨，并互相了解之人为限。从八月二号成立会起截至十月二十二号第一次议事会止，投资者有姜济寰、左学谦、朱矫、杨绩荪、方维夏、易培基、王邦模、毛泽东、朱剑凡、匡日休、熊梦非、何叔衡、吴毓珍、易礼容、林韵源、周世钊、陶毅、陈书农、郭开第、彭璜、邹蕴真、赵运文、潘实岑、熊楚雄、刘驭皆等二十七人[19]，共收银五百一十九元。

3. 与外埠交涉　除各杂志社外，正式约定与本社为出版物之交易者，有上海泰东图书局，亚东图书馆，中华书局，群益书社，时事新报馆，新青年社，北京大学出版部，新潮社，学术讲演会，晨报社，武昌利群书社等十一处。因经李石岑、左舜生、陈独秀、赵南公、李大钊、恽代英诸君为信用介绍，各店免去押金。而初时交易，多须现款，本社为稳固信用起见，亦不愿向人赊欠，因此本钱太少，周转颇难。往返商订，经时一月之久。至九月九号，书报杂志陆续到社，即于是日开始营业。三筹备员中推易礼容君为临时经理，进行一切，并约定罗宗翰君为本社驻京总代表，毛飞君为本社驻沪总代表。

（二）销售书报杂志之略计

本社营业范围，为书，杂志，日报三类。书计一百六十四种，杂志计五十四种，日报计三种。今略计从九月九号至十月二十号一个月零十二天临时营业期内重要书报杂志之销数开列如左：

| | |
|---|---|
| 罗素政治理想 | 三十份 |
| 女性论 | 二十份 |
| 赫克尔一元哲学 | 二十份 |
| 达尔文物种原始 | 十份 |
| 罗素社会改造原理 | 二十五份 |
| 旅俄六周见闻记 | 十份 |
| 爱的成年 | 五份 |
| 杜威五大讲演 | 五份 |
| 西洋论理学史 | 五份 |
| 哲学概论 | 八份 |
| 论理学之根本问题 | 五份 |
| 克鲁泡特金的思想 | 三十份 |
| 新俄国之研究 | 三十份 |
| 劳农政府与中国 | 三十份 |
| 新标点水浒 | 三十份 |
| 胡适尝试集 | 四十份 |
| 胡适短篇小说 | 三十份 |
| 科学方法论 | 三十份 |
| 迷信与心理 | 二十份 |

| | |
|---|---|
| 新青年八卷一号 | 一百六十五份 |
| 　　　八卷二号 | 一百五十五份 |
| 新潮二卷四号 | 二十五份 |
| 改造三卷一号 | 三十份 |
| 新教育三卷一号 | 二十份 |
| 民铎二卷一号 | 三十五份 |
| 少年中国二卷一号 | 十份 |
| 　　　二卷二号 | 二十份 |
| 　　　二卷三号 | 二十份 |
| 少年世界一卷七，八，九号 | 各十五份 |
| 劳动界一号至九号 | 各一百三十份 |
| 新生活三十九号至四十号 | 各一百五十份 |
| 家庭研究第一号 | 四十份 |
| 时事新报　最初 | 二十八份 |
| 　　　　现销 | 六十五份 |
| 晨报　最初 | 十二份 |
| 　　现销 | 四十二份 |

（三）消耗及赢利之情形

（甲）消耗

| | |
|---|---|
| 　　　开办器具及杂项 | 二十四元 |
| 　　　房租 | 八元 |
| 　　　伙食 | 二十二元 |
| 　　　邮汇 | 二十五元 |
| 　　　印刷 | 十三元 |
| 　　　纸类 | 九元 |

　　　合共一百零一元

（乙）赢利

　　　一百三十六元

（丙）赢利减消耗实余

　　　三十五元

（注）办事人临时经理一人、营业员一人、送报二人、煮饭及走杂一人均未支薪。

右系筹备及临时营业期内的大略情形，俟第一次议事会开会推举正式经理以后，即归正式经理负责。此报告系从八月二号成立会起至十月二十号止。

即希公鉴

九年十月二十二日文化书社筹备员

易礼容、彭璜、毛泽东[20]

文化书社还设有书报阅览处，为关心时事、寻求新思潮又无力购买的青年人提供便利。文化书社还在长沙《大公报》和《湖南通俗报》上刊登各种形式的广告，在出售的书刊里夹上各种宣传品，以扩大自己的影响。1920年11月8日，在长沙《大公报》上发表的《文化书社通告好学诸君》，就是这样一篇广告性的宣传品。

## 文化书社通告好学诸君

（一）本社为社会所公有，目的专经售新出版物。

（二）本社书报杂志售价至多比出版原店一样，有些比原店更便宜，仅以取到相当之手续费及邮汇费为限。

（三）本社经售各出版物的种数：

1. 书——一百六十四种；

2. 杂志——四十五种；

3. 日报——三种。

（四）书之重要者：罗素政治理想、罗素社会改造原理、马克思资本论入门、杜威五大讲演、赫克尔一元哲学、达尔文物种原始、社会主义史、女性论、旅俄六周见闻记、爱的成年、科学方法论、迷信与心理、欧洲政治思想小史、托尔斯尔（泰）传、胡适中国哲学史大纲、欧洲文学史、心理学大纲、印度哲学概论、国际联盟讲评、人类学、波斯问题、科学的社会主义、欧美各国改造问题、革命心理、创化论、近代思想、柏拉图之理想国、中国人口论、新道德论、生物之世界、孙文学说、科学通论、现代思潮批评、近世经济思想史论、近世社会学、胡适短篇小说、吴稚晖上下古今谈、新式标点的水浒、三叶集、俄罗斯名家小说、克鲁泡特金的思想、新俄国之研究、吴稚晖眲庵客座谈话、劳农政府与中国、心灵现象论、实验主义、杜威现代教育的趋势、杜威美国民治的发展、现代心理学、天文学、西洋新派画、社会与伦理、社会与教育、动的新教授、蔡元培伦理学原理、蔡元培中国伦理学史、婚姻哲嗣学、杨怀中西洋伦理学史、杨怀中伦理学之根本问题、新闻学、哲学概论、周作人译点滴。

（五）杂志之重要者：新青年、新教育、中华教育界、新潮、改造、少年中国、少年世界、新生活、劳动界、劳动者、劳动潮、奋斗、民铎、科学家庭研究、音乐杂志。

（六）日报之重要者：时事新报、晨报。

要买以上各书报杂志者，请向省城潮宗街56号本社。<sup>(21)</sup>

《文化书社敬告买这本书的先生》也是毛泽东起草的，曾被文化书社铅印出来，随书刊散发。如今保留下来的原件，曾被夹在文化书社出售的《新青年》第八卷第一期里，后被发现。下面是宣传品的全文：

先生买了这一本书去，予先生的思想进步上一定有好多的影响，这是我们要向先生道贺的。倘若先生看完了这本书之后，因着自己勃不可遏的求知心，再想买几本书看——到这时候，就请先生再到我们社里来买，或者通信来买，我们预备着欢迎先生哩！

我们社里所销的东西，曾经严格的选择过，尽是较有价值的新出版物（思想陈旧的都不要）。书——一百二十四种，报——四种，杂志——五十种（月刊三十三种，半月刊两种，季刊两种，周刊十三种）。我们的目的——湖南人个个像先生一样思想得了进步，因而产生出一种新文化。我们的方法——至诚恳切的做介绍新书报的工（作），务使新书报普播湖南省。

我们很惭愧自己的能力薄弱，不能担负这传播文化的大责，希望各界有心君子予以援助。先生若能帮我们费一点口舌介绍之劳，那我们是特别感激先生的。本社印有很多的书目，先生或先生的朋友要看，函索即寄（不要邮费）。本社经理员易礼容君，营业事项由他负责。他天天在社，无论哪位先生要书，要报，要杂志，要书目，以及其他事项，写信来问，都由他手复，绝不延搁。敬祝先生天天健康！

文化书社同人<br>（长沙潮宗街56号）<sup>(22)</sup>

《读书会的商榷》也是毛泽东起草的广告宣传品，同上一篇《文化书社敬告买这本书的先生》一起被发现。

## 读书会的商榷（文化书社同人）

近来有许多人提倡"读书会"，我们觉得这个办法实在很好。其好处有三：1.一个人买书看，出一元钱只看得一元钱的书。若合五个人乃至十个人组织一个读书会买书看，每人出一元钱便可以看得十元钱的书，经济上的支出很少，学问上的收入很多。2.中国人的"关门研究法"，各人关上各人的大门躲着研究，绝不交换，绝不批评，绝不纠正，实在不好。最好是邀合合得来的朋友组织一个小小读书会，做共同的研究。就像你先生看完了这本书，一定有好多的心得，或好多的疑问，或好多的新发明，兀自想要发表出来，或辨明起来，有了一个小小的读书会，就有了发表或辨明的机关了。3.报是人人要看的东西，是"秀才不出门，全知天下事"的好方法。现在学校里的学生诸君，也有好多不看报的，是因为学校不能买许多报，报的份数太少的缘故。最好是"每班"组织一个读书会，每月各人随便出几角钱，合拢起来钱就不少。除开买书之外便可多订几份报，至少也可以订一种。那么，便立刻变成不出门知天下的"秀才"了，岂不很好，上列的好处，如你先生觉得还不错，"读书会"这东西，何妨就从你先生组织起呢？若要备新出版新思想的书，报，杂志，则敝社应有尽有，倘承采索，不胜欢迎。[23]

1925年9月，长沙《大公报十周年纪念特刊》出版。其中有这样一篇文章，回忆湖南近年来的新文化运动，特别指出：

八月文化书社成立，专以介绍新文化书籍为务，于是全国新文化书籍销行最多者，首推湖南与四川。故湖南新文化运动发轫于健学会，见效于罢课驱张。杂志影响最巨者为《新青年》，销行新出版物最力者为文化书社。皆由学界倡首，浸淫及于政界、工界，而政治、文学、教育、宗教、劳动、妇女及社会主义皆成问题，且呈纷争之象。

毛泽东在指导文化书社的同时，还热情帮助《湖南通俗报》改进宣传。这些对于传播进步思想，都起到了重要的作用。

周世钊回忆毛泽东协助办《湖南通俗报》的情况时说：

湖南通俗教育馆发行的《湖南通俗报》，从辛亥革命后创刊到1920年止，已有好多年的历史。它是当时的省政府粉饰门面，表示关心民众教育的东西。办报的人并没有明确目的和方针。每天除登载一些政府的文告和陈腔滥调、空洞无物的讲演、评论之外，还从大报上剪剪贴贴，抄抄摘摘，填满空白，应付出版而已，从内容到形式都没有引人注意的地方。发行的份数既少，阅读的人更不多。但自从何叔衡同志于1920年9月接任馆长后，这种情况就大大改变了。

何叔衡是宁乡的老秀才，和姜梦周、王凌波、谢觉哉三同志是老同学，也是好朋友。他们曾同在云山小学教书，提倡学生学科学，作应用文，遭到一群守旧分子的激烈反对。1912年何叔衡入第一师范讲习科学习，认识了毛泽东。两年毕业后到长沙楚怡小学教书，与毛泽东往还加密，相知渐深。毛泽东组织新民学会时，他是最早被邀参加的一人，也是会员中年纪最大的一个。他极佩服毛泽东，曾向谢觉哉同志说："毛润之是个了不起的人物。"毛泽东开展新民学会活动，常和他商量；毛泽东推动长沙教育界的知识分子组织健学会，他极力奔走联系；毛泽东发动驱张运动，他挺身而出，当请愿代表。他是毛泽东初期革命活动时期的直接参加者和坚决支持者。

张敬尧被赶走后，驱张代表先后回到长沙。何叔衡被省教育委员会派充通俗教育馆馆长。他决心要把《通俗报》办好，使它成为提高人民思想觉悟的有力工具。但他邀到馆担任经理和编辑的人如谢觉哉、熊瑾玎和我，都是小学教员，全没有办报的经验。在这种情形下面，何叔衡和我们很自然地想到要请毛泽东来做指导。他的事情虽然很多，但仍挤出了不少时间替《通俗报》出主意、订计划。他出席了第一次编辑会议。在这次会议上，他深刻分析了当时湖南政治、社会各方面的情况之后，提出《通俗报》宣传的任务和主要内容。他说："报纸主张什么，反对什么，态度要明朗，不可含糊。"又说，"《通俗报》是向一般群众进行教育的武器，文字必须浅显生动，短小精悍，尤其要根据事实说话，不可专谈空洞的大道理。"他这些主张，被参加会议的人全部接受下来，成为这一时期《通俗报》的工作纲领。隔不上几天，他总要到馆里来一次，随时对编辑工作提出建设性的意见，使编辑质量得以不断提高。

在他这样热情帮助下，湖南《通俗报》出现了新面貌，形式和内容都和过去的报纸截然不同。大多数读报的人都觉得《通俗报》敢于说话，敢于提出别人不敢提出的问题。他们常从《通俗报》上读到劳工神圣、妇女解放、文学革命、民众联合起来，以及反对吃人的礼教、反对贪官污吏、反对军阀的文章，感到新鲜、痛快，思想认识也大大提高。他们最感兴趣的还是谢觉哉同志在《小批评》《随感录》中写的那些揭露政治上、社会上一些怪象丑态的讽刺短文。这些文章，说话不多，句句搔着痒处，打中要害，使被批评的人赖不掉，躲不脱，反辩不得。读者觉得这些短文道出了自己心中想说、口里说不出的话。熊瑾玎写的《新字课》，也是文化水平不高的读者喜爱的东西。因为他在用注音符号教人认字的同时，用几句很通俗的话，结合实际，向读者进行了思想教育。我也写一些抨击旧社会、宣传新文化的评论和杂感。这样一来，《通俗报》的发行数量大大增加。有些中小学把它作为学生课外必读的读物；工人和市民读它的人一天天增多；连没有看报习惯的农民也有订阅它的了。

这时毛泽东和何叔衡已在长沙开展建党的准备工作，常在馆里约集新民学会会员和建党有关的人谈问题。以何叔衡同志为中心，新民学会会员为骨干的湖南通俗教育馆，成了革命活动的联络站。毛泽东看到《通俗报》办得还不错。觉得对革命运动有帮助，常向我们几个新民学会会员打气，说这一阶段的《通俗报》，是湖南有《通俗报》以来的新页，希望我们更求进步，使它对推动湖南文化运动起一定的作用。

但社会上一些思想顽固的人，说《通俗报》宣传"过激主义"。馆里也有这样的人。一个赵恒惕的同乡，被我们叫作"油炸豆腐"的蒋某，常跑到赵恒惕那里说何叔衡同志的坏话。他说："何胡子专听毛泽东的主张，尽用新民学会会员做干部，这些人都是过激派，天天在报纸上对政府的措施进行冷嘲热骂……"赵恒惕的左右亲信也对赵恒惕说："政府自己办的报纸专门骂政府；本来是教育民众的通俗报，变成了宣传过激主义的刊物，真是岂有此理！"有人告诉何叔衡，要他提防。他说："怕什么，撤职查办也不是大不了的事情！"

到1921年5月，赵恒惕政府竟以宣传过激主义的罪名撤了何叔衡馆长的职务，委派益阳人龚某接替。新民学会的会员也都离开了通俗报馆，有几个到了毛泽东所主持的一师附小教书。以后大家在一起谈到《通俗报》时，毛泽东总是说："这一年的《通俗报》办得很不错。"〔24〕

发起俄罗斯研究会，是毛泽东继创办文化书社之后又一重要活动。五四运动前后，俄国十月革命在中国产生了越来越重要的影响。毛泽东对俄国革命经验开始关注起来，先是提倡留俄勤工俭学，继而又开始研究俄国革命。在他的积极倡导下，组织起长沙俄罗斯研究会。

关于俄罗斯研究会成立始末，《毛泽东同志的青少年时代》一书记载说：

在创办文化书社的同时，毛泽东还与何叔衡一起，联合教育界、新闻界进步人士方维夏等，发起组织了湖南俄罗斯研究会，公开研究、宣传俄国十月革命和马克思列宁主义。

1920年8月21日，毛泽东和何叔衡等二十余人，借长沙县知事公署为会场，召开了成立湖南俄罗斯研究会的筹备会议。会议推选毛泽东、何叔衡和彭璜等4人为筹备员，进行准备工作。

9月16日，在文化书社正式成立了湖南俄罗斯研究会。当时，在北洋军阀政府和赵恒惕的反动统治下，马克思主义被称为"过激主义"，列宁的故乡被诅咒为"饿死人的地方"，社会上一般人对新生的苏维埃政权也不太了解。正因为如此，在成立会上，大家一致认为，"研究俄罗斯学术精神及其事情"，向人们澄清事实，辨明是非，是"十分必要的"。会议选举了毛泽东为书记干事；讨论通过了研究会的简章。简章规定：本会"以研究关于俄罗斯之一切事情为主旨，凡经会员三人介绍者得入会研究"；会务包括：（一）以研究所得，发行俄罗斯丛刊；（二）派人赴俄从事实地调查；（三）提倡留俄勤工俭学。

研究会的会员，在报纸上发表了一些文章，号召大家来研究俄罗斯，并介绍了俄国的一些情况。彭璜在《对于发起俄罗斯研究会的感言》一文中写道："近来有了马克思的经济学出世，俄国人见了毫不惊奇，大家研究起来，尽吸其精华。至今俄国的革命，还是马克思经济学的产物。'他山之石，可以攻玉。'这是中国人的古训。可爱的俄人，早有了这种谦虚的态度。现在中国人，不也应该有这种态度来研究俄罗斯吗？"文章在谈到俄国的政治、经济情况时说：十月革命后的俄国，"有几个显而易见的特点，如（一）废除土地私有制；（二）各种大企业收归国有；（三）公布劳动义务。即此数端，已足见俄国人权利、义务的分配均匀，无阶级产业上的区别，大有'贵则皆贵，富则皆富'的表征。诚使全人类都能秉'创造'与'互助'的本能，努力向物质与精神两方面的文明上去发展"。[25]

当时，苏维埃政府发表了对华友好声明，中国人民表示热烈欢迎，但也有些反动分子攻击"声明"怀有"恶意"，"带有传播主义的性质"。彭璜在文章中对那些诬蔑之词进行了严厉驳斥。文章说，"俄国人硬欲争回自己的平等、自由，同时又很尊敬并希望各国人民均能平等、自由。所以劳农政府对外的方针，（一）排斥秘密外交，与各国人民谋亲善；（二）废除殖民政策，民族有同等的待遇"。劳农政府声明："凡俄旧政府在满洲、蒙古及其他省内的一切权利，一并无代价、无条件地退还于中国，难道这也是对中国有恶意吗？"至于说什么"传播主义"，"不错，我们在他们的通牒中，确看出他的主义是：反对强权，提倡人道，主张民族自治，不惜牺牲最少数人，以来收回最大多数人固有的幸福，要创建一个大同世界，创建一个永远和平的世界。这就是他们通牒中传播给我们中国人的一个主义，使我们永远不会忘记的"。

俄罗斯研究会还将各地报刊的重要文章，介绍给长沙的报纸转载。如上海《共产党》月刊上刊登的《俄国共产党的历史》《列宁的历史》与《劳农制度研究》等文章，都在湖南《大公报》上转载过。这些文章，对湖南的进步青年产生了重大的影响。

在十月革命的影响下，湖南许多青年向往俄国，很想到俄国去。早在1920年初，毛泽东还在北京的时候，就认为"俄国是世界第一个文明国"，要"组一留俄队，赴俄勤工俭学"，并与李大钊同志商量过此事。俄罗斯研究会成立后，毛泽东介绍了一批进步青年到上海外国语学校学习俄语，然后，转赴俄国。任弼时和萧劲光就是其中的两个。

萧劲光回忆当时的情况说："有一天，弼时（当时17岁）从街上回来，样子极高兴，一进门就对我说：'有办法了！'我问什么办法，回答是'到俄国去！''到俄国去！'这在当时对我们是一个多么大的激动！对于俄国，我们知道得并不多，那里不是彻底推翻了旧社会建立了新社会么！这个'彻底推翻旧社会'的'彻底'，对于当时像我们那样对帝国主义和卖国政府充满仇恨的青年，乃是全部革命意义的集中表现。弼时毫不迟疑地下定了决心。经过了毛泽东所领导的革命组织的介绍，我们一同到达上海去学俄文。就在这个时候，弼时和我一同参加了社会主义青年团。"后来赴俄时，他们两个人分在一个组，一个扮作理发工人，一个扮作缝纫工人，在路上还装作互不相识，以便躲过敌人耳目。当年赴俄勤工俭学的，都是经过许多波折，克服了重重困难，才达到目的地的。他们回国后，大都成了党的优秀干部。在毛泽东的引导下，许多青年先后走上了革命道路。1920年冬至1921年春，毛泽东又把自己的一家人都动员起来，投入革命的大熔炉。[26]

## 树立马克思主义信仰

1920年秋冬时节，毛泽东经过一段时间的认真思考，终于确立起对马克思主义的信仰。他后来说，从此，他的信仰再也没有动摇过。

1936年冬，毛泽东同斯诺谈起这段曲折变化的思想过程时说：

张敬尧被谭延闿推翻了，长沙建立了新政权。大致就在这个时候，新民学会开始分成两派——右派和左派，左派坚持进行深刻的社会、经济、政治改革的纲领。

1919年我第二次前往上海。在那里我再次看见了陈独秀。我第一次同他见面是在北京，那时我在国立北京大学。他对我的影响也许超过其他任何人。那时候我也遇见了胡适，我去拜访他，想争取他支持湖南学生的斗争。在上海，我和陈独秀讨论了我们组织"改造湖南联盟"的计划。接着我回到长沙着手组织联盟。我在长沙一边当教员，一边继续我在新民学会的活动。那时新民学会的纲领要争取湖南"独立"，所谓独立，实际上是指自治。我们的团体对于北洋政府感到厌恶。认为湖南如果和北京脱离关系，可以更加迅速地现代化，所以主张同北京分离。那时候，我是美国门罗主义和门户开放的坚决拥护者。

谭延闿被一个叫作赵恒惕的军阀赶出湖南，赵利用"湖南独立"运动来达到他自己的目的。他假装拥护这个运动，主张中国联省自治。可是他一旦当权，就大力镇压民主运动了。我们的团体曾经要求实行男女平权和代议制政府，一般地赞成资产阶级民主纲领。我们在自己办的报纸《新湖南》上公开鼓吹进行这些改革。我们领导了一次对省议会的冲击，因为大多数议员都是军阀指派的地主豪绅。这次斗争的结果，我们把省议会里张挂的胡说八道和歌功颂德的对联匾额都扯了下来。

冲击省议会这件事被看成湖南的一件大事，吓慌了统治者。但是，赵恒惕篡夺控制权以后，背叛了他支持过的一切主张，特别是他凶暴地压制一切民主要求。因此，我们的学会就把斗争矛头转向他。我记得1920年的一个插曲，那年新民学会组织了一个示威游行，庆祝俄国十月革命3周年。这次示威游行遭到警察镇压。有些示威者想要在会场上升起红旗，警察禁止这样做。示威者指出，依照宪法第12条，人民有集会、结社和言论自由的权利，但是警察听不进去。他们回答说，他们不是来上宪法课，而是来执行省长赵恒惕的命令的。从此以后，我越来越相信，只有经过群众行动取得群众政治权利，才能保证有力的改革的实现。

1920年冬天，我第一次在政治上把工人们组织起来了，在这项工作中我开始受到马克思主义理论和俄国革命历史的影响的指引。我第二次到北京期间，读了许多关于俄国情况的书。我热心地搜寻那时候能找到的为数不多的用中文写的共产主义书籍。有3本书特别深地铭刻在我的心中，建立起我对马克思主义的信仰。我一旦接受了马克思主义是对历史的正确解释以后，我对马克思主义的信仰就没有动摇过。这3本书是：《共产党宣言》，陈望道译，这是用中文出版的第一本马克思主义的书；《阶级斗争》，考茨基著；《社会主义史》，柯卡普著。到了1920年夏天，在理论上，而且在某种程度的行动上，我已成为一个马克思主义者了，而且从此我也认为自己是一个马克思主义者了。同年，我和杨开慧结了婚。[27]

　　李维汉在谈到毛泽东在建党前夕的活动时说：

　　1920年7月，毛泽东回到湖南。他和在湘会员在参加和领导湖南地区反帝反封建政治运动的同时，以很大的精力学习和宣传马克思主义，传播新思想新文化。他们团结教育界、新闻界的知名人士组织俄罗斯研究会，发起留俄运动。任弼时、萧劲光就是在这个运动中去苏联学习的。在传播新思想方面，除了上面提到的《湘江评论》《天问》《湘潮》以外，毛泽东于1919年参加主编过一段时间的《新湖南》周刊，以何叔衡为馆长，谢觉哉、周世钊、邹蕴真为编辑的湖南《通俗报》，龙兼公主编的湖南《大公报》等，都起过不同程度的积极作用。而影响最大，与建团建党工作关系最密切的则莫过于创办"文化书社"这件事。

　　"文化书社"于1920年9月由毛泽东亲手创办，书社的《发起缘起》和《社务报告》都为毛泽东亲自撰写。书社经理是易礼容。书社不仅是宣传新思想新文化、宣传马克思主义的一个重要阵地，而且是我们留法会员与国内会员、湖南的具有初步共产主义思想的先进分子与国内其他省区具有初步共产主义思想的先进分子的联络站。它的创办对马克思主义在湖南的传播起了很大作用，在全国也很有影响。参加发起和投资的除新民学会许多会员外，还包括教育等各界许多上层人士。书社销售的书有160余种。营业后的半年中，全国与之发生联系的书报社和文化团体就有60家，书社除在长沙设总社外，还在平江、浏西、武冈、宝庆、衡阳、宁乡、溆浦等地设分社，在一些学校设贩卖部，负责人大多是新民学会会员以及和新民学会有联系的进步分子。书社一直办到1927年马日事变后被许克祥封闭为止。

　　1920年下半年，毛泽东在上述一系列活动中都联系着考虑和酝酿建党建团的问题。随后，在新民学会的会议上和国内外会员的通信中对这个问题展开了讨论。1921年，在长沙的会员一连开了3天会，讨论学会的目的、达到目的须采取什么方法以及如何即刻着手进行等问题。毛泽东在会上报告了上年5月上海半淞园会议以及7月我们在法会员召开的蒙达尼会议的情况（蒙达尼会议的情况，将在下一部分详细论述）。这次会议在改造中国与世界的道路问题上展开了和我们在法国蒙达尼会议相类似的争论。一部分会员如毛泽东、何叔衡、陈子博、彭璜、陈昌、易礼容等主张用俄国十月革命的方法来改造中国和世界。另一些会员则反对布尔什维主义，主张用温和的教育的方法来实现资产阶级民主革命。也有的会员犹疑动摇于二者之间。这是一种根本性的革命道路问题的争论。由于它在学会生活中还是初次出现，矛盾还未展开，故没有影响学会在组织上的统一。这次会议还决定把"组织社会主义青年团"作为学会的一项活动。这种思想信仰的分化，随着前进的运动而日益加深，最后引导到学会会员在组织上的分化，以至整个学会（包括留法部分）的消亡。事实上以后参加社会主义青年团的，只有一部分会员；而当时有少数会员在实际上形成的共产党早期组织，则已成为学会活动的核心。1921年7月，毛泽东和何叔衡代表它参加了在上海举行的中国共产党第一次全国代表大会，参与了中国共产党的创建。此后，新民学会实际上就停止了活动。[28]

1920年7月5日至10日，赴法勤工俭学的新民学会会员在蒙达尼公学举行会议，集中讨论了改造中国与世界的问题。不久，蔡和森将这次会议的结果写信告诉毛泽东。这对毛泽东产生了重要影响。李维汉回忆说：

新民学会会员中，毛泽东、蔡和森接受马克思主义和十月革命道路最早。他们在五四运动前夕，就在李大钊影响下，开始学习和研究十月革命和马克思主义书刊。和森在出国前的一年半时间里，学习了法文，也阅读了一些社会主义著作。1920年2月，和森等到了法国，住在蒙达尼公学。他没有上课，"日惟手字典一册，报纸两页"。以"蛮看"报章杂志为事。在短时间内收集了大量关于马克思主义和各国革命运动的小册子，择其重要急需者"猛看猛译"。当时我和他相隔很远，仅有通信联系。工学励进会的情况就是由我告诉他，他又写信回国告诉毛泽东的。和森是学会领导者之一。他到来后，新民学会在法会员的中心很快就移到了蒙达尼。他和在国内的毛泽东有密切的通信联系，使国内国外两部分会员联成一个整体。

1920年6月中旬，前后分批抵达法国以及在法入会的新民学会会员已有16人，有的在克勒佐、勒阿佛尔、圣伯尼等地工厂做工；有的在蒙达尼、枫丹白露等地学校补习法文。刚刚到法国的萧子暲、陈绍休等从国内带来半淞园会议情况的消息。根据半淞园会议关于"巴黎等会员较多之处可组织学术谈话会，定期召集"的意见，我们商定在蒙达尼举行一次聚会。7月5日，会员从各地来到蒙达尼。从6日到10日，在蒙达尼公学的教室开了5天会。与会者有蔡和森、向警予、陈绍休、萧子暲、张昆弟、罗学瓒、蔡畅、李维汉、熊光楚、熊季光、熊叔彬、欧阳泽以及萧子升（当时在华侨协社任职）等13个会员。一些外省的工学励进会会员也参加了这个会，共20余人。

这次会议最主要的成绩是确定了新民学会的方针为"改造中国与世界"。但会上对于改造中国与世界的方法的看法出现了分歧。一种意见是蔡和森提出的，主张激烈的革命，组织共产党，实行无产阶级专政，即仿效俄国十月革命的方法；另一种意见是萧子升提出的，主张温和的革命，即无政府主义的蒲鲁东的方法，实质上是资产阶级改良主义。和森提出的主张，对于多数与会者，特别是临开会前才到达蒙达尼的人们来得比较骤然，缺乏充分考虑的时间，因此对于两种相对立的主张，在会上没有能展开讨论。会议乃决定将两种意见写信告诉毛泽东，希望听取国内会员的意见。和森在给毛泽东的信中，详述了他对马克思主义的认识和组织共产党的主张。他明确地说，"社会主义真为改造现世界对症之方，中国也不能外此"，而"社会主义必要之方法"为"阶级战争——无产阶级专政"，"我以为先要组织'党'——共产党。因为它是革命运动的发动者、宣传者、先锋队、作战部，以中国现在的情形看来，须先组织它，然后工团、合作社，才能产生有力的组织。革命运动，劳动运动，才有神经中枢"。和森是我们留法会员中的先驱者。如前所述，我当时虽已经初步认识到改造的最终目标是要消灭人剥削人、人压迫人的制度，实现无阶级的共产主义社会。但是，对于改造的道路，还没有跳出小资产阶级工学主义的幻想。集中到一点，就是对于要以革命暴力战胜反革命暴力，以无产阶级专政代替资产阶级专政，还缺乏认识。我在会后写给毛泽东的信中说："俄国式的革命，我根本上有未敢赞同之处。"现在回忆起来，就是反映了当时对这一根本点缺乏认识。接着又说，"但也不反对人家赞成它，或竟取法它，说来很长，且待研究……要多读书，多考察，多与友人研究后，再说"，表现出思想的可变性。

蒙达尼会议开得很活跃，在辩论了改造中国与世界的目标和道路之后，还谈论了个人感想、会务进行和求学方法。从人生观到宇宙观，从个人理想到人类的未来，差不多都说遍了。最后一天更进行个性的批评与介绍。大家都知无不言，言无不尽，各自并互相谈了个人的优缺点，思想和个性的极强处和极弱处，以互励互勉，取长补短。对于留在国内的会员，也由相知者向新会员做介绍。毛泽东对这次会议的召开表示欣赏。他来信说："诸君感于散处不便，谋合居一处，一面做工，一面有集会机缘，时常可以开共同的研究会，极善。"

会后，有些在其他地方勤工或俭学的会员搬到了蒙达尼。在校会员采取共同研究及分门研究两个方法，以主义为纲，以书报为目，分别阅读，互相交换。我和几个迁来的会友在附近一个胶鞋厂做工，在工余学习。约在8月至9月的时间内，我有机会集中阅读了和森以"霸蛮"精神从法文翻译过来的《共产党宣言》

《社会主义从空想到科学的发展》《国家与革命》《无产阶级革命与叛徒考茨基》《共产主义运动中的"左派"幼稚病》和若干关于宣传十月革命的小册子。此外，我同和森做了多次长谈，涉及范围很广，包括欧洲革命斗争形势、俄国十月革命经验、布尔什维克与孟什维克的区别、共产国际的性质与任务、第三国际与第二国际的决裂等等内容。通过阅读和谈话，我深知只有走十月革命的道路才能达到"改造中国与世界"的目的。

同年8月，"工学励进会"改名"工学世界社"，社员发展到三十多人。鉴于"工学主义"是工学世界社社员中带普遍性的倾向，我同和森商定召集全体社员到蒙达尼开会，请他出席并参加讨论。约在九十月间，工学世界社开了三天会，住蒙达尼的新民学会会员也大都参加。经过热烈的辩论，大多数社员赞成以信仰马克思主义和实行俄国式的社会革命为工学世界社的宗旨。记得出席会议的社员有：张昆弟、李富春、罗学瓒、李维汉、贺果、李林、颜昌颐、张增益、任理、萧子暲、唐灵运、陈绍常、傅烈、王人达、侯昌国、郭春涛、欧阳钦、刘明俨、汪泽楷、尹宽、萧拔、薛世纶、郑延谷、成湘等三十多人。此外，李慰农、余增生等个别社友因事未能参加，后来对于会议决议也都表示赞成。至此，工学世界社和新民学会的宗旨已趋一致。它和新民学会一道很快成为勤工俭学学生的领导力量之一。和森没有参加工学世界社，但他对于工学世界社宗旨的改变起着相当作用。

毛泽东得知上述蒙达尼会议的争论后，于1920年12月1日写了数千言的长信给我们，对两种意见做了详尽的分析。他认为无政府主义、德谟克拉西主义在今天行不通，用平和的手段、教育的方法来改造社会也做不到，而对和森的主张"表示深切的赞同"。并在随后给和森的信中明确指出"唯物史观是吾党哲学的根据"，还说："党一层陈仲甫先生（陈独秀——引者）等已在进行组织。出版物一层上海出的《共产党》，你处谅可得到，颇不愧'旗帜鲜明'四字。"毛泽东不仅希望我们留法会员继续做深入的学习和研究，而且在1921年新年时，与何叔衡一起召集长沙会员聚会三天，进行了郑重而热烈的讨论。毛泽东旗帜鲜明的主张和深入浅出的说理，更加坚定了我们大多数会员对马克思主义的信仰。以参加蒙达尼会议的十三名新民学会会员为例，后来就有8人先后加入中国共产党。萧子升则继续沿着错误的道路滑下去，最后堕落为反动官僚。

蔡和森接读毛泽东来信后，曾和我们商谈，打算联络新民学会会员、少年中国学会会友、工学世界社社友等开一次讨论会，如在"无产阶级专政"和"国际主义"两点上取得一致，则准备成立一个共产党。后来因为忙于参加和领导求学运动的斗争，未能实现。

毛泽东一向主张新民学会的本身不多做事，"但以会友各个向各方面去创造各样的事"。在他得知工学世界社成立的消息后，寄予关怀。他给罗学瓒写信说："请你将组织、进行、事务等，告我一信。"工学世界社成立后，除了学习马克思主义外，还组织了一个工学世界通讯社，由罗学瓒负责，向国内发稿，报道留法勤工俭学和华工运动的情况。蔡和森、李富春、向警予以及其他一些新民学会会员、工学世界社社员都曾经往国内报刊投过稿。大部分稿件都经毛泽东转递。毛泽东很赞扬工学世界社这种形式的活动。他在1921年10月的一次欢送留俄学生的会上说："在法同学组织的工学世界社——革命团体——那办法很好。"[29]

毛泽东在确立马克思主义信仰的过程中，曾经同一些非马克思主义思想流派做过认真的思想斗争。《毛泽东同志的青少年时代》一书记述说：

与建党问题相联系，新民学会会员在1920年夏至第二年初，就中国革命走什么道路的问题，展开了热烈的讨论。

五四运动初期，具有初步共产主义思想的知识分子、革命的小资产阶级知识分子和资产阶级知识分子结成了统一战线，对封建复古主义进行了激烈的斗争。但在1919年6月底以后，中国政府被迫拒绝在"巴黎和约"上签字，大规模的政治运动已经过去。这时斗争的特点是：马克思主义在中国的传播，已经比较广泛和深入，文化统一战线开始分化，围绕着要不要马克思主义的问题展开了一场激烈的论战。资产阶级右翼的代表胡适，叫嚷"多研究些问题，少谈些主义"，反对传播马克思主义。梁启超、张东荪等人，一面伪装成所谓懂得中国国情的"社会主义者"，一面偷运改良主义的货色。无政府主义者也乘机扩大他们的影响。这些错综复杂的思想斗争、政治斗争，反映到新民学会内部来，便是在中国革命走什么道路问题上，出现了明显的分歧，引起了激烈的争论，发生了严重的分化。

1920年7月，赴法勤工俭学的新民学会会员蔡和森、向警予、罗学瓒、蔡畅、李维汉和萧子升等十余人，齐集在蒙达尼开会。会议虽然一致同意以"改造中国与世界"为学会的方针，但对如何实现这一方针，各持己见。概括起来，会上有革命与改良两种截然不同的主张。蔡和森说："我对于中国将来的改造，以为完全适合用社会主义的原理和方法。"萧子升等人则"主张温和的革命，以教育为工具的革命"，说这种革命的"好处"是"比较和而缓，虽缓然和"。这派人强调中国的情况和俄国不同，在俄国获得成功的暴力革命的方法，不见得适用于中国。他们说："一个社会的病，自有它的特别的背景，一剂单方可医天下人的病，我很怀疑。"所以，他们公开宣称："不认俄式——马克思式——革命为正当。"8月间，蔡、萧等人都写信给毛泽东，陈述自己的观点，请他发表意见。由于路途遥远，信件寄到国内时，离他们开会已经很久了。

与此同时，新民学会在国内的会员在同一问题上，也发生了严重的分歧。这年10月，英国资产阶级唯心主义哲学家罗素来华，张东荪等人陪同他到湖南、江苏、北京等地讲演。罗素说他主张共产主义，但反对劳农专政。他认为"宜用教育方法使有产阶级觉悟，可不至要妨碍自由，兴起战争，革命流血"〔30〕，而"以武力为革命的方法"，是"俄国共产党最大的错误"〔31〕。张东荪等人"很以罗素先生的话为然"，极力为他叫卖推销。当罗素在长沙讲演时，毛泽东曾组织一批新民学会会员去听讲，他自己还详细地做了记录。对罗素的观点，会员中有的人赞同，有的人反对，他们展开了"极详之辩论"。

毛泽东对罗素这些观点的看法是："事实上做不到。"他认为萧子升等人的观点，与罗素、张东荪的观点完全一致，都是想"用教育的方法"改造社会，而这是不可能办到的。经过深思熟虑，他于12月1日，给在法国的会友回了一封长信〔32〕，明确表示"深切赞同""俄国式的方法"，不同意"温和革命"的改良主义道路，并透彻地阐明了为什么"用教育的方法"改造社会行不通。

首先，办教育一要有钱，二要有人，三要有机关。而现在世界上，钱尽在资本家手中；主持教育的人，尽是一些资本家，或者是他们的代理人；学校和报馆这两种最重要的教育机关，也都是由资本家掌握。总而言之，现在世界的教育，是一种资本主义的教育，是为巩固资产阶级的统治服务的。毛泽东尖锐地指出，资产阶级之所以掌握教育权，是因为他们有议会、政府、法律、军队和警察等国家机构，占有银行、工厂和各种文化教育机关，控制着一切权力。在这种情况下，"共产党人非取政权，且不能安息于其宇下，更安能握得其教育权"？

其次，纵然掌握一两个学校和报馆，也不能触动资本主义的毫末，使资本家"回心向善"。为什么呢？毛泽东说，从历史发展来观察，"要资本家信共产主义，是不可能的事"，"人心不知足，得陇又望蜀"，"小资本家必想做大资本家，大资本家必想做最大的资本家"，剥削阶级的本性，决定着他们对金钱、享乐的无止境的欲望。因此，要资本家放弃剥削，只能是荒唐的梦想。他还精辟地指出："历史上凡是专制主义者，或帝国主义者，或军国主义者，非等到人家来推倒，决没有自己肯收场的。""俄国式的革命，是无可如何的山穷水尽诸路皆走不通了的一个变计，并不是有更好的方法弃而不采，单要采这个恐怖的方法。"这就是说，暴力革命是推翻剥削阶级唯一正确的方法。

再者，革命者不仅要抱有理想，尤其要看清现实。毛泽东针对改良派"虽缓然和"的谬论，用退一步的口吻反问道：用和平的方法去达到共产的目的，即使能够达到，又要何日才能成功？假如要一百年，那么，无产阶级还要在资本家鱼肉下，再宛转呻吟一百年，革命者又"其何能忍"！重要的是现在无产者觉悟到自己应该有产，从而要求革命。这已成为一种"不能消灭"的事实，他们"是知了就要行的"。

毛泽东坚决反对"用教育的方法"去解决改造社会的问题，极力主张走俄国十月革命的道路，通过暴力革命，推翻反动统治阶级，对旧中国和旧世界实行根本改造的这封长信，由于说理充分，给新民学会的会员以极大的教育和鼓舞。

毛泽东和蔡和森在讨论中国革命道路的时候，还对修正主义思想进行了批判，捍卫了马克思主义的无产阶级专政理论。

由于中国的社会经济条件不同，当时还没有形成一个修正主义思想流派，但是，资产阶级改良主义者在披着"社会主义"外衣向马克思主义进攻的时候，也贩卖过一些修正主义的货色。比如，张东荪就把修正主义说成是对马克思主义的补充和发展，叫喊"从唯物主义移到精神主义"。玄学鬼张君劢极力赞扬出卖无产阶级革命的德国社会民主党[33]，宣扬"劳工阶级与资产阶级之调和"。我国早期的马克思主义者对这些谬论，进行了有力的驳斥。

1920年8月，蔡和森在给毛泽东的信中说："阶级战争——无产阶级专政。我认为（这是）现世界革命唯一制胜的方法。"9月，他在另一封给毛泽东的信中说，"研究学问，宜先把唯理观与唯物观分个清楚，才不致堕入迷阵"，而"修正派改良派（染了有产阶级唯理主义的毒）的考茨基、伯恩施坦等好胆大，又把中产阶级的唯理主义拿来驳唯物史观"，为资本家寻找"劳资调和的办法，故他们最终的结果，主张改良而不主张革命"。

毛泽东完全同意蔡和森的意见，除了指出"唯物史观是吾党哲学的根据"外，还进一步强调了无产阶级取得政权的重要性。他说："非得政权则不能发动革命，不能保护革命，不能完成革命。"这就是说，无产阶级必须在马克思主义指导下，推翻资产阶级的反动统治，夺取政权，建立无产阶级专政的国家。只有这样，才能进一步发动、保卫和最后完成社会主义革命事业。毛泽东和蔡和森把马克思主义同修正主义的斗争，归结为世界观的分歧和对待无产阶级专政的态度，这就从根本上划清了同修正主义的界限，保卫了马克思主义的纯洁性。

毛泽东和蔡和森等还开展了对无政府主义的批判，从另一个方面捍卫了无产阶级专政的理论。

无政府主义这种小资产阶级的社会政治思潮，在中国小资产阶级知识分子中流行颇广，是各种冒牌社会主义中影响较大的一种。在马克思主义广为传播的年代里，无政府主义者集中攻击无产阶级专政的理论，力图表明无政府主义是真正的社会主义学说。因此，要深入宣传马克思主义，建立中国无产阶级的政党，就必须踢开无政府主义这个绊脚石。

1920年8月，蔡和森在给毛泽东的信中，谈到了他对无政府主义的看法，并着重讲了无产阶级专政的意义。他说："无产阶级革命后不得不专政的理由有二：无政权不能集产，不能使产业社会公有，换言之，即是不能改造经济制度；无政权不能保护革命，不能防止反革命，打倒了的阶级倒而复起，革命将等于零。因此我以为现世界不能行无政府主义，因为现世界显然有两个对抗的阶级存在，打倒有产阶级的狄克推多（按：'专政'一词的译音），非以无产阶级的狄克推多压不住反动，俄国就是个明证。"毛泽东在回信中，也明确指出，那种没有权威、没有组织的社会状态是不可想象的，绝对自由主义、无政府主义，都是"理论上说得好听，事实上是做不到的"，那些倡导无政府主义的人，如果不是"故为曲说"，便是"愚陋不明事理"。

　　当时，长沙的无政府主义者很活跃。他们组织"明社"、湖南劳工会等团体，宣传无政府主义的那一套。第一师范教员中也有人向学生灌输无政府主义思想。毛泽东利用在第一师范工作的有利条件，发动萧述凡、郭亮、夏曦等一部分思想进步的学生，组织了一个约200人参加的"崇新学社"，采取出墙报、开辩论会或讲演会等形式，学习和宣传马克思主义，以教育、争取那些受无政府主义思潮影响的青年。

　　当时长沙的一些新民学会会员，多分散在各单位工作或学习，集合在一起的时间不多，大家都感到这是个缺陷。后来根据毛泽东的建议，组织"星期同乐会"，使会员们每周有一次聚会的机会。开始时限于会员，不久，各人又有意识地邀请一些受无政府主义思想影响的青年参加。每到星期天，他们就到长沙市区的一些名胜之地如天心阁、望湘亭、开佛寺、橘子洲头等处聚会，或在青草地上席地而坐，在林荫道上并肩漫步，或在皓月当空、轻风拂面的夜晚，缓缓地绕着湘江中的橘子洲泛舟漫游，讨论对马克思主义的学习和宣传中的各种问题，交流工作经验和思想情况。在毫无拘束、畅所欲言的交谈中，会员们对马克思主义的认识不断提高，那些受无政府主义思想影响的青年，也受到很大的启发，思想逐渐发生变化，后来不少人转为信仰马克思主义了。

　　湖南劳工会是一个受无政府主义影响的工人组织，成立于1920年11月。它的会员中有些人谩骂马克思主义者是"长尾巴的"，意思是说马克思主义者要推翻现在的政府，又要建立无产阶级专政的政权，革命不彻底，"长"了一个多余的"尾巴"。劳工会的领导人黄爱、庞人铨，是湖南甲种工业学校毕业的学生，曾在工厂工作过，对工人的疾苦有所了解，具有一定的反帝反封建的革命思想。但是他们没有找到正确的道路，把无政府主义当作工人争取解放的途径。他们在湖南工人中有一定的威信，要肃清无政府主义在工人中的影响，就必须设法争取他们转变立场。毛泽东一方面支持他们反抗资本家和军阀的斗争，鼓励他们从事工人运动；一方面批评他们只做经济斗争，没有严密组织和远大政治目标，不研究马克思主义，只谈工会，只想用炸弹和手枪干掉政府里的要人等糊涂思想。同时，还邀请他们一道深入工厂进行调查，实地了解工人的情况和要求，并指定同志与他们保持联系。在毛泽东耐心细致的帮助下，黄、庞二人都抛弃了无政府主义，加入了社会主义青年团。

毛泽东全面而深刻地批判各种反马克思主义思潮，是在1921年1月新民学会的新年大会上。

元旦那天，长沙大雪纷飞。虽是新年，却到处关门闭户，人稀车少，一幅凄凉景象。毛泽东踏着皑皑白雪，来到文化书社。这时，书社不太宽敞的房间里，挤满了十多个新民学会会员。他们从1日至3日，连续开会，热烈地讨论着学会的方针和实现这一方针的方法等问题。

在讨论"改造中国与世界"的方法问题时，毛泽东将当时世界上解决社会问题的方法，概括为社会政策（改良主义）、社会民主主义（第二国际的修正主义）、激烈方法的共产主义（马克思列宁主义）、温和方法的"共产主义"（罗素的假共产主义）和无政府主义五种，并将在法国的新民学会会员讨论的情况转告大家，引导大家展开讨论。何叔衡第一个发言，他说：我主张激烈方法的共产主义。"一次扰乱，抵得二十年教育"，我深信这些话。其他会员，在认真思考、分析之后，也都各抒己见。会上争论得十分激烈。

毛泽东在会上做了极其精辟的发言。他说："社会政策，是补苴罅漏的政策，不成办法。社会民主主义，借议会为改造工具，但事实上议会的立法总是保护有产阶级的。无政府主义否认权力，这种主义，恐怕永世都做不到。温和方法的共产主义，如罗素所主张极端的自由，放任资本家，亦是永世做不到。"毛泽东在尖锐地批判了社会民主主义、资产阶级改良主义和无政府主义等的反动本质后，斩钉截铁地说："激烈方法的共产主义，即所谓劳农主义，用阶级专政的方法，是可以预计效果的，故最宜采用。"

在毛泽东的引导、启发下，通过3天的热烈讨论，大多数会员对学会的方针和实现这一方针的方法等重要问题，取得了一致的认识。大会临近结束时，正值雪霁天晴，湘江两岸，红装素裹，分外妖娆。参加大会的人们，都觉得会议开得很成功，他们走出文化书社，心情像万里晴空一样，异常开朗。这次会对提高会员觉悟，纠正错误思想，引导会员走上正确的革命道路，起了极为重要的作用。

新年大会前后，毛泽东鉴于会员分散在国内外各地，为了使会员能了解会务进展情况，交流政治思想，亲自主编了《新民学会会务报告》和《新民学会会员通信集》，印发给会员人手一册。《会务报告》记述了会务状况和一些重要会议，共出版两辑。《通信集》选编了会员之间涉及学会活动和政治思想的信件，是"会员发抒所见相与商榷讨论的场所"，先后出版了3集。其中第3集，主要是毛泽东与蔡和森之间关于讨论共产主义和建党问题的信件。这些闪耀着马克思列宁主义光辉的信件，为中国共产党的成立，做了部分的思想准备。[34]

对于毛泽东树立马克思主义信仰的确切时间，学术界尚无完全一致的意见。多数学者主张1920年冬天的说法，其标志是1920年12月1日毛泽东致蔡和森、萧子升并转在法诸会友的一封信。在这封信里，毛泽东明确表示赞成无产阶级革命和无产阶级专政的道路，并同意先要建立共产党的组织。

1921年新年及其后不久，毛泽东组织在长沙的新民学会会员连续开会，讨论学会的目的等问题。会上，毛泽东根据自己对马克思主义的理解，深入发表了意见。

毛泽东亲自撰写的《新民学会会务报告》（第二号）详细记载了会议的发言情况：

这一本会务报告乃专记十年一月长沙会友三次会议情况。这三次会议，头一次是新年大会，在一月一、二、三号。第二次是本年一月常会，在一月十六号。第三次是本年二月常会，在二月二十号。这三次讨论，极为详尽，分记于次：

新民学会长沙会友因湖南政局影响，好久没有开会。九年年尽，长沙政局略定，会友在此者亦达二十余人，遂谋聚会一次。此时评议员任期（一年）已满，不能开会。遂由职员何叔衡、周惇元、毛润之、熊瑾玎、陶斯咏等，先期商定开会手续，发出一张通告：

我们学会久应开会，因种种原因没有开成，今定从十年一月一号起接连开会三天，为较长期的聚会，讨论下列各种问题：

1. 新民学会应以什么做共同目的；

2. 达到目的须采用什么方法；

3. 方法进行即刻如何着手；

4. 会友个人的进行计划（自述）；

5. 会友个人的生活方法（自述）；

6. 学会本体及会友个人应取什么态度；

7. 会友如何研究学术；

8. 会章之修正及会费之添筹；

9. 新会友入会的条件及手续（附出会问题）；

10. 会友室家问题；

11. 个性之介绍及批评；

12. 会友健康及娱乐问题；

13. 学会成立纪念问题；

14. 临时提议。

上列各项问题，或为巴黎会友所提议，或为此间同人所急待解决，请各人先时研究准备，以便于开会时发表意见，而期得到一种适当的解决。开会地点：潮宗街文化书社。开会时间，第一日，上午九时半至十一时半；第二日，上午九时至下午二时（各带餐费二角）；第三日，上午九时半至十一时半。务希拨冗到会，风雨无阻；并请严守时刻。

新民学会启

十年一月一日，在文化书社开会，到会者十余人。是日大雪满城，寒光绚烂，景象簇新。十时开会，何君叔衡主席。主席请毛润之报告开会理由及学会经过。毛君说：我们学会久应开会，去年以前。因种种变故，故未开成，现在算是不能再缓了，趁在新年，各处都放了假，特为较长期的集会，讨论同人认为最急切的各种问题。至于本学会经过情形，可大略报告。遂将两年来学会会友在国内国外各方面做事求学情形，大略报告一遍。毛君报告毕，主席将要讨论的各问题提出。陈启民以开始三问题内容重大，主张压下到明日讨论，圈出其余问题之几个，在今日讨论；毛润之谓，因其重大，今日宜略加讨论，但不表决。众赞成。于是开始讨论下面三个问题：

"新民学会应以什么做共同目的？"

"达到目的须用什么方法？"

"方法进行即刻如何着手？"

三问题有连带关系，故连带讨论。毛润之云：我可将巴黎会友对于上列问题讨论的结果，报告大众。巴黎会友讨论的结果，对于（一）主张以"改造中国与世界"为共同目的；对于（二）一部分会友主张用急进方法，一部分则主用缓进方法；对于（三）一部分会友主张组织共产党，一部分会友主张实行工学主义及教育改造；均见巴黎来信。熊瑾玎言：目的之为改造中国与世界，新民学会素来即抱这种主张，已不必多讨论了。毛润之不以为然，谓第一问题还有讨论的必要，因为现在国中对于社会问题的解决，显然有两派主张：一派主张改造，一派则主张改良。前者如陈独秀诸人，后者如梁启超、张东荪诸人。彭荫柏云：改造世界太宽泛，我们说改造，无论怎样的力量大，总只能及于一部分，中国又嫌范围小了，故我主张改造东亚。物质方面造成机器世界，精神方面尽能力所及使大多数得到幸福。陈启民赞成改造东亚。谓欧洲有欧洲的改造法，我们不能为他们代庖。惟澳洲宜包括在东亚里，非洲我们也应负责。至于"改造""改良"，我主张前者。因资本主义，积重难返，非根本推翻，不能建设，所以我主张劳农专政。太自由不能讲改造，为的是讲自由，结果反不得自由。谈到方法，则此目的非二十年内所能实现。现在要用力的，不在即时建一个非驴非马的劳农政府，而在宣传。东亚一方面，尤重在促成工业革命。毛润之云：改良是补缀办法，应主张大规模改造。至用"改造东亚"，不如用"改造中国与世界"，提出"世界"，所以明吾侪的主张是国际的；提出"中国"，所以明吾侪的下手处"东亚"无所取义。中国问题本来是世界的问题；然从事中国改造不着眼及于世界改造，则所改造必为狭义，必妨碍世界。至于方法，启民主用俄式，我极赞成。因俄式系诸路皆走不通了新发明的一条路，只此方法较之别的改造方法所含可能的性质为多。讨论良久，主席宣告本日对此三问题（目的、方法、进行）暂停讨论。

主席请众讨论下面的问题：

"学会本体及会友个人应取什么态度？"

毛润之报告会友在上海半淞园讨论的结果，主张学会取潜在进行态度。所谓"潜在"，并不是"不活动"（巴黎来信言我们学会好处在稳健，不好处在不活动），只是防止声闻过情，至于会友个人相互间的态度，主张"互助""互勉"，众赞成上海的决议。（态度问题解决。）主席提出"会友如何研究学术"的问题。毛润之报告巴黎会友对于共同或分别研究学术的进行（见萧子升来信）。并主张规定研究的对象，宜提出几种主义（如共产主义、无政府主义、实验主义等）定期逐一加以研究，较之随便泛泛看书，有益得多。陈启民云：我觉得环境每把人扯之向下，所以会友集合一处，同居共学，是必要的。集合多人力量去改造环境，要容易些。熊瑾玎谓：同居，开会，两个办法，都是必要。何叔衡主张开办平民饭店。易礼容云：只要能住在一起，即职业不同，亦可以常相聚合。毛润之云：须组织一种公共职业才能同居；现在且讨论怎样研究学术的问题。李承德云：我们不但要研究社会主义，哲学、科学、文学、美学……都要研究。朱子有言：从大处着想，从小处着手，会友也要采这种态度，我们不妨用种种的手段，去达到目的。毛润之云：各种普通或专门学术，当让会友去自由研究，现会中所特要研究者，必为会友所共同注意且觉为现在急须（需）的。主张单研究主义，如社会主义、实验主义等。陈启民主张规定一个计划，在本年内研究几个主义，定期得到结果。毛润之主张暂作半年预算，研究五六个主义。何叔衡君主张每月聚会一次，研究有得的可来谈，其余的可来听。彭荫柏谓社会主义、哲学、文学、政治、经济皆有研究的必要，不赞成专研究主义。毛润之申明云：所谓研究主义是研究哲学上文学上政治上经济上以及各种学术的主义，当然没有另外的主义。

以下又讨论如何看书：有主张单独看书以其心得来讲演者；有主张共同看

一种书开会时各述所见者，尚未完全决定。惟每月开会一回专讨论学术，则已决定。未决定者，主张俟下次开会再决。新年大会不议。（研究学术问题大体解决。）

于是进行讨论"会章之修正及会费之添筹"。

本来学会会章，久应修正了，前此多人主张把会章改成简略些，巴黎来信亦主此说。但是日忙于讨论各种问题，要将会章即行修正，实做不到。毛润之主张推定起草员，草定后由长沙方面会友开会表决，再征求巴黎及各地会友的同意。众主张即委职员起草。至于会费的添筹，为刷制会务报告和通讯集，主张每年加收一元。（会章及会费问题解决。）

对于"新会友入会条件及手续并出会"的问题，是日讨论决定如下：

新会友入会的条件（为会友的信条）：（一）纯洁；（二）诚恳；（三）向上。

新会友入会的手续：五人介绍，通过全体会员（省去由评议部通过，因是日主张不设评议部之故）。

会员出会问题，因有些名义上是会员实质上非会员的。决定：（一）在会务报告内登一启事（见下）；（二）会友录里不列名；（三）开会时不约。通过启事如下：

"敬启者：本会会员结合，以互助互勉为鹄，自七年夏初成立，至今将及三年，虽形式未周，而精神一贯。惟会员对于会的精神，间或未能了解，有牵于他种事势不能分其注意之力于本会者；有在他种团体感情甚洽因而对于本会无感情者；有缺乏团体生活的兴味者；有毫无向上之要求者；有行为不为多数会友满意者。本会对于有上述情形之人，认为虽曾列名为会友，实无互助互勉之可能。为保全会的精神起见，惟有不再认其为会员。并希望以后介绍新会员入会，务求无上列情形者，本会前途幸甚！

新民学会启 十年一月二日"

（以上会员入会出会问题解决。）

一月二号为聚会的第二日。大雪越深，到会者10余人（昨日到会者今日均到），因有昨天未到今天到的人。主席（何叔衡）将昨天讨论及议决过的问题，大略报告一番。继续讨论昨天未完的第一个问题：

"学会应以什么做共同目的？"

用循环发言法，从主席起，列席诸人自左至右依次发言：

何叔衡：学会共同目的应为"改造世界"。

毛润之：应为"改造中国与世界"。

任培道：应为"改造中国与世界"。

陶斯咏：应为"改造中国与世界"。

易阅灰：应为"改造中国与世界"。

易礼容：应为"改造中国与世界"。

邹泮清：我对于改造两字极为怀疑，一般人都以为我们要根本改造，要根本推翻从前一切来重新建设，其实是做不到的。世界无论什么事，不可一跃而几（成），是渐渐进化的。新民学会不宜取改造的态度，宜取研究的态度，将各种主义方法彻底研究，看哪一种主义方法适宜。东西民族不同，人类病痛极杂，决非一剂单方可以治好。邹君发言极长。

陈章甫：言改造世界，范围较大，可以世界为家，心意愉快得多；故我赞成用"改造中国及世界"。

张泉山：我另有一个主张今可不提，单就方才所说讨论，不宜以中国与世界并举，宜用"改造中国并推及世界"。

陈子博：现社会为万恶的，改良两字和缓不能收效，宜取急进态度，所以我主张改造，但中国是世界的一部分，故我主张删去中国二字用"改造世界"。

钟楚生：我们目的不妨大点，主用"改造世界"。

贺延祜：同钟。

彭荫柏：主张用"改造中国与世界"，自愿抛弃昨日"改造东亚"的话。

熊瑾玎：主张用"改造世界"。

刘继庄：同熊。

李承德：主张用"促使社会进化"。

周惇元：同李。

都发言毕，相互略有批评。主席云：昨日曾言不取表决形式，但事实上无表决则不能明白分别某种主张的多数少数。众赞成表决，主席说：主张用"改造中国及世界"为共同目的的起立！起立的如下：陶斯咏、易礼容、毛润之、钟楚生、周惇元、任培道、陈启民、易阅灰、陈章甫、彭荫柏（十人）。主席说：主张用"改造世界"为共同目的的起立！起立的如下：熊瑾玎、刘继庄、陈子博、何叔衡、贺延祜（五人）。以上二种主张，文字上虽稍异，实质是一致。于是主席又说：主张用"促社会进化"的起立！起立的如下：李承德、周惇元（两人）。周惇元声明云：我于"改造中国与世界"与"促社会进化"两都赞成。此外声明不作表决者有邹泮清、张泉山两人。（目的问题解决。）

讨论方法问题：

"达到目的须采用什么方法？"

首由毛润之报告巴黎方面蔡和森君的提议。并云：世界解决社会问题的方法大概有下列几种：

1. 社会政策；

2. 社会民主主义；

3. 激烈方法的共产主义（列宁的主义）；

4. 温和方法的共产主义（罗素的主义）；

5. 无政府主义；

我们可以拿来参考，以决定自己的方法。

于是依次发言（此时陈启民到会）：

何叔衡：主张过激主义：一次的扰乱，抵得20年的教育，我深信这些话。

毛润之：我的意见与何君大体相同，社会政策，是补苴罅漏的政策，不成办法。社会民主主义，借议会为改造工具，但事实上议会的立法总是保护有产阶级的。无政府主义否认权力，这种主义，恐怕永世都做不到。温和方法的共产主义，如罗素所主张极端的自由，放任资本家，亦是永世做不到的。急（激）烈方法的共产主义，即所谓劳农主义，用阶级专政的方法，是可以预计效果的。故最宜采用。

任培道：我也赞成何毛二位的主张。但根本着手处，仍在教育，如人民都受了教育，自然易于改造。

陶斯咏：从教育上下手，我从前也做过这种梦想，但中国在现在这种经济状况之下，断不能将教育办好。我的意见，宜与兵士接近，宣传我们的主义，使之自起变化，实行急进改革。

陈启民：赞成俄国办法。因为现在世界上有许多人提出改造方法，只有俄国所采的办法可受试验的缘故。其余如无政府主义、工团主义、行会主义等，均不能普遍见诸施行。

易礼容：社会要改造，故非革命不可，革命之后，非有首领专政不可。但专政非普通所谓专政，要为有目的的专政。但在今日要有准备，要多研究，多商量，不可盲然命令别个。

易阅灰：声明对此无研究。

邹泮清：理论上无政府主义最好，但事实上做不到。比较可行，还是德谟克拉西。主张要对症下药。时间上积渐改进，空间上积渐改进；物质方面的救济，开发实业；精神方面的救济，普及并提高教育。惟教育如何增进速效？实业如何使资本不集中？尚是问题。

陈章甫：从前单从平民方面看，以为社会政策亦可，但后来从各方面看，知道社会政策不行，所以我现在也主张波尔塞维克主义[35]。

张泉山：第一步采过激主义，因俄国人的自由因平等而牺牲，所以第二步要采用罗素基尔特社会主义。

陈子博：第一步激烈革命，第二步劳农专政。

钟楚生：主张过激主义，中国社会麻木，人性堕落，故须采过激方法。中国社会无组织，无训练，须用专制。但往后宜随时变更。

贺延祜：主张推翻一切资本家及官僚。

彭荫柏：相信多数派的好，采革命的手段。吾人有讲主义之必要，讲主义不是说空话，中国现尚无民主主义，但这主义已过时不能适用。不根本反对无政府主义，但无政府主义是主观的，天下不尽是克鲁泡特金[36]托尔斯泰也。物质文明不高，不足阻（促）社会主义之进行。试以中国的国情与德英美法各国逐一比较，知法之工团主义，英之行会主义，美之IWW，德之社会民主主义，均不能行之于中国。中国国情，如社会组织、工业状况、人民性质，皆与俄国相近，故俄之过激主义可以行于中国。亦不必抄袭过激主义，惟须有同类的精神，即使用革命的社会主义也。学会中宜有一贯精神，共同研究，较为经济。

熊楚雄：主张现在只要破坏，不要建设。不必言主义，只做破坏工夫。

刘继庄：于主义无研究，不谈。赞成熊君破坏说，惟建设亦须预筹。

李承德：对于采用俄国劳农政府的办法非常怀疑，主张用罗素的温和办法，先从教育下手，作个性之改造。俟大多数人都了解，乃实行全体改造。

周惇元：无政府主义不能行，因人性不能皆善，中国目下情形非破坏不行。惟于过激主义不无怀疑，束缚自由，非人性所堪。宜从教育入手，逐渐进步，步步革新。吾人宜先事破坏，破坏后建设事业宜从下级及根本上着手。

陈启民：言教育，言实业，须有主义，须有劳农主义。诊病须从根本入手，一点一滴，功迟而小。

循环讨论后，相与自由讨论。彭荫柏谓：一点一滴的改造，亦须趋向共同的目的。任培道赞成陈启民诊病须从根本入手的话。惟谓病后宜有补剂，教育其补剂也。邹泮清仍反对改造说，引人心惟危，道心惟微之言。谓人有人心道心，不能尽善，故须点滴改革。何叔衡云：建设亦须随时着手，随时变更，意不赞成熊瑾玎单要破坏之说。又云：不必说主义，但要人人做工。毛润之谓：人人做工，就是一种主义，所谓汛劳动主义。周惇元不赞成汛劳动主义，谓劳农势力之下，摧残天才。主张须有从事科学艺术之自由，不必人人做工。

方法问题讨论至两点钟之久，主席付表决，赞成波尔失委克主义[37]者十二人：何叔衡、毛润之、陶斯咏、易克穗、易礼容、陈章甫、张泉山、陈子博、钟楚生、贺延祜、彭荫柏、陈启民。赞成德谟克拉西者两人：任培道、邹泮清。赞成温和方法的共产主义者一人：李承德。未决定者三人：周惇元、刘继庄、熊瑾玎。（方法问题大体解决）

以上第二日完。中午叙餐。

一月三号，为集会第三日。首先讨论"方法进行即刻如何着手"问题。仍依次发表意见。

　　何叔衡：一方面成就自己，多研究；一方面注重传播，从劳动者及兵士入手。将武人政客财阀之腐败专利情形，尽情宣布；鼓吹劳工神圣，促进冲突暴动，次则多与俄人联络。如陈炯明之类，亦宜接洽。

　　陈启民：研究宜重比较，取精用宏。宣传宜兼重智识阶级，使无弃才。遇有机会，宜促使实现，故有组党之必要，所以厚植其根基。

　　周惇元：从下级入手、宜渐进，重普遍，立脚宜稳，点滴做去。学校和饭店，皆吾人着手处。研究宜深。

　　熊瑾玎：先研究，而后从事下手之法。下手之法，宜重传播。学校以自办的为好。再则从事普遍之宣传，办报亦其一法。事实上有组党之必要。多联络，不惜大牺牲，事先宜厚筹经济。发财不是为自己而发财，只要有目的，有组织。

　　彭荫柏：研究、传播、组织、联络，四者都不可缺。研究宜方面多，科学、文学、哲学、经济、政治，不偏废。各以所得互相交换。传播宜重智识阶级。组党劳动党有必要，因少数人做大事，终难望成；分子越多做事越易。社会主义青年团，颇有精神，可资提挈。联络，则个人、团体，宜兼顾，如少年中国学会，其可联络者。

　　贺延祜：研究、传播甚要；尤宜自己投身到劳动界去。

　　陈子博：自己到劳动界去多发小册子，语言无妨激烈一点。组党分都市、乡村两方面，洪会可利用。

　　易阅灰：社会主义青年团可资取法。

　　姜瑞瑜：发展个人特殊能力，利用机会。教育宜着重。

　　张泉山：主客两方面宜兼重，客观方面分三种方法。（1）宣传；分为三：（a）学校；（b）小册子；（c）秘密演讲。（2）组织；（3）联络；分为三：（a）个人；（b）小团体；（c）大团体，如俄国。主观方面宜增高个人能力。

　　陈章甫：研究宜即时着手。宣传如文化书社最有效力。我县自浏西文化书社成立，教育人员发生极大之忏悔，即其例。须从市民运动入手，多讲演，多联络，联络可仿颜习斋医病教（救）人办法。饭铺、茶店，最好着手。组织菜园，实行从劳动界入手。夜学要多办。联络要自己到劳动界去，并宜及于女界。

　　邹泮耕：世界是积渐进化的，宜点滴改造，宜温和，从现时现地做起。注重教育实业。办教育实业要资本，但借外资，仍宜反对。宣传着重劳动阶级，为长时之宣传。教育是基本事业，从学校制造同志最为坚强有力。一个真同志，抵得若干泛人。募捐办学校，由小学而中学大学，由长沙而各省各国，积渐前进，久而可靠。办报注重通俗。

蒋集虚：做事要钱，筹钱要从事实业，望各人分工进行。

易礼容：过激主义本不可怕，不研究自然怕他。研究要深切。宣传以诚恳态度出之必有成效。宣传组织宜一贯，即组织，即宣传，即宣传，即组织。要造成过激派万人，从各地传播。艺术家以暗示的方法行之。

陶斯咏：我所要说者，宜云："我个人即刻如何着手？"我的答是："我个人要即刻读书"。

任培道：从自己读书做起。

毛润之：诸君所举各种着手办法：研究、组织、宣传、连（联）络、经费、事业、我都赞成。惟研究底下，须增"修养"。连（联）络可称"联络同志"，因非同志，不论个人或团体，均属无益。筹措经费可先由会友组织储蓄会。我们须做几种基本事业：学校、菜园、通俗报、讲演团、印刷局、编译社，均可办。文化书社最经济有效，望大家设法推广。

依次发言毕，相互讨论，对于所举各种着手方法，多谓宜以必要而且切实可行者为主。主席遂将上面各人所述着手方法，综合序列如下：

**着手方法：**

1. 研究及修养：

A. 主义；

B. 各项学术。

2. 组织：

组织社会主义青年团。

3. 宣传：

A. 教育；

B. 报及小册；

C. 演说。

4. 连（联）络同志。

5. 基本金：

组织储蓄会。

6. 基本事业：

A. 学校（又夜学）；

B. 推广文化书社；

C. 印刷局；

D. 编辑社；

E. 通俗报；

F．讲演团；

G．菜园。

于是主席以赞成上面六项各节为会友进行着手方法付表决，全体起立。（着手方法问题解决。）

次讨论会友室家问题：

陈章甫报告巴黎会友来信的内容。并谓会友多感室家的苦痛，急宜设法解决。

毛润之谓这是一个极大的问题。现在青年有室家痛苦的极多，会友中亦大多数有此痛苦，此时不求解决，将来更无办法。相继自述有室家痛苦者多人，有主张组织"夫人改造学校"者，有主张组织"工厂"者，有主张组织"女子工读学校"者，结果照巴黎来信，先组织"妇女成美会"，推举陶斯咏、易礼容、陈章甫、任培道为筹备员。究用何种救济方法，请四人筹商后得有结果，再行商决。

（以上室家问题解决。）

次讨论"学会纪念日问题"：

一致主张以四月十七日为学会成立纪念日，各地会员是日分别集会叙餐。

次讨论"会友健康及娱乐问题"。

大家认此为重要问题。惟"增进健康"一项，如早起、运动、沐浴、节劳、戒烟酒等，不便表决规定，应由会友个人去斟酌力行。但表决"增进娱乐"的各种集会如下：

1．游江会：阴历五、七、八三月择期举行三次以上。

2．游山会：春夏秋三季择期举行三次。

3．踏青会：三月三日。

4．聚餐会：每月一次，于每月例会日举行，每餐各备铜元二十枚。

5．踏雪会：遇雪临时集会。

6．毯会：各会员自由组合。

（以上健康及娱乐问题解决。）

此外尚有"会友个人的进行计划""会友个人的生活方法"及"个性之介绍及批评"三个问题，因时促不能讨论，等本年一月常会解决。

第三日自上午十时起讨论，至下午二时方散。是日全体至草潮门外河干拍照，大雪拥封，照后不现。

一月十六日，为长沙会友十年一月常会期，仍在文化书社开会。到会者二十一人。何叔衡主席，报告：今天系继续讨论新年大会未决之问题。问题凡三：（一）会友个人的进行计划；（二）会友个人的生活方法；（三）个性之介绍及批评。请大家先讨论第一个问题：

"会友个人的进行计划"。

列席二十一人，依次发言：

何叔衡：我的计划狭小，将来仍当小学教员，想在我的本乡办一学校。在三年以内要往国内各地调查一次，同时不忘看书研究。从前想学外国文，但现觉年纪大了，不能学好。然还想学习日本文，以能看日本书为主。做事从最小范围起。

周惇元：目的在研究学术，想于文学及哲学上用一点功。将来事业则在教育。现在进行：想在两年学好英文。前想进学校，今觉中国学校无可进了。想在近筹一点钱赴日，惟不易办。赴日虽不甚好，但一，可绝外缘，免去在国内时的纷扰；二，日本虽无独立文化，但感受最快，并非无学可求。筹款困难时，或要借助官费。

彭荫柏：从前本想终身站在实业界，所以进了商业学校。后知商业不适个性，便把他丢掉了。从前我有一种野心：学好数国文字；对于形而上学也想懂得一点大概；又想于实业上有所贡献，于海外贸易有所进行。但是现在变更了，觉得要使社会改造，非于经济政治上有所改造不可。前想留美，因无钱打止；后又想到法国去；去年以来，又想赴俄；现仍想由法赴俄。在长沙，至多不过两年了。在长沙，除解决自己生活之外，还想帮助劳动组织。求学方面，还是初心，但文字只想学英俄两国了。

钟楚生：我自己觉得只能在教育界生活，并且愿意只在教育界生活。我从前本已进了中学，因故改入师范。师校毕业，因本省高等师范不好，不愿去，因此做了教员。因循至今，随便又是几年。将来仍想在教育上用功，想筹钱到日本去一次。

陈子博：俟中学毕业后再定计划。在长沙时，一面对于社会上做点事，对兵与工，宣传我们的主义，一面将自己的功课，预备一番。

谢南岭：我认为改造社会，应当从最下级——乡村——做起，所以乡村教育，极愿尽力。师校毕业后，决定升学，或西南大学，或高师，或高工。升学毕业后，决在乡村中做事，改变普通人做便宜事做高贵事的心理态度。

张泉山：我从前只有求学上的计划，去年以来，又有事业上的计划了。我对于学问，想从数学、物理学、化学下手。现在有闲就读英文。我于自身生活以外，担负一个老弟的学费，因此当在长沙再留一年半，仍从事教员生活。

蒋集虚：想做一个教育者，从事小学中学的教育事业。师校毕业后，教书、积钱，再入高等师范，然后往外国留学。从事教育时，拟集合同志，自办学校。

毛润之：觉得普通知识要紧，现在号称有专门学问的人，他的学问，还止算得普通，或还不及。自身决定三十以内只求普通知识，因缺乏数学、物理、化学等自然的基础科学的知识，想设法补足。文学虽不能创作，但也有兴会；喜研究哲学。应用方面，研究教育学及教育方法等。做事一层，觉得"各做各事"的办法，毫无效力，极不经济，愿于大家决定进行的事业中担负其一部分，使于若干年后与别人担负的部分合拢，即成功了一件事。去年在上海时，曾决定在长沙顿住两年，然后赴俄，现在已过了半年，再一年半，便当出省。在长沙做的事，除教育外，拟注力于文化书社之充实与推广。两年中求学方面，拟从译本及报纸了解世界学术思想的大概。惟做事则不能兼读书。去年下半年，竟完全牺牲了（这是最痛苦的牺牲）。以后想办到每天看一点钟书，一点钟报。

罗耻迁：终身事业：教育。教育是为人类的，为社会的，所以对于社会学欲有所研究。研究的方法不能确定，或自修，或学校，或国内，或国外。至于目前，从阴历明年正月起，读英文。在五年以内，要使英文学到可以看书。

夏蔓伯：深信工学并行，与脑体共用之理，想一面研究教育，一面学习工艺，这是目的。方法：第一决定在师范毕业，毕业后任教员几年，教书时并兼从事研究与练习工艺。十年后，再出洋。

邹泮耕：我的计划筹想了多年，几经修正，现在似乎有一点把握了。我意一个人的事业不外研究与发表两节。我个人想研究文学及哲学（广义的），拟以一年温习曾学过的各种自然科学，再以两年习文学，再以一年习英文。这四年中附带教课（不当主任），无课则事研究。四年后往日本，至少住一年，惟不愿进学校，因我从来反对他。此后再以五年求学，详细不能悬拟，或竟赴西洋亦难定。以上是我的十年研究计划，此后再从事发表。至我不赞成学校，因学校不足成学。

易粤徽：我近来认定我自己最后要做一个教育者。预备工夫，先学外国文，至少学好英文、法文、日文，注重英文。将教育学与学外国文合为一起，看英文教育学。我又认学校无进的必要，决定在年半以内从事教书的工作。每天做四小时工，读六小时书。

陈启民（发言很长，记其大要）陈云：我个人计划，一是终身的，为终身读书计划。这是根据我自己的宇宙观和个性来决定的。我觉宇宙只是空间时间二者。时间是直线，空间是整块，都不是破碎的。我个性则是喜欢多方面。因此，觉得宇宙间人之所欲学，皆吾之所欲学；宇宙间人之所曾论思，皆吾之所欲论思。文学、哲学、科学，皆吾之所欲学。我愿做一个学术界的托拉斯。学问暂时不能定系，升学不升学，出洋不出洋，觉得皆不成问题。因学校不足以范围我，我可以利用学校，所以或者再入学校。至于出洋，世界上学问分两大支，一支属亚，一支属欧。我从前有一种见解，对亚洲想集中研究中国的学问，推及印度、日本。对欧洲，则不能说集中哪一国，所以想先研究亚洲学。这是我从前的想法。后来又想用西方的方法，求东方的学问。现在则想东西并进。至将来到外国去，以一国为常驻，以各国为游行，作一个学术界的猎夫。我于升学，不定在哪一年和哪个学校。至读书的时间，原无穷尽，死而后已。以上说终身的计划。再说目前的计划，为经济压迫，不能外出，但这正是成全我，因为我想在这个时候研究中国学。中国学的下手注重周秦，周秦以下，无学可说；宋受佛学影响，当别论；清为复古时代，自当研究。我想以历史的方法治中国的学问而集中于哲学和文学二面。我以为冷静方面的学问当在后，人事方面如政治、经济等当在先。而西方的政治、经济均大规模有组织，所以我对于西方学拟集中于政治、经济的方面。我从前有两年学好三国文字的计划，因事实阻碍，近又订了三年学好两国文字的计划。英文而外，法文和日本文都是要学的。

贺延祐：我的计划随时变易，前学师范，无甚计划。毕业后教了几年课，想进高师，未果。现拟学医，因此想学英文、化学、生理学等。因经济不能独立，拟做两年事，集一点钱，再进医校，医系一种职业，可以救人。做事时兼学英文、化学。

吴毓珍：想到法国勤工俭学，但因无钱恐不能去，现在还是筹钱。一面筹钱，一面读点英文。

陶斯咏：陈先生想做一个学问上的托拉斯，我只好做一个捡煤炭的小孩子。我在师范毕业后，因经济不能升学，就想教课数年，储金升学，不料至今还是原样。久想邀伴自读，几经设法无成。去年想入北高，未果。去夏至南高想入又未果。以后仍只在周南，一边做事，一边研究，从心理学、教育学和英文入手。同时想联络省城各处女友，我觉求友不一定要求胜（己），诸凡有志，即当联络。

任培道：从前许多计划都失败了。先前本想升学，后因经费及地点的困难未能。因决计当小学教员，一求增进经验，一求储积费用。在溆浦数年，亦无成效。去年想到法国去，也因无钱未成。因力辞校事，想在长沙专门对于学问用一点功，既到长沙，也不能实现。现在仍只好一面求所以解决生活，一面学习英文，再等机会升学。

吴家瑛：在学生时代计划和希望很大，及入社会经历数年，从前计划打消好多了！现亦无具体的计划可说。惟对于学问事业两面，总是抱一种（向）前进行的意思罢了。

唐文甫：陈君以为宇宙是整然的，因此作成他的宇宙观而立定其计划。我的计划，也立于我的宇宙观，我觉得宇宙只是"美"。我觉得世界没有不美的。凡能引起我的美感的，我就喜欢去研究。文学是能够表美的，诗歌尤是文学上表美的要品。因此，我欲于诗歌有所研究和创作。不是求名，也不是求利，也不管人人说好说歹，只求满足自己的要求就是。此外哲学也想研究。凡求学一要有识，二要有胆，而胆第一，无胆则不能成学。吾愿勘破一切，做一个学问上的"冒失鬼"。年半内不出省，一面做一点事，解决生活，一面学英文及日文。年半后或入北大，或进南高，暂不定。自揣个性近于文学，将来想专力于此。

熊瑾玎：我觉要做事，就要有钱，因此，我就早有发财的念头，常常找些《十大富豪》《货殖传》……看。常觉在中国这种社会底下发财有两条路：一是做官，二是经商。做官要钻营，不愿干。经商我也试验了一下，因他种原因停了。现在想从生产事业下手，从前与萧子升等商量到东三省垦荒，因各种困难未成，现正在筹度他种方法。我觉私利可以不要，团体资本是该要的；增进我们的资本，方能发展我们的事业。苟可发财，不必择术。

以上个人的进行计划发表完。从前的朋友们，多将自己的计划看作秘密，不肯把他公开出来。因此别人不晓得他的计划，他也不晓得别人的计划，各人都打入闷葫芦里，要互助也无从互助，要结合同目的的人共做一样事也无从结合。这种"各想各""各做各"的现象之结果，一、自己的计划如果偏了或错了，因无从得到纠正，便一直偏错到老死，所志无成，徒增怨悔。这类情形，是我们常时看见的；二、自己的计划虽未偏错，而孤行无助，终归不能达到。这类也是常有的事。长沙同人鉴于此种弊失，乃有各述计划之举。各地会友均能同样举行，各述自己计划，以其结果刊登会务报告，大家看了，当可得到种种益处。

上面个人计划述完，休息二十分钟，继续讨论第二个问题：

"会友个人的生活方法。"

这问题也是很重要的。大概从前的读书人，是照例不研究生活方法的；因此，竟弄成凡读书人社会就是无恶不作的坏人社会。吃饭问题，本来不容易解决，加以不研究，更不得不寻些糊涂方法去解决了。新民学会长沙会友讨论这个问题的结果，除开一二人因别种理由，不主张注重生活问题之外，其余对此问题都觉很为重要。讨论情形特记如次：

何叔衡：自身个人的生活很简单，容易解决。惟须兼筹子女的教育费。自己拟作教育上的事业，期得到低额的报酬，以资生活。至于别的不正当的发财法子，无论如何，不愿意干。

彭荫柏：常有三个问题，即求学，做事与生活，都难解决。但我觉得人只要有勇气，不应计及生活问题上去。罗素说"应当想生活问题以外的事"，我很相信。我们只要把求学做事的问题解决，生活不成问题。但我们生活，也要定一方向。许多方面的生活，如做官之类，我们不可去。只有教育界（除开别的新组织新生活）和做工，为我们所可采的方面。做工也有为难的地方，因为劳动界太无识了。所以我们做事，当有新组织才行。

唐文甫：在我们求学时，专心去解决生活问题，恐怕会要堕落，解决不了，便生烦闷。我现在在民治日报帮编新闻，一面不费多的时间，一面可以得到少许报酬，用以生活并买书报。将来拟从事这一类，一面可资生活，一面便于研究的事。

陈子博：虽略有遗产，但父亲专制，不能容我自主。要脱离此种痛苦，非独立生活不可。现学未成，仍然困难。寒暑假中拟在文化书社服务，以所得工钱，供给学费。毕业后生活方法，要俟将来决定。

周惇元：暂任报馆事，解决生活，将来很想一切事不做，专门读书。但款须另筹。

张泉山：以教员为职业。

钟楚生：以教员为职业。

谢南岭：家寒，但能耐苦，物质上的生活很易解决。然无钱买书。将来升学，也很为难。近来想组织一个小小的工场，或印刷所，来解决生活。

夏蔓伯：我自己现在是一个寄生虫，不惟自己，身上又有了两个寄生虫——妻、女。将来个人的生活方法，想从事手工业。现在师校尚未毕业，拟于年内着手办一小印刷局，以所获供给用项。毕业后以教员维持生活。家里有一父、二妹、一妻、一女；除父母外，通是不生产者。故家庭生活，甚是危险。

易阅灰：我于消费，主张适当，不太奢，亦不太啬。饭取可口，衣取章身，房子求卫生通光气。至取得生活费的方法，暂为教员月薪，支出恐怕要以买书费为多。

贺延祜：生产暂时尚无方法。计划想学医，不能之时，仍在教育上做事，半工半读。消费不主太简，食住总以能卫生为好。衣以保暖为宜。

熊楚雄：单是一个人的生活不成问题。我们生活所以难解决者就是除了自己，还有别人——子弟。生活的方法，要想法子开辟。例如："送灰面""添洋油"两件小事，从前没有人干，经人开辟了，就是很好的生活方法。我们如果没有一点事做，也可以自己开辟途径。我对于生活费的使用，不大喜欢俭啬。因为生活奢一点，欲望必定也大一点，做事必定也勇一点。

毛润之：我所愿做的工作：一教书，一新闻记者。将来多半要赖这两项工作的月薪来生活。现觉专用脑力的工作很苦，想学一宗用体力的工作，如打袜子，制面包之类，这种工作学好了，对世界任何地方跑，均可得食。至于消费赞成简单，反对奢泰。

罗耻迁：生产方面：在教育上生活。消费方面：量入为出，不必俭。除自己解决生活外，还要解决家庭生活。

蒋集虚：物质生活，不外衣、食、住三项。现我决定家产一点不要，师校毕业后以教员为职业，与相知之数友同居生活，生活费互助，轮流升学。衣则十年内决定只穿布衣，食则每日一餐也可，住屋更可随便。至精神生活，则急要读书。我从前觉得人生无味，盖进化无已，没有底境，使人迷茫，觉得无味。近受杜威、罗素的影响，将凡事之无希望的方面，黑暗的方面，坏的方面，不去着想，专想有希望的方面，光明的方面，故觉颇有生趣。

邹泮耕：因要读书，生活问题也不得不计及一番。以我家论，本可自给。但能自己给书报费则更好。至于将来完全读书时期，便为难了。

陶斯咏：现在的生活：教书、学校办事。教书和办事的生活难靠，则烹饪、裁缝、编物。物质生活不困难；但自己不善理财，有钱不能储蓄。精神生活是一难事，因为要有学问才行。精神如鱼，学问如水，有学问精神才得愉快。

陈启民：精神生活，先前所说可以见大概，不重述。物质生活非个人所能解决，所以社会主义、共产主义，都是革生活的命。生活上太枯焦，太刻苦，必影响于心理。所以我们身体上所需，必不可故意刻减。饮食衣服住居，都要达到一个相当的程度，虽不要奢，总要"备"。生活的全体，非个人所能解决，个人只能尽力之所能去做。

任培道：现时生活，可以教书解决，衣食能安淡泊。

此时，吴德庄因事先去，各人依次述生活方法毕。互有讨论。周惇元云：劝善规过，最是要紧，我常感觉到虽时常有朋友谈论，总多闲谈，少有用诚恳的态度来讨论修学立身的问题的。希望会友注意此点，会面不为闲谈，劝善规过，讨论问题。又觉得我们在此时应该注重"自己改造"，不应加入团体太多，致牵涉许多事务，妨碍自己的进修。蒋集虚极赞周君的话，说："应该如此。"陶斯咏云：我总加入了七八个会，以后当辞去四五个。何叔衡云：朋友会面，宜多批评。至生活的切实方法，还须大加研究。毛润之不赞成熊瑾玎之消费主张，谓生活奢了，不特无益，而且有害，主张依科学的指导，以适合于体内应需的养料，身上应留的温度，和相当的房屋为主，这便是"备"，多的即出于"备"之外，害就因此侵来。此时何叔衡提议：想一个公众的生产方法，谓刚才有人提议办印刷局，我以为可以商议进行。毛润之云：文化书社有此计划，因"书社"只是发行一部，还要组织一个印刷局，及一个编译社。夏蔓伯谓：如有人帮助组织，愿任进行。大家认此事甚属要紧，结果，决定另行筹议。"个性之介绍及批评"，因时间不早，未议散会。[38]

这次新民学会新年大会的意义是极深远的。从此，长沙也和北京、上海等地一样，逐渐形成一批共产主义者结成的小组，开始筹备创建中国共产党的全国性组织。而毛泽东，就是其中的佼佼者。

## 注　释

〔1〕《新湘评论》编辑部：《毛泽东同志的青少年时代》，中国青年出版社1979年10月版，第129—131页。

〔2〕《新民学会资料》，人民出版社1980年9月版，第62—65页。

〔3〕原文如此。

〔4〕旭旦学会，1920年1月在湖南长沙成立的进步女学生团体。成员多为长沙周南女校和湖南省立第一女子师范学校的学生。——原注

〔5〕魏，指魏璧（1897—1969）。周，指周敦祥（1898—1980）。劳，指劳君展（1900—1976）。

〔6〕1920年初，彭璜与陈独秀等人在上海发起组织工读互助团，以"实行半工半读互相协助为宗旨"。彭璜任该团临时会计。——原注

〔7〕湖南女子留法勤工俭学会，由向警予、蔡畅等发起，1919年12月在湖南长沙成立。——原注

〔8〕指北京女子工读互助团，1920年初成立，宗旨为"实行女子工学互助"。——原注

〔9〕稻田，指湖南省立第一女子师范学校，因校址设在长沙古稻田得名稻田女子师范学校。——原注

〔10〕《新民学会资料》，人民出版社1980年9月版，第59—62页。

〔11〕斯宾塞尔，今译斯宾塞。"国拘"一语，出自严复译《群学肄言》（斯宾塞所著《社会学研究》一书的摘译），意为一国狭隘范围所限。——原注

〔12〕指法国唯心主义哲学家柏格森（1859—1941），英国逻辑学家、唯心主义哲学家罗素（1872—1970），美国哲学家、教育家杜威（1859—1952）。——原注

〔13〕旅京学会，即旅京湖南学会，成立于1920年春，同年秋后停止活动。主要会务是假日请名人讲演或进行学术研究。毛泽东为该会编纂干事之一。——原注

〔14〕《新民学会资料》，人民出版社1980年9月版，第1、13—14页。

〔15〕易礼容：《毛泽东创办长沙文化书社》；《新民学会资料》，人民出

版社1980年9月版，第525—529页。

〔16〕易礼容：《关于文化书社的一次谈话》；《新民学会资料》，人民出版社1980年9月版，第530—533页。

〔17〕沈均一：《我加入新民学会的过程和其他情况》；《新民学会资料》，人民出版社1980年9月版，第452—453页。

〔18〕萧三：《湘江的怒吼》；《新民学会资料》，人民出版社1980年9月版，第427—430页。

〔19〕这27人除姜济寰、左学谦外，均为当时湖南文化教育界人士，其中12人为新民学会会员。姜济寰（1879—1935），当时任湖南省财政厅长。左学谦（1876—1951），当时任湖南商会会长。

〔20〕《新民学会资料》，人民出版社1980年9月版，第255—259页。

〔21〕《新民学会资料》，人民出版社1980年9月版，第260—261页。

〔22〕《新民学会资料》，人民出版社1980年9月版，第277页。

〔23〕《新民学会资料》，人民出版社1980年9月版，第278页。

〔24〕周世钊：《湘江的怒吼》，《新民学会资料》，人民出版社1980年9月版，第430—433页。

〔25〕《对于发起俄罗斯研究会的感言》，署名荫柏，载1920年8月27日、28日湖南《大公报》。——原注

〔26〕《新湘评论》编辑部：《毛泽东同志的青少年时代》，中国青年出版社1979年10月版，第158—161页。

〔27〕埃德加·斯诺：《西行漫记》，读书·新知·生活三联书店1979年12月版，第130—131页。

〔28〕李维汉：《回忆新民学会》，《新民学会资料》，人民出版社1980年9月版，第469—471页。

〔29〕李维汉：《回忆新民学会》，《新民学会资料》，人民出版社1980年9月版，第476—482页。

〔30〕《新民学会会员通信集》第3集。

〔31〕《新潮》第3卷第2号《布尔什维克主义》。

〔32〕《新民学会会员通信集》第3集。

〔33〕德国社会民主党，原是1869年在马克思、恩格斯的帮助下建立的。马克思、恩格斯逝世后，蜕变为改良党。在第一次世界大战期间，站在本国资产阶级的立场上，拥护帝国主义战争。——原注

〔34〕《新湘评论》编辑部：《毛泽东同志的青少年时代》，中国青年出版社1979年10月版，第142—153页。

〔35〕波尔塞维克主义，即布尔什维克主义。——原注

〔36〕克鲁泡特金，是俄国无政府主义者。他反对一切形式的国家，反对阶级斗争，反对无产阶级专政。——原注

〔37〕波尔失委克主义，即布尔什维克主义。——原注

〔38〕《新民学会资料》，人民出版社1980年9月版，第15—41页。

# 第二编
## "问苍茫大地，谁主沉浮"

# 一、建党前后

## 湖南的新曙光

毛泽东在成为马克思主义者之后，并没有停止对真理的追求，而是开始了新的努力。他要寻觅有共同理想的同志，还要创建将这理想付诸实行的组织。毛泽东的努力是富有成效的。不久，长沙共产党早期组织便同全国其他先进地区的共产党早期组织一样，在东方地平线上冉冉升起，为湖南带来新的希望。

有关毛泽东创建长沙共产党早期组织的情况，迄今为止考证得较为充分的是中共湖南省委党史资料征集研究委员会撰写的《长沙共产主义小组综述》一文。

该文写道：

毛泽东由沪返湘后，与陈独秀、李达等联系密切。文化书社创立时，请陈担任"信用介绍"。由于陈独秀的帮助，上海《新青年》社、泰东图书局、亚东图书馆、中华书局、群益书社、时事新报社等，免去押金，优先卖书报给文化书社。[1] 10月中旬，又建议省教育会邀陈独秀来长沙讲学，陈"不愿偕罗素同来"，没有启程。[2] 12月，毛泽东再次邀陈来长沙参加社会主义青年团成立大会，后因陈赴广东，也未实现。[3] 但陈独秀、李达等把建党情况，中国共产党宣言的起草情况都及时告诉了毛泽东，委托毛泽东在长沙建党，并寄来了《共产党》月刊、青年团章程。据周佛海回忆，1920年夏，他从日本回上海，在环龙路渔阳里2号会见陈独秀，共产国际代表维经斯基也在座，共同商议建党问题。"经过几次会商之后，便决定组织起来，南方由仲甫负责，北方由李守常负责"，"预备在一年之中，于北平、汉口、长沙、广州等地先成立预备性质的组织，然后于第二年夏天，开各地代表大会，正式成立"。[4] 这段回忆，说明在1920年夏，长沙已列入了陈独秀的建党计划。李达回忆，"这个组织（共产党）发起后，由陈独秀、李汉俊找关系"，"在湖南由毛泽东负责"。[5] 毛泽东在筹建长沙共产主义小组过程中，同上海、北京小组成员有着广泛联系。早在1918年下半年，毛泽东就认识了李大钊，并在他领导下担任北京大学图书馆管理员；在他帮助下，开始接受马克思主义。毛泽东创办文化书社时，李大钊担任文化书社的"信用介绍"，协助书社打通了北京大学出版社、新潮社、学术讲演会及《晨报》社的关系，免去押金供应书报。上海、北京共产主义小组成员李启汉、林伯渠、李中（李声澥）、陈公培、周佛海、邓中夏、何梦雄、罗章龙、缪伯英等，也同长沙小组保持联系。

......

关于长沙共产主义小组成立的环境、情况、成员、时间等情况，小组的主要创始人毛泽东都有回忆。1945年4月21日，他在《"七大"工作方针》中提到："苏联共产党是由小组到联邦的，就是说由马克思主义的小组发展到领导苏维埃联邦的党。我们也是由小组经根据地到全国。""我们开始的时候，也是很小的小组。这次大会发给我一张表，其中一项要填何人介绍入党。我说，我没有介绍人。我们那时候就是自己搞的，知道的事也并不多。"1956年9月，毛泽东在"八大"代表证上亲笔写入党时间是1920年。1960年6月21日，毛泽东接见日本文学代表团谈到自己的经历时说："后来是客观环境逼得我同周围的人组织共产党早期组织，研究马列主义。"1969年4月1日，毛泽东在"九大"开幕式上，再次谈到他和何叔衡是长沙共产主义小组参加"一大"的代表。

参加"一大"的代表，除李汉俊、何叔衡、王尽美、邓恩铭在1936年以前牺牲或逝世外，其余代表均有回忆。李达多次谈道："6月初旬，马林和尼可洛夫由第三国际派到上海来，和我们结识了以后，他们建议我们应及早召开全国代表大会，宣告党的成立。于是由我发信给各地党小组，各派代表二人到上海开会。""6月下旬，到达上海开会的各地代表共12人。长沙——毛泽东、何叔衡。"[6]陈公博在1924年写的《共产主义运动在中国》，是所有"一大"代表中最早撰写的回忆文章。他说"中国共产党第一次全国代表大会于1921年7月20日在上海召开。这是中国共产党的生日，大会代表12人，代表7个地区——广州、北京、湖南、上海、山东、汉口，以及在日本的"党员。陈潭秋、董必武在1936年的回忆中，也明确肯定湖南长沙的共产主义小组代表是毛泽东、何叔衡。

长沙共产主义小组成立时间，据彭述之回忆："1920年9月，我抵长沙时，湖南共产党早期组织是个什么模样呢？……根据贺民范的叙述，湖南共产主义小组同上海的大不相同，它当时在组织上还没有正式形成，而上海的共产党早期组织已经成了中国拥护苏俄式革命分子的核心，并且是他们的先驱组织。然而，湖南共产主义小组的存在是不可置疑的。"包惠僧回忆是9、10月间，同武汉共产主义小组成立时间大体相同。张国焘回忆是11月。这些回忆大体符合历史实际。1920年8月上海共产主义小组成立后，向北京、武汉、长沙等地发信，毛泽东接信后，开始着手筹建长沙小组。据萧子升回忆："1920年，新民学会出现了分裂，在毛泽东领导下，那些热衷共产主义的人，形成了一个单独的秘密组织。"[7]

......

长沙共产主义小组的人数及其成员，据毛泽东回忆，在正式发起建党文件上签名的有6人。至"一大"召开时，李达回忆有10人，张国焘回忆约有10人。这就是说，由初创时的6人，发展到"一大"时的10人。在这些回忆中提到的人，除毛泽东、何叔衡外，尚有彭璜、贺民范、萧铮、陈子博、夏曦、彭平之等。根据现有资料可以肯定的是有毛泽东、何叔衡、彭璜。[8]

**关于长沙共产党早期组织成立以后的主要活动，该文继续写道：**

在湖南，军阀统治非常残暴，不容许"过激派"的宣传，更不容许共产党的存在。恶劣的政治环境使得长沙共产主义小组必须采取极隐蔽的活动方式。小组成立后，是以群众团体或个人名义领导和参加各项活动的。

1. 向湖南《大公报》《劳工》月刊推荐上海共产主义小组《共产党》月刊、《中俄通讯社》的重要文稿。毛泽东与湖南《大公报》主笔龙兼公、张平子是同乡，交往密切。据张平子回忆，毛泽东常向他们推荐马克思主义的文章。在毛泽东介绍或影响下，《大公报》上刊登了李大钊的《由经济上解释中国近代思想变动的原因》，《中俄通讯社》的《布尔什维克略史》，《共产党》月刊第一号《俄国共产党的历史》《列宁的历史》。《劳工》月刊刊载了《中俄通讯社》关于欧洲工人罢工的消息。

2. 开办湖南第一师范民众夜校和失学青年补习班。支持黄爱、庞人铨创建湖南劳工会。1920年冬，毛泽东在湖南第一师范附小任教时，创办了民众夜校和失学青年补习班，招收附近工厂工人学习文化，通俗讲解马克思主义的剩余价值学说和社会发展史。他解释"工人"二字联起来就是"天"字，生动地阐明了"全世界无产者联合起来"，力量大于天。12月5日，湖南《大公报》发表了一篇署名"泽人"的论文《怎样做才有真正的劳工团体出现》，提出："劳工是社会的台柱子，劳工问题不解决，社会怎样能够安宁呢？"要解决劳工问题，改善工人生活，提高工人的社会地位，就只有工人联合起来结成坚固的团体，"扎硬寨，打死仗，自己起来奋斗"。这年秋，黄爱、庞人铨回到长沙从事工人运动。黄爱原在天津协助周恩来领导过学生运动，在北京见过李大钊，参加了北京工读互助团，在上海陈独秀主编的《新青年》做过缮写，同陈独秀讨论过劳工问题。黄、庞筹备湖南劳工会时，得到了何叔衡、彭璜的支持，何叔衡还是劳工会的名誉会员。11月21日，湖南劳工会正式成立，开办了两所工人夜校，一所平民阅览室，还设立了女子职业学校，举办了工人读书会、星期讲演会，成立了女子新剧组，创办了《劳工》月刊，积极开展对工人的思想、文化教育，鼓励工人团结起来，为改造万恶的半殖民地半封建的社会制度而斗争。

3. 帮助湖南劳工会开展"五一"纪念活动。1921年3、4月，湖南劳工会发动了湖南第一纱厂公有运动。湖南第一纱厂原是官办产业，后由省政府租给了华实公司。湖南劳工会要求华实公司废除租约，交湖南第一纱厂工人自己管理。他们曾发动工人游行示威，押着华实公司董事到省政府去废约，结果遭到军警镇压，捕去代表四人。4月28日黄爱为营救被捕代表，前往省署交涉，亦遭逮捕。这时，长沙街头，军警密布，四处戒严，湖南劳工会还准备组织游行示威。长沙共产主义小组自劳工会成立后，就给予支持与批评帮助，支持他们创办工人夜校，举办读书会，从事工人生活状况调查等活动；同时批评他们没有严密组织，偏重经济斗争，没有远大政治目的和不顾主客观条件的鲁莽行为；批评他们的无政府工团主义观点；建议将"五一"游行大会改为游艺会，避免流血牺牲。劳工会接受了长沙共产主义小组的建议，"五一"那天，千余工人在湖南第一师范大礼堂举办了游艺会。这是湖南工人首次纪念自己的节日。

4. 筹备湖南自修大学。毛泽东、彭璜等早有组织"自修学社"的志趣。小组成立后，他们积极进行准备。1921年4月27日，发表了《湖南自修大学组织大纲》，9月，利用船山学社的社址、经费开办湖南自修大学，使之成为学习、宣传马克思主义的一个阵地。

5. 组织社会主义青年团。1920年10月，开始发展社会主义青年团员。刘少奇、彭平之、张文亮等首批加入社会主义青年团。毛泽东多次叮嘱张文亮："青年团此时宜注意找真同志，只宜从缓，不可急进。"12月2日，毛泽东告知张文亮，"青年团等仲甫来再开成立会"。后因陈独秀赴广东，青年团成立会，一直延到次年元月13日正式举行。在长沙共产主义小组领导下，社会主义青年团稳步健康发展。据1923年和1924年的统计，1921年7月以前入团者39人，其中1920年入团者16人。由于当时青年团员流动性大，还有许多人未统计在内。

6. 组织中韩互助社。1921年3月17日，毛泽东、何叔衡等28人发起组织"中韩互助社"，支持朝鲜人民反对日本帝国主义侵略、争取民族独立的斗争。毛泽东、何叔衡、贺民范分任该社通讯部、宣传部、经济部的中方主任，朝鲜黄永熙、李基彰、李愚珉任朝方各部主任。[9]这是湖南人民与朝鲜人民较早建立深厚友谊关系的一个史实，也是长沙共产主义小组创建时即忠实于国际主义的体现。

长沙共产主义小组的活动，为湖南党组织的发展，奠定了坚实的基础。据李达回忆：在中国共产党第一次代表大会期间，"代表们在住所互相交换意见，报告各地工作的经验。当时党的工作，很注意宣传与工人运动两项……长沙小组宣传与工运都有了初步的成绩。看当时各地小组的情形，长沙的组织是比较统一而整齐的"。[10]

在组建长沙共产党早期组织的同时，毛泽东还进行了组建社会主义青年团的工作。《毛泽东同志的青少年时代》一书写道：

1920年8月，上海开始出现社会主义青年团的组织。10月，毛泽东接到北京方面寄来的团章以后，立即着手建团工作。他深入到第一师范、第一中学和商业专门学校中，发现和培养积极分子，把团章送给他们看。在提高政治思想觉悟的基础上，个别吸收入团。第一师范学生张文亮，接受了建团任务，他在11月和12月的日记中，曾有这样的记载：

11月19日。接泽东一信，送来青年团章程十份，宗旨在研究而实行社会改造；约我星期日上午去会他，并托我寻觅同志。

11月21日。会见泽东，云不日将赴醴陵考察教育，并嘱此时青年团宜注重找真同志；只宜从缓，不可急进。

12月2日。泽东来时，……嘱我多找真同志。

12月15日。接泽东复信：师范素无校风，你应努力结一些同志做中坚分子，造成一种很好的校风。青年团你可努力在校寻找团员，尽可能在本学期开一次会。

12月16日。泽东来此。青年团将于下周开成立会。

12月27日。泽东送来《共产党》九本。

从这些极其珍贵的记载中，我们可以窥知：毛泽东当时对建团工作是如何的费心、操劳。特别是他反复强调要积极而慎重地吸收团员，更是极其难能可贵的创见。当时，上海、北京等地的社会主义青年团，由于缺乏经验，注意质量不够，成员比较复杂。团员中，信仰马克思主义、无政府主义、基尔特（行会）社会主义和工团主义的人都有，以致到1921年5月，不得不宣告暂时解散（11月间整顿后恢复）。而长沙的团组织，在毛泽东积极慎重、"找真同志"的正确建团方针指导下，避免了这段弯路。

长沙的社会主义青年团员中，有不少是新民学会的会员。新民学会原是五四时期湖南人民反帝反封建斗争的领导核心，随着革命斗争的不断发展，虽然有些人落伍了，有些人图谋个人的发展，走上了与革命分离的道路，有的后来甚至变成了反革命；但是，很多会员，都有过较长期的革命思想准备，参加过许多实际斗争，现在又坚定地信仰马克思主义。因此，毛泽东和他的战友认为，这些经过斗争考验的会员，只要自愿，都可以加入青年团。陈子博、谢南岭等新民学会会员，就是在这种情况下，成为长沙社会主义青年团的早期团员的。到中国共产党成立时，长沙的团员已发展到38人，是全国团员较多的地区之一。除长沙外，衡阳也很早建立了团的组织。1921年春，衡阳省立第三师范学生蒋先云等先进分子组织的革命团体"心社"的成员，全部转为社会主义青年团员。随后，衡阳省立三中、三甲工和三女师，都建立了团的组织。[11]

毛泽东不仅指示张文亮在第一师范物色和发展社会主义青年团员，还尽量把新民学会中的优秀分子都吸收到青年团里，高菊村等在《青年毛泽东》一书中写道：

据萧子升回忆，他1921年3月初到长沙见毛泽东时，"他是第一师范附小的主事，但他大多数活动是秘密地指挥共青团的组织"。新民学会的很多成员都成了C. Y. 的团员，"C. Y. 的诞生使原来的新民学会走到了尽头"。萧子升不赞成这种做法，他希望新民学会仍能成为一个实行无政府共产主义主张的团体。毛泽东的朋友、新民学会会员陈昌尖锐地批评萧子升说："我们所有的朋友都已秘密成为C. Y. 的成员了，把他们拉回来是很难的。你知道，新民学会的目的是用一种抽象的方法改造中国，它既无政治观点，又无固定的行动计划。他们现在认为，要达到实际效果只有一条出路，就是遵循俄国的榜样，努力宣传列宁的学说。"毛泽东也直截了当地向萧子升指出："很多人都不满现状，如果我们要进行改造，就必须来场革命！如果我们要革命成功，上策便是学习俄国！列宁的共产主义是最适合我们的制度，而且是最容易学习的。我们面前只有一条路！"[12]毛泽东反对萧子升在新民学会内进行无政府共产主义的宣传，他要求C. Y. 的团员同志不要听信那些好听的话，要坚定共产主义的信仰。

通过毛泽东和长沙共产党早期组织的积极努力，长沙的建团工作取得显著成效。1920年入团者有16人，1921年7月前入团者达36人。

1921年1月13日，长沙社会主义青年团成立，毛泽东任书记。毛泽东十分注意从思想、组织各个方面采取多种形式教育团员，提高团员的思想理论素质。他根据青年的特点，倡议举办了星期同乐会，组织团员和青年到湘江游泳，到天心阁、开佛寺、碧浪湖、望湘亭等名胜古迹游览。通过这些活动，他们既加深了彼此间的了解，同时也交流了各自对于政治时事问题、特别是对于有关马克思主义的认识。他们还特别注意团结和争取受各种思潮影响的青年，争取他们成为马克思主义的信仰者。

......

1921年春节期间，为了动员亲人投身革命，毛泽东从长沙回到韶山。当时毛泽东已经父母双亡，小弟泽覃、堂妹泽建已去长沙读书。大弟泽民在家理事。2月中旬的一个晚上，毛泽东和泽民、泽覃、泽建等人在厨房火炉旁，一边烤火一边拉家常。泽民告诉哥哥，自那年家里起火后，第二年冬天修屋，不久又遭败兵勒索和坏人抢劫，家事已是"王老二过年，一年不如一年"。毛泽东听后，开导他说：这不只是我们一人、一家的事，"国乱民不安生"。启发他们要想到祖国的前途，民族的命运，人民的痛苦，要舍家为国，舍己为民。他要泽民把家里的事安排好，跟他一起到长沙去边工作边学习。[13]

有关长沙社会主义青年团的初期情况，材料不多。易礼容在《党的创立时期湖南的一些情况》一文中，保存了一些零星的回忆。他说：

社会主义青年团我没有参加，我是直接参加共产党的。但是回忆1920年下半年，陈独秀把社会主义青年团的团章寄来了，内容是苏联式的。毛那时任第一师范附小主事，在接到陈寄的团章后，就开始发展团员。毛是团的书记。以后罗君强、萧述凡、田波扬先后当过书记。团员还有何叔衡、夏曦、郭亮等人。以后有些青年团员转入共产党。记得萧三曾被派到湖南做团的工作。

黄爱，学生出身，有无政府主义色彩。他做工人运动，挂着劳工会的招牌，名声很大。当时第一纱厂是湖南最大的工业，黄爱在那里领头开展工人运动。1921年底，毛对我说，我们要找黄爱谈谈。我就去约了黄爱。一天黄爱来找我的时候，下雨。他穿青布对襟衫，地点在朝宗街文化书社。我说润之要找你谈谈，他同意。我和他约定了时间，并通知了毛。过了几天，我问毛，谈得怎么样。他说谈得很好，黄爱愿意同我们一道干。谈过之后，只有十几天，黄爱就殉难了。黄爱加入青年团，接受了党的指示。我没有和庞人铨联系过，毛和他联系过没有，我不知道。黄、庞观点是一致的。青年团当时有不少活动。[14]

## 出席中共"一大"

1921年6月，各地共产党早期组织先后收到上海共产党发起组的来信，要他们各派两名代表前往上海开会。这揭开了中国现代史上的重要一幕。

同年6月29日，毛泽东和何叔衡作为湖南代表启程前往上海。

谢觉哉（《湖南通俗报》主编）在当天的日记里记下了这具有历史意义的一页："午后六时，叔衡往上海，偕行者润之，赴全国○○○○○之招。"[15]

后来，谢觉哉回忆说：

"一个夜晚，黑云蔽天做欲雨状，忽闻毛泽东和何叔衡即要动身赴上海，我颇感到他俩的行动'突然'，他俩又拒绝我们送上轮船。后来知道，这就是他俩去参加中国共产党第一次代表大会——伟大的中国共产党诞生的大会。"[16]

又据谢觉哉的夫人王定国说：

"对于这样一个重大的历史事件，由于湘江上空乌云翻滚，反动势力猖獗，谢老既怕忘掉，又不能详细记载，只好在这天日记上，画了一大串圆圈。"[17]

1936年，毛泽东在陕北对埃德加·斯诺谈起这段往事时，回忆说：

1921年5月，[18]我到上海去出席共产党成立大会。在这个大会的组织工作中，起领导作用的是陈独秀和李大钊，这两个都是当时中国知识界最出色的领导人。我在李大钊手下担任国立北京大学图书馆助理员的时候，曾经迅速地朝着马克思主义的方向发展。我在这方面发生兴趣，陈独秀也有帮助。我第二次到上海去的时候，曾经和陈独秀讨论我读过的马克思主义书籍。在我一生中可能是关键性的这个时期，陈独秀表明自己信仰的那些话给我留下了深刻的印象。

在上海这次具有历史意义的会议（党的第一次全国代表大会）上，除了我以外，只有一个湖南人[19]。其他出席会议的人有张国焘、包惠僧和周佛海等[20]。我们总共是12个人。当年10月，共产党的第一个省委在湖南组织起来了。我是委员之一。接着其他省市也建立了党组织。在上海的党中央机构工作过的有：陈独秀、张国焘、陈公博、施存统、沈玄庐、李汉俊（1927年在武汉被杀）、李达和李启汉。在湖北的党员有董必武（现任保安党校校长）、许白昊、施洋。在陕西的党员有高岗和一些著名的学生领袖。在北京是李大钊、邓中夏、张国焘、罗章龙、刘仁静（现为托洛茨基派）和其他一些人。在广州是林伯渠，现任苏维埃政府财政部长和彭湃（1929年被杀害）。山东省委的创始人中有王尽美和邓恩铭。

同时在法国，许多勤工俭学的人也成立了中国共产党组织，它几乎是同中国国内的组织同时建立起来的。那里的党的创始人中有周恩来、李立三和蔡和森的妻子向警予。罗迈（李维汉）和蔡和森也是法国支部的创始人。在德国也组织了中国共产党支部，只是时间稍后一些；其成员有高语罕、朱德（现任红军总司令）和张申府（现任清华大学教授）。在莫斯科，支部的创始人有瞿秋白等。在日本是周佛海。[21]

1945年4月21日，毛泽东在中共"七大"预备会议上，面对着经历了长期革命斗争锻炼的党的精华，曾经无限感慨地说：

1921年，我们党开第一次代表大会。在12个代表中，现在活着的还是共产党员的（叛变了的如张国焘之流不算），一个是陈潭秋，现在被国民党关在新疆牢监里[22]，一个是董必武，现在飞到旧金山去了[23]，我也是一个。12个代表中现在在南京当汉奸的就有两个，一个是周佛海，一个是陈公博。会是在7月间开的，我们现在定7月1日为党的周年纪念。本来是在上海开的，因为巡捕房要捉人，跑到浙江嘉兴南湖，是在水上开的。发了宣言没有？我不记得了。当时马克思主义有多少，世界上的事如何办，也还不甚了了。所谓代表，哪有同志们现在这样高明，懂得这样，懂得那样。什么经济、文化、党务、整风等等，一样也不晓得。当时我就是这样，其他人也差不多。当时陈独秀没有到会，他在广东当教育厅长。我们中国《庄子》上有句话说："其作始也简，其将毕也巨。"现在我们还没有"毕"，已经很大。联共党史开卷第一页第一行说，苏联共产党是由小组到联邦的，就是说由马克思主义的小组发展到领导苏维埃联邦的党。我们也是由小组经根据地到全国，现在还是根据地，还没有到全国。我们开始的时候，也是很小的小组。这次大会发给我一张表，其中一项要填何人介绍入党。我说我没有介绍人。我们那时候就是自己搞的，知道的事也并不多，可谓年幼无知，不知世事。但是这以后二十五年就不得了，翻天覆地！整个世界也是翻天覆地的。中国是翻天覆地的二十五年，世界是翻天覆地的二十八年。这二十八年是俄国共产党胜利后的二十八年。中国共产党的二十五年也是大不相同的二十五年。这一点是要使广大人民知道的。[24]

参加中共"一大"的代表不少人都对"一大"做了回忆。董必武1937年在陕甘宁边区会见美国作家尼姆韦尔斯时回忆了党的"一大"，他谈道：

中国共产党中心建立于1921年5月，那时陈独秀为此目的同李大钊到了上海。我没有出席这次会议，但是我参加了1921年7月在上海召开的第一次代表大会。每个省派出两个代表。从日本回国的学生派一个代表——周佛海。他后来叛变参加了国民党。湖北省派陈潭秋和我。湖南派何叔衡和毛泽东。北京派张国焘和刘仁静。刘仁静现在是一个托洛茨基分子。上海派李汉俊和李达，李汉俊1927年在汉口被杀，李达现在是一个自由职业者，他成了一个大学教授。广东派陈公博和包惠僧，陈公博后来叛变成为南京政府的工业部长，包惠僧后来也成为国民党内政部官员。山东派邓恩铭和王尽美——后来两个人都被杀了。来自共产国际的两个代表也出席了这次会议。一个是荷兰人，在中国我们都叫他马村。另一个是俄国人，他的名字我已经忘记了。

原来陈独秀要参加会议并确定为这次会议的主席。但是，那时他必须在广东，于是张国焘代替他。关于这次会议的所有记载都丢失了。我们决定制定一个反对帝国主义、反对军阀的宣言。但是，党的这个最早的文件，我们一份也没有了。我记得辩论的一个观点，是党员可以不可以当官和做技术工作。一些人反对这样做。通过的决议是一个"关门"政策，保持党员的秘密和"纯洁"。我们还决定党员不能加入任何别的政党。包括孙中山的党。我们的主要工作是发展党。我记得会上选出的中央委员会委员，包括陈独秀、李大钊、张国焘、李汉俊等人。[25]

陈潭秋在《回忆党的"一大"》一文中写道：

中共第一次代表大会是在7月底开的。大会的组织非常简单。张国焘被选为主席，秘书为毛泽东和周佛海。大会开幕就在上面所说的学校内举行，而大会本身的工作，则在李汉俊的家里进行。大会共开了4天，讨论以下的问题：目前政治状况、党的基本任务、党章和组织问题。

在讨论这些问题时，发生了争论，一部分是对党的基本任务和组织原则问题。一方面以李汉俊为首表示公开的"马克思主义者"，认为中国无产阶级尚很幼稚，不了解马克思的思想，需要长期的宣传教育工作。在这一基础上，李汉俊认为无须建立真正的无产阶级政党，反对无产阶级专政，拥护资产阶级民主。他认为就是在资产阶级民主范围内，亦可以公开地组织和教育无产阶级，用不着组织职工会，最好还是用一切力量去发展学生运动和文化教育工作。李汉俊主张首先应真正地组织知识分子，用马克思理论把他们武装起来，然后，当知识分子已掌握了马克思主义时，才能有力地组织和教育工人。因此他认为无产阶级的党，用不到有纪律的战斗的党，主张党应是联合知识分子的、公开的组织和和平的政党，成为研究马克思主义的组织。由此他得出结论：凡承认和宣传马克思主义原则的都可为党员。参加党的某一组织和在里面进行实际工作，他认为是不必要的。当时拥护李汉俊的观点的，还有李达和陈公博。

另外是一种极"左"的观点。以刘仁静为首，认为无产阶级的专政是党斗争的直接目标，反对任何公开形式的工作，一切知识分子都为资产阶级思想的代表者，他认为应拒绝知识分子入党。同意他的观点的有包惠僧。

大会大部分的代表都反对这两个不正确的观点，终于通过了一个共同方针，即党的基本任务是为争取无产阶级专政而斗争。在规定目前时期斗争的策略时，指出党不仅不拒绝，而相反，必须积极号召无产阶级参加和领导资产阶级民主运动。通过了方针，要求党成为有战斗能力及有纪律性的无产阶级政党。发展职工运动为共产党工作的中心任务。关于工作能否采取公开形式的问题，则指出，如有利于无产阶级的则党应当利用它。至于党的组织原则和接受新党员的条件，则采取俄国布尔什维克的经验。

刘仁静的回忆则与董必武、陈潭秋的回忆略有出入：

第一次党代会的人数是12人。包惠僧不是代表。

有的历史书上说，第一次党代会上有过反对"左"、右两种倾向的斗争，胡华的书说我是"左"派的代表，主张无产阶级专政等等，并无其事。在"一大"上，没有什么"左"、右派，也没有什么"斗争"，就我的情形说，当时还很年轻，对共产主义懂得很少，不可能形成"左"的系统，成为一"派"；另一方面，毛泽东在"一大"会上，很少发言，因为他刚离开湖南，对马克思主义知道得也不多，加上他很慎重，所以大会上，并没有什么"斗争"。大会关于知识分子的问题，略有争论，有人认为知识分子动摇、不可靠，在吸收他们入党时，应特别慎重，一般不容许他们入党。

"一大"在选举中央委员时，张国焘有过一些小组织活动，结果他认为应选上的人都被选上了，像李汉俊这样的人（在《星期评论》写文章，懂得马克思主义较多）却没有选上。

党内政治上的分歧，直至1923年第三次党代表会时，在国共合作问题上，才表现得比较明显。一方面是陈独秀，主张一切归国民党，国民革命应由国民党来领导，认为孙中山是天然的国民革命的领袖。另一方面，毛泽东主张应该依靠工人、贫农，认为中农和富农是靠不住的，有工农联盟的思想。但毛泽东在会上没有以自己的意见驳斥陈独秀的意见，会后曾同我谈起上述的主张。陈独秀的意见在会上占了统治地位。毛泽东的意见同陈独秀的意见间的矛盾，有如苏联布尔什维克同孟什维克之间的斗争。当时党内对陈独秀的错误思想没有看得很清楚，使革命受到损失。[26]

中共"一大"于7月23日召开，8月初结束。大会通过了《中国共产党党纲》，将党的名称正式定为"中国共产党"。党纲规定党的奋斗目标是"以无产阶级革命军队推翻资产阶级"，"采用无产阶级专政，以达到阶级斗争的目的——消灭阶级"，"废除资本私有制"。大会还选举出党的最高领导机构——中央局，由陈独秀任书记，李达、张国焘分管组织和宣传工作。

会后，毛泽东来到南京，见到了好友周世钊等人。他还游览了风光秀丽的杭州。8月中旬，毛泽东一回到长沙，便投入紧张的工作。

## 注 释

〔1〕《新民学会资料》第256页。——原注

〔2〕湖南《大公报》（1920年10月20日）。——原注

〔3〕张文亮日记（1920年12月2日）。——原注

〔4〕周佛海：《扶桑籍影溯当年》。——原注

〔5〕李达：《中国共产党的发起和第一次、第二次代表大会经过的回忆》。——原注

〔6〕李达：《中国共产党的发起和第一次、第二次代表大会经过的回忆》。——原注

〔7〕萧子升：《毛泽东的青年时代》（英文版）。——原注

〔8〕中共中央党史资料征集委员会编：《共产党早期组织》下册，中共党史资料出版社1987年9月版，第471—475页。

〔9〕杨昭全：《中朝友谊关系的开端》，《世界历史》1975年第三期。——原注

〔10〕中共中央党史资料征集委员会编：《共产党早期组织》下册，中共党史资料出版社1987年9月版，第476—479页。

〔11〕《新湘评论》编辑部：《毛泽东同志的青少年时代》，中国青年出版社1979年10月版，第167—169页。

〔12〕萧瑜：《我和毛泽东的一段曲折经历》，昆仑出版社1989年6月版，第162页。——原注

〔13〕高菊村等：《青年毛泽东》，中共党史资料出版社1990年5月版，第

151页。

〔14〕《"一大"前后》（二），人民出版社1980年8月版，第281—282页。

〔15〕《谢觉哉日记》上册，人民出版社1984年4月版，第49页。

〔16〕谢觉哉：《第一次会见毛泽东同志》，《谢觉哉杂文选》，人民文学出版社1980年4月版，第330—331页。

〔17〕王定国：《万古之霄春意旋》，载《工人日报》1978年12月23日。

〔18〕据查是阴历，阳历应是6月。

〔19〕何叔衡，毛泽东的老朋友，和他一起创办了新民学会，1935年被国民党杀害。——斯诺注

〔20〕出席中国共产党第一次全国代表大会的代表还有：董必武、陈潭秋、李达、李汉俊、刘仁静、王尽美、邓恩铭、陈公博，一共13人。但据董必武、李达同志的回忆，包惠僧不是作为正式代表参加会议的。——原注

〔21〕埃德加·斯诺：《西行漫记》，生活·读书·新知三联书店1979年12月版，第40—42页。

〔22〕陈潭秋，1939年任中共驻新疆代表和八路军新疆办事处主任。1942年被军阀盛世才逮捕，1943年9月被秘密杀害。由于情况隔绝，这里还说他"现在被国民党关在新疆牢监里"。——原注

〔23〕指1945年4月董必武作为中共代表参加中国代表团。出席在美国旧金山召开的联合国宪章制宪会议。——原注

〔24〕毛泽东：《"七大"工作方针》，人民出版社1981年7月版，第6—7页。

〔25〕《"一大"前后》（二），人民出版社1980年8月版，第292—293页。

〔26〕《"一大"前后》（二），人民出版社1980年8月版，第116—117页。

# 二、在清水塘

## 首任中共湖南支部书记

毛泽东一回到长沙，便按照中共"一大"的要求，着手组建中共湖南支部。他首先找到易礼容等，同他们商量成立党组织的事宜。据易礼容回忆说：

毛泽东参加"一大"后，大约8月回到长沙。他回来后不久到朝宗街文化书社找了我。当时因为社里人很多，谈话不方便，他把我邀出来，在书社对面的竹篱笆旁边谈话。他说：要成立共产党。我说：我听说俄国1917年列宁领导的革命死了3000万人。中国现在要成立共产党，要是死30个人，救20个人，损失太大，我就不干。他说：你错了。社会主义革命，是瓜熟蒂落。我说：瓜熟蒂落，就干吧。又过了几天，他找了我和何叔衡，在现在的清水塘后面的协操坪（协操坪的来历是：清朝的官制，文官有制、府、藩、臬、道；武官有提、镇、协、参、游。"协"相当于旅，协操坪是满清时"协"的军队练兵的地方），这个操坪很大，有几亩地，中间有一个大草皮堆子。当时我们怕被敌人发现，没有坐在那里开会，一边走，一边谈，这样，我们3人在那里决定了要成立党。有材料说湖南有个3人小组，这是实实在在的，就是我们3个人，不过那时不叫作3人小组。时间是1921年9、10月，即在文化书社正式营业后不久。第一批发展的党员名单我记不清了，当时新民学会的一些骨干都参加了。有陈子博、彭璜、许文煊（丁玲说她是湖南第一批的一个女党员）等。[1]

关于中共湖南支部的成立过程，在萧三和周世钊的回忆里，有更为详细的记载。萧三在《毛泽东同志的青少年时代和初期革命活动》一书中写道：

一个秋凉的日子，在长沙城外协操坪旁边的一个小丛林里，有几个人在散步。他们一时沉默地站在树丛和石碑的中间，一时在丛林里的小路上走动。彼此热烈地谈论。在高高身材、脚步郑重的毛泽东的旁边，走着宽肩膀、矮矮身材、一口黑胡子的何叔衡。

还是在夏天就开始筹备，到现在"三十节"（1921年即中华民国十年10月10日，10月10日通常称为"双十节"。这年为民国十年，故曾戏称为"三十节"）

那一天，湖南省的共产党组织就正式成立了。毛泽东被选为书记。他慎重地吸收学生和工人中的先进分子入党。渐渐地长沙城里，首先是在一些学校里（第一师范、岳云中学、第一中学、甲种工业等）都有了支部。在铁路工人、造币厂、黑铅炼厂、第一纱厂、电灯公司工人以及各手工业工人中间也发展了党员。后来湖南各县（如平江、衡阳、水口山铅矿、炭塘子锰矿等）也有了党的组织。中国共产党湖南地委（现在的省委）成立了，毛泽东任书记（地委后来改为湘区委，因为也包括江西省萍乡的安源）。地委的机关设在小吴门外清水塘——一栋简陋的房屋里。那是在小吴门外教场坪的后面，那里有一片菜园，有稀稀落落的一些房屋。

这里附带叙述一个细节：那时地委每个月的经费仅30元。所有的工作人员，毛泽东也一样，都得自己维持生活。[2]

**周世钊在《毛主席青年时期的故事》一书中回忆说：**

1921年秋天，毛泽东和何叔衡住在自修大学的时间很多。为了找个僻静的地方研究开展党的活动问题，他们常常借着晚饭后散步之便，走出小吴门，来到清水塘。他们边走边谈，商量怎样在湖南建立党的组织，怎样在学生和工人中间进行革命宣传活动。有时他们迎着初升的月亮，走入树林深处，到初更时候才回去。

几个月后，他们对清水塘这块地方，不但熟悉，而且喜爱。他们觉得党的第一届湖南省委员会不适宜设在自修大学，也不适宜设在文化书社，更不适宜设在一师附小。这个距离自修大学不太远，又不为人注意的清水塘，却是很适宜的地方。于是，毛泽东决定向这里的菜园主人唐姓兄弟租菜园中的几间房子，作为才建立的中国共产党湖南省委员会的会址。

当时，毛泽东还在第一师范附属小学当校长，他向房主说明租这所房子作为第一师范附属小学教职员住宅。租约上面署了一师教员毛石三的名，并写定租赁期为7年。

从1921年的冬天到1923年4月，毛泽东离开长沙，这一年半中，他经常往来于自修大学、一师附小、文化书社和工人群众中间，直到夜深才回家。外面的人，只知道他们是普通住家的，却不知道这里设有领导革命的司令部。

为了开展建党建团工作和工人罢工运动，毛泽东常约集有关的同志在这里开会。开会时间，一般都在晚上。到会的人，有工人，有农民，有学生，有教师，也有店员、学徒和机关干部。长衣、短褂、木屐、草鞋，穿着是极不整齐的。开会时，主要是大家提意见、想办法，详细讨论后，就由毛泽东做些指示，有时宣传一点革命理论。散会常在深夜。到会的人，先后离开，有个别回去不便的，就住宿在这里早已预备了的客房里。

毛泽东住在清水塘的一段时间，他的工作比以前任何时期都要忙。一师附小、自修大学、湘江中学的工作要抓；文化书社的工作要抓；建党建团的工作更要抓。这些工作都要付出很多的时间和精力，而付出时间、精力更多的则是领导工人运动。那时，粤汉铁路工会、安源矿工会、水口山矿工会、长沙市黑铅炼厂、铜元局和各种手工业的工会，都在毛泽东的推动、领导下先后成立。[3]

中共湖南支部成立后，毛泽东即着手发展党员，在长沙以外积极筹建党的地方组织。

衡阳地区经过五四运动的洗礼，社会主义思潮在青年中较有影响，特别是在湖南省立第三师范里，由蒋先云等组织的"心社"团结了一批进步青年。毛泽东通过夏明翰、贺恕等了解到这些情况，便在夏明翰的陪同下来到衡阳。

据屈子健回忆：

1921年10月中旬，毛泽东与夏明翰赴衡阳找湖南省立第三师范的进步教师和学生谈话，开座谈会，在第三师范的一间教室里，讲演历史上农民的造反行动。以前人们只听说黄巢、李自成都是"贼子""犯上作乱"，而毛泽东却肯定东汉末年黄巾之乱，明朝张献忠、李自成之乱，实际上都是代表农民反抗封建王朝的压迫，都是农民革命。毛泽东还分析了历代农民起义其所以失败原因在于没有先进阶级和政党的领导，并以俄国十月革命取得胜利为例说明工人阶级的领导和无产阶级革命的必要。当时学生听了，感到很新奇。[4]

在传播马列主义的基础上，毛泽东还积极发展觉悟分子，在三师进步学生组织中发展了蒋先云、黄静源、唐朝英、蒋啸青4人入党，建立了湖南第一个党小组——衡阳三师小组，由黄静源任组长。同时，从三师进步学生组织"心社"中发展了一批青年团员，建立了社会主义青年团三师支部。

1922年4月29日，毛泽东再次到衡阳。他在衡阳三师发表了题为《社会主义》的讲演，就什么是社会主义、为什么要实行社会主义、怎样实行社会主义等问题，向听众做了深入分析。他指出，社会主义是最好最正确的理想。无政府主义、基尔特主义、工团主义等反马克思主义思潮，都是资产阶级和小资产阶级的理论；只有马克思主义才是科学的社会主义，实现了科学的社会主义，才能消灭人压迫人、人剥削人的社会制度。5月1日，毛泽东在衡阳学联会议厅召集党团员骨干和进步师生，做了马克思的生平及其艰苦奋斗简史的报告，使大家对马克思的伟大业绩有了清楚的了解。在毛泽东的宣传、组织和发动下，衡阳三师学生中的不少进步青年秘密参加了共产党和青年团。1922年5月，中共衡阳三师支部成立。5月1日，衡阳社会主义青年团地方委员会成立。

5月3日，中共中央要求全国在5月5日召开纪念马克思诞辰104周年大会。毛泽东从衡阳赶回长沙。[5]

毛泽东十分注意在产业工人中发展党员。高菊村等在《青年毛泽东》一书中写道：

1921年10月，毛泽东第一次到安源煤矿考察，了解工人生产、生活情况及其革命要求，准备开辟安源的工作。

这年11月，中共中央局通告要求上海、北京、广州、武汉、长沙五区"早在本年内至迟亦须于明年7月"都能发展党员"30人，成立区执行委员会，以便开大会时能够依党纲成立正式中央执行委员会"。为此，毛泽东进行了许多艰苦深入的工作。

1921年12月，毛泽东第二次到安源，"先以朋友的关系与各工友接洽，渐谈及工人受痛苦受压迫及有组织团体之必要等情况，于是大得工友欢迎"。[6]据同行者张理全回忆：毛泽东这次"还到修配车间、八方井、洗煤台、炼焦炉等处找工人谈了话，向他们了解情况，并对他们进行了组织起来的宣传教育"。回长沙后，派李隆郅（李立三）等去安源办工人补习学校。李立三回忆说：年底，"派我们到安源去做工人运动的时候，他对于如何在工人中进行工作，如何把工人逐渐组织起来进行斗争，已经是胸有成竹。现在我还模糊记得他当时告诉我们的话：安源工人众多，受到种种残酷剥削，生活特别痛苦，是工人运动可能很快开展的地方。但是应当看到，反动统治势力的强大和社会环境的黑暗，要开展革命工作并不是很容易的。首先应当利用一切合法的可能，争取公开活动，以便和工人群众接近，发现他们当中的优秀分子，逐渐把他们训练和组织起来，建立党的支部，作为团结广大群众的核心"。1922年1月，安源办了一个工人补习学校。2月，成立了湘区最早的产业工人党支部——中共安源支部。当时只有6个人。[7]

在此前后，长沙的湖南自修大学、湖南省立第一师范学校、衡阳的湖南省立第三师范学校等处，都建立了中共支部，发展了一批党员。

5月5日，毛泽东和中共湖南支部，根据中共中央关于纪念马克思诞辰104周年的部署，通过"长沙马克思学说研究社"发起，在第一师范学校礼堂举行了纪念大会，参加者有千余人。在这次大会上，他先后"讲演共产主义"和"共产主义与中国"。[8]

5月间，湘区（包括江西萍乡安源）共有中共党员30人，正式成立了中共湘区委员会。毛泽东任书记，何叔衡、易礼容、李隆郅为委员（不久增加郭亮），区委机关设在长沙小吴门外清水塘22号。[9]

毛泽东还根据中共中央局的指示，积极在湖南发展社会主义青年团组织，先后吸收黄爱、庞人铨、张理会等优秀人物入团。到1922年5月，在长沙已有团员50余人。毛泽东还兼任长沙团执委书记职务。

## 湖南自修大学

毛泽东在出席中共"一大"后回到长沙不久，便同何叔衡创办了湖南自修大学，以此作为培训党的干部的基地。湖南自修大学位于船山学社社址，得到船山学社董事会总理仇鳌和社长贺民范的积极支持。贺民范还出任自修大学校长，毛泽东担任指导主任。1922年4月，贺民范辞职后，毛泽东又继任校长。

萧三在《毛泽东同志的青少年时代和初期革命活动》一书中回忆说：

毛泽东非常重视革命理论的学习。而学习的方法，他一贯是主张独立思考、自动钻研和共同讨论的。中国共产党成立了之后，毛泽东立即在长沙着手创办一个自动学习马克思列宁主义的学校。这在中国是一个创举，谁也完全没有这样的经验。从什么地方去找经费、校址、教员、教材等等呢？在反动军阀统治下的湖南，如何能公开地办这样的学校呢？再则，主要的，这种学校的教学制度应该是怎样的呢？

毛泽东于是利用当时湖南某些文人学士所办的"船山学社"的地址和每月400元的经费，创办了一个"自修大学"。

毛泽东素来不满意那时中国一般学校所施行的封建的和资产阶级的、盲目地模仿欧美日本的、学与用脱节的所谓教育。他也不赞成那种盲目的或只为取得资格，即所谓"镀金式"的"出洋"留学。他觉得，应先研究中国古今学说制度的大要，再到西洋留学才有可资比较的东西。1920年3月他曾从北京写信给长沙的朋友说："吾人如果要在现今的世界稍为尽一点力，当然脱不开中国这个地盘。关于这地盘内的情形，似不可不加以实地的调查及研究……"他计划在长沙邀合同志，租一所房子，"办一个自修大学……也可以叫作'工读互助团'。最要紧的是要成立一个'学术谈话会'，每周至少要为学术的谈话（按：即座谈讨论）两次或三次。以上是说暂不出洋在国内研究的话。但我不是绝对反对留学的人……我觉得俄国是世界第一个文明国，我想两三年后，我们要组织一个游俄队……"

关于教学制度，在上述毛泽东办工人夜校及在第一师范做教育工作时，已经尽可能在教学方面进行了一些新的改革。关于自由研究，毛泽东现在更实现自己的理想来办自修大学，"采取古代书院与现代学校二者之长，取自动的方法，研究各种学术……招生只凭学历，不限资格；学习方法以自由研究，共同讨论为主。教师负提出问题、订正笔记、修改作文等责任。学生不收学费，寄宿者只收膳费"。[10]

这里还应说明"不收学费"一项的重要性。当时中国的大学，学费都是很贵的。许多有志升学而又有才能的青年，只是"望洋兴叹"，"莫敢问津"。毛泽东办自修大学的方针，除反对机械式的教育、提倡自动的学习，反对为求毕业文凭的虚荣心、提倡实际的学问之外，还有反对贵族学校、提倡平民学制的意义在内。

自修大学成立时，湖南的进步知识分子、党和团的干部，连毛泽东自己在内，都作为自修大学的学生。

自修大学内设一个图书馆，凡是当时能够收集到的进步书刊报纸都找了来，供给学习者阅读。

自修大学的教学制度，注重自修；没有上课的时间，各人自由研究，或开会讨论。研究和讨论的题目都是马克思列宁主义的各种问题。学生每天做读书笔记，作文一篇。

自从《湘江评论》被封禁后，湖南的知识青年经常怀念它，盼望它能恢复出版。毛泽东现在觉得，自修大学师生研究的成绩，可以出一本理论性的杂志。1923年初，一个公开的期刊——《新时代》出世了，里面发表了毛泽东和他的同志们的关于马克思主义研究讨论的文章。

自修大学曾几次举行公开的马克思学说的讲演大会。

后来（1922年9月）自修大学内附设补习班及初中班，这可说是那时的初级党校。校内指导主任为毛泽东（何叔衡、夏明翰分别担任主事和校务主任）。青年知识分子及青年工人来学的有200多人。补习班和初中班的功课，大体和一般学校的差不多，但由于当教员的大半都是共产党的干部，因此在教国文、公民、历史等课时很容易进行马克思主义的思想教育。

这些学生有不少成为共产党员或青年团员。

1923年冬赵恒惕封闭了自修大学。但就在那时，湖南党组织所筹备的另一所中学——"湘江学校"就正式开课了。原来在自修大学补习班和初中班的大批学生都转到了湘江学校。

……

湘江学校一直存在到第一次国内革命战争时期——1927年3月由湖南党组织自动停办，师生都参加了大革命。[11]

**周世钊在回忆中，也提供了较为详细的情况：**

湖南自修大学，是毛泽东于1921年8月，在湖南船山学社的地址创办起来的。

毛泽东还在第一师范念书的时候，就不满意当时的学校制度。他认为一个人只要达到一定的年龄，有了一定的文化基础，自修自学，是研究学问最有效的方法。可是当时的学校完全不注重学生的自修自学，总是先生讲，学生听，蛮填强灌，死记硬背。这样一来，学生可以不开动脑筋，不习惯于独立思考，他们的智力也不能得到充分的发展。这种学校制度是应该改革的。

当时，毛泽东曾经把他的设想告诉周围的同学：最好把古代书院和现代学校结合起来，吸取书院、学校的优点，去掉书院、学校的缺点，创设一种新型的学校。这种学校，必须让学生有较多的自修自学时间和课外活动时间，必须使学生不完全依靠老师的教导，而能独立思考问题，独立做好工作，并且成为德育、智育、体育全面发展的人。当时有人提出"自修大学"的名称，毛泽东认为这名称很好，很符合他素来怀抱的理想。

1914年到1916年间，湖南一些研究王船山学说[12]的人，在辛亥革命以后建立的船山学社这个地方，每隔两周讲学一次。当时毛泽东还在第一师范念书，常和同学们一道去听讲，渐渐熟识了社里管事的几位老先生。他在第一师范毕业后，还和他们有些往来。

1921年7月间，毛泽东参加党的第一次全国代表大会后回到湖南，积极开展建党建团的工作，想用有效的方法，提高党员、团员的马克思主义思想水平；还想利用一种合法的社会机构，掩护革命活动的开展。他和几个同志商量，决定办一个他设想了很久的自修大学。

这时，船山学社已经没有人在那里讲学了，房屋全部空着。新选出来的社长和驻社干事，又是毛泽东的老熟人。毛泽东找他们商量，要求他们支持他利用船山学社创办自修大学，他们同意了。于是，一个崭新的湖南自修大学，就在船山学社的旧址建立起来了。

毛泽东草拟了自修大学组织大纲，在报纸上刊出。他提出：招生只凭学历，不限资格；学生不收学费，寄宿的只收伙食费；学习方法，以自由研究，共同讨论为主；教师负提出问题、订正笔记、修改作文的责任。报名入学的学生，大多是毛泽东进行革命活动初期的一些战友、共产党员和新民学会会员。此外，还有少数思想进步、无力升入大学的青年学生。学生每天必须做读书笔记，写作业表；每周作文一篇，或记述学习心得，或讨论社会问题、时事问题和中国革命问题。

毛泽东在迁居清水塘以前，和何叔衡都住在这里，主持校务。他们是自修大学的先生，也是自修大学的学生。他们常和学生在一起讨论、交谈，对学生进行一些帮助和鼓励。

自修大学的学生不多，学习都特别认真，有时各人埋头读书，有时三五个人在一起谈谈笑笑，有时展开争辩，也许争辩几个钟头，还没有得出大家都同意的结论。写日记成了大家的习惯，不写的人很个别。他们从藏书丰富的图书馆借来书报、杂志，见到精彩的地方，就摘抄要点。有的人笔记已合装成一厚册。

有时，毛泽东和何叔衡召集他们举行座谈会，讨论中国革命问题和马克思列宁主义的各种问题。当冬夜围炉向火、夏夜月下乘凉时，他们常围绕在毛泽东的身边，听他分析国际国内形势、解释一些大家了解不透的理论问题，一直到深夜。有一次，大家坐在院子里，听毛泽东讲述俄国十月革命的斗争过程，一直讲到深夜2点钟以后，大家听得出神，都不觉得疲倦，也不觉得蚊子叮扰、夜露沾衣了。

为了扩大马克思主义的宣传，1922年自修大学举办了几次公开的马克思学说讲演大会，影响了不少听众。1923年春天，又决定以自修大学的名义，创办《新时代》月刊。

《新时代》月刊是系统地宣传马克思列宁主义和深入地讨论中国革命问题的刊物。创刊号于1923年4月15日出版，第一篇文章是毛泽东写的《外力、军阀与革命》。他认为帝国主义与军阀互相勾结以统治中国的局面，必然会激发全国人民的革命意志，增进人民的组织能力；革命派分子必然一天天增加，统一战线必然一天天巩固；最后，革命派战胜了军阀反动派，中国的民族民主革命才能最后完成。他在这篇文章里指出：中国这个时期的革命，是反帝反封建的民族民主革命；革命斗争的发展和胜利，依靠人民的觉醒、人民的团结，也依靠一切反帝反封建的力量，构成广泛强大的统一战线。这种看法，不但规定了《新时代》宣传的主要内容，也指明了中国革命前进的方向。

后来，《新时代》虽然只出了很少的几期，就被赵恒惕反动政府所扼杀，但它是湖南省内公开地、系统地宣传马克思主义的第一个刊物，对于革命青年和劳动群众的影响特别大：引导他们走上革命斗争的正确道路，也鼓舞了他们反对军阀、反对帝国主义的信心和斗志。所以有人说："《新时代》就是新时代的号角。"它的确是新时代的号角！

毛泽东又利用自修大学多余的房子，办了一个自修大学补习学校。课程和当时一般中学差不多，但课程的内容却有分别，主要是讲授革命理论，以武装青年学生的头脑。语文课的教材，都是宣传革命斗争的文章。课外时间，还组织学生阅读进步书刊；经常举行时事报告会，以启发学生的革命思想。

补习学校的教师多数由自修大学学生担任，还请了几个外面的兼课教师。这个学校没有固定的经费，住校的教职员不支工资，学校只供给他们伙食。兼课教员连饭都不供给。但教职员都认真工作，热情很高。

有一个曾在补习学校教课的教员，回忆当时的情形说："当时我在长沙一个小学教书。一天，自修大学补习学校约我教一个班的语文，每周五个钟点课，不送工资。我觉得还有余力可以兼顾，就答应下来了。教课期间，我看见那里的教职员都是勤劳认真、干劲十足的；毛泽东也常来找教师们研究教学上的问题。

学生努力学习，进步很快，使我不能不认真来教好这些学生，一学期没缺过课。到学期结束时，学校为了酬谢我们的劳动，请我们会了一次餐，送了每人一双鞋子。那天，毛泽东也参加了会餐，向我们讲了话，他极力表扬我们的工作热情。"

后来，这些补习学校的学生，经教职员介绍，有的入了党，有的入了团；在大革命时期，很多人都成了革命斗争中的骨干分子。

由于毛泽东的艰苦奋斗，竭力经营，到1923年，自修大学和它的补习学校已经有了一定的规模，并逐步向前发展。但社会上反对自修大学的人比赞成自修大学的人多得多！教育界真心支持这个学校的人也很少，而批评、谩骂这个学校的顽固派却遍布省内外。湖南自修大学的简章在报纸上刊出后，湖南教育界有些人就纷纷议论说："自修大学是不伦不类、无根无叶的东西。"湖南反动军阀赵恒惕则更痛恨自修大学，认为它是专门和他作对的不法组织，想方设法加以摧残。1923年4月，他下令通缉毛泽东。到11月又发出"自修大学所倡学说不正，着即取消"的手谕。

自修大学从创办到封闭，历时2年零3个月。[13]

湖南自修大学很快在省内外产生了广泛的影响，受到进步知识界的关注。据《青年毛泽东》载：

自修大学的影响不仅于省内，在北京、上海等地反应也很强烈。著名教育家蔡元培在上海《新教育》杂志上发表了《湖南自修大学的介绍与说明》，赞扬自修大学是"合吾国书院和研究所之长而活用之"，"可以为各省的模范"，"他们的主义，实在是颠扑不破的"。教育界名流李石曾也写了《祝湖南自修大学之成功》的文章，称湖南自修大学是一种新的教育制度，创立了"新教育制度之纪元"，是"高等教育普及之先导"。[14]

自修大学创办后，社会上一些守旧人物造谣攻击，企图唆使湖南省政府停止供给船山学社的活动经费。他们声称船山中学停办了，400元光洋也无须再供应。为继续获得这笔经费，同时为满足失学青年的要求，毛泽东、何叔衡于1922年9月又开办了自修大学附设补习学校，公开招生。据湖南《大公报》报道，补习学校"十一日开学，十五日开讲。学生报名者，已达百二十余人。校内设主事一人，为何叔衡；指导主任一人，为毛泽东；教务主任一人，为（夏）明翰；事务主任一人，为易礼容。教员十余人"。该校"暂设学科五门——国文、英语、数学、历史、地理，分三班教授，采用选科及学科制"[15]。补习学校国文教材之一《告中国的农民》，详细地分析了湖南农村各阶级的社会经济状况和土地日渐集中的原因，指出农村有"大财主""中等农民""下级农民""穷光蛋"等四个阶级存在，号召广大农民起来进行反封建斗争，从地主手中夺回土地。《向导》和《中国青年》等党、团刊物，被列为学生的课外必读书。补习学校招来的学员中，有进步的知识青年，也有青年工人中的先进分子。学生中的优秀分子由教员介绍入党、入团，如贺尔康是补习学校一位优秀的社会主义青年团员，后又转入了中国共产党。

1922年11月，毛泽东写信给李达，邀请他来长沙任湖南自修大学学长。12月，李达夫妇带着一个出生不久的女孩子到长沙，12月23日湖南《大公报》发表《自修大学新聘学长到湘》，消息说："该校自修生于昨晚开会欢迎，并讨论进行办法，拟于寒假期内聘请学者举行学术讲演大会。"

为了加强对中国革命问题的研究和系统地宣传马克思主义，1923年4月10日，湖南自修大学创办了《新时代》月刊。《新时代》发刊词写道："本刊和普通校刊不同，普通校刊兼收并列，是文字的杂货店，本刊却是有一定主张和一定宗旨的，同人自信都有独立自强的精神，都有坚苦不屈的志气，只因痛感着社会制度的不良和教育机关的不备，才集合起来，组织这个学问上的'亡命之邦'，努力研究致用的学术，实行社会改造的准备。""将来，国家如何改造，政治如何澄清，帝国主义如何打倒，武人政治如何推翻，教育制度如何改革，文字艺术及其他学问如何革命，如何建设等等问题，本刊必有一种根本的研究和具体的主张贡献出来。"

创刊号第一篇文章即是毛泽东写的《外力、军阀与革命》。这是中国共产党第二次代表大会后毛泽东公开发表的极其重要的政治论文。毛泽东的这篇文章阐明了反对帝国主义和军阀势力必须建立以中国共产党和国民党为核心的革命民主统一战线。他说："把国内各派势力分析起来，不外三派：革命的民主派，非革命的民主派，反动派。革命的民主派主体当然是国民党，新兴的共产派是和国民党合作的。非革命的民主派，以前是进步党，进步党散了，目前的嫡派只有研究系。""反动派的范围最广，包括直奉皖三派。""前二派在稍后的一个期内是会要合作的，因为反动势力来得太大了，研究系知识派和商人派都会暂放弃他们非革命的主张去和革命的国民党合作，如同共产党暂放弃他们最急进的主张，和较急进的国民党合作一样。所以以后中国政治的形势将成为下式：一方最急进的共产派和缓进的研究系知识派商人派都为了推翻共同敌人和国民党合作，成为一个大的民主派；一方就是反动的军阀派。"毛泽东认为，在目前帝国主义正在协调侵略中国的步骤，中国的社会经济仍然是自给自足的农业经济，广大农民仍处在蒙昧状态中，这种政治经济情况有益于军阀的统治。但军阀的统治是不会长久的，按照历史辩证法，"政治愈反动愈混乱的结果，是必然要激起全国国民的革命观念，国民组织的能力也会一天进步一天。""民主派分子是一天一天增加，组织一天一天强固。结果是民主派战胜军阀派。"

《新时代》共出版了4期。1923年11月省长赵恒惕以"所倡学说不正,有害治安"为由封闭了湖南自修大学及附设补习学校。自修大学及附设补习学校培养了来自湖南34个县和外省4个县的200多名青年,许多学生后来成为中国革命的骨干和著名社会活动家。[16]

## 清水塘畔

1921年秋到1923年冬,毛泽东在长沙清水塘度过了两个秋冬。同他相伴的,还有夫人杨开慧。在这里,他们的生活是充实的,为双方留下了甜蜜的回忆。

张琼是毛泽东同杨开慧这段生活的见证人。她在《清水塘畔的亲切教诲》一文里回忆说:

我认识开慧姐是在1920年初。那时,杨怀中先生在京病逝,开慧姐同全家一道,回到长沙。她剪了短发,在长沙福湘女中读书。福湘女中是一所教会办的学校,开慧姐不顾一切地热情宣传五四运动反帝反封建的新思想,猛烈地抨击封建礼教和封建道德。当时,开慧姐在湖南学生联合会负责宣传工作,她在毛泽东的直接领导下,朝气蓬勃,废寝忘食地进行反帝反封建的宣传鼓动。

……

1922年4月,我同一位女青年离开了衡阳三女师来到长沙。当时,我早就同家庭脱离关系,那位女青年是个童养媳,我们俩在长沙举目无亲,无家可归,开慧姐就热情地把我们带到他们家里——清水塘。

我们一到清水塘,开慧姐带我们两个"小鬼"去见老外婆(杨老太太),笑眯眯地说:"妈,给你两个女儿。"老外婆也挺欢喜,笑着说:"好啊,就住在我对面的房间吧。"顿时,一股暖流涌上我的身上。我生长在剥削阶级家庭,从来没有得到家庭的温暖。如今,开慧姐和老外婆对我们这么好、这么亲,使我感到革命路上处处有亲人。这年暑假,毛泽东的堂妹毛泽建和弟弟毛泽覃也住到清水塘。毛泽东和开慧姐十分关心我们的学习。白天,我们在自修大学上初级班;晚上,毛泽东就让我们学习他自己写的文章。有时,毛泽东在吃饭时特地放下饭碗,给我们圈定学习内容,还叫开慧姐督促、帮助我们学习。凡我们有不清楚之处,开慧姐就一字一句地给我们解释。

开慧姐不愧是毛泽东亲爱的夫人和亲密的战友。她在生活上无微不至地关心体贴毛泽东,使毛泽东有更充沛的精力考虑和处理革命大事。那时,毛泽东常常通宵达旦写文章,寒冬腊月天也这样。一到晚上八九点钟,开慧姐就把取暖的用具给毛泽东准备好。老外婆有一只取暖的"烘笼",开慧姐每天晚上等老外婆睡了,加旺炭火,取来给毛泽东暖脚。有时,见毛泽东衣服穿得单薄,就给披上棉袄，还要看看热水瓶里的水热不热。深夜一二点钟，开慧姐常常起床给毛泽东送临睡前暖在锅里的"点心"，有时毛泽东忙得顾不上吃，她就等在旁边，待毛泽东吃完后她才去睡。那时候，毛泽东夜里经常只睡两三个小时。清早，毛泽东出去工作，她就去整理毛泽东昨夜写的东西。在毛泽东的草稿本上，凡写"定稿"二字的，她就誊写到另一本簿子上去。那时，他们已有了孩子岸英。开慧姐在帮毛泽东抄写文件时，常常把岸英的摇篮放在身旁，一边抄，一边用脚摇摇篮。

清水塘是毛泽东创建的中共湘区委员会的机关所在地。此时，开慧姐已加入中国共产党，在中共湘区委员会担任机要和交通联络工作。她为了毛泽东及中共湘区委领导同志的安全，严格地做好保密保卫工作。在清水塘毛泽东住处的客堂后壁上挂着一面大镜子，镜子里可以清晰地看到大门外的动静。那时，我与毛泽覃等都还小，不清楚镜子的用意，只见开慧姐一天要照好几回镜子，觉得挺好奇的，就对开慧姐说："慧姐，你怎么一天就要照几回镜子，我一个星期也照不上一回呢？"开慧姐笑笑说："毛丫子你懂啥！"后来，我们才知道她是在当"观察哨"，监视敌情。有一次，开慧姐在镜子里看到门外一个人歪戴一顶草帽，东张西望，立即警觉起来，叫我与毛泽覃去打水洗衣（观察情况）。我们一出门，那个人就溜走了。后来，当我们"逮住"那人时，原来他是开慧姐的一位亲戚，是来开玩笑的，他要看看开慧姐的"戒严"工作做得怎样。这事被毛泽东知道了，毛泽东、开慧姐既严肃又热情地批评了他。开慧姐保密保卫工作做得很出色。那时清水塘我们住处的大门上有两个大铁环，人们进出会发出响声，有时风吹门环响，开慧姐就十分警觉。她还同住在清水塘附近蔬菜园的贫苦农民关系十分亲密，左邻右舍一见陌生人，就向开慧姐报告。开慧姐的警惕性很高。有一次，当时是"二七"惨案发生后，有位同志的爱人为了躲避军阀的追捕，逃到长沙，到自修大学来找毛泽东，遇到了开慧姐。开慧姐担心她后面跟有敌人盯梢，没有让她住到清水塘，将她安置在"文化书社"的宿舍。在开慧姐的努力下，清水塘的警戒工作做得很严密，清水塘真是一池"清水"啊！

开慧姐对同志满腔热情。一次，她到自修大学来，发现一些男同学睡的地铺上没有草垫，只有一条草席，就约了新民学会、学生联合会的同学弄来稻草给铺上。我们同开慧姐住在一起，好像是一家人。她比我们的亲姐姐还要亲。她体贴我们，关心我们，我们永远也忘记不了。有年冬天，我们在自修大学念书时，由于寒冷，声音也发抖了，这一情景被开慧姐发觉了。她看到我们只穿着夹袄，没有棉袄，晚上等我们睡后，就悄悄地将我们的夹袄拿走，和老外婆一起，用了一个通宵给我们的夹袄铺上棉花。第二天清早，我看到夹袄已变成了棉袄，激动得久久说不出话来。和我住在一起的那位女青年"哇"的一声哭了。她颤抖着声音说：我是个苦水中泡大的童养媳，有谁关心我，有谁给我一点温暖？开慧姐待我这样亲，革命队伍里的同志比爹亲、比娘亲。她当天就把这一事记在日记里。可是，开慧姐却对我们说：这是我应该做的事情，我是为革命关心你们的，希望你们能为革命多做些工作。毛泽东知道了，同我们开玩笑说：去，给外婆磕头。老外婆说，我爱你们，也是为了革命。后来，这件事在我们党内传开了，大家都称赞开慧同志是一个品质高尚的共产党人。

　　毛泽东和开慧姐引我们走上革命路，花费了许许多多心血！一次，和我住在一起的那位女青年突然想起家来。开慧姐就做她的思想工作，对她说：闹革命还怕没有家？我们不就是一个大家庭吗？一个人钻在家里，就像钻在螺蛳壳里做道场，你想，在螺蛳壳里做道场舒服不舒服。一个革命者不能沉溺在家里面。开慧姐的一番话，说得她心里热乎乎的，使她振奋精神，坚强起来。那时，我、毛泽建、毛泽覃和那位女青年几个是够淘气的。我还清楚地记着那个"枕头箱"的事呢。开慧姐有个"枕头箱"，白天放在身边，晚上当枕头睡，外出前，开慧姐总要理理头发，然后把"枕头箱"取出来，在里面拿点什么东西，塞进包袱中间。我们对那个"枕头箱"很感兴趣，想揭开它的"秘密"。有一次，我们趁开慧姐不在家就偷偷地把它藏了起来，试试开慧姐会怎样。开慧姐回家后，马上就发现"枕头箱"失踪了，立即过来追问我们几个"小鬼"。我们看到开慧姐那紧张的神情，只好老实"交代"了。当晚，开慧姐就给我们开会，严肃地批评我们说：你们都是青年团员，也是有组织的。要弄清楚为什么要革命，革命可不是开玩笑的。她又告诉我们"枕头箱"里是党的机密文件，比宝贝更宝贝，比生命更珍贵，要是被坏蛋弄去，会造成什么样的结果呢？开慧姐说得很严肃，也很恳切，句句入情入理，使我们懂得了不少革命道理。从此我们又提高了一些认识，增强了保密观念。

　　1922年冬，我光荣地参加了中国共产党，开慧姐是我的入党介绍人之一，入党宣誓是在自修大学举行的，与我一起宣誓的共有七八个同志。面对着印着铁锤镰刀的鲜红的党旗，我的心跳得很厉害。我想，毛泽东和开慧姐待我亲又亲，把我领上革命路，我一定要跟党干革命，经受党的考验。宣誓完毕，毛泽东叫我留下，语重心长地对我说：你是剥削阶级家庭出身的，做个C.P.不容易，要把一切都交给党。毛泽东的话句句像铁锤似的撞击着我的心房。开慧姐在一旁：你大哥对你要求高，希望大，要你在革命熔炉里好好锤炼，经受考验。还叮嘱我要永远记住这一天。我听了很感动，点点头表示一定要永远记住这一天。以后，开慧姐又对我说："要派你工作啦！"我兴奋地抢着问："上哪儿？"开慧姐说："到水口山去！"

　　那是1923年，为了广泛地开展工人运动，毛泽东派一位同志带领我与毛泽覃到水口山铅锌矿搞工人运动。临行前夜，开慧姐煮了几个蛋给我们送行。毛泽东教育我们说：到水口山去，不要下车伊始，指手画脚，要老老实实拜工人为师。毛泽东特地向我们指出，要到最艰苦的地方去锻炼，每个星期天要到敲砂棚去敲矿。毛泽东说，这活儿是艰苦的，但可以磨炼人。也要下"窿"（矿）去看看。工人是怎样拿性命换回几个铜板的，这才能弄懂今天我们为什么要革命的道理。开慧姐也热情鼓励我们好好锻炼，经受考验。我们到了水口山，开慧姐经常写信给我们，寄《向导》等党的刊物来给我们阅读，还把刊物上重要文章的一些话画下来，要求我们反复领会。

　　毛泽东和开慧姐的话是我们力量的巨大源泉，是我们干革命的思想武器。在水口山铅锌矿区，反动矿警把我推倒在地，踢得我几乎丧命，我没有屈服；后来在宝庆，反动派把我的孩子杀害了，我没有退缩。这就是因为我心中永远记住毛泽东和开慧姐的亲切教诲。[17]

### 注　释

〔1〕《"一大"前后》（二），人民出版社1980年8月版，第282—283页。

〔2〕萧三：《毛泽东同志的青少年时代和初期革命活动》，中国青年出版社1980年7月版，第100—101页。

〔3〕周世钊：《毛主席青年时期的故事》，中国少年儿童出版社1977年6月版，第81—83页。

〔4〕屈子健：《回忆在毛主席领导下的第三师范初期革命活动》，1963年4月30日。

〔5〕黎永泰：《毛泽东与大革命》，四川人民出版社1991年5月版，第91—92页。

〔6〕刘少奇、朱少连：《安源路矿工人俱乐部略史》，见《安源路矿工人俱乐部罢工胜利周年纪念册》，1923年出版。——原注

〔7〕《看了"燎原"以后》，原载1963年8月4日《北京日报》，转引自《刘少奇与安源工人运动》，中国社会科学出版社1981年2月版，第145页。——原注

〔8〕见1922年5月13日上海《民国日报》及5月5日《谢觉哉日记》。——原注

〔9〕高菊村等：《青年毛泽东》，中共党史资料出版社1990年3月版，第154—156页。——原注

〔10〕《湖南自修大学组织大纲》第一章："宗旨及定名"。——原注

〔11〕萧三：《毛泽东同志的青少年时代和初期革命活动》，中国青年出版

社1980年7月版，第104—107页。

〔12〕王船山就是王夫之，湖南衡阳人，是明、清时重要的唯物主义思想家。一生坚持爱国主义和唯物主义，学术上成就很大。他晚年居衡阳的石船山，所以称他为船山先生。——原注

〔13〕周世钊：《毛主席青年时期的故事》，中国少年儿童出版社1977年6月版，第73—80页。

〔14〕见《新时代》第1卷第1号，1923年4月10日出版。——原注

〔15〕《省城各校现况调查记》，载1922年9月21日湖南《大公报》。——原注

〔16〕高菊村等：《青年毛泽东》，中共党史资料出版社1990年3月版，第162—165页。

〔17〕张琼：《清水塘畔的亲切教诲》，载1977年9月13日《解放日报》；又载《怀念毛主席》（上），新疆人民出版社1977年10月版，第900—905页。

# 三、领导湖南劳工运动

## 中国劳动组合书记部湖南分部主任

中共"一大"刚刚闭幕，1921年8月11日，中国劳动组合书记部就在上海成立。这是中国共产党对工人运动的领导机构，在北京、武汉、湖南、广东、上海等地设有分部。毛泽东任湖南分部主任。

在积极发展党的地方组织的同时，毛泽东以极大的精力投入到湖南劳工运动之中。这对他深入了解中国社会的各阶级状况，有很大的帮助。

1936年，毛泽东对美国记者埃德加·斯诺回忆起这段往事时说：

到1922年5月，湖南党——我那时是书记——已经在矿工、铁路工人、市政职员、印刷工人和政府造币厂工人中组织了20多个工会。那年冬天，展开了蓬蓬勃勃的劳工运动。那时共产党的工作主要集中在学生和工人身上，在农民中间工作做得非常少。大部分大矿的工人都组织起来了，学生几乎全数组织了起来。在学生战线和工人战线上，进行了多次的斗争。1922年冬天，湖南省长赵恒惕下令处决两个湖南工人——黄爱和庞人铨，这引起了广泛的反对赵恒惕的宣传运动。被杀死的两个工人之一黄爱，是右派工人运动的一个领袖，以工业学校学生为基础，是反对我们的。可是在这次事件以及其他许多斗争中，我们都是支持他们的。无政府主义者在工会当中也很有势力，这些工会那时候已经组织成为湖南全省劳工会。但是我们同无政府主义者达成妥协，并且通过协商，防止了他们许多轻率和无益的行动。

我被派到上海去帮助组织反对赵恒惕的运动。那年（1922年）冬天，第二次党代表大会在上海召开，我本想参加，可是忘记了开会的地点，又找不到任何同志，结果没有能出席。我回到湖南，大力推动工会的工作。第二年春天，湖南发生多次罢工，要求增加工资，改善待遇和承认工会。大部分罢工都是成功的。5月1日湖南举行了总罢工，这标志着中国工人运动的力量已经达到空前的地步。[1]

湖南的工人运动已有一定的基础。早在1921年"五一"节，长沙工人曾同部分学生联袂在湖南省立第一师范学校举行劳动节游艺会，提出了"劳工神圣""不做工者不得食"的口号。但从总体来说，工人的觉悟还很落后，组织极为松散。摆在毛泽东面前的，是一个颇为复杂、困难的局面。

李锐在《毛泽东的早期革命活动》一书中写道：

在中国共产党成立以前，毛泽东已开始注意工人运动。他设法接近工人群众，了解工人生活的具体情况，常去参观、考察一些由学校和社团举办的工人义务学校。那时长沙有无政府主义者组织的"劳工会"，他们在工人中进行了一些缺乏明确政治方向的活动。毛泽东很注意这个组织，认为他们的道路不对头。经过长时间的耐心的工作和事实的教训，这些受无政府主义影响的长沙各业工人中的积极分子终于被毛泽东争取过来；"劳工会"的领导者黄爱、庞人铨在被赵恒惕屠杀之前，也参加了社会主义青年团。

"中国共产党的成立和劳工运动的真正开始是在1921年。"中国共产党第一次代表大会后，为了统一领导全国工人运动，成立了公开从事工人运动的总机关——中国劳动组合书记部，即中华全国总工会的前身；毛泽东被任为书记部湖南分部的主任。他参加党的第一次代表大会回到湖南以后，集中力量领导了湖南的工人运动。正如他自己回忆所说："我回到湖南，猛烈地推动工会的工作。"他将党的重要骨干分派到安源、水口山、粤汉铁路和长沙各重要产业与手工业中，去开辟这块处女地。他自己带头深入到工人群众中去，向工人宣传马克思主义的根本道理；初期人手少时，他曾担任过8个工会的秘书，直接领导工人的罢工斗争。并且亲自当工人的代表同赵恒惕当面做说理斗争。因此，在1922年至1923年初，随着全国工人运动的高涨，湖南工人运动有极大的发展。安源、水口山、粤汉铁路、长沙的产业工人和各行业手工业工人都普遍组织起来了，并且普遍地进行了胜利的罢工斗争，一共建立了20多个工会，有组织的工人达四五万人。在罢工斗争过程中，培养了大批优秀的工人干部；在有些工会组织中逐渐发展了青年团员和共产党员，建立了团和党的支部。被派去参加领导工人运动的知识分子干部，则得到极大的锻炼和迅速的提高，使他们学到的初步的马克思列宁主义理论，能够同中国工人运动的实际结合起来。

1922年11月1日，在胜利的斗争和坚实的群众基础上，成立了全省工人的统一组织——湖南省工团联合会，毛泽东任工团联合会的首任总干事。这是继湖北之后，全国成立的第二个全省性的工会组织。

1923年"二七"惨案之后，全国工人运动转入低潮时，只有湖南的工人运动仍在继续向前发展；到1924年时，全国城市工人依产业而组织的公开工会，只有湖南是全部存在的；全国各矿区的工人，也只有安源和水口山两处被全部组织起来。虽然后来赵恒惕曾采取各种各样的手段破坏工人运动，如郭亮在《湖南工人运动的过去与现在》一文中所说，"集会结社概被禁止，水口山矿工会及长沙各工会多被封闭，工人遭惨杀，工人运动遭受巨创；但革命的湖南工人运动并未因此而低落，公开的斗争、秘密的组合，从不稍懈。五卅运动突起，全国工人阶级与帝国主义肉搏血战，湖南工人一致奋斗，工人组织数量增至7万余人"。五卅运动以后，赵恒惕的迫害进一步加紧，"如安源、水口山工人之遭惨杀，工会被解散，第一纱厂工人被拘囚，长沙铅印工人罢工受压迫等。但在此情形下，尚能扩大秘密组织，全省参加工会工人增至11万人"。[2]北伐战争中，安源、株萍路、粤汉路、长沙、醴陵、平江、湘潭等地的工人，努力参战，巩固后方，有巨大的贡献。1927年初，全省有组织的工人达40万人。1927年革命失败后，安源和水口山的工人都曾进行过猛烈的武装斗争；毛泽东带上井冈山的工农革命武装中，就有几百个安源、水口山和长沙的工人。

毛泽东最初接近工人是下过一番苦功夫的。他常赤脚穿草鞋，戴草帽，穿粗布短褂，以便跟工人接近。譬如为了了解粤汉铁路工人的情况，他曾在长沙北站的茶馆中，同一些铁路工人、搬运工人一连许多天一起喝茶，亲切谈心，终于交到了朋友。他交到的第一个铁路工人朋友是广东人陈地广；陈在机务段做机修工，技术熟练，在工人中有威信。

毛泽东能够同工人打成一片，也由于他真正做到了语言的大众化。毛泽东说过："我们是革命党，是为群众办事的，如果也不学群众的语言，那就办不好。""语言这东西，不是随便可以学好的，非下苦功不可。第一，要向人民群众学习语言。人民的语汇是很丰富的，生动活泼的，表现实际生活的。"毛泽东自幼在农村长大，同农民有深厚的关系；在第一师范办夜校时，又接近过工人。因此他向来熟悉和重视人民的丰富而生动的语言，这时为开展工人运动，自然就更加注意学习工人群众的语言。据当时最接近毛泽东的人回忆，他的通俗生动、深入浅出、简明有力、形象亲切、富于幽默，特别具有中国民族风格和地方特性的语言，有莫大的吸引力。这种情况从当时罢工运动中的许多宣言、传单和有关文件中，可以得到证明。这些宣言、传单和文件有许多是毛泽东亲自执笔或者参加修改的。

毛泽东那时身体比较瘦弱，他自己的物质生活水平也同普通工人差不多。他常到工人区域中去，广泛地同各行业的工人接触，工人积极分子包括黄爱和庞人铨也常到船山学社等处来找他。与工人群众相交之后，他就觉得自己面前展开了一个无限广阔的新世界。他一方面深入了解工人的生活、思想、感情和要求；另一方面，他又以极其谦虚恭谨的态度向工人群众学习，用群众的智慧、创造、勇敢和力量，来鼓舞自己、丰富自己，从而使自己的人生观和世界观不仅从理性上而且从感性上获得根本的改造。他在中国革命的最初时期，就与那些坐而论道、关在房子里发指示、满口马克思主义的陈独秀、张国焘等人根本不同。"是一个假马克思主义者还是一个真马克思主义者,只要看他和广大的工农群众的关系如何,就完全清楚了。"这个颠扑不破的真理,是他最初从事革命活动时,实践得来的亲身体会。毛泽东后来曾讲到同工农群众结合之后,他自己思想感情上发生变化的情况。不深刻了解这种情况——一开始革命活动,毛泽东就同工人、农民交朋友,既当先生,又当学生,从思想感情上同他们打成一片——我们就不能真正理解20多年后,他在延安整风运动时讲的这个真理:"革命了,与工人农民和革命军的战士在一起了,我逐渐熟悉他们,他们也逐渐熟悉了我。这时,只有在这时,我才根本地改变了资产阶级学校所教给我的那种资产阶级的和小资产阶级的感情。这时,拿未曾改造的知识分子和工人农民比较,就觉得知识分子不干净了,最干净的还是工人农民,尽管他们手是黑的,脚上有牛屎,还是比资产阶级和小资产阶级知识分子都干净。这就叫作感情起了变化,由一个阶级变到另一个阶级。"

要将工人组织起来,从何着手呢?

1921年,北京和上海的党组织开展工人运动的经验,都是首先在工人区办夜校。在第一师范读书时,毛泽东自己就有办工人夜校的经验。1920年下半年,他在一师附小任事时,也曾主办过工人夜校。1921年下半年至1922年,他派出许多党员、团员干部,在安源、粤汉铁路、水口山和长沙的产业工人中,在泥木、制笔业、人力车等行业中,创办了许多所工人夜校。工人最初不免有怀疑和犹豫,不大肯来。如安源就是先办工人子弟的日班;通过工人子弟,跟他们家长有了进一步的联系,日班巩固了之后,工人夜校就好办了。起初,租用校舍、油印讲义、纸张笔墨等少数经费,都由党组织出。每所夜校开始大体配一个干部,教课、编讲义等全部由这一个人负责。工人运动大规模开展之后,参加夜校的工人多了,工会也组织起来了,夜校才由工会接办,一切经费也由工会筹划。这时,党就动员大批干部去当教员了。有的地方,如安源、水口山罢工胜利后,迫使矿局出钱为工人盖校舍,每月供给经常的费用。

编讲义是一个很大的问题。当时没有现成的有革命思想内容的通俗教材可用,毛泽东特别着意解决这个问题。最初为了说明"劳工神圣"的意义,他要教员利用中国旧的历史课本上的材料,由巢居穴处进到茅棚窗室、由茹毛饮血进到取火烹饪、由披挂树叶兽皮进到蚕丝棉织衣服、由渔猎畜牧进到农业手工业、由石器铁器进到机器等事例,来说明劳工神圣的意义和资本家剥削工人血汗及贫富悬殊之不合理,以启发工人的阶级觉悟。工人夜校增多之后,迫切感到有编辑统一教材的必要。

1922年下半年,湖南有一部分教育界人士(其中有思想进步的分子)积极推行所谓"平民教育"运动，准备开办大批平民补习学校。五四运动以后，出现过资产阶级改良主义的"教育救国"和"平民教育"的思潮。"平民教育"这个口号看由谁来利用，在马克思主义者手里，完全可以成为一个在工农群众中开展工作的合法工具。这时，个别有社会地位的党员参加了平民教育运动的领导。毛泽东即指示他们很好地利用这个运动，来帮助党开展工人夜校的工作。1923年正式成立了湖南平民教育促进会，有好几十个县都成立了分会，都有一定的经费。后来各地党的组织在毛泽东指示下，都很好地通过"平民教育"来开展工人运动和农民运动。

这时主要的问题就是缺乏通俗的课本。在毛泽东的领导和鼓励下，主持"平民教育"工作的李六如编出《平民读本》4册，在《湖南通俗报》上发表，并于1922年10月出版。不到一年，发行4版，销了几万册。

这4册读本的编法是由浅入深，由短而长，文字通俗，每课由几十字到三四百字不等。内容方面包括与日常生活有关的问题、社会文化、科学知识和国内国际大事；特别重要的是介绍了马克思主义的粗浅知识和俄国十月革命的方向。例如在第1册"衣食住的由来"一课中这样说道："人们的衣、食、住，无一桩不是由农工们创造出来的。但是，这些耕田做工的同胞，反倒没有好衣穿，没有饱饭吃，没有房子住，真是太不平等呵！"第2册的"分工互助"课，认为人类社会生活应该是"大家各尽所能，各取所值，切不可像那些吃百姓的官僚、军阀、资本家，坐得人家现成的东西"。第3册除"人民之权利""平等""集会"等课外，还有关于组织农工联合会的两课。"约朋友组织农工联合会的信"中这样鼓动地说："世界上最辛苦的，莫过于我们农工，虽拼命地创造一些东西出来，却自己享受不到一点，简直替人家做一生牛马罢了。如果大家不赶快觉悟，团结起来，恐怕埋在十八重地狱底下，永没有翻身日子。"第4册以6课篇幅介绍了各派社会主义，对共产主义——马克思创始的科学社会主义及其对世界的影响，并对俄国共产党（布乐什维克）的胜利及其基本政策，都做了简单扼要的介绍。很显然，这4册富有思想内容和革命鼓动意义的《平民读本》，对于当时广大的工人群众是有很大的思想启蒙作用的。这样的读本能够教育工人群众认识自己的力量，鼓舞他们起来做革命斗争，引导他们走马克思主义和俄国革命的道路。有些工人出身的老同志，现在还清晰地记得《平民读本》的讲授，对他们当时参加革命所起的巨大影响。如当时在株萍铁路当工人的王震，上工人夜校时，就读过这个课本。

除了用工人夜校的方式，对工人群众进行马克思列宁主义的教育，启发他们的思想觉悟外，毛泽东还常组织有社会地位的党员和进步人士，利用他们的合法地位向工人群众做有意义的讲演。

这种工人夜校的方式，在当时确是革命知识分子与工人相结合得好的和最有效的方式。湖南党组织的许多知识分子干部，在毛泽东领导下，有计划地一批一批地被派遣到各地工人群众中去办夜校，从而领导工人运动。如李立三、刘少奇、蒋先云、毛泽民、黄静源等到安源，毛泽覃等到水口山，郭亮等到粤汉铁路，夏曦、夏明翰、罗学瓒等到铅印活版、人力车等行业。这样做不但轰轰烈烈地开展了湖南的工人运动，而且使得党的重要骨干一开始就深入下层，从而得到改造自己和提高自己的机会，同时也使得党和革命运动在正确的坚实的道路上（马克思主义的普遍真理同中国革命实际相结合的道路）前进。

从1922年到1923年初，毛泽东领导下的湖南各地工人的大小罢工斗争，共达10多次。罢工人数最多的如安源近2万人，最少的如长沙笔业、铅印业等各有二三百人；时间最长的如长沙理发工人前后坚持一年多，最少的五六天、十多天不等。这些斗争大都取得了胜利。胜利的原因，除了当时正处在全国罢工运动的高潮等以外，主要是由于毛泽东和他的战友领导得正确。〔3〕

当时，无政府主义在湖南传布很广，在工人和青年学生中有很大的影响。毛泽东在组织和领导湖南工人运动中，首先遇到的便是如何争取受无政府主义影响的湖南劳工会。

高菊村等在《青年毛泽东》一书中写道：

湖南劳工会是黄爱、庞人铨于1920年11月21日在长沙组织的劳工团体，拥有7000名会员。这个组织的宗旨是"改造'物质的生活'，增进'劳工的智识'"。湖南劳工会的组织原则"系合议制、铲除领袖的"。〔4〕绝对打破领袖观念和男女界限，这是受无政府工团主义影响的体现。同时，会内确也混进了几个无政府主义者。

劳工会有一定的群众基础，黄爱、庞人铨在工人中也有相当的威信，因此毛泽东要将劳工会的人争取过来，不是一件容易的事情。但也有许多有利于争取的因素：黄爱、庞人铨都是五四运动、"驱张"运动中的激进分子，黄爱还先后受过李大钊、陈独秀的影响，并曾征得陈独秀的支持由上海回湘创办湖南劳工会；劳工会领导湖南第一纱厂工人反对省政府把纱厂租给华实公司的斗争遭到失败，正需要人帮助，指明出路。毛泽东仔细了解了劳工会的内部情况，将劳工会中真正的工人群众跟他们的上层分子区别开来；在他们的上层人物中，又将黄爱、庞人铨等纯洁、正直、勇敢和具有一定反帝反封建思想的青年跟挂羊头卖狗肉的野心家区别开来；对一般工人会员进行具体分析，弄清谁是进步的谁是落后的。对劳工会的先进分子，毛泽东是重点培养，紧紧依靠。他多次找黄爱、庞人铨等人谈心，热情赞扬他们反抗资本家和军阀的勇敢精神，同时对他们没有严密的组织，只做经济斗争，没有远大的政治目标的运动方针进行了批评。

1921年11月21日，劳工会成立一周年，毛泽东在《湖南劳工会周年纪念特刊号》上发表了《所希望于劳工会的》文章，他指出："劳工会这一年来的艰难缔造，在湖南劳动运动史上已写完了头一页，现在要开始写第二页了。我愿这第二页上写的要大不同于第一页：材料更丰富，意义更新鲜，章法组织更美备。"紧接着，他针对劳工会前段工作中存在的问题，提出了三点意见："（一）劳动组合的目的，不仅在团结劳动者以罢工的手段取得优益的工资和缩短工作时间，尤在养成阶级的自觉，以全阶级的大同团结，谋全阶级的根本利益。""（二）组织上宜一依西洋工会组织，由代表会议产生相当名额之委员付与全权组织委员会执行会务。旧的行会式的组织固然要不得，职员太多，分部太繁，权力太分也要不得。""（三）工会是工人组织的，所以工人应该自己养活工会。更进则准备罢工基金和选举基金。现在不能遽言及此，我以为无论如何第一步要办到凡入会的工人每人必出至低限度的月捐，少至一个铜元都可；第二步办到自己养活工会。"

根据毛泽东的建议，劳工会进行了改组，将过去的八部改为书记、组织、宣传三部，并请毛泽东助理会务。接受毛泽东"小组织大联合"的主张，改组了基层组织，成立了土木、机械、印刷等十多个工会。会员也交会费了。

1921年冬，毛泽东曾邀劳工会领导人之一张理全去安源，考察安源工人的生活状况和要求。中央局通知，派人去莫斯科参加远东各国共产党和民族革命团体第一次代表大会时，毛泽东给劳工会分配了一个代表名额。

12月中旬，第三国际代表马林在张太雷的陪同下，去桂林与孙中山进行会商，在长沙稍作停留。毛泽东接待了他，进行了长时间的交谈，介绍他与黄爱、庞人铨等接触，请他"花了一个晚上"的时间，给黄、庞和部分工人群众"讲阶级斗争"，介绍"俄国革命"的情况及经验。[5]

12月25日，根据中共中央局指示，毛泽东通过湖南劳工会、湖南省学生联合会发动长沙1万多工人和市民、学生，举行示威反对日、美、英、法等帝国主义召开的损害中国主权的太平洋会议。后来，陈独秀在总结这次活动时说，除上海外，全国各地反对太平洋会议运动中，以"湖南工人最猛烈"。

毛泽东除自己经常帮助、教育劳工会的骨干成员外，还指定中共党员同他们保持联系。毛泽东后来回忆说："在许多斗争中，我们都是支持他们的"，"并且通过协商，防止了他们许多轻率和无益的行动"。[6]

1921年冬，黄爱、庞人铨经过毛泽东的耐心说服和帮助，接受了马克思主义，参加了中国社会主义青年团。邓中夏在《中国职工运动简史》中写道：

"1921年共产党湖南党部成立之后，便着手与黄、庞携手合作。黄、庞那时候曾倾向共产党，在他们被杀之前2月，确曾介绍过加入社会主义青年团。"

1922年1月16日，黄爱、庞人铨遭到军阀赵恒惕的逮捕，翌日凌晨即被绑赴浏阳门外秘密杀害。陈独秀曾在给共产国际的报告中写道："因反对太平洋会议，鼓吹承认苏维埃俄罗斯的示威游行及参加纱厂罢工，青年团团员黄爱、庞人铨二人被督军所杀。"[7]

黄、庞被杀后，毛泽东极为悲愤，立即召开会议，布置对赵恒惕的斗争和稳定工人的情绪。在毛泽东亲自主持下，工人群众在船山学社召开了两次黄、庞追悼会，并发行纪念特刊。

赵恒惕害怕群众舆论谴责，将湖南各地报纸严密封锁，不准刊登与此事有关的任何报道。毛泽东根据过去领导"驱张"运动的经验，派李立三到常德动员黄爱的父亲，同去上海，控诉赵恒惕的罪行。不久，毛泽东自己也经武汉到上海，帮助组织反赵恒惕运动。毛泽东参加了上海社会主义青年团召开的追悼黄、庞会议，会上他报告了黄、庞事件的经过，号召人们向黄、庞学习。[8]

春夏之交，毛泽东回到湖南，途经武汉时，会见了陈潭秋、黄负生、陈荫林、刘子道、李汉俊、丁默村、包惠僧等人，与他们讨论了党务、宣传、组织和劳工运动等情况，拟回湘后大力开展工人运动。[9]

## 推动劳动立法运动

在连年的南北混战中，国会议员受军阀的操纵，导演出制宪的闹剧。中国劳动组合书记部决定利用这个时机，于1922年8月，在全国组织劳动立法运动。毛泽东积极担负起运动的领导责任，并把重点放在发动工人组织起来、逐步实现全省工人大联合上，将湖南的工人运动推向新水平。

早在1921年4月，毛泽东在揭露湖南军阀赵恒惕假"省宪"的斗争中，就实际提出了劳动立法的主张。据高菊村等著《青年毛泽东》载：

赵恒惕为了愚弄人民，巩固既得地位，于1921年4月在长沙各报刊公布了《湖南省宪法草案》，假惺惺地征求民意。许多政客为之捧喝，唯独湖南《大公报》开辟了"省宪草案讨论"专栏，毛泽东撰写了《省宪法草案的最大缺点》载于4月25日至27日的专栏内。文章指出：省宪草案"第一个最大缺点，是人民的权利规定得不够"。他认为，"人民不分男女，均有承受其亲属遗产之权"，"有自由主张其婚姻之权"，"有依其自由意志求得正当职业之权"。这三项中，以"第三项则尤其紧要，现在无业及失业的人如此之多，这样重大的社会问题，宪法上不规定解决办法，真是岂有此理"！求得正当职业之权，即工人、农民、商人、知识分子的劳动权。这是人生最起码的权利，没有劳动权也就会失去生存权。毛泽东不仅主张把劳动权、生存权写入省宪法，而且主张省宪法应当明确规定唯有有正当职业的人，才能参加政治，才有选举权和被选举权，使"将来的政治成为一种职业政治"，而不是现在无正当职业之人当权的"游民政治"。省宪法草案第二个最大的缺点是"无正当职业之人也有被选举权，和关于劳动的事项全没有规定"。如果这样，将来"事实上仍然是有钱的人当选，无钱的人落空"，"仍然是一种不利于平民的政治"。因此，他主张对省宪法草案要做根本性质的修改。

毛泽东提出的修改意见，除了应加入上述财产继承权、婚姻自主权、求得正当职业之权和有正当职业者的选举权和被选举权外，还着重提出劳动立法问题。他建议，省宪法至少要在"行政"章之"实业"一款里，明白加入下列两条：（一）无论公私营业，对于劳动之时间、工值、红利、娱乐、卫生、教育及年龄、性别等项，以省法律定之；（二）省政府对于与刑事法典不相抵触之各种劳动组合，须保护之。只有这样，各种同业公会乃能有组织发展之余地。随后，李六如、易礼容、陈子传、陶斯咏相继撰文揭露省宪法草案的虚伪性，要求写入保护劳工利益的条文。

毛泽东等人这些批评意见，赵恒惕政府没有接受，也不可能接受。但是赵恒惕的假民主，却为毛泽东首倡劳动立法提供了客观条件和时机。

赵氏经过一场自演自吹的双簧戏后，不顾民意于1922年元旦悍然颁布了具有浓厚军阀割据色彩的《湖南省宪法》。3月，据这个宪法，改选了省议会。接着，又表演了"民选省长"的丑剧。赵恒惕正在得意间，毛泽东又利用这一假民主，再一次发起劳动立法运动。

1922年五一国际劳动节那天，毛泽东又在湖南《大公报》发表了《更宜注意的问题》，幽默风趣地说："自治省的湖南，以全民政治相号召的湖南，若全然撇开劳工，岂非笑话！"如果说劳工不能撇开，则应注意到劳工的三件事：一、劳工的生存权；二、劳工的劳动权；三、劳工的劳动全收权。所谓生存权，即有劳动能力的人和没有劳动能力的老年人、小孩子都应获得能维持生命的最低限度的食物的权利。所谓劳动权，即有劳动能力的人，应该把工给他做；社会无事可做时，社会应该本着罪不在工人的理由而给予他们平常的工资。所谓劳动全收权，即工人所产生的东西全部价值，除去成本、固定资产折扣外，应完全归工人。强调生存权和劳动权，呼吁"湖南现在有多少人饿死"，"有多少人失业"，提醒人们对省宪法不要抱幻想。"省宪法虽则冠冕堂皇，可惜全没有涉及这几点！美其名曰全民政治，实际上抛弃了至少99%的劳工！"劳工是社会的台柱子，是不可抛弃的"'殷鉴不远'，俄罗斯的资产阶级、贵族阶级就是个榜样，他们现在是已经悔之不及了"！

毛泽东这些劳动立法观点比中国劳动组合书记部请愿书中提出的《劳动立法大纲十九条》要早1年零5个月，从《更宜注意的问题》算起，也早了4个月。毛泽东不愧为我国劳动立法运动的首倡者。[10]

全国劳动立法运动开始后，毛泽东成为运动的积极推动者。《青年毛泽东》一书继续写道：

1922年8月16日，邓中夏等人向北京参众两院提交《中国劳动组合书记部请愿书》，毛泽东代表湖南分部参加联署。中国劳动组合书记部向国会提出《劳动法案大纲》，要求国会制定劳动法案。《劳动法案大纲》十九条，第一至四条系承认劳动者之集会结社权、同盟罢工权、团体契约缔结权、国际联合权。五、六条是各类工人，包括从事夜工、18岁以下的童工、农业工人的工作时间问题。第十三、十四条为工人最低限度的工资、劳动组合等问题，第十九条为工人补习教育问题。这十九条的内容与毛泽东早已倡导的劳动立法内容大体一致，故毛泽东积极拥护这十九条，并于9月6日领导中国劳动组合书记部湖南分部、长沙土木工会、新河粤汉铁路工人俱乐部、工友协进社、长沙理发工会、安源路矿工人俱乐部等团体举行劳动立法运动大会，组织湖南劳动立法大同盟、湖南各公团联合会，并以各工会、各公团名义致电北京参众两院，要求从速通过劳动法案大纲十九条，务使劳动者"获得政治自由""改良经济生活""参与产业管理""得受补习教育"四项基本权利。通电提醒议员们：若劳动法案未能通过，则"请君不啻自绝于民众，我全国劳动者不得不奋其神圣之威权，起为一致之团结，为自由而战，为生存而战，为取得应有之权利而战"。[11]其观点之鲜明，态度之坚决，为当时各省劳动立法运动之冠。

虽然《劳动法大纲》被北洋军阀政府的国会否决，但争取工人的生存权、劳动权、劳工组合权的呼声，已深入人心，成为第一次工运高潮中工人为之奋斗的目标。

毛泽东在倡导劳动立法时，就着手工人的组织，把基点立在工人的大团结、自己解放自己上。毛泽东很注意做铁路工人的工作。他的第一个铁路工人朋友是广东人陈地广。陈是火车头修理厂的修理工，技术熟练，在工人中很有威信，毛泽东常到陈地广家去"拉话"，从而使陈感到这个人很亲切。经过陈地广介绍，他又认识了许多工人。很多工人都主动地来找毛泽东，谈他们的生活、要求等心里话，把毛泽东当作他们的知心朋友。不久，毛泽东派了党的干部到新河站办工人夜校，成立了粤汉铁路工人俱乐部，粤汉铁路岳州工人俱乐部亦于8月中成立，郭亮任秘书。

......

毛泽东不仅重视产业工人，而且重视手工业工人，把手工业工人组织起来进行罢工斗争，这是他省工人运动所没有的特点。长沙是手工业工人聚集的城市，手工业不下数十百种，工人多达10万人。其中以码头、泥木、人力车、织造工人为多。毛泽东和中共湖南支部从1921年始，用很大的力量在这些手工业工人中进行教育和组织工作。

当年长沙的手工业工人中，以泥木工人人数最多，也最有斗争精神，从1917年以来斗争未曾停息过。毛泽东依靠一批积极分子，经过两三个月的努力，以"十人团"的形式把工人组织在一起，到1922年9月初已组织108团，达1000多人。5日成立了长沙泥木工会。任树德被选为总务股主任（即委员长），易礼容被聘为秘书。毛泽东亲自起草的长沙土木工会章程18条，章程规定该会的宗旨是：改进工人生活，拥护工人权利；工会的主要工作是：办补习学校、消费合作社、卫生保险、失业互济；基本组织为十人团，会员每10人联成一团，选举代表一人，由代表大会选举37人组成委员会，任期一年，委员会下设总务、文牍、会议、庶务、交际五股，进行日常工作。聘请秘书办理本会一切事务。各工会的秘书都由共产党员担任，代表党组织领导各工人俱乐部。

在长沙泥木工会的影响下，各种手工业工人纷纷组织起来。10月8日，长沙人力车工会成立，罗学瓒任秘书，毛泽东亲临大会演说。同月下旬，长沙笔业工会成立，毛泽民任秘书，毛泽东出席演讲。至1923年初，湖南一共建立了20多个产业工会与行业性工会，有组织的工人达四五万人。

为了加强工人阶级的战斗力，毛泽东积极筹划成立湖南全省工人的统一组织。1922年11月1日，粤汉铁路总工会在长沙新河总站开成立大会，大会由毛泽东主持，全省各工会都派了代表参加。在粤汉铁路总工会成立大会开完之后，株萍路的工人代表提出成立全省工团联合会的建议，各工会代表一致赞成。随即在新河粤汉铁路总工会内开工会联合会代表会议。"列席者：粤汉铁路总工会代表卢士英、毛子任（毛泽东——编者）；岳州铁路工会代表王俊岭、黎有德；安源路矿工人俱乐部代表朱少连、李涤生；长沙泥木工会代表黄志信、任树德；理发工会代表童继发、阳秋生；笔业工会代表郑应奎、贺佳；人力车工会代表黄德仲、张长生；缝纫工会代表张汉藩。当推毛子任为主席。一致表决下列三项：（一）凡产业工会及职业工会均有加入本联合会的资格；（二）推粤汉铁路总工会起草简章；（三）推粤汉铁路总工会负召集第二次代表会议之责（以本日为第一次代表会议），即由第二次代表会议议决简章，然后再定期开成例会。"[12] 会议之后，毛泽东参加起草了全省工团联合会的章程。在11月5日召开的各工会第二次代表会议上，毛泽东被选为湖南全省工团联合会干事局总干事，郭亮为副总干事。任树德、罗学瓒、朱少连等任各部正副主任。同时发布宣言通告全国：

湖南全省工人的统一组织——湖南全省工团联合会已正式成立。这是当时中国共产党领导的全国"两大地方组合"之一（另一为湖北省工团联合会）。从此，湖南工人运动有了自己的公开司令部。遇到重要问题需要解决时，他们往往说："找工团联合会去！""我们听工团联合会的命令！"[13]

## "哀兵必胜"

1922年9月，安源路矿工人罢工胜利，是毛泽东领导工人运动的得意之笔。为此，他曾经6次到安源，同那里的工人结下了不解之缘。

李锐在《毛泽东同志的初期革命活动》一书中写道：

安源属江西省的萍乡县，离湖南很近，又因有株萍铁路，和湖南有密切的联系。在矿山和铁路上工作的工人也以湖南人为最多。所以安源地方的工作始终是归湖南党领导的。

安源矿业在当时就已是有约30年历史的新式大企业，有工人12 000人，每天出煤2000多吨，焦煤约七八百吨，是张之洞、盛宣怀所办的"汉冶萍公司"的一部。汉冶萍公司是中国有名的钢铁企业，把大冶的铁，用安源的煤，运到汉阳去炼。因为曾先后向德国和日本借款，所以公司的实权落在帝国主义者的手里。

安源路矿工会是由党的湘区委员会先后派李立三、刘少奇等同志去进行工作，逐渐发展起来的中国工人运动中一支非常雄厚的力量。但其基础的最初奠立者是毛泽东，后来的工作，毛泽东也时常直接指导。

毛泽东在长沙做工人运动时，就注意到安源矿工这一大块"未开垦的处女地"。长沙城里的工运刚略有布置后，他便邀了那时还正待教育、争取的黄爱、庞人铨和其他3个人共6人亲自到安源去。经过长沙的及株萍铁路的工人的介绍，他身穿旧的蓝布衣裤，背着雨伞，来到安源"参观"。他亲自深入矿井，又看了窿内窿外（厂）和铁路。在这里他住了一个星期，结识了许多矿工朋友。开始他也是提议给他们办工人夜校，以便宣传并组织起来。矿工们觉得这个参观的客人诚诚恳恳，处处为工人打算，是个够朋友的人，便同意办工人补习学校。毛泽东大喜，回到长沙后，立即派从法国勤工俭学回来不久的李立三（那时名隆郅）去主持。

关于办工人夜校的事，毛泽东指示，要取得合法地位，才能顺利进行。因此立三同志到安源时，就用当时已经组织了的"湖南平民教育会促进会"的名义，向萍乡县知事去了一个信，说明办平民学校的宗旨……县知事看了，很表赞成。立三同志又联络了一些醴陵等地的绅士，请他们吃了一顿饭，他们也表示赞助。

平民学校于是成立了。

平民学校的学生都是工人的子弟。立三同志做教员。按照一般小学的惯例，学校经常邀请学生的家长来开"恳亲会"，这样就和工人们渐渐接近了。

1922年1月，安源平民学校附设的工人补习夜校也成立了，李立三等人亲自教课，对工人做宣传鼓动的工作，并逐渐把他们组织起来，进行斗争。

安源工人的生活状况原是非常惨的：他们受着帝国主义、官僚资本和封建势力的几重压迫。工钱很少，工作时间有的达十四五小时。工人住的、吃的、穿的，真是恶劣到了极点。特别坏的是矿井设备不好，常有工人死亡的事发生。在夜校里工人们受了阶级的教育，慢慢觉悟起来，懂得要自己组织起来才能改善生活的道理。经过两三个月，就开始筹备工人俱乐部（工会）。"五一"节那一天，正是全国第一次劳动大会在广州开幕的日子，"安源路矿工人俱乐部"正式成立了。当时会员只有300人左右。

5月里，毛泽东从长沙又陆续派来了一批重要的干部到安源工作，内中有刘少奇、蒋先云、毛泽民等。安源路矿工人中也出现了朱少连等积极分子。

这一年湖南以及全国发生了很多的罢工斗争。特别是这年的7月汉阳钢铁厂工人罢工胜利的消息传到安源来，因为是同属一个企业，这消息对安源的工人有非常大的影响。9月里粤汉铁路武长段又罢工，在岳州发生军队打死打伤罢工工人几十人的事件……安源的工人听了很是激动。

引起安源工人起来斗争的直接原因，是安源的路矿当局害怕工人组织的力量，于是和萍乡县政权勾结，要解散工人俱乐部这个所谓"乱党"的组织。工人们听了，非常愤慨。再则，路局和矿局拖欠工人的工钱几个月不发，工人的生活难以为继。工人们个个都摩拳擦掌，准备斗争。

就在这个时候，毛泽东来到了安源。他研究了当时各方面的情况，和同志们讨论，觉得现在是发动工人斗争的时候了。临别时，他又向同志们做了重要的指示，然后回长沙，并派了刘少奇等人来到安源，参加罢工斗争的领导。

……

13日的夜里，工人俱乐部发出罢工命令。第二天早上，矿工路工共17 000人一齐罢工。信号是：路工放汽筒，矿工切电线。

毛泽东曾写信指示说，这是安源工人第一次罢工，我们事先必须周密地研究形势，估计各方面的条件。没有把握，就不发动；一旦发动，就务必达到胜利的目的。他又指示：工人阶级跟资本家斗争，发出的口号，务必要能得到社会的同情，才能取得工人阶级自己的胜利。——我们认为，这是毛泽东同志做革命的统一战线策略的萌芽。在领导泥木工人罢工及其他工人斗争时，他都英明地运用了这个策略。

根据毛泽东的这些指示，安源路矿全体工人的罢工宣言写得既简短，又恳切动人：

"各界的父老兄弟姊妹们呵，请你们看：我们的工作何等地苦呵，我们的工钱何等地少呵！我们时时受人家的打骂，是何等地丧失人格呵！我们所受的压迫已经到了极点！所以我们要求改良待遇、增加工资、组织团体……

"我们要命，我们要饭吃；现在我们饿着了，我们的命要不成了，我们于死中求活，迫不得已以罢工为最后的手段……

"……我们不做工，不过是死；我们照从前一样做工，做人家的牛马，比死还要痛苦些……"

此外，在安源各处的墙壁上贴了许多标语，其中"我们从前是牛马，现在要做人"这一条，成为当时家喻户晓的口号，极得社会各界的同情。

工人俱乐部宣布了罢工纪律，组织了工人纠察队。在罢工的日子里，工人没有赌博的，没有进鸦片烟馆的，没有打架的——过去在此地几乎每天都打死人，流氓横行霸道，现在秩序却特别好。因此社会上大多数人都很称赞，对工人都另眼相看了。

工人们团结一致，阵容坚强，声势浩大。路矿两局先请驻在萍乡的赣西镇守使派大兵来镇压，没有效果。后来阴谋陷害李立三和刘少奇，由于工人们多方的保护，也没有做到。罢工坚持了5天之后，两局只得全部承认工人的13条要求。

罢工完全胜利了。工人俱乐部门前广场里的庆祝大会上，真是欢声震动了天地。将近两万工人大喊"工人万岁""工人俱乐部万岁"等口号。

罢工胜利之后，工人俱乐部再事整顿自己的组织。公举李立三为俱乐部总主任，刘少奇为特派员。

……

1922年11月毛泽东又来到安源巡视工作，指示同志们在矿工路工中发展了党员、团员。1923年安源已有13个党的支部，成立了党和团的地方委员会。

工人运动由安源发展到"汉冶萍总工会"。

由安源派了干部到水口山等处发展工人运动，成立工会。

"二七"惨案发生后，全国各地的工会都被封闭了，但广东、湖南两省及安源除外。广东是革命政府所在地。湖南及安源工运之所以没有受到挫折，是因为有毛泽东的正确领导和灵活的策略的缘故。

毛泽东看见"二七"惨案后全国各地工运都遭受了打击，就做出保全安源一块地区的决定。——也可以说，这是他后来的革命根据地思想的开始吧。[14]

关于毛泽东6次到安源的情况，高菊村等著《青年毛泽东》一书，又根据长期积累的丰富材料，做了补充：

当时安源是中国南方较大的矿山之一，约有12 000多工人，株萍铁路约4500人。安源路矿工人特别是煤矿工人受着帝国主义、封建势力和官僚买办资本的三重压迫，生活非常艰苦。压迫愈重，反抗愈大。这里蕴藏着很大的革命力量，所以毛泽东一直非常重视。1921年冬，毛泽东先后两次到安源，深入矿井，了解工人生产、生活情况，启发工人觉悟。他向工人讲了许多革命道理，使工人懂得受压迫受剥削的原因和求得解放的道路。据当时的老工人回忆，毛泽东曾打了一个比喻：路上有一块石子，大老板看到，随便用脚踢一下，就踢开了。但要是把许多小石子掺入石灰、沙石结成团，就会坚如磐石，大老板搬也搬不动了。[15]工人们听了，心里豁然开朗，要求毛泽东帮助他们。毛泽东满口答应，说：就请李先生来辅导你们吧。

李先生即李立三，毛泽东第二次去安源时，他也去了。

1922年初，李立三按照毛泽东"先办起夜学，启发工人的觉悟，然后把他们组织起来"[16]的意见，携带湖南省教育会和湖南平民教育促进会的公函去安源，通过萍乡县政府取得了合法地位，并办了安源第一所工人补习学校。有学员60余人。李立三等"于教课之中，即略事宣传'工人在世界上之地位，只有联合起来，组织团体与资本家斗争，以减少痛苦，解除压迫之必要与可能'。并常与各处工友接洽联络。两月之久，工友因此而觉悟者甚多；且辗转传播，来与李等谈者日众。最后，乃共集议组织俱乐部"。5月1日，安源路矿工人俱乐部正式成立。[17]这时，毛泽东又增派蒋先云去安源参加俱乐部的领导工作。同时，他自己亦到安源，召开中共安源路矿支部会，总结前段工作的经验教训。针对工人中某些人不注意斗争策略的行动，毛泽东告诫大家：不要着急把共产党的旗子打出去，像走路一样，步子要稳当，盖房子要把基础砌好。要注意公开工作和秘密工作相结合，防止过早暴露党组织。安源党组织在1922年2月中旬成立，到罢工前已发展到30多人，成为工人俱乐部的坚强领导核心。

9月初，毛泽东第四次来到安源。此时，李立三"已去长沙"，毛泽东与蒋先云、朱少连等安源党支部的同志研究了当时的情况，认为罢工的时机已成熟，目前最重要的是做罢工的各种具体准备。据老工人回忆，毛泽东在牛角坡一间小平房里召开了党支部会议，向大家介绍了各地罢工运动的大好形势，尤其是粤汉铁路工人大罢工的发展趋势，分析了路矿两局内部职员分有派系，有空隙可利用；同时指出工人不能孤军作战，要争取社会上绝大多数人的同情，争取社会舆论的支持。他强调最根本的一条，是要将绝大多数工人充分发动，严密地组织起来，防止敌人分裂工人的队伍。只有坚决罢工到底，敌人才会退让。共产党员必须坚决站在斗争的最前面，绝不动摇，进行"义无反顾"的斗争，群众自然会跟着领头人走。

毛泽东离开安源时，还给李立三写了一封信，告诉他安源罢工形势已箭在弦上，要求他立刻回安源，领导俱乐部的工作。同时指出要"非常注意罢工战术问题"，"必须运用'哀兵必胜'的道理，提出哀而动人的罢工口号"。毛泽东"特别关心的事情是加强领导"，因为"这样一次有10 000多人参加的大罢工，在当时湘区还是第一次，没有强有力的领导是不行的"。9月11日，即派刘少奇"到安源来了"。[18]

9月14日，安源路矿17 000工人举行大罢工。工人们发布了罢工宣言，高呼"从前是牛马，现在要做人"，向路矿两局提出了17项政治、经济要求。经过5天的激烈斗争，工人俱乐部"未伤一人，未败一事，而得到完全胜利"。[19]

罢工胜利后，安源工人俱乐部为工人办了许多事情。教育股办了7个工人补习学校，白天开有子弟班，日夜班共有近2000人上课。毛泽东又从长沙请来许多进步教员，帮助安源工人俱乐部开展工人文化生活。

这年冬天，毛泽东再次到安源巡视工作，亲自找工人谈话，了解他们罢工后思想的变化，并参加了代表会议，在会上做了全国工运情况及今后要继续加强团结的报告。毛泽东指示安源党组织，应趁罢工胜利后，发展一批党员，将罢工斗争中最优秀的工人吸收到党里来。

1923年"二七"惨案发生后，毛泽东召集包括安源在内的同志到长沙开会。他具体分析了当前敌我形势，指出应采取稳重步骤，不要轻易举行罢工，但要摆出"弯弓待发"之势，做好罢工的充分准备。毛泽东说，只有这样才最为有利，才能立于不败之地。安源的同志根据毛泽东的指示，一方面找矿局谈判，严词指明局方有请派军队解散工人俱乐部的阴谋，如果这样做，势必引起工人再度罢工，整个矿区将遭到破坏。同时在工人中紧急动员，号召大家做好充分准备，因而使矿局限于被动，终于不敢有所动作。

4月，毛泽东又到安源，指示中共安源地委要把工人运动和农民运动结合起来，在守势中取攻势，在退却中寻找进攻的道路。[20]

## 长沙在怒吼

长沙是当时湖南手工业中心，工人在2万左右，行业不下数十种。手工业工人劳动条件差，劳动时间长，工资却十分微薄，尤以泥木工人最为典型。早在1919年，泥木工人因工价太低，曾自发罢工，遭到当局压制。

1922年10月，长沙泥木工人举行大罢工，取得增加工资和营业自由的成果，这是长沙工人罢工斗争的首次胜利。这次罢工得力于中国劳动组合书记部湖南分部的直接领导，也是毛泽东积极努力的结果。

据中共长沙市委宣传部《毛主席领导长沙泥木工人大罢工》一文记述：

长沙有6000泥木工人，人数虽多，但没有固定的工场。他们分布在全城南北四门各个角落。要把他们组织起来，团结一心进行阶级斗争，确实十分困难。

泥木工人把封建把头赶下台后，毛泽东立即让任树德约几个工人骨干，去船山学社商量下一步的斗争部署。任树德和几个工人骨干来到船山学社，围着毛泽东谈话，研究组织的方法和措施。根据泥木工人多、居住不集中、做工分散的特点，毛泽东指示他们采取十人一团，由小到大的组织方法。毛泽东说：你们戳穿了封建把头的花样，把工人兄弟团结到身边来了，这是胜利的第一步。要趁热打铁，加紧"十人团"的活动，进一步组织起来，酝酿一场大规模的罢工请愿斗争。经过3个多月的艰苦工作，"十人团"发展到108个。

毛泽东为了把更多的泥木工人组织起来开展罢工斗争，还针对工人群众中受无政府主义思潮影响的现象，进行深入细致的思想工作。有些泥木工人曾经加入过无政府主义团体——湖南劳工会，毛泽东帮助他们认识无政府主义是小资产阶级的空想，并指出：无政府主义道路是走不通的。只有马克思主义，只有列宁开创的道路，才是中国革命唯一正确的道路。通过毛泽东耐心细致的思想工作，受无政府主义影响的泥木工人，转而信仰马克思主义，接受共产党的革命主张，纷纷要求参加"十人团"。

"十人团"的活动在全市各区蓬勃发展起来以后，毛泽东又因势利导，和任树德等工人骨干一道，多次在修业学校、湘乡会馆、船山学社开会，商量筹备建立真正的工人组织——泥木工会。毛泽东亲自草拟了泥木工会章程18条。章程非常鲜明地提出了泥木工会以"改进工人生活，拥护工人权利"为宗旨。从工会的组织原则到日常工作，从会员的权利到义务，毛泽东都以极其精练的文字，一条一条地做了简要明确的规定。1922年9月5日，长沙泥木工会成立了，任树德当选为工会委员长。毛泽东亲自派党的干部担任驻会秘书。工会庄严宣告："我们是生产者，是创造世界的主人，应该是世界的主宰。……我们要解放自己，不可假手他人，非自己团结起来不可。我们若要组织真正的工会，非是拿斧子拿砌刀的工人不能加入。必须如此，会员方有相同的利益，一致奋斗下去，不致使资本家再吮我们的血了。"

泥木工人成立了工会，斗争的阵势更加坚强了。根据毛泽东的指示，工会要反映工人的迫切要求，进一步组织斗争。工会在全城散发坚决要求调整工价的传单，扩大社会影响，造成舆论，以逼迫长沙县知事接受工人要求三角四分工价的条件。工人们的革命行动，得到各兄弟行业的大力支援。当城厢内外贴出一批长沙县署的告示，污蔑工人要求调整工价是"蔑视官厅定案"，"自由行动"，并勒令从即日起，恢复原来的工价时，工人们怒不可遏，一个晚上，就把全城布告撕个精光，换上了工会的传单。对警察的无理干涉和殴打工人的行为，工人们进行了反抗斗争。形势立即紧张起来。第二天，巡官警察四处巡视，严密监视工人的活动。工人们个个怒火万丈，到了一触即发的程度。于是，毛泽东亲自召开紧急会议，帮助工会骨干研究了当时的形势，周密地分析了各方面的情况，认为目前时机已经成熟，可以立即宣布罢工。毛泽东这一指示，得到工会的一致拥护。根据毛泽东的建议，成立了罢工委员会，议决了六项具体措施。

10月6日，泥木工会宣布罢工！顿时，所有建筑工地，冷冷清清，见不到一个泥木工人的影子。正在施工的伪省长公署、伪第一师司令部和伪县衙庆祝"双十节"的牌楼，全都停顿下来。

……

毛泽东在发动和领导泥木工人罢工斗争的同时，积极为争取社会同情和支援而奔走，并且向全国发出通电，发动全国各地工人声援长沙泥木工人罢工。中国劳动组合书记部湖南分部首先发电声援。长沙各行各业工人，也纷纷发出支持泥木工人罢工的声明。在长沙的湖北、江西、上海等省、市的泥木工人，也纷纷起来和当地的封建把头斗争，投入到长沙泥木工人大罢工的浪潮。粤汉铁路、安源煤矿、北京长辛店等全国各地的声援电，也像雪片似的飞来。

罢工进至第5天，有很多学校、机关、商店，纷纷来信要求复工，表示只要工人去做工，一定按照工人提出的调整工价发给工钱。随着罢工的持续，承认调整工价的单位越来越多。这时，有少数生活负担较重的工人，向罢工委员会提出，是否可以到那些愿意接受调整工价的雇主那里去做工。毛泽东及时帮助泥木工人认识这场罢工斗争，不光是为增加几个工钱的经济斗争，而是两个阶级的激烈搏斗，是一场政治斗争。毛泽东指出，一些雇主承认调整工价，只是因为他们看到天气转冷，急待修理房屋；而长沙县署并未收回成命，仍不承认工人有营业和工作的自由权利。如果部分工人上工，势必影响整个斗争的胜利。他号召工人群众，克服困难，把罢工斗争坚持到底。毛泽东在考虑工人长远利益的同时，也顾及到他们的现实困难。对于有些家里硬是揭不开锅盖的阶级兄弟，通过各方面的设法，给予了适当的物质援助。这样，罢工就继续坚持下来了。

罢工坚持到10月16日，长沙县署仍未接受罢工的条件。罢工委员会又遵照毛泽东的指示，向长沙县知事周瀛干发出了通牒："如十月十七日尚无解决希望，即将于十九日举行游行示威。"通牒发出后，周瀛干着慌了，于是软硬兼施：一方面派出所谓"公正绅商"出面"调停"，要工人们谅解政府，不要游行请愿；另一方面，周瀛干又抛出一篇《奉劝泥木工人》的信，公开在长沙的《大公报》

上发表，并在四城张贴，说什么"切莫听那些少数人的拨弄是非"，图谋破坏工人的团结；同时还威胁说："被少数不良分子的利用，扰乱社会秩序，可能要遭到法律制裁"，"如果始终不听，是你们自己受苦"。有少数工人因此动摇，害怕发生流血事件。毛泽东了解了这些情况，及时召集罢工委员会成员在船山学社开了个紧急动员会。会上，毛泽东揭穿了周瀛干的种种花招和虚弱本质，正确分析了当时的形势，勉励大家坚持斗争，不为欺骗、恐吓所屈服，坚持到底就是胜利。毛泽东还说：游行时我们都来，外面援助的事有专人管，你们放心同周瀛干干到底！

10月23日，乌云笼罩着长沙城，4000多泥木工人一大早就集合在省教育会坪。任树德同志报告了这次示威请愿的目的。大家推选了16个代表，然后开始游行。毛泽东身穿工人服装，带着口哨，参加了示威请愿的工人行列。这时，大雨滂沱，工人们周身淋得透湿。但是，大家看到毛泽东精神抖擞，步履矫健，走在队伍中间，个个迈开大步，直奔长沙县署。县署门口，刀枪林立，戒备森严，正门中间摆着一张方桌，桌上插着两张杀人"大令"。但是，泥木工人毫不畏惧，浩浩荡荡地开进了县衙门围墙里。

毛泽东带领工人呼口号，要长沙县知事周瀛干出来答话。工人们在毛泽东指挥下战斗，情绪十分高涨。口号声像滚滚惊雷，响彻长空。县衙官吏一个个吓得面如土色，周瀛干始终不敢出来。任树德等8个代表进去跟周瀛干谈判。周瀛干借口"各公团商绅不同意调整工价，本知事也不便参加"，企图搪塞并拖延谈判以涣散军心。工人们见第一次交涉没有结果，全体高呼："今天不解决，今天不出衙门；明天不解决，明天不出衙门！"接着又派第二批代表进去谈判。第二批代表进去好久，时已过午还毫无消息。毛泽东便在工人队伍中鼓动说：第二批代表去了这么久，还不见消息，人也不见出来，周瀛干又在耍阴谋，想把我们内外隔绝。如果等一会儿再没有消息，我们大家就一起进去找周瀛干讲理。说完，又带领大家呼口号，极大地鼓舞了工人们的斗志。

这时，两个穿便衣的家伙，贼头贼脑地要来抓捕毛泽东。毛泽东完全把个人安危置之度外，大义凛然地继续屹立在工人队伍中间。工人们把毛泽东团团护住，使便衣无从下手。

傍晚时，长沙市各业工人纷纷赶来慰问请愿工人。造币厂、电灯公司、缝纫店、织造厂、理发店、印刷厂的工人们送来了大饼、茶水，还送来了灯笼、油布、草纸等，准备泥木工人露宿用。阶级兄弟的支援，更加鼓舞了泥木工人的斗争信心。

泥木工人坚持斗争，使反动派心惊肉跳。湖南军阀赵恒惕企图镇压工人的斗争，派来一连军队包围工人。工人们在毛泽东指挥下继续战斗，毫不屈服。于是，赵恒惕又变换策略，改用缓兵之计，派参谋长出来"调解"，答应"三天之内解决"。工人代表们坚定不移地回答："什么时候解决问题，什么时候回去。"工人们不屈不挠，迫使省政务厅厅长吴景鸿不得不答应次日下午2时召开公团协商会议，请工人代表出席协商。这时，已是下半夜3点钟了。几千双眼睛都望着毛泽东，等待着他做出决断。毛泽东见工人群众熬了一天一夜，也够累了，于是和任树德等工人代表商量，叫大家暂时回去休息，养好精神，以利明天再战。

10月24日，毛泽东亲自担任泥木工人的首席代表，率领工人代表，进了伪省政务厅。当吴景鸿摆着一副官架子，指责罢工队伍不听从县署关于停止游行示威的指令时，毛泽东理直气壮地进行了面对面的斗争，质问道："商家涨价（指资本家提高煤米价钱）是否也是听了官家的怂恿？！"

吴景鸿瞠目结舌，呆了半天，才从鼻子里哼了一声："你、你……这是什么话？"

毛泽东从容不迫地反击道："这是根据厅长刚才自己的话说的！"

"你、你这是非法行为，有意跟官厅为难。"吴景鸿大为恼怒。

毛泽东翻开带来的"省宪法"，利用反动政府粉饰门面的民主招牌，据理辩驳说："不，我们完全依法办事！省宪法第十六条明文规定：'人民对于政府有上书请愿及请求救恤灾难之权。'如今物价上涨，生活困难，工人拼一天阳寿还养不活老小，6000多泥木工人和2万多家属就要饿死，提出增加工资，这犯了什么法呢？"工人代表们紧紧靠在毛泽东身旁，横眉怒视吴景鸿。吴景鸿老鼠般的眼光里流露着惊慌和恐惧。但吴景鸿毕竟是个久经宦途、老奸巨猾的家伙，立即故作姿态地问道：

"先生贵姓，是不是工人？"

毛泽东朗声回说："先生问我的资格，我就是工人代表。如果要审查履历，最好改日再谈。今天我以泥木工人代表的资格，要求解决工价问题。"毛泽东的答复，又呛得吴景鸿哑口无言。

经过激烈的反复的斗争，反动派终于不得不承认工人"营业自由，调整工价政府不能过问"的正义要求。罢工委员会根据毛泽东的指示，当即写了呈文，给省长公署当面批准。可是，吴景鸿老奸巨猾，又在批词上玩弄花样，写了"其工价尤应随时协定，不能由工人等一方面加以限制"。毛泽东当即指出：此句万不可存！责令吴景鸿将它删掉。吴景鸿又以"批文需要交省长过目签字生效"，借故拖延。毛泽东采取对策，组织工人骨干连夜通知长沙各行各业的工人，第二天去开大会。25日，各行各业近2万人汇成一股强大的革命洪流，像冲决堤岸的怒潮，向伪省政务厅涌去。反动当局见势不妙，赶紧在批文上签字盖章。

坚持20天的泥木工人罢工，在毛泽东领导下终于胜利了。全市2万多工人欢声雷动，整队游行。游行队伍经过长沙县衙时，一个工人点了一挂万子鞭，跑到县衙的大堂上鸣放。在鞭炮声中，群众高呼"罢工胜利万岁""劳工神圣"！整个长沙城，就像一锅滚开的水，沸腾起来了。[21]

粤汉铁路工人罢工在（湖南）省内外的相互声援下，也取得了胜利。

高菊村等在《青年毛泽东》一书中写道：

粤汉铁路在1920年12月、1921年3月及10月曾举行过三次罢工。中国劳动组合书记部湖南分部及武汉分部都很重视粤汉铁路武长段的工人工作。1921年秋，两个分部分别在武昌徐家棚和长沙新河办工人夜校。1922年5月，徐家棚、新河又分别成立了工人俱乐部，8月，岳州亦有工人俱乐部。

在全国罢工高潮和粤汉铁路前次罢工的打击下，粤汉铁路武长段局长王世墇深感工人组织起来所带来的巨大威胁，千方百计破坏工人之间的团结，阻扰工人运动。王世墇是天津人，他利用同乡关系，拉拢部分工人在徐家棚组织"天津同乡会"，企图将外省工人尽力排出，用他的同乡亲信担任要职。还暗地指使爪牙行车监工张思荣、员司（翻译）苗凤鸣多方刁难外省工人，迫使他们离开路局。张、苗二人依官仗势，一面纠合少数未觉悟的同乡工人，组织"工人研究所"和"粤汉铁路职工联合会"，结成帮派；一面大肆造谣惑众，声言"俱乐部是不法团体，工人加入的要送官厅重办"，妄图借此分化瓦解工人，破坏工人运动。他们还收买一批流氓，无故向工人挑衅；因敲诈不遂，给工人强加罪名，任意开除工人等。在1922年9月，工人群众的愤怒与反抗情绪，已经到了无法遏制的地步。根据上述情况，郭亮认为罢工时机已经成熟。

毛泽东这时直接领导长沙新河站的工人工作，他得到郭亮的报告后，同意这个估计，便立即与武汉党组织联系，动员徐家棚工人起而响应，并迅速统一粤汉铁路工人的组织，以便行动。在毛泽东的指导下，岳州工人俱乐部联合全粤汉铁路工人于9月5日，拍电报给交通部，限三日内撤办张、苗二人，若不做出圆满的答复，则实行全路总罢工。9月6日，粤汉铁路新河、岳州、株萍、徐家棚的工人俱乐部，发起成立粤汉铁路工人俱乐部联合会，向路局提出了6条政治、经济要求，准备罢工。三天过去了，交通部和路局均无动静。8日，俱乐部联合会举行会议，决定全体罢工。9日，全路车辆停驶，锅炉熄火，工厂停工，罢工开始。

为了分化瓦解敌人。他们利用军阀之间的矛盾，把罢工斗争的锋芒指向鄂段路局和盘踞湖北的北洋军阀萧耀南。根据毛泽东的意见，新河工人俱乐部呈文赵恒惕，"说明罢工原委"，声明湖南境内除客、煤车停驶外，"军事专车，仍照常开驶，请其勿来干涉"。[22] 从而使得湖南军阀赵恒惕在这次罢工中一定程度上保持了中立。

10日晚，王世堉唆使"工人研究所"部分工人接手开车，并武装押运。郭亮即率领罢工工人在岳阳做卧轨斗争，遭到军警镇压。毛泽东得到岳州惨案的消息后，即派何叔衡速赴武汉，找湖北党组织和劳动组合书记部，共商营救被捕工人和把罢工斗争进行到底的问题。他自己则迅速赶到新河车站继续组织工人进行斗争。[23] 新河工人俱乐部根据毛泽东的建议，13日召开工人大会，请岳州工人俱乐部工人代表报告卧轨截车的英雄事迹，控诉军阀残杀工人的罪行。同时还派出3个代表到徐家棚工人俱乐部协助工作。

在安源、武汉及京汉铁路的援助下，粤汉铁路工人19天的罢工终于获得胜利。[24]

**毛泽东还成功地领导了长沙铅印工人大罢工。**

1922年9月21日，铅印活版工会在长沙成立。工会的成立，得到毛泽东的帮助，他还亲自担任了工会的秘书。

同年11月19日，铅印活版工会决定，要求报馆提早发稿时间，增加薪水，减少工时。在征得毛泽东的意见后，铅印工人于11月25日正式罢工。顿时，长沙城内无报可阅，引起强烈的社会震动。

参加过这次罢工的廖仲坤回忆说：

当时毛泽东正在长沙领导和组织工人运动。代表我们自己利益的长沙铅印活版工会在取得毛泽东的帮助下，派人与伪省政府和资方协商，主要是向伪省政府要求减少工作时间至8小时，增加工资到12块光洋。但是协商来协商去，伪省政府秘书处只答应增加1元工资，工作时间还是照旧。其他的资方看见伪省政府如此，自然是跟着走。协商得不到结果，激起了我们的愤怒，于是决定罢工。不过大家觉得罢工是一件马虎不得的事，就决定去找毛泽东帮忙。后来得到毛泽东的指示，他说："要罢工，一定得有充分的准备，以对付在罢工时可能发生的事情；比如像吃饭问题，住的问题，事前都得好好地计划解决，罢工斗争才不会失败。"铅印活版工会做了充分准备后，即在1922年11月25日，开始举行全市铅印工人罢工。复工的条件还是在协商时所提出来的，即实行8小时工作制，增加工资到12块光洋。

坚持八九天后，伪政府的头子们看见我们还没有复工，心里慌了，遂摆出穷凶极恶的面目来。一方面派军警来强迫我们复工；一方面又联合印刷厂的资方，把印刷品转至湘潭付印，来恐吓和要挟我们。一小部分工人怕打碎了自己的饭碗，便动摇起来。工会马上把这种情况反映给毛泽东，毛泽东及时告诉大家说："坚持斗争就是胜利！如果中途妥协了，以后就永远再莫想获得胜利了。军警虽然强迫我们复工，但是只要我们奋力坚持，他们还是无可奈何。至于说把所有印刷品转到湘潭付印，事实上不可能，湘潭的工人也不会接受。"这样，动摇的工人才稳定下来，我们的力量更坚强了。

罢工继续到十四五天，伪省政府的老爷们眼看威胁是不行的了，不得不向我们屈服。他们要求我们派代表去协商。结果，伪省政府完全答应了我们的要求，并且同意预付一个月的工资。其他印刷厂看见伪省政府同意了，也只有同意。[25]

罢工期间，毛泽东为维护工人利益，曾多次出面调停。11月27日，即罢工第3天，毛泽东以中国劳动组合书记部湖南分部书记身份，邀请长沙《大公报》负责人张平子从中调停。长沙《大公报》1922年12月13日的报道这样写道：

越二日，劳动组合（书记）部毛君泽东邀本报张君平子从中调停，磋商良久，毛君只允将齐稿时间改为中外新闻午后五时，本省新闻午后九时，余均不能退让，张君当将修改条件转交印刷同业会与报界联合会，印刷同业会以条件既未退让，无调停之可言。报界联合会亦以限定交稿时间，与新闻原则相违背，万国报界无此办法，当然不能承认，调停于是中止。

经过一番斗争之后，12月9日，毛泽东再次出面调停，使罢工以胜利告终。1922年12月13日长沙《大公报》的报道写道：

又数日，毛泽东又发起调停，参加调人之列者，除毛君外，有报界之张慎庵、陶孝宗[26]、张平子；铁路界之娄子英；机械界之王麓生；石印界之朱菊和、程和清、刘自安，邀集印刷同业会代表十三人（每家一人），铅印活版工会十三人，于九日下午公开谈判于省教育会。公推张慎庵为主席，同业会推刘维汉为总代表，工会推盛仲屏为总代表，将工人要求条件逐条讨论。自午后一时起，至十二时止，始得结果。除齐稿时间一条完全取消外，余均有所修改，当由双方签订草约。……前日，签订正约。工人即于昨日[27]上工。各报亦即于今日出版。

关于12月9日的劳资谈判，在1922年12月23日北京《晨报》刊载的《长沙印刷工人罢工始末记》中，还有这样的记载：

铅印罢工风潮，自上月二十五日起，至十日止，计经过十七日之久，各方争执不决，工人方面，大有难于支持之势，于是遂有十日之调停会议。该项会议，系劳工书记部主任毛泽东所发起，邀集报界之张平子、陶绿叶、张慎庵三人，及工党六人，联名致函各印刷公司代表及工人代表等，三方面在省教育会直接谈判，俨如对等议和形势。……经过极长时间之讨论，遂请印刷公司代表签字。是时公司代表，以工人大获胜利，虽未发反对之言论，心中不以为然，故而签字之际，代表都悄悄逃席。十三家印刷业，签字者仅湘鄂、吟章、彰文、汇同四家。……工人本有宣言，如有一公司不肯签字，一报纸不肯出版，和议虽成，亦不上工。后经毛泽东示意，签字者一律于十二日开工（各报可于十三日出版），盖亦知要资本家方面全体屈服，虽再坚持至于一年，必无效果。实则湘省印刷业之所谓资本家，可怜已极。除湘鄂一家有数万元之资本外，余皆不满数千。营业状况，尤多有绌无盈者，实不得当资本家之头衔也。工人都以毛之意见为从违，毛之所可，工人亦从而可之。故此项毫无办法之工潮，居然有解决之道。

为巩固罢工斗争成果，毛泽东还以湖南全省工团联合会总干事的身份，与粤汉铁路总工会、泥木工会等11个工团的代表，同长沙和湖南省当局交涉。

1922年12月13日，在长沙《大公报》上有这样的报道：

昨十二号正午十二时，工界联合会与理发、泥木、机械工、铅印、石印、笔业、缝纫、粤汉铁路、靴鞋业、人力车等工会代表二十一人，赴省长公署请见吴（景鸿）政务厅长，陈述意旨。吴厅长延见各代表于政务厅办公室。首由毛泽东发言。略谓：近月罢工问题层出不辍，有因劳资关系拖延数礼献不能解决者（如理发工等）。政府与工界上下隔阂，外间且传政府将对工界施以压抑手段。代表恐生双方误会，因于昨日要求石（成金）警厅长、周（瀛干）长沙知事介绍晋见厅长，请赐知政府对工界真意。吴厅长当答复以政府迭据密报，有一些人专事罢工运动，一业罢工，他业援助。……政府方面尚认为一种谣言，正在慎重考察。如对工界采压抑政策，早已干涉在前矣。毛又问政府对于一般普通工人，是否采取保护主义。吴答政府对一般普通纯洁工人，完全采取保护主义，并希望各业自行发展。毛又云政府与工人间，发生种种谣言，纯系两方隔阂所致。希望政府以后随时接见工人方面代表，免为一方面所蒙蔽。吴答政府甚愿得知工人生活状况及内容，以为处理之张本。惟望所举代表，能真实代表大多数工人之公意云云。嗣毛又与吴谈及省宪法集会结社自由问题颇久，最后毛又提理发工新铺发封事，人力车立案事，机械工会立案事，吴厅长均允查案办理。最后毛请吴厅长介绍见赵（恒惕）省长陈述意旨。吴厅长先允代达，并云省长事忙，不能作如此之长谈，毛乃约定以半句钟为限，坚请吴厅长电询赵省长允于本日十二时，在总部内接见。该代表方辞别离署云。

经过这场说理斗争，揭穿了赵恒惕政府"省宪法"的真相，为工人争得了某些合法权益。事后，赵恒惕对部下说，湖南再来一个毛泽东，我便不能立足了。

**注　释**

〔1〕埃德加·斯诺：《西行漫记》，生活·读书·新知三联书店1979年12月版，第133—134页。

〔2〕郭亮：《湖南工人运动的过去与现在》。这个小册子于1927年2月在长沙出版，载于《湖南历史资料》1958年第1期。——原注

〔3〕李锐：《毛泽东的早期革命活动》，湖南人民出版社1980年2月版，第350—358页。

〔4〕1920年10月27日黄爱致陈独秀信，原载《劳动界》第13册，1920年11月7日出版，见《湖南工运史资料选编》第1册第7—8页。——原注

〔5〕1935年8月19日《马林赴华回忆》，见《"一大"前后》第570页。——原注

〔6〕《西行漫记》第134页。——原注

〔7〕《党务、政治宣传、劳动运动情况及今后计划》，1922年6月30日。——原注

〔8〕谌小岑的回忆，1977年3月16日。——原注

〔9〕高菊村等：《青年毛泽东》，中共党史资料出版社1990年3月版，第165—168页。

〔10〕高菊村等：《青年毛泽东》，中共党史资料出版社1990年3月版，第169—170页。

〔11〕《劳动各团体致参众两院电》，见1922年9月10日湖南《大公报》。——原注

〔12〕《湖南全省工团之大联合》，见1922年11月3日湖南《大公报》。——原注

〔13〕高菊村等：《青年毛泽东》，中共党史资料出版社1990年3月版，第171—175页。

〔14〕李锐：《毛泽东同志的初期革命活动》，湖南人民出版社1957年版，第121—128页。

〔15〕《毛主席和安源工人》，载《回忆毛主席》，人民文学出版社1977年版。——原注

〔16〕李六如：《六十年的变迁》第2卷，作家出版社1963年版。——原注

〔17〕刘少奇、朱少连：《安源路矿工人俱乐部略史》，1923年8月10日。原载《安源路矿工人俱乐部罢工胜利周年纪念册》；见《刘少奇与安源工人运动》，中国社会科学出版社1981年2月版。——原注

〔18〕李立三：《看了"燎原"以后》。——原注

〔19〕《安源路矿工人俱乐部略史》。——原注

〔20〕高菊村等：《青年毛泽东》，中共党史资料出版社1990年3月版，第172—178页。

〔21〕中共长沙市委宣传部：《毛主席领导长沙泥木工人大罢工》。

〔22〕《粤汉铁路大罢工纪实》，见1922年9月10日湖南《大公报》。——

原注

〔23〕《工人运动史上的光辉一页 —— 学习毛主席领导粤汉铁路工人罢工的伟大实践》，见1978年《新湘评论》第2期。 —— 原注

〔24〕高菊村等：《青年毛泽东》，中共党史资料出版社1990年3月版，第182—184页。

〔25〕廖仲坤：《坚持斗争就是胜利 —— 回忆毛主席领导长沙铅印活版工人罢工斗争》，载于1951年7月1日《长江日报》；又见《湖南工运史料选编》第2卷第1册，第264—266页。

〔26〕陶孝宗，即陶菊隐。

〔27〕昨日，即12月12日。

# 四、在国共合作的洪流中

## 参加中共"三大"

1922年8月，中共中央在杭州举行特别会议，就同国民党合作问题进行了热烈的讨论，会议基本接受共产国际的决定，同意和国民党采取党内合作的形式，共同推动中国革命。西湖会议后，中共领导人陆续以个人身份加入国民党，开始从事帮助国民党改组和建立统一战线的工作。毛泽东也在随后以个人名义加入了国民党。

1923年4月中旬，中共中央决定调毛泽东到中央工作。4月下旬，毛泽东到达上海。6月上旬，离开上海去广州，会同共产国际代表马林及陈独秀、蔡和森、向警予、瞿秋白、张太雷等，参加中共"三大"的各项筹备工作。

毛泽东与斯诺谈到他在这个时期的情况时说：

1923年，共产党第三次代表大会在广州举行，大会做出了有历史意义的决定：参加国民党，和它合作，建立反对北洋军阀的统一战线。我到上海去，在党中央委员会中工作。第二年（1924年）春天，我前往广州，出席国民党第一次全国代表大会。3月，我回到上海，在共产党执行局工作的同时，兼任国民党上海执行部的委员。其他执行委员，有（后任南京政府行政院长）汪精卫和胡汉民。我和他们共事，协调共产党和国民党的行动。那年夏天，黄埔军官学校成立了。加伦担任该校顾问，其他苏联顾问也从俄国来到。国共合作开始具有全国革命运动的规模。[1]

参加"三大"的江浙区代表徐梅坤回忆说：

"三大"会址是在恤孤院路的西侧（按：原东山恤孤院后街31号，现恤孤院路3号）。从庙前街到恤孤院路的地势是由高至低的斜坡路，至开会的地点，马路转为平路。会址的四周比较空旷，北边有"逵园"，是华侨女青年读书的地方；南边走一点路就是"春园"；西边有一片荒草地和一个鱼塘；东边是"简园"。

会址是一幢砖木结构的普通楼房，两间两层。是临时租来的。楼下南边一间是会议室，北边一间是饭厅。楼上两间是宿舍，一部分代表就住在这里。屋内灰白色的墙壁，已经很旧很脏了，看上去这房子已有很长时间没人住了。

会议室当中摆放一张西餐式的长方台子，西边是一列长条凳，前后两端是小方凳。

我记得出席"三大"的代表有20多人，他们是：

北方区：李大钊、邓培；

两湖区：毛泽东（湖南）、陈潭秋（湖北）；

江浙区：徐梅坤、王振一；

广东区：谭平山、冯菊坡、阮啸仙、刘尔崧（阮、刘二人是列席代表）；

中央：陈独秀、张国焘、张太雷；

京汉铁路：王俊、孙云鹏（孙是京汉铁路"二七"罢工的代表）；

津浦铁路：沈茂坤（浦镇铁路工厂工人）；

杭州支部：于树德、金佛庄（两人是列席代表，是由我报告中央同意他们去的）；

法国回国：蔡和森、向警予；

苏联回国：瞿秋白；

刘仁静以中共出席共产国际"四大"代表的身份列席了会议。

会议记录是广东区委工作人员罗绮园，他不是代表。

共产国际代表马林自始至终参加了会议。

到会代表穿的衣服不一样。穿长衫的有：李大钊、毛泽东和我。毛泽东衣着很朴素，穿一件很旧而且打了补丁的湖南蓝布长衫。我和李大钊穿北京蓝布长衫。我们三人都穿黑布鞋。穿西装的有：蔡和森、陈独秀、瞿秋白、张太雷、马林。穿学生装的有：罗绮园、王振一、谭平山、陈潭秋、冯菊坡。穿短衣的有：王俊、孙云鹏、沈茂坤、阮啸仙、邓培。

会议期间，马林、毛泽东、张太雷、瞿秋白、蔡和森、向警予等住在"春园"，并在"春园"吃饭；其他外地代表沈茂坤、于树德、王振一、徐梅坤、金佛庄、王俊、孙云鹏、陈潭秋等住在会址楼上，吃饭在楼下。广东代表都在家住，吃饭在会址。谭平山回家吃饭。

"三大"前，党中央已由上海迁到广州。为了召开"三大"，陈独秀、毛泽东、蔡和森、向警予、瞿秋白、张太雷以及马林等提前来到广州，进行筹备工作。具体事务性工作由广东区谭平山、阮啸仙、刘尔崧、罗绮园等负责。

"三大"会议由陈独秀主持召开，没有举行开幕仪式。第一天上午，首先由陈独秀代表中央做工作报告。他着重谈了"二大"以来的革命形势和党的发展情况。

下午，马林报告国际形势与国际工运问题。他英语讲得很好，张太雷做翻译。

第二天，讨论陈独秀的报告。

第三天，各地代表汇报工作。瞿秋白简短地介绍了共产国际"四大"的情况。张国焘报告铁路工会的情况。陈潭秋做了京汉铁路"二七"惨案报告，其中谈到烈士施洋，讲了他的家庭情况，孩子小、生活苦等等。孙云鹏讲京汉铁路大罢工被捕工人的救济工作。他带来的《京汉工人流血记》在会上散发，每人一册，是32开本，封面上印着红色字体。

第四天是大会发言。我在会上谈了农运情况。毛泽东发言主张党的工作重点应放在城市工人运动上，同时也应特别注意农民运动。他以1922年长沙第一纱厂和1923年京汉罢工为例，说明工人是有觉悟的。他还说到历史上农民斗争的力量是很大的。

"三大"的主要议题是讨论国共合作、共产党员加入国民党的问题。关于国共合作问题，开会以前在党内有过酝酿，共产国际也做过指示。根据共产国际的指示，才召开"三大"专门进行讨论。这个问题争论得很激烈，一个多星期中，大部分时间是辩论这个问题。会上，陈独秀发言认为，我们的党员不多，力量不强，工人没有文化，觉悟不高，不懂革命，也没有革命理论，甚至有些流氓习气。所以他主张要在国民党里去发展共产党，可以暂时不要共产党的独立工作，整个党参加到国民党那里去，中国革命应该由国民党来领导。会上只有他一个人提出这种主张。但没有听他公开讲过"一切工作归国民党"这样的话。

张国焘发言反对国共合作，尤其反对全体共产党员加入国民党。支持他的有蔡和森和王振一。他们只要知识分子和工人的联合，认为这样就可以完成中国革命。

张国焘发言后，我接着发言骂了张国焘，而且骂得很凶，气得我站起来拍桌子，骂他不是共产党员。他不但反对国共合作，还搞小宗派活动，所以我主张开除张国焘。会上，马林支持我的观点。张国焘见势不妙，参加了几次会，大约在第四天就偷偷溜走了。他走后蔡和森成了反对加入国民党的主要发言人。向警予也反对蔡和森的观点，他们夫妻在会上会下吵得很厉害。

李大钊在会上讲话不多，他只汇报了北京工作情况。开会期间，他的活动也不多。

张太雷在会上发言很激烈，主张国共合作。

毛泽东在开会期间很活跃，多次发言，提出许多理由，主张国共合作，他利用休息时间经常到"简园"去。湖南军阀谭延闿当时就住在"简园"。我问过毛泽东经常到"简园"干什么去。他告诉我，他和谭延闿主要谈国共合作问题，谭有兵权，耐心做谭的工作，想把他争取过来。李大钊、张太雷和我也都去过"简园"见谭延闿。

会议的最后一天，上午通过各项决议案，下午通过党章和国共合作问题决议案及宣言。

制定党纲、党章是"三大"的另一项重要议题。党章是事先写好的，由毛泽东、蔡和森、张太雷、陈独秀、瞿秋白以及马林参加起草。其他决议案是开会时才提出来的，边讨论边起草决议案。关于共产国际"四大"决议案及"三大"宣言，由马林起草；农民问题决议案由毛泽东、谭平山起草；妇女问题决议案由向警予起草；关于国共合作决议案由毛泽东起草；青年运动决议案由张太雷、刘仁静起草；劳动运动决议案是集体起草的。

在举手表决国共合作问题决议案时，蔡和森和王振一没有举手，他们是少数，遭到大多数代表的反对。张国焘没有参加表决。

关于日本和爪哇反动政府当局逮捕共产党这件事，当时听说过，但未在大会上进行专门讨论，而是以大会名义发出了支持声明，因为这种问题无须拿到全体大会上去讨论。

马林的理论水平较高，"三大"通过的宣言及各项决议，他的贡献不小。他自己带来一部打字机，他把会议讨论的意见集中整理后，打成英文，然后再由张太雷、瞿秋白翻译成中文，发下来讨论。

通过决议后，全体代表到黄花岗烈士墓举行悼念活动，马林也参加了，由瞿秋白领着大家唱会议期间刚学会的《国际歌》。之后，宣布会议闭幕。

"三大"选出了新的中央执行委员会。选举前，提出几个人征求代表们的意见，然后举手表决。我记得当选"三大"中央委员的有：陈独秀、李大钊、毛泽东、谭平山、蔡和森、向警予、张太雷、瞿秋白等；候补中央委员有3人：邓培、徐梅坤，还有一个名字想不起来了。

"三大"还选出五人组成的中央局，那时不叫常委，有陈独秀、毛泽东、瞿秋白、蔡和森，还有一个记不清了。陈独秀任书记，毛泽东负责组织，瞿秋白负责宣传（后由蔡和森接替）。

开完"三大"，代表们陆续离开广州，也有些代表停留了几天。这期间，陈独秀、李大钊、毛泽东等曾到廖仲恺家谈国共合作，我也跟他们一起去谈过两次。

我们回到上海以后，立即向江浙区的党员传达了中共"三大"的经过和决议。为了党的工作需要，我们以个人身份加入了国民党。虽然规定全体党员加入，但有的参加，有的不参加；有的公开，有的秘密，大部分是参加了，当时叫跨党分子。我们是单个而不是集体加入的，只是口头说一声，没有介绍人，没有履行什么手续，也没有举行什么仪式。

"三大"后，大约七八月间，毛泽东、蔡和森、向警予来到上海，也把杨开慧带到了上海。蔡和森负责主编《向导》周报，毛泽东也参加过一段编辑工作。过了一年，毛泽东第二次从湖南来上海后，主要是在国民党上海执行部工作。[2]

1923年9月，毛泽东从上海回到湖南，筹组国民党湖南地方组织。

高菊村等著《青年毛泽东》一书写道：

……9月10日《中共中央通告》第五号说："中局组自迁沪后略有更动，即派平山同志驻粤，而加入荷波同志入中局。又润之同志因事赴湘，秘书职务由会计章龙同志兼代。"11月24日至25日的《第一次中央执行委员会开会纪要》也记载："到会者中局委员四人，驻京、驻鄂委员各一人，SY代表一人，特别招待同志一人，共八人。驻湘、驻粤委员未到；中局委员一人因事赴湘亦未到。"

毛泽东到达长沙时，谭赵战争正酣。谭延闿于同年7月由孙中山任命为湖南省长兼湘军总司令。赵恒惕是所谓"民选省长"兼湘军总司令，依附直系军阀吴佩孚。是年8月发生谭、赵争夺湖南统治权的战争。先是谭胜赵逃，后因赵得吴佩孚援助，赵于9月23日重返长沙。在谭赵战争期间，毛泽东和中共湘区执行委员会支持谭延闿，反对赵恒惕。9月28日，毛泽东在《致林伯渠、彭素民的信》中写道："弟十六日到长沙，政局忽又变化。赵于二十三日由平江入省，大张布告恢复省政府；北军一部业已到岳州，前途如何尚难逆料。惟谭军现占优势，长沙以下压湘水而阵，长沙以上则掩有醴陵之半，使北军仅据岳州，如前年张福来故事不图进攻，则谭赵必议和，而赵仍站不住。"不久，因谭延闿的"讨贼军"进一步失利，加之孙中山急调谭延闿部队归粤，以击破陈炯明部队对广州的包围，乃于11月14日退向粤境。

毛泽东这次回湘的主要任务，是贯彻中共"三大"关于国共合作的决议，指导中共湘区委员会筹组国民党湖南地方组织。他任中共湘区委书记时，就开始委托夏曦、刘少奇负责筹组国民党的工作。中共"三大"时，他主张在工人中发展国民党员，并曾捎信给当时中共湘区委员会委员长李维汉，要注意在安源产业工人中发展国民党组织。湘区委接受他的建议，委派何叔衡、夏曦、刘少奇与国民党元老覃振、邱维震组织筹备组。这次，他以国民党中央党部派往湖南的筹备员名义来长沙，指导中共湘区委与国民党湖南筹备组筹建国民党湖南总支部，所以，他在9月28日给时任国民党总务部部长彭素民、副部长林伯渠的信中写道："关于本党在湘发展，虽在军事时代仍应努力进行，昨与夏曦同志（夏曦极能做事，在学生界有力量）商议分三步办法：第一步组织长沙支部；第二步组织常德衡州及其他可能的分支部；第三步再组织湖南总支部。关于长沙支部，现决定即日租定房子成立筹备机关（秘密的），多邀信仰三民主义及有活动能力的人入党，然后开成立会推出候补支部长，呈请本部委任。""在沪时请本部委我以筹备员名义（夏曦为筹备主任），以便与各方面接头，请早日寄到为荷！"在他的指导下，10月初，国民党长沙支部成立。次年4月，组织了湖南临时省党部；1925年10月，正式建立了国民党湖南省党部。

1923年下半年，杨开慧仍住长沙小吴门外清水塘22号。开慧上有老母，下有小孩，负担极重，生活清贫；又因毛泽东曾遭赵恒惕的通缉，常有敌特监视和兵警搜扰，使她苦情难数，度日如年。此次毛泽东回湘，开慧分外高兴，孤苦之感一扫而光。特别是岸青出生仅几天，很需要毛泽东的照料，自然使开慧感到无限温暖。开慧坚贞、纯洁的爱情，不畏艰难、任劳任怨的性格，对丈夫事业全力支持的精神，使毛泽东深为感激、尊重。可是，仅居两月，泽东又要赴广州，准备出席国民党第一次全国代表大会。离别时，开慧挽手相送，泽东强抑感情，赋诗安慰：

挥手从兹去。更那堪凄然相向，苦情重诉。眼角眉梢都似恨，热泪欲零还住。知误会前番书语。过眼滔滔云共雾，算人间知己吾与汝。人有病，天知否？今朝霜重东门路，照横塘半天残月，凄清如许。汽笛一声肠已断，从此天涯孤旅。凭割断愁丝恨缕。要似昆仑崩绝壁，又恰像台风扫寰宇。重比翼，和云翥。

毛泽东途经衡阳、韶关等地赴粤。在衡阳时，曾听了夏曦关于湖南省立第三师范学潮情况的汇报，并参加了三师的党团员会议，做了团结多数，深入工农的指示。

11月底或12月初，毛泽东再次到达广州。[3]

## 出席国民党"一大"

1924年1月中旬，毛泽东在上海乘上南下的轮船，同国民党部分代表前往广州，参加具有历史意义的国民党第一次全国代表大会。会议期间，毛泽东被指定为章程审查委员之一，还当选为国民党中央执行委员会候补委员。

这是毛泽东政治生涯的新起点。

罗章龙在《椿园载记》中回忆说：

1923年10月成立国民党改组委员会，经过一段时间的筹备，国民党第一次全国代表大会于1924年1月20日正式召开。此次会议，中共方面全力以赴，动员党内大部人力协助筹备大会诸事。中共中央决定自中央到地方派遣多数干部参加国民党"一大"中央工作。派遣干部时，曾经过详细讨论，决定原则如下：

（一）李大钊、张国焘、韩麟符、毛泽东、高语罕、恽代英、谭平山、瞿秋白、于树德等参加国民党"一大"中委会，为跨党党员。

（二）原有国民党籍之加入中共党员，由中共方面提名参加国民党"一大"中委会，人名为：林伯渠[4]、沈玄庐[5]、邵力子等。上述名单是党中央向国民党提出的。

（三）省、市党部委员由国共双方经地方党部决定。人名为：夏曦、董必武、宛希俨、于方舟、侯绍裘、江浩、李锡九、谢晋等。作为跨党党员得当选为国民党机构委员。

（四）领导工人运动的中共中央委员及各级工运干部，原则上不参加国民党。如罗章龙、王荷波、项德隆，上海总工会负责人李震瀛、何今亮，北方工运负责人何孟雄、王仲一、张昆弟、邓培、孙云鹏、安幸生、康景星、李宝成，湖北工会负责人林育南、许白昊，江苏工会负责人朱宝庭、孙津川、姚佐唐、佘立亚，浙江工会负责人沈干城、朱阿堂、赵济猛，江西工会负责人陈赞贤、王凤飞、袁孟冰，广东工会负责人阮啸仙、刘尔嵩等，均不加入国民党。

独秀对于我党领导工人运动的中委不参加国民党中委会的意见开始不同意，但是中共中央大多数中委都不同意独秀的主张，所以结果仍然决定领导工人运动的中委不参加国民党中委会。

（五）向三民主义注入革命因素。在国民党第一次代表大会上，中共中央提出大会决议草案及宣言内容，决议主要包含下列几点：

（1）对三民主义注入革命因素，重新做解释。

（2）提出联俄、联共与扶助农工的政策。

（3）国民党组织从总理制改革为委员制。

（4）选举时尽量引进国民党左派进入新中央委员会。

因此，国民党"一大"政治路线与组织路线体现着两党平等精神，从理论上奠定了名实相符的合作基础，两党联合会议决定了国民政府的施政总方针。[6]

**高菊村等在《青年毛泽东》一书中写道：**

1923年冬，毛泽东从湖南到广州后，即参与中国国民党第一次代表大会的筹备工作。

在共产国际和中国共产党的帮助下，孙中山于1924年1月20日—30日在广州主持召开了国民党"一大"，确立了联俄、联共、扶助农工的政策。毛泽东出席了这次大会。他在会上的席位是39号。会议期间，他有多次发言。20日下午，讨论组织国民政府之必要性时，毛泽东说明："此案为《组织国民政府之必要》，还不是说明怎样组织政府及何时组织政府。怎样组织政府及何时组织政府，是待议问题。因此，表决也仅限于《组织国民政府之必要》。"大会同意毛泽东等人的意见，顺利通过了这项议案。[7]

22日上午，毛泽东等19人由大会主席指定为《中国国民党章程草案》审查委员会委员。在讨论国民党章程时，国民党广州特别区代表方瑞麟攻击共产党，提出党中不能有党，要求将国民党党员不能加入其他政党的条文写进章程。李大钊在大会上阐述共产党对国共合作的主张，驳斥方的谬论，国民党左派廖仲恺等人亦反对方的主张。毛泽东抓着赞成国共合作，呼声高涨的有利时机，适时地提议停止讨论，"请付表决"。结果，大会否决了方瑞麟的提案。[8]

25日上午讨论《出版及宣传问题》案，毛泽东就审查结果做了说明，并"请主席以审查结果全文付表决"，"众谓无异议"。[9]

29日上午，大会讨论《本党设立研究会》议案时，有人提出，凡关于本党策略和对于国内外各种重要问题做出决定之前，应聘有关专门学识者组织研究部进行研究；已确定应研究的问题，未经研究部研究就不得执行，已经研究之问题其执行与否由执行部决定。毛泽东表示："本席反对本案，因本案根本意思把实行与研究分开；但本党为革命党不能如此。本席意思，本案精神可以成立，条文则不能成立。"在毛泽东等的反对下，大会决定此提案"应交中央委员会酌情办理"。[10]

大会在国共合作问题上，始终充满斗争。关于是否同意"请采比例选举制为大会政纲之一"的议案即是最激烈的一例。提案人在大会上说："比例选举制，可以打破现在选举的流弊，因为现代选举制总是以多数压服少数，而比例选举制则各能如其势力以发展毫无冲突之处。"毛泽东立即反驳："现时比例选举制系少数党所运动出来的结果。本党为革命党，凡利于革命的可采用，有害于革命的即应摒弃。比例制有害于革命党，因少数人当选即有力量可以破坏革命事业，是予少数派以机会也。本席根本反对本案，以为不能讨论，不能表决。"在辩论中他还说："比例选举制虽为社会党所赞成，但当其未成功时固是如此，若成功后即不尽然。此制很有害于革命之本身，盖以自由给予反对党，革命事业便十分危险。"由于毛泽东等的坚决反对，这一提案未能被大会通过。[11]这里说的比例选举制，亦称"比例代表制"或"哈尔投票法"，即根据各政党在选区所得选票，按其总数中的比例来分配各政党议员席位名额的制度。它是资本主义国家选举制度之一。1899年比利时首先采用，以后通行于资本主义各国。德国社会民主党、法国社会党处在非执政党地位时，也曾赞成这制度，以求在议会获得几个席位。毛泽东"根本反对"此案，当然是从中国当时各派力量的对比和对革命是否有利出发的。

30日上午，大会选举中央执行委员、候补执行委员和监察委员，毛泽东是由孙中山亲手书列的名单之一，会上被选为候补执行委员。

31日，毛泽东以国民党中央候补执行委员身份，参加了孙中山主持召开的中央执行委员会首次全会。会议决定中央执行委员会设广州，"其余特别区，如上海、汉口、哈尔滨、四川，皆派遣中央执行委员到各该地执行部，指挥监督各该地党务之进行"。[12] 毛泽东被派往上海执行部工作。[13]

## 在国民党上海执行部

在国民党上海执行部，毛泽东担任组织部秘书，代理文书科主任。

当时曾在国民党上海执行部任职的罗章龙在《椿园载记》里回忆说：

国共合作具体执行时，中共曾多次郑重地进行讨论，各次会议均有国际代表参加。中央局会议曾做出决定，对于国共合作问题中共中央采取下列原则，即：

（一）中共保持独立自主原则，中共党报及中共各级刊物对国民党施政得自由批评，不受限制。

（二）中共领导的工农群众组织不受国民党及其政府干涉，工会、农会享有集会、结社、罢工、纠察自卫之自由。

（三）中共党员（包括团员）加入国民党，在国民党任群众工作，但一般不做国民政府官吏。工人运动领导者及中共所属工会会员不得加入国民党。

（四）在组织方面，自1923年7月起，中共中央由仲甫代表中共出席国民党最高会议。党组织自中央到省市各级按系统派遣党员分别协助国民党进行改组工作，包括在全国范围内建立党部及基层组织，训练干部，整饬宣传机构，协助国民党工作，扭转该党在民众中的不良影响，帮助国民党改善军事教育训练，建立革命军队等。

根据上述原则，中共中央政治局派政治局委员（时称中央局常委）王荷波、毛泽东、罗章龙三人参加国民党执行部，协助国民党进行改组事宜，后又续派中委李守常、谭平山等协助国民党在北方及广东的改组工作。中共各省委、市委分别派遣中共党员参加当地国民党省市委会的改组工作及军队改建工作。

1924年1月，国民党中央决定设置国民党执行部于上海法租界环龙路44号，作为国民党最高执行机构。执行部内主要设立组织、宣传、工人农民等部及秘书处。国民党派定胡汉民、汪精卫、戴季陶、于右任、叶楚伧、茅祖权等分任各部部长。中共方面由中央政治局决定毛泽东、罗章龙、王荷波、恽代英四人参加指导执行部工作（恽代英系代表团中央参加执行部工作），遇有特别重大问题则由国民党总理孙中山与中共中央书记陈独秀协商决定。同时，中共中央又决定派干部沈泽民、邵力子、瞿秋白、施存统、邓中夏、向警予、杨贤江、沈玄庐、张秋人、李成、刘伯伦等参加执行部各部门宣传与组织的基层工作。当时上海社会传称环龙路44号为"国共群英会"。

1924年5月5日，是孙中山就任非常大总统三周年纪念日，上海执行部国共两党工作人员齐集莫里哀路孙中山的住宅举行纪念活动，并在孙寓的花园中合影留念。当时参加者每人都有一张。60年后，仅中国革命博物馆馆藏一张，但仍然清晰可见。

在这张相片中，国民党人有胡汉民、汪精卫、张继、茅祖权、叶楚伧、叶纫芳、戴季陶、林焕廷、孙铁人、喻育之、王陆一、周雍能、何世桢、葛建时、陈德徵和向昆等16人。中共方面有毛泽东、王荷波、罗章龙、恽代英、向警予、邵力子、沈泽民、刘伯伦、韩觉民（团员）和张廷灏（团员）等11人。总计27人。相片是由一家广东人开设的"王开照相馆"拍摄的。上海国民党执行总部全体工作人员只30多人，而参加合影的居其中大多数，且都是双方的主要主持人。因而这张相片也就成为当年国民党与年轻的中国共产党实行合作的真实写照，珍贵的历史见证。不仅如此，在党的"六大"以前，中共中央的同志如此众多齐集一起留影的相片也是绝无仅有的。

在第一次国共合作期间，中共中央以国家民族利益为重，告诫全党党员，不计较权位，不营求私利，努力实干，相忍为国，把完成国民革命视为当前的迫切任务，耿耿此心，薄海皆知。[14]

**罗章龙还同一些人谈起有关国民党上海执行部的情况：**

1924年2月25日，上海执行部举行第一次会议（有会议记录原件可查）。这次会议主要是成立机构，决定人选。在人事安排方面，国民党中有三个主要人物参加：胡汉民、汪精卫、叶楚伧。

胡汉民、汪精卫是孙中山的左右手。叶楚伧在国民党里不是很重要的人物，但叶楚伧是上海《民国日报》的主编，同他打交道的人比较多。他又是江浙人，为照顾上海地区，让他来参加。他对国共合作表面中立，内心非常抵触，我们那时不把他当左派。其次是于右任，他代表西北国民党的势力，是执行部内部的左派。他当时支持国共合作，将工人部交给我们。他曾到苏联去过，把在苏联写的歌颂十月革命的诗拿给我们看，表白他内心是拥护苏联和共产党的。他在上海大学当校长时，将整个权力交给中共同志。谢持代表国民党西部力量，辛亥革命时是四川省省长，是右派代表人物。孙中山让他参加工作，不过表示团结的意思。茅祖权是长江中部同盟会负责人，当过安徽省省长，在执行部任农民部负责人。他说，农民运动我们不懂，请C.P.做，我只是摆个样子。中共党员刘同志当秘书。以后，戴季陶、朱执信、张继、廖仲恺、邓演达等也先后参加上海执行部。

共产党方面代表有：毛泽东，中共"三大"中央常委；王荷波，中共"三大"中央常委；恽代英，共青团中央书记；罗章龙，中共"三大"中央秘书、常委、宣传部长。还有瞿秋白、邓中夏、向警予等也参加了上海执行部有关部门的工作。

国民党方面的领导人是胡汉民。胡汉民是仅次于孙中山的第二号人物，如孙中山离职时，大元帅就由胡汉民代理，人们都叫他"胡代帅"。他抓组织部，曾对陈独秀说：我们改组国民党，你们要派得力的干部来。当时中央派毛泽东当组织部的秘书，我到组织部当指导干事，具体执行两党的政策。我们三人组成组织部，在一起办公。胡汉民地位高，本是非常骄傲的人，但由于孙中山对他有交代，所以胡汉民对共产党比较有礼貌，执行改组国民党的政策也比较坚决，大刀阔斧地排除国民党右派，服从共产党的安排，按照苏联共产党的经验改组国民党。国民党员一律重新进行登记，胡、汪、于亲自到组织部带头报到，填表谈话。当时这里面也有许多曲折和复杂的斗争。

……

当时组织部有一个决策，凡是国民党老党员都要重新登记谈话，每人必须填一张表，经审查同意后，才是改组后的国民党员，发给党证。一天，一个人冲到楼上，胡汉民、汪精卫都起来打招呼，我和毛泽东不认识那人。那人说：我从同盟会开始，革命几十年还要填表？可不可以免填？这个人是谢持。胡说：这是新规定，先生（孙中山）也同意要我们这样做的。此人将桌子一拍，就是不肯填。汪精卫也出来说：上有总理，下有组织。意思是要他向我们说。他到我们这里说了一遍，大家都不以为然，说：党员人人都要填，胡汉民、汪精卫也填了。要尊重孙中山先生的意见。此人一怒而去。毛泽东说：派人送张表去，要秘书好好解释一下，可以放宽点。后来谢持还是填了表，但心里是很不舒服。

经过一段时间的工作后，准备召开一个会议，成立上海第四区国民党党部。四区就是环龙路所在的法租界地区，有许多下野的国民党政客住在那里。有的当过军长、师长、部长、省长，大约有千把人。审查后发了党证，同时还清洗了好多。他们在审查时一下子送来许多表，企图蒙混过去。这个成立会是国民党左、右派斗争的表面化。右派酝酿要争得更多选票，争取区党部的多数。他们自己估计没有把握，准备采取两种方法：一是合法地争取多数，请孙中山先生出来说；二是如果办不到，就破坏选举。他们纠集了一些流氓，如陈群、杨虎之流，准备在会上抢主席台，制造武斗，以破坏选举。我们知道这个情况以后，认为会一定要开好。毛泽东说：我们全体同志，党、团员及同情我们的左派都要出席会议，保证会议胜利开好。右派曾去请示孙中山，孙没有表态，他和右派斗争很激烈。胡汉民、汪精卫说：开会那天除极少数办公外其余的人都去，让新闻记者去看看。当时上海有许多外报记者。毛泽东说：这个会最主要的是要组织好，主席台不能乱。万一他们武斗，我们要制止，使他们斗不起来。为此，成立了纠察队，严格控制会场，制止武斗。由王荷波领导组织了一个很强大的纠察队，从主席台到门口都站岗。布置好了以后，毛泽东对我说：可以了，他们如在外头闹，我们就在外头制止他们。中共中央决定让我担任区大会主席。第二天我们开会，右派在外面捣乱。我们内外配合把会场控制得很严。流氓想进来，纠察队就把他们赶走。右派头子高冠吾多次捣乱都失败了。这一次斗争，右派失败了。他们不服气，在上海各报纸上写文章，大肆攻击我党中央，并攻击四区大会会场主席，当时上海《申》《新》等报，曾记其事。

在召开了国民党"一大"以后，他们又搞了一个后天宫事件，是在一次大会上，右派冲进大会会场，打死了中共党员黄仁同志。

在统一战线问题上，当时有人说何必花这么多力量搞。毛泽东说：我们要认真地对待，不要瞧不起他们。对合作大小事都要做，每次会都要参加，要多动脑筋搞好两党合作。他亲自给我谈过一桩事，开始建立执行部时，中共内部认为不要都去，有的同志不想去。他认为应认真对待这项工作。孙中山当时是欢迎中共派人去的，认为多多益善。虽然我们中有些人在社会上并不知名，孙中山还是完全信任的。[15]

在国民党上海执行部里，同样存在着尖锐的斗争。高菊村等在《青年毛泽东》一书中写道：

1924年11月17日，孙中山应冯玉祥邀请北上和谈路经上海，毛泽东等共产党人谒见了他，向他阐述了中共对北上和谈的看法，并呈送了《中国共产党第四次对于时局之主张》，希望孙中山本着国民党一大宣言、政纲及他自己的北上宣言的精神和原则，与北京政府谈判。同时，呈交上海执行部文书科主任毛泽东、组织部秘书张廷灏、宣传部秘书恽代英、组织部指导干事罗章龙等14人写的信。信中说："上海执行部自8月起经费即未能照发，近来内部更无负责之人，一切事务几乎停滞，职员等薪金积压4月之久，拮据困苦不言可知。务乞总理速派负责专员进行部务，并设法筹款，清理欠薪，实为公便。"这封信，实质上是揭露国民党上海执行部常委戴季陶、叶楚伧等破坏国共合作的右派行径。

当时在执行部里，以毛泽东、恽代英等共产党员为一方，与国民党右派的斗争非常激烈。如负责组织的毛泽东，在进行国民党党员重新登记时，有些国民党老党员以不向"毛头小伙"交代履历为借口拒绝登记。毛泽东等共产党员，团结国民党左派与那些实际上反对改组的右派进行针锋相对的斗争，明确宣布：凡不登记者就除名。这是纪律，没有纪律，无法革命。那些以"老党员"自诩的右派乖乖就范了。国民党上海第四区党部成立时，斗争更是白热化。上海第四区党部范围内，居住着国民党内的许多高级将领。区党部成立会前，国民党右派酝酿了两个方案：一是合法地争取领导权，请孙中山出来为他们说话；二是破坏选举。第一方案遭到孙中山拒绝后，他们雇用流氓、打手，混入会场，企图制造武斗。

毛泽东得知这一情况后，动员共产党员、团员和国民党左派，由王荷波组织纠察队，控制会场，制止流氓混入，保证了会议顺利进行。

这年8月1日，在叶楚伧的策划下，一些国民党右派在上海南方大学召开代表会议，讨论所谓"处置共产分子问题"，当时激起左派的反对，造成武斗。越日，右派分子又闯入上海执行部，殴打邵力子。事件发生后，由毛泽东领衔，恽代英、施存统、邓中夏、沈泽民、韩觉民、王基永、杨之华、李成、刘伯伦等联名上书孙中山，控告叶楚伧"主持不力，迹近纵容"的破坏国共合作罪行。此后，毛泽东与叶楚伧的斗争公开化。毛泽东成为共产党在上海执行部的中心人物，对叶的分裂行径予以及时的揭露。因此叶楚伧最恨毛泽东。由于叶的排挤、打击，独断专行，许多共产党员离开了上海执行部，致使上海执行部的工作无形停顿。毛泽东等14人致孙中山的信，也说明了国民党上海执行部瘫痪情况。

由于国民党上海执行部被右派篡夺，也由于在国共合作统战策略上毛泽东与陈独秀的观点已有一定差距，加之他工作劳累，身体虚弱，睡眠不佳，乃于1924年12月底离开上海，回湖南"养病"，直到1925年9月。 [16]

## 中共中央局秘书

在上海期间，毛泽东的另一项重要工作，是担任中共中央局秘书。在《中国共产党中央执行委员会组织法》中规定："秘书负本党内外文书及通信及开会记录之责任，并管理本党文件。本党一切函件须由委员长及秘书签字。"

高菊村等著《青年毛泽东》一书写道：

国民党"一大"后，毛泽东于1924年2月中旬从广州到上海。他同蔡和森、向警予、罗章龙等，住在闸北香山路三曾里中共中央机关内，以主要精力从事中共中央局秘书工作。5月10日至15日，中共中央执行委员会扩大会议在上海召开，毛泽东参加了会议。会议肯定了国共合作5个月以来的成绩，同时指出中共三届二次执委会对国民党右派"取敬而远之的态度"和"一切工作归国民党"的方针有右倾偏向。会议通过了《共产党在国民党内的工作》等决议案，纠正了我们党只注重国民党的组织工作，忽视宣传工作，忽视共产党组织的独立性的错误；强调共产党要在国民革命运动的根本问题上指责国民党右派政策的错误；要对国民党不断加强反帝反封建的宣传，使之扶助工农运动；要介绍革命分子加入国民党，增强左派的势力；要注意把国民党与共产党的组织分开，共产党是独立的秘密的组织，共产党的主要负责人不兼任国民党组织的主要领导。会议强调以国民党"一大"宣言中的革命政纲为标准区分国民党左右派。会议提出共产党要加强自身的教育、组织工作。会议指出产业工人是共产党的阶级基础，要在产业工人中大力发展共产党的组织，建立和扩大工会组织，发展劳动运动，坚持党对工人运动的绝对领导权，防止国民党右派插手工人运动。这次会议正式决定中共中央分设宣传、组织、工农、妇女部，毛泽东任中共中央组织部长。

会后，毛泽东为贯彻这次会议精神，起草了一系列文件。毛泽东担任中央局秘书期间，由他起草或与陈独秀联合签署的文件至今找到的有：《中共中央通告》第13号（1924年4月19日）、第14号（5月19日）、第15号（7月21日）、第17号（9月10日）、第21号（11月1日）。以党中央代号"钟英"签署发的有《为召开第四次全国代表大会准备意见给各地的通知》（8月31日）、《中共中央关于召开第四次全国大会的通知》（9月15日）、《各地委分配及推销中央机关报办法》（9月25日）等文件。

中共中央通告第13号是《关于"五一""五四""五五""五七"之纪念与宣传》。《通告》指出，今年的"五一"由于中国工人阶级正在严重的压迫之下，除广州外，不可能有大规模的示威运动，但应在可能的范围之内，召集工人讲演会，讲演"五一"的历史及中国国民革命与集会结社之自由的关系。"五四"纪念则"须发挥五四运动两个重要的意义：（一）恢复国权运动；（二）新文化运动"。"五五"纪念应集合C.P及SY同志开一纪念会。"五七"纪念日，务努力联合工商学生做大规模的示威运动。口号是：不但否认二十一条及收回旅大，并要按照中俄协定，取消各国的租界、租借地、兵营、领事裁判权、庚子赔款，及废除不平等条约改订平等的条约。

第14号通告是号召全党反对军阀吴佩孚、萧耀南镇压国民党左派的运动。1924年5月13日，由于工贼告密，国民党汉口执行部机关遭破坏，中共汉口地方执行委员会委员、国民党汉口执行部组织部秘书许白昊，中共汉口地方执行委员会委员、国民党汉口执行部工人农民部部长刘芬等7人被捕，随即押往郑州，直至这年10月，第二次直奉战争中吴佩孚失败，萧耀南倒台，许、刘等才获释。通告愤怒谴责吴佩孚、萧耀南破坏革命，充当列强破坏中国民族运动的帮凶。

第15号通告是与国民党右派斗争的问题。在这份通告内毛泽东第一次使用了"国民党右派"一词。国共合作统一战线从开始形成的那天起，就存在着斗争。国民党右派分子千方百计排斥共产党，分裂国共合作。1924年6月1日，孙科等提出"制裁共产党分子案"。18日，国民党中央监察委员张继、邓泽如、谢持等又提出《弹劾共产党案》。第15号通告针对这些情况指示全党同志，一方面要注意革命势力的联合，不要使分离的言论与事实出于我方；另一方面"为国民党革命的使命计"，对于国民党右派的分裂政策，"不可隐忍不加以纠正"。号召全党揭露右派摧残工运、农运，反对联俄、联共的罪行；同时应"努力获得或维持指挥工人农民学生市民各团体的实权在我们手里，以巩固我们在国民党左翼之力量，尽力排除右派势力侵入这些团体"；"各地急宜组织'国民对外协会'"，形成反帝国主义联合战线的中坚力量，以利形成国民党左翼或未来的新国民党组织。这个协会吸收成员应严格注意质量，以不满意国民党右派主张为重要标准。这个"国民对外协会"是一个独立团体，不可与国民党团体混合，尤不可受国民党支配，唯在国民党不能公开地方，完全由我们组成国民党党部，可用协会名义，对外公开。从毛泽东起草的这个通告看，当时中央有些同志打算组织"国民对外协会"，建立以国民党左派为核心的统一战线，以对付国民党右派的分裂。后因孙中山、廖仲恺等国民党左派坚持联俄联共扶助农工政策，并在国民党一届二次执委会上申明国民党有集中全国革命分子之必要，不问其平日属何派别，唯以言论行动能否依该党之主义政纲及党章为断，从而击退了右派的进攻。因此，"国民对外协会"也未组织。

第17号通告是反对江浙军阀战争问题。1924年9月初，直系军阀江苏督军齐燮元，为夺取皖系军阀浙江督军卢永祥控制下的上海发动战争，导致了第二次直奉战争的爆发。9月10日，中共中央发表了《第三次对于时局的主张》，同时，陈独秀、毛泽东签发了第17号通告。《通告》指出：此次江浙战争，显然是军阀争夺地盘与国际帝国主义操纵中国政治的一种表现；无论对于参加战争的任何一方，若有偏袒的言动，都是牺牲人民利益来为军阀势力张目。我们对于此次战争的态度只有暴露其实在性质，借之使人民了解在双重宰制之下中国和平之无望，每一次军阀战争的结果，只有加增人民的痛苦及被奴役的地位；人民对任何军阀战争不能存丝毫希望，可希望解救中国的唯有国民革命。

第21号通告是关于加强党务工作问题。《通告》说：加强党务工作，有益于加强党员的组织性、纪律性，提高党组织的战斗力；有益于沟通上下情况，了解实情，指挥得当；尤在斗争尖锐、复杂的环境下，更需要加强党务建设。但是"有的地方许久没有报告，有的虽寄报告，不是漫无系统，便是失之简略，不能看出工作的进步"。为此，《通告》要求各地党小组及地方委员会的组织生活应照例举行不得间断；开会时应常常提出具体的政治问题讨论，以教育各个同志；应做出工作规划，分配各同志，训练各同志，便成为真能行动的党员；各级党组织每次接到中共中央的文告后，应即提交会议讨论，并尽力执行，执行时有无障碍及其结果，均应随时报告中央。

毛泽东任中共中央局秘书期间，对社会主义青年团的工作十分重视。1923年9月6日他亲笔起草了《钟英致社会主义青年团中央执行委员会信》（钟英为中央局的代号）。信中说：中共中央议决"出席贵会会议代表为委员长与秘书，请于开会时通知此二人中之一人"。毛泽东经常代表中央出席团的会议，指导团的工作。1924年9月27日毛泽东手稿《钟英致社会主义青年团中央局的信》曾针对团中央个别领导闹独立的倾向提出批评，强调团中央的人事安排，必须与党中央取得联系。信中说：SY中央局，来示质问三点答复如下。第一点，和森同志患病，在病愈以前推项德隆（项英）同志出席团中央会议。第二点，中共中央有自由调遣党员的权力。至于张伯简同志是否留中共中央局长期做事，俟稍后决定了通知团中央，但现时并未正式决定。第三点，赵世炎同志到京接办政治生活，刘仁静即可返沪任团中央委员长，并未变更前议。[17]

毛泽东在上海工作期间，仍在关注长沙文化书社，继续做着"特别交涉员"的工作，为书社采购书刊。1924年3月16日他给上海民智书局账房夏先生的信中写道："昨日承兄替长沙文化书社所配的书，应请扎成大包，上面写明松兴公寄至汉口顺丰转运公司，转交长沙贡院西街十一号文化书社易礼容收字样。"民智书局是国民党在1921年创办的出版机构，1922年秋开始营业，1924年已属国民党上海执行部管辖。松兴公是上海一所民办信局，设法租界法大马路（今金陵东路）附近。为避免反动政府检查，扣留邮件，中国共产党常通过此信局寄递书刊。

为协助毛泽东工作，1924年6月，杨开慧携小孩毛岸英、毛岸青从长沙来上海。她在党中央机关从事文书誊写、收发工作外，还常在晚上到上海小沙渡工人夜校上课。[18]

## 出席国民党"二大"

1925年8月下旬，为躲避赵恒惕的追捕，毛泽东匆匆结束养病，从韶山来到长沙。9月，又转赴广州。在广州，他因身体极度虚弱，住进东山医院。9月28日，国民党"二大"重要议案委员会第一次会议决定，由汪精卫、陈孚木、毛泽东3人负责宣传问题议案的起草。这样，毛泽东又抱病参与国民党"二大"的筹备工作。

高菊村等在《青年毛泽东》一书中写道：

1925年11月13日，毛泽东在广州参加了国民党中央执行委员会议，被推定为国民党第二次全国代表大会代表资格审查委员会五个成员之一。此后，他以很大精力进行国民党"二大"的筹备工作。据国民党"二大"秘书长吴玉章回忆：国民党第二次代表大会的一切筹备工作都是依靠我党进行的。那时毛泽东和周恩来、聂荣臻、萧楚女等都在广东工作，陈延年是中共广东区委书记。还有董必武、林伯渠、恽代英、张太雷等。大会的筹备工作，就是由我和上述这些同志商量，分头进行的。[19]

11月27日，毛泽东出席了国民党中央执行委员会议。会议发表"致各级党部电"，驳斥林森等国民党右派提出"在北京西山开第四次中央执行委员会全体会议"问题。毛泽东以国民党候补中央执行委员身份签名。电文说:"就法理而言,既经第三次中央执行委员会全体会议议决,全国代表大会及中央执行委员会全体会议须在广州开会,无论何人不得违反决议;就事势而言,中央执行委员会全体会议,属于公开性质,若在北京开会,外则受军阀压迫,内则有反动分子利用军阀从中作梗",势必受到破坏,无法进行。故毛泽东等一面警告林森等"勿持异端,致生纠纷"速来广州开会,一面要求全党一致尊重三中全会之决议"竭其全力以拥护实行"。[20]

在这次会上还决定毛泽东执笔起草《中国国民党对全国及海外全体党员解释革命策略之通告》。《通告》深刻地阐述了由孙中山奠定的国民党的"联俄、联共、扶助农工"三大政策的正确性,必须采取联合国际及国内各派革命势力,坚持实行国共合作的统一战线策略的必要性。电文写道:"今日之革命,乃世界上革命与反革命两大势力做最后决斗之一幕,与历史上一切革命异其性质",因此,"革命之进行,亦当然异其策略"。如果"吾党之革命策略不出于联合苏俄,不以占大多数之农工阶级为基础,不容纳主张农工利益的共产派分子,则革命势力陷于孤立,革命将不能成功"。"彼帝国主义、军阀正惟吾今日所采革命策略之可畏,乃多方离间破坏。""西山会议派"的出现,就是这种破坏的一个"明证"。毛泽东在这里第一次提出,要以"农工阶级"作为统一战线的基础,是对当时中国共产党的关于统一战线理论的一个新发展。《通告》还解释了延缓召开中国国民党第一届四次中央执行委员会和第二次全国代表大会的原因。原来国民党一届三次中央执行委员会决议11月在广州召开第二届全国代表大会,在大会召开前十日,召集第四次全体中央执行委员会议。现因出现国民党右派——西山会议派进行反共分裂活动,国民党各级党部应一致通电声讨西山会议派,电文最后郑重向全党宣布,决定1926年元旦在广州召开第二次全国代表大会。[21]毛泽东将自己起草的这个策略通告,在1925年12月4日国民党中央执委第一百二十五次会议上提议"请公决",获得会议的一致通过。[22]

12月11日,毛泽东出席了在广州召开的国民党中央执行委员、监察委员、各部部长第一百二十六次联席会议。会议再次指出:"西山会议"是非法的。西山会议取消李大钊、毛泽东等9位中央执行委员和候补中央执行委员的国民党党籍,是分裂国共合作的反动行为。会议通过了《中国国民党召集第二次全国代表大会宣言》。

经过吴玉章、毛泽东、周恩来、陈延年、沈雁冰等人周密的筹备,国民党第二次全国代表大会于1926年元旦在广州召开,出席代表278名,其中共产党员和国民党左派计168人,中派65人,右派45人。共产党人吴玉章任大会秘书长。毛泽东、夏曦、易礼容作为国民党湖南省代表出席。毛泽东的座位是13号。

8日下午，毛泽东代表国民党中央宣传部做《宣传报告》。《报告》共分6部分。第1部分为"文字宣传"。当时国民党在各地办的日报计有：上海《民国日报》，广州《民国日报》《国民新闻》，香港《晨报》《新闻报》，北京《民报》。其中广州《民国日报》归中央宣传部管理，《国民新闻》已由中央宣传部移交广东省党部。至于上海《民国日报》已蜕变为西山会议派的机关报。香港《晨报》后叛投陈炯明。香港《新闻报》、北京《民报》已被香港英政府和奉系军阀张作霖封闭。党办周报周刊有《中国国民党周刊》《党声周刊》《评论之评论》《浙江周刊》《新民》周报、《中国国民》《武汉评论》《政治周报》等；其中《党声周刊》《政治周报》属中央宣传部主办，《评论之评论》属上海执行部宣传部主持，《新民》周报由湖南省党部主办，《中国国民》属上海各区党部联合会出版。还有广东各军及各军校的周刊、半月刊，其中有黄埔军校的《黄埔潮》，国民革命军第二军的《革命》半月刊，第四军的《军声》等。以社团名义出版的刊物则有：学生团体的《中国学生》，工人团体的《工人之路》，军人团体的《中国军人》《革命军》《青年军人联合会周刊》及烟台的《新海军》等都由国民党同志主办。月报有《新建设》《新民国》、中央农民部主办的《中国农民》。通讯社有"中央通讯社"，由国民党中央宣传部直接管理。中央宣传部出版的书约30种，共发行393 959册。另外，中央宣传部散发传单达83种。

《宣传报告》的第2、3、4部分分别为"图画宣传""口头宣传""两年来14件重大事件"（国民党改组、收回粤海关、沙面罢工、商团事件、中俄协定、反直战争、孙中山总理北上、国民会议促成运动、孙中山逝世追悼运动、五卅运动、廖仲恺被害案件、反奉战争、反基督教运动及军队中平时教育、战时政治宣传）。第5部分是"敌人的宣传"。第6部分检查了在宣传工作中存在的缺点。[23]

国民党改组后，各方面的工作都有新气象。尤其在宣传工作方面，由于有毛泽东等共产党人的主持或支持，更是生气勃勃。正如毛泽东在《宣传报告》结束语中说的："两年来在革命宣传与反革命宣传相对抗之中，革命宣传确是取一种攻势；这种攻势，在五卅运动中特别地表现出来。反革命宣传却始终是一种守势，为了招架不住，才抬出'反共产''赤色帝国主义'这两块挡箭牌来。这种对抗攻守的现象，乃中国革命势力日益团结进取，而反革命势力日益动摇崩溃的结果。"[24]

16日，毛泽东参加起草的《关于宣传决议案》在大会上获得通过。《决议案》写道："各个群众虽说因为社会地位的不同而异其需要，但是他们要求国民革命的实现，确是一致的。中国的解放和统一，是大多数人所要求的。所以大多数的民众就是国民革命的基础。""国民党扶助农民减租，取消苛捐杂税，也是一个必要的政策，因为农民所受的压迫愈减轻，国民革命完成的时期愈迫近。"因此，"我们如果想促成国民革命的成功，必须要拥护农民的利益。宣传部应当正式指示，凡是赞成中国农民的解放运动的，就是忠实的革命党员，不然就是反革命派"。《决议案》还说："一个党的成功，须赖有党的重心。中国国民革命的重心，就隐伏在大多数受剥削的农民群众。宣传部应时常指示各党员，并且命令他们趋重于这个重心。"〔25〕

18日，毛泽东向大会宣读参加起草的《宣传报告决议案》。《决议案》认为，自第一次全国代表大会发布本党宣言及政纲，明揭国民革命的目标及方法之后，党内外视听为之一变。在党外，民众渐知国民党领导国民革命之目标，是推翻国际帝国主义及其一切附属物，为民众利益而奋斗。在党内将全党党员统一于一个共同目标与共同方法之中。不足之处是未能将本党革命目标及方法，深入占全国人口最大多数之工农小商群众中。未能建立一具体的教育党员计划，使全党党员革命化。"应按照新的宣传计划，切实正改之。"〔26〕

同日，大会在讨论《党务报告决议案》关于言论限制条款时，有人主张言论限于小册子，毛泽东表示不同意，说："本席以为未尽完妥，如林森此次在京之演说词，字数虽少"，也未成小册子，但"关系却很大。所以专限小册子也是不行的"。在讨论"决议案"中有关中国共产党和国民党关系内容时，有人提出了对原案进行修改的不当意见，毛泽东说："仍请维持原案，不必删改。"接着，袁同畴发言："以为这个问题应该从根本上解决。"并提出了三条具体办法："一、共产党员加入中国国民党时，声明自己是共产党；二、共产党员要将在国民党内的活动公开；三、中国国民党党员加入共产党时，要得该地党部之许可。"张国焘、毛泽东先后发言。

毛泽东说："袁同志提出这个问题，很可讨论。张同志所说的是事实也要注意的。而且这三种条件，我们也都是不怕的。""如果怕声明自己是共产主义者，也绝不是真正共产党员了。但是共产党在中国还算是一个秘密组织，与俄国共产党执政可以公开活动不同。在中国共产党一日未能取得法律地位，是不能不秘密的。如在上海等地，也要声明，便马上要受枪毙了。""在共产党的友党中国国民党势力之下公开是可以的，但在他处，也要公开，就马上要给人解散消灭，这便是以使国民革命中一部分力量受一个重大打击，也于国民革命前途是不利的。无论何党，党员出党入党应有绝对自由，实在不必有任何的限制。"袁同畴在受到毛泽东和其他共产党人发言驳斥后，表示"本席可以收回前时的提议"。〔27〕

这一天，大会主席还报告了第二届中央执行、监察各委员决选结果，参加投票者211人，毛泽东以173票连续当选为候补执行委员。

19日，大会主席汪精卫在讨论纪律提案第三项时说：关于第三项覃振、石瑛、茅祖权三人，原案主张加以警告，限于1月份声明脱离"北京同志俱乐部"[28]，且须致函中央党部报告，否则除名，大家以为如何？毛泽东紧接发言："本席主张改为两月，因一则交通不便，一个月消息来往实不够；二则要使他们知道决议案慎重的真意；三则我们还且希望他们再走回革命之路的。"大会接受毛泽东的建议，将原决议条文改为"覃振、石瑛、茅祖权亦列名北京同志俱乐部，应予以警告，限两个月内向中央党部声明脱离"。[29]

国民党"二大"闭幕后，于23日召开了二届一中全会，汪精卫当选为国民党中央宣传部长。2月5日国民党中央第二次常务会议上，汪精卫推荐毛泽东继续代理中央宣传部长，并为会议通过。毛泽东接受这一任命，并对部务做了进一步的整顿。[30]

## 代理国民党中央宣传部长

在国民党"二大"召开前，国民党中央党部常务会议即于1925年10月5日推荐毛泽东代理汪精卫的中央宣传部长一职。此后，毛泽东在参与筹备国民党"二大"的同时，即到职视事。

关于毛泽东在代职期间的工作，高菊村等在《青年毛泽东》一书中写道：

1925年10月，直系军阀孙传芳带兵反奉。11月22日，在直系将领冯玉祥策划下，奉系将领郭松龄倒戈。自此，北京等地各群众团体举行反对奉系军阀扶植的段祺瑞临时执政府的大示威。毛泽东认为，这种大示威的性质为反英日帝国主义的民族革命；国民党各地党部应指挥同志做广泛的宣传。于是，中国国民党中央党部委托毛泽东起草反奉宣传大纲。27日，中国国民党召开中央执行委员、监察委员、各部部长第一百二十三次联席会议，毛泽东向会议提交了《中国国民党之反奉战争宣传大纲》。

《大纲》首先分析了在这次反奉战争中帝国主义、军阀、政派、国民军、国民政府、民众各方面的势力。在分析民众的力量时说："此次反奉运动的主体，应该是全国的革命民众，直系之发动，仅仅是一支先发队，不能算作主体。""全国民众之反奉，即反英日帝国主义。"反奉的胜利，即反英、日胜利，这与广东民众讨伐陈炯明，即攻击英国帝国主义，东征胜利即罢工胜利的观念是一样的。

《大纲》的第二部分是"我们的宣传及准备"。根据上面的分析，提出了九个方面的宣传和准备，其基本观点是，"人民于敌友之分辨，全看其与帝国主义有无关系。无论何人何时一与帝国主义发生关系，人民即不认之为友"。

毛泽东起草的《反奉战争宣传大纲》在这次联席会议上顺利通过。宣传部还在会上提出了将孙中山总理遗嘱谱为歌曲的问题。会议决定交汪精卫审定。

12月3日，中国国民党公布了《反奉战争宣传大纲》。该大纲刊载于《政治周报》创刊号，发行2万份，另印发单行本2万份，分送各地党部。广州《国民新闻》等报刊都以醒目标题转载。

同一天，毛泽东又以国民党"中央执行委员会宣传部代部长"名义，向各地宣传部发出了《中央宣传部对反奉宣传之通告》。《通告》要求"全国各地高级党部亟宜指挥所属全体同志为广大之宣传，引起民众之革命的热潮"，以夺取"中国国民革命"的"部分成功进而至于全部成功"。[31]

反奉《宣传大纲》和"中宣部"《通告》发出后，全国各地掀起了反奉高潮。12月20日广州举行了反段大示威，反对奉系军阀张作霖支持的北京段祺瑞政府。毛泽东以"石山"的笔名写了一篇综合报道。文章说，广东为中国革命之先驱，当此革命基础巩固，全国反奉潮流高涨的时候，自应急起直追，领导全国国民做统一全国的大革命运动。因此中华全国总工会、省港罢工委员会、工人代表会、省农民协会、青年军人联合会、革命青年联合会、广州学生联合会、新学生总社、香港学生联合会、广州市商会等各大人民团体，联请国民党中央执行委员会发起反段示威游行，并督促国民政府准备出兵北伐，以打倒卖国殃民的段政府，建立全国统一的国民政府，废除一切不平等条约，使国民革命在短时间内得告完成。示威大会发布了反段示威宣传大纲。大纲的中心内容是号召人民武装起来，夺取政权，"如人民现时不急起直追，抢夺政权于自己手中，则军阀必将继续其统治于中国，而延长中国人民之压迫与痛苦"。人民要夺取政权，要取得国民革命之成功，就必须加强"全国革命势力之团结与国民党之左倾"。[32]

在这段时间，毛泽东还主持了中国国民党选派学生赴莫斯科孙文大学学习事宜。莫斯科孙文大学，全称是"孙中山中国劳动大学"，即莫斯科中山大学，创于1925年9月。其宗旨是"以容纳中国信仰孙先生主义的革命青年使为深切之研究，以养成国民革命之领导人才"。拟定招生500名，其中在广东拟招150名。第一批取147名。毛泽东为此写了一篇报道，简略地介绍了中苏人民之间、特别是孙中山与列宁之间的友谊，学校宗旨、课程设置等，并且公布了录取学生名单。[33]这批学生于12月中旬奔赴莫斯科。

这年12月，毛泽东还兼任了国民党中央党部宣传员养成所所长。当年宣传员养成所学员谢华回忆：所长原是廖仲恺。廖被刺后，一段时间无所长。毛泽东任宣传部代理部长后，即由他兼任，约有3个月。学习的课程有《帝国主义》《共产主义》《农民运动》等。毛泽东经常来所讲演。[34]该所学员毕业后，绝大多数分配到国民革命军担任政治宣传干部和营、团党代表。

这段时间，毛泽东还组织和参加了各项纪念活动，进行革命宣传。

1926年2月28日他参加了中国国民党政治讲习班第一期开学典礼，并发表演说。政治讲习班是国民党中央党部主办的，谭延闿、程潜、林伯渠、陈嘉佑、鲁涤平、毛泽东、李富春任理事。谭延闿任理事长，谭不在，由毛泽东代理。李富春是班主任。第一期学员全是湖南人，专门培育从事军队和地方工作的政治工作人员。毛泽东讲演的中心内容是"革命分子团结起来"。他说："我觉得政治讲习班这个团体，表示了一个很大的意义，即是革命分子团结起来了。"并且举了许多例子。他还说："这回从湖南来此地的同志，我相信都是彻底的革命者。即此地先后投考者约千余人，取录者仅二百余人，其取录标准，绝对不是重文字的工拙，完全看他的思想是否是革命的。"我们的敌人对革命采取了联合行动，"我们非团结起来为之奋斗不行"！诸位都是来此做革命工作的，"绝对不是抱升官发财的希望而来的。望诸位忍苦耐劳，大家联合起来，努力国民革命"。〔35〕

3月18日，他在中国国民党政治讲习所纪念巴黎公社55周年大会上发表《纪念巴黎公社应注意的几点》的讲演，他说："今天是中国民众纪念巴黎公社的第一次。巴黎公社事件的发生，距今已55年了，为什么到今日我们才知道纪念？因为中国从前的革命是少数人包办的，及到革命潮流渐渐增长，革命运动才跟着由少数人扩张到多数人，到现在已有多数的农工民众参加，并且有左派的国民党党员做指导，有工农阶级专政的国家苏维埃俄罗斯做模范，所以中国民众才知道有今天的纪念。"纪念巴黎公社的意义或应注意的几点，毛泽东做了高度概括：一、巴黎公社是工人阶级的第一次的革命运动。二、巴黎公社是开的光明的花，俄国革命是结的幸福的果，俄国革命是巴黎公社的继承者。三、现时国内颇有些人怀疑或反对阶级斗争，这是不了解人类进化史的缘故。四、巴黎公社失败有两个主要原因：1.没有一个统一的集中的有纪律的党做指导。我们欲革命成功，必须劳力集中行动一致。所以有赖于一个有组织有纪律的党来发号施令。当时巴黎公社，因为没有一个统一的政党，以致内部意见分歧，势力分散，而予敌人有可乘之机；2.对敌人太妥协太仁慈。我们对敌人仁慈，便是对同志残忍。各同志要鉴往知来，惩前毖后，千万不要忘记"我们不给敌人以致命的打击，敌人便给我们以致命的打击"这两句话。〔36〕

他还在政治讲习班讲授《农民运动》，每周一至两次。

5月7日广州各界集会，纪念"五七"国耻日。毛泽东、缪斌、陈其瑗、褚民谊代表国民党中央党部参加了大会，并被选为主席团成员。会后，他们联名给国民党中央执行委员会写了一个《五七国耻纪念报告》，详述拥护西山会议派的国民党广州市党部青年部、广东总工会欺骗群众，挑起事端，破坏集会的经过。10日，毛泽东、陈其瑗等出席国民党中央执行委员会党务委员会第二十七次会议，向会议提交了《五七国耻纪念报告》。毛泽东通过这些活动，宣传和维护了国共合作的统一战线，批判和回击了国民党右派破坏国共合作的行径。<sup>(37)</sup>

在代理国民党中央宣传部长期间，毛泽东参与了同"西山会议派"的斗争，创办《政治周报》。这使他的政治影响迅速扩大。

高菊村等在《青年毛泽东》一书中写道：

五卅运动后，大地主大买办阶级进一步与帝国主义封建军阀勾结，向革命势力反扑，统一战线内部的斗争日趋激化。谢持、邹鲁、冯自由等从孙中山改组国民党之日起，就开始反对孙中山联俄、联共、扶助农工的政策，这时更加嚣张。他们勾结国民党中央执监委员林森、叶楚伧、吴稚晖、张继等在北京西山碧云寺孙中山灵前召开所谓国民党第一届第四次中央执监委员会议，实行反共，通过"取消共产党员在国民党中之党籍"等反动议案。这些国民党老右派，史称"西山会议派"。

为了反击西山会议派的反共宣传，巩固国共合作统一战线，中国国民党中央宣传部代理部长毛泽东创办了《政治周报》，并任主编。

1925年12月5日《政治周报》创刊号问世。毛泽东在《"政治周报"发刊理由》一文中劈头写道："为什么出版《政治周报》？为了革命。为什么要革命？为了使中华民族得到解放，为了实现人民的统治，为了使人民得到经济的幸福。""我们为了革命，得罪了一切敌人——全世界帝国主义，全国大小军阀，各地买办资产阶级，土豪劣绅，安福系、研究系、联治系、国家主义派等一切反动政派。……彼辈怨愤之余，凡所以咒诅、诬蔑、中伤我们者无所不用其极。京津沪汉各地反革命派宣传机关，惶然起哄，肆其恶嘴毒舌，凡所以咒诅、诬蔑、中伤我们者亦无所不用其极。""我们现在不能再放任了。我们要开始向他们反攻。'向反革命派宣传反攻，以打破反革命的宣传。'"反攻敌人的方法，"并不多用辩论，只是忠实地报告我们革命工作的事实。敌人说：'广东共产。'我们说：'请看事实。'敌人说：'广东内讧。'我们说：'请看事实。'"《政治周报》的体裁，"十分之九是实际事实之叙述，只有十分之一是对反革命派宣传的辩论"。

《政治周报》从1925年12月至1926年6月共出版14期。在第一期上，毛泽东针对反革命派在宣传中的反"共产"、反"赤色帝国主义"两面黑旗，写了《三三三一制》《杨坤如的布告与刘志陆的电报》《如果讨赤志同、仇雠亦吾良友》《颂声来于万国》《反共产中国国民军大同盟万岁》《共产章程与实非共产》《邹鲁与革命》。在第二期上写有《赤化原来如此》等杂文。这些短小精练的杂文，有如锋利的匕首，刺破了"反共产"的实质是："一般反革命党以国民革命指为共产革命，以国民党指为共产党，以国民政府指为共产政府，以国民革命军指为共产军，无非承了帝国主义意旨，制造几个简单名词散布出来，企图打破国民革命中各阶级合作的联合战线。"〔38〕

特别值得重视的是《政治周报》发表的一批分析资产阶级各派及我们对其政策的文章。其中《向左还是向右》《北京右派会议与帝国主义》《帝国主义最后的工具》《右派的最大本领》《上海民国日报反动的原因及国民党中央对该报的处置》《国民党右派分离的原因及其对于革命前途的影响》等，都是出于毛泽东的手笔。他在这些文章中，阐述了下述基本观点：

1. 在革命与反革命的搏斗中，中间派必然要分化。这个观点，毛泽东在国民党广东省第一次代表大会上从理论上做过全面的阐述。在《向左还是向右》一文里，又进一步用客观事实加以论证。他说：中间派只有两条路走，或者向右跑入反革命派，或者向左跑入革命派，万万没有第三条路。譬如说广东，"左就是广州，右就是香港"。陈炯明率领反革命派军人、政客、买办阶级、土豪劣绅站在香港旗帜之下，国民党左派率领工农兵学商各种革命民众一齐站在广州旗帜之下，两派用大炮互轰。"在这互轰中不能有中间派，他有，也只有藏头掩面躲在一派旗帜之下，用低声发言，用轻步走路。"〔39〕

2. "西山会议派"就是国民党右派，就是资产阶级右翼的政治代表。1926年3月前，毛泽东把西山会议派视为资产阶级右翼的政治代表。西山会议派在研究系、安福系、联治系、国家主义派等代表大地主、大官僚、大买办阶级的反动政团败阵后，继而举起"反共产、反苏俄"的黑旗，为帝国主义、封建军阀张目，成为帝国主义反对中国国民革命的最后工具。他们的最大本领，就是能在军阀帝国主义面前公开开会，按照帝国主义军阀的旨意实行"巢里反"。〔40〕他们的舆论喉舌是上海的《民国日报》。

上海《民国日报》从前是叶楚伧等人的私人报。"去年第一次全国大会后才收归党办，但是自始即不能作为国民党的言论机关。"该报常常不登或删反帝国主义反军阀的文字，替帝国主义军阀隐恶扬善；对国民党国民政府的革命策略丝毫不做宣传，江浙战争时，该报完全丢掉国民党地位做了安福系卢永祥的机关；南洋烟草公司压迫数千工人流离失业时，该报为资本家大登其压迫工人有理的广告，……凡此皆该报反动的预兆。由此可以论定，划分左派、右派的标准，乃在于对待帝国主义和军阀的态度，对待国共合作的统一战线的态度，对待工农的态度。〔41〕

3. 国民党右派分离出去"是一种必然的现象"，是历史发展的必然趋势。毛泽东从国内外资产阶级革命性质、对象、任务、目的、结果、时代特征及国民党自身的历史发展等六个方面剖析了国民党右派分离的原因。

第一，他分析了18世纪末期至19世纪中期欧美日本资产阶级反抗封建贵族阶级的民主革命，与19世纪末期至20世纪初期殖民地半殖民地的小资产阶级、半无产阶级、无产阶级合作反抗帝国主义及其工具官僚军阀买办地主阶级的国民革命，是两种"性质完全不同"的革命。由于性质完全不同，革命的对象、目的、策略、结果也就大不相同。前者，"乃资产阶级一阶级的革命；其对象是国内的封建贵族；其目的是建设国家主义的国家，即资产阶级一个阶级统治的国家；其所谓自由平等博爱乃当时资产阶级用以笼络欺骗小资产、半无产阶级、无产阶级使为己用的一种策略；其结果是达到了他们的目的，建设了国家主义的国家；其终极是发展了全世界的殖民地半殖民地，造成了国际资本帝国主义"。后者，"乃小资产阶级、半无产阶级、无产阶级这三个阶级合作的革命"。"其对象是国际帝国主义；其目的是建设一个革命民众统治的国家；其终极是要消灭全世界的帝国主义，建设一个真正平等自由的世界联盟（孙先生所主张的人类平等世界大同）。"

第二，辛亥年的革命，虽然其本质应该是反对国际帝国主义，然因当时多数党还没有看清此点，一班右倾的领袖只知道国内的满清贵族阶级是敌人，革命的口号变成简单的"排满"；国际的局面是几个强国霸占了全世界，只有压迫阶级反革命的联合，没有被压迫阶级革命的联合，现在的局面与辛亥年完全两样；革命的目标已转换到国际资本帝国主义；党的组织逐渐严密完备起来，因为加入了工农阶级的分子，同时工农阶级形成了一个社会的势力；已经有了共产党；在国际上又突现了一个无产阶级国家的苏俄和一个被压迫阶级革命联合的第三国际，做了中国革命有力的后援。以此之故，在辛亥年参加革命的人，现在只剩下了少数革命意志强固的还主张革命，大多数都因为畏惧现在的革命把革命事业放弃了，或者跑向反革命队伍里同着现在的国民党作对。因此，老右派新右派依着革命的发展和国民党的进步，如笋脱壳、纷纷分裂。

第三，随着国民党的历史发展，它所代表的阶级属性也在变化。"兴中会的组织，完全是收集游民无产阶级的会党；同盟会的组织，一部分是海外华侨工人，一部分是内地的会党，另一部分则为小地主子弟出身的留学生，小地主子弟出身的内地学生及自耕农子弟出身的内地学生。总之同盟会的成分，乃无产阶级（会党）、半无产阶级（侨工）、小资产阶级（一部分内地学生）、中产阶级（留学生及一部分内地学生）这四个阶级的集合体。"辛亥革命初成，同盟会中代表小地主的一派即不赞成孙先生平均地权节制资本见之于实行，结果解散革命的同盟会，改组为不敢革命的"国民党"，合并了许多代表小地主阶级利益的政团，使小地主阶级在国民党中成了绝对多数的支配者。孙中山因此大愤，决志改组为中华革命党。中华革命党改成中国国民党时，又加入了一批中产阶级的非革命派，此时而且有一部分代表买办阶级的分子混了进来，他们站在党的支配地位，孙先生及少数革命派领袖乃于去年1月毅然召集第一次党的全国大会，明确决定拥护工农阶级的利益，从工农阶级中扩张国民党的组织，并且容纳了共产派分子入党。然而此举首先得罪了代表买办阶级的领袖们，冯自由、马素等首先与帝国主义军阀勾结脱离了国民党，另外组织同志俱乐部，国民党左派为了拥护工人的团结与罢工，得罪了帝国主义买办阶级；为了拥护农民的团结与减租，得罪了地主阶级，为了保护革命根据地，用严厉手段对付反动派，得罪了帝国主义工具买办地主阶级的代表魏邦平、陈炯明、熊克武一班人，于是又出现了"西山会议派"这些新右派。〔42〕

4. 中国民族资产阶级具有两面性：革命性和妥协性。中国现在已到了短兵相接的时候，一面是帝国主义为领袖统率买办阶级大地主官僚军阀等大资产阶级组织反革命联合战线，站在一边；一面是革命的国民党为领袖，统率小资产阶级（自耕农、小商、手工业主）、半无产阶级（半自耕农、佃农、手工业工人、店员、小贩）、无产阶级（产业工人、苦力、雇农、游民无产阶级）组织革命联合战线，站在一边。那些站其中间的中产阶级（小地主、小银行家及钱庄主、国货商、华资工厂主），其欲望本系欲到大资产阶级的地位，为了帝国主义买办阶级大地主官僚军阀的压迫使他们不能发展，故需要革命。然因现在的革命，在国内有本国无产阶级的猛勇参加，在国外有国际无产阶级的积极援助，他们对之不免发生恐惧，又怀疑各阶级合作的革命。中国的中产阶级许多人到现在还梦想前代西洋的民主革命，还在梦想由中产阶级一个阶级领袖不要外援欺抑工农的"独立"的革命，还在梦想其自身能够革命成功后发展成壮大的资产阶级建设由一个阶级独裁的国家。〔43〕

5. 中国民族资产阶级不能建立一个阶级独裁的国家。首先，"他们革命的出发点，与其余阶级革命的出发点完全不同；他们的革命是为了发财，其余阶级的革命是为了救苦；他们的革命是为了准备做新的压迫阶级，其余阶级的革命是为了要得到自己的解放，并且使将来永无压迫自己的人"。这种阶级利己主义，必然"疑忌工农阶级之兴起"，必然"疑忌国内及国际无产阶级政党之援助，他们丢弃了群众，丢弃了帮手，在20世纪半殖民地内外强力高压的中国，绝没有做成革命的道理"，绝没有建立中国资产阶级独裁国家的环境、条件。〔44〕

6. 国民党右派的分裂不足以妨碍国民党的发展。国民党右派代表资产阶级的右翼，而右翼的人数在全国总人口上占极小的比重。当年四万万人中买办大地主、官僚、军阀等大资产阶级至多每四百个人里有一个，小地主、国货工商业家等中产阶级，大约每百个人里头有一个，此外的数目都属其余的阶级。这就是说，中国为了救苦，为了自求解放的革命民众有三万万九千五百万，占百分之九八点七五。其敌人只有一百万，占百分之零点二五。中间派也只有四百万，占百分之一。"在这种情形之下，我们可以毫不犹豫地断定：代表中产阶级的国民党右派之分裂，并不足以妨碍国民党的发展，并不足以阻挠中国的国民革命。他们的分裂，是基于他们的阶级性，是基于现在特殊的时局，使他们不得不分裂，并不是为了什么左派的操切。"〔45〕

毛泽东上述观点，集中了中共"四大"以来党内许多同志对中国资产阶级的分析，是毛泽东在《政治周报》中发表的一系列政治文章的基本观点。

《政治周报》在毛泽东的主持下，从理论上、事实上揭批了国民党右派——西山会议派分裂国共合作的行径，教育了国民党左派、争取了中间派。各地革命党员纷纷起来反对北京右派会议——西山会议派。毛泽东将各地党部反对西山会议派的电文汇集，以《革命派党员群起反对北京右派会议》《反对右派会议者遍于全国》的醒目标题摘要刊登，有力地反击了西山会议派，维护了国共合作的统一战线，迎来了北伐战争的胜利进军和轰轰烈烈的农民运动。〔46〕

在国民党中央党部的会议记录里，保留着一批珍贵的历史资料。其中，也记录了毛泽东在担任代理中央宣传部长职务期间的活动。据《青年毛泽东》一书载：

1926年2月8日，国民党中央执行委员会召开第三次常务委员会议。毛泽东列席。"宣传部提出沈雁冰为秘书，顾谷宜为指导干事，吴求哲、陈曙风为编辑干事，萧楚女、朱则、赖特才、朱稚零为检阅干事"等人事问题，得到会议决议通过。〔47〕据沈雁冰回忆，毛泽东代理宣传部长后，陆续调进了一些共产党员和共青团员，"实际上宣传部的工作都是共产党做的"。毛泽东"首重人才"，宣传部"人才济济，一时有人才内阁之称"。

2月16日，毛泽东因病，请求休假两星期，并提议休假期间部务由沈雁冰代理。国民党中央党部第五次常务会议，同意他的请求和提议，决定"宣传部代部长毛泽东同志因病请假两星期，部务由沈雁冰同志代理"。〔48〕

3月初，毛泽东病愈，回到国民党中央宣传部，主持日常工作。

3月16日，国民党中央执行委员会常务委员会召开第十二次会议，毛泽东列席，并以中央宣传部代理部长身份提出多项提案，并做说明，其中一项是对付京沪等地孙文主义学会问题，主张严加取缔。孙文主义学会是1925年12月黄埔军校内的右派分子贺衷寒、缪斌等在蒋介石、戴季陶支持下成立的。他们出版《国民革命》《孙文主义丛刊》等，打着信仰、研究、宣传孙文主义的旗帜，进行反共活动。他们不仅在广州，而且在上海、北京、天津等地发展孙文主义学会，与西山会议派结合，开展反共活动。毛泽东的提议，获得部分通过。即在北京、上海等地不准发展孙文主义学会。4月23日，第二十二次常务会议，毛泽东、杨匏安等又提出"训令全体党员不得认反动分子为党员，不准加入各地未经本会批准擅自设立孙文主义学会案"。会议决定，除广东外，未经本会批准，不得认为本会附属团体。

由于陈独秀、张国焘的妥协退让，丧失了国民党"二大"中左派占优势的大好形势，造成中央执行委员会及监察委员会内右派占优势、左派陷于孤立的困局。二届中央执委和候补中央执委共60人，共产党员仅14人，中央监察委员12人，共产党员仅1人。"二大"后，蒋介石一方面继续充当"中派"，另一方面制造事端，试探中国共产党的态度和国民党左派的势力。3月18日，蒋介石借黄埔军校驻广州办事处名义，命令海军代理局长、共产党员李之龙，调派中山舰到黄埔候用。19日，李之龙向军校驻广州办事处索补调派兵舰的公函到海军局编号存案。经蒋介石允许"电舰返省"。20日，蒋介石谎称共产党人指挥中山舰炮轰黄埔，共产党人要暴动，宣布戒严，逮捕李之龙等共产党人，包围省港罢工委员会和苏联顾问办事处。毛泽东、陈延年得知后，即往苏联军事顾问代表团团长季山嘉处商量对策。毛泽东提出，动员所有在广州的国民党中央执、监委员到叶挺独立团驻地肇庆开会，通电讨蒋，削其军权，开除党籍；利用蒋介石与其他各军的矛盾，声讨蒋介石。当时在广东的国民革命军有六个军，除第一军外，其他各军军政首脑都反对蒋介石，而且在第一军内，政治骨干大部分都是共产党员。建议遭到季山嘉为首的苏联军事代表团的反对，乃请示陈独秀，又遭陈的冷遇。于是，毛泽东、周恩来建议把从第一军中被迫退出的共产党员派到其他军队中去，建立叶挺独立团式的军队。陈独秀又拒绝了这一正确主张。

4月2日，毛泽东出席了国民党中央执行委员会常务委员、各部部长及中央监察委员联席会议。在会上，毛泽东代表宣传部提出了"畸岭书社假冒先总理名义，发行《社会主义论》小册应否禁止案"，并说明："这种冒名孙总理遗著"的事件，"显系贪利市侩所为，若不严加取缔"，那些"行见射利之徒、反革命之辈"，将"淆惑社会听闻，有妨本党前途甚大"。会议接受了这一提案，并做了相应的决议。[49] 会议还听取和通过了中国共产党广东区执行委员会声明中国共产党对于国民革命所取之态度，中国国民党中央政治委员会函送湖南省党部关于该省最近政治状况等几个报告。

5月15日至22日，国民党在广州召开二届二中全会。毛泽东出席了会议，并在20日的会议上做了《宣传部工作报告》，"将本年2月1日起，截至5月15日止"的宣传工作情形做了简要概括。他说：本部自从第二次全国代表大会闭会以后，即于2月初间，派定职员，分配工作，一切规划设施，均依照第二次代表大会之宣传决议案，依次进行。

1．开办党报。计有汉口《楚光日报》、长沙《湖南民报》、北京《国民新报》、广州《政治周报》。另外，上海《民国日报》变成西山会议派的喉舌后，乃于1926年4月由上海特别市党部负责人出面，顶受《中华新报》的财产，改称《国民日报》出版，"经费之决定及人员之委任，均属中央常务会议、宣传部担任执行"。据5月12日《国民党中央执行委员会常务委员会公函》称："案据本会宣传部部长毛泽东同志转据'上海特别市党部'来函，略谓党报极宜开办。现因中华新报停刊，故即将其机器及余物顶受，价洋3600元，另需开办费3800元，两项共计7400元，开办后每月经常费4600元。组织方面，分经理、编辑两部，拟请任张静江同志为正经理，张廷灏同志为副经理，柳亚子同志为编辑部正主笔，沈雁冰同志为副主笔，侯绍裘、杨贤江、顾谷宜三同志为编辑委员。"

2．发布宣传大纲。计有"二大"宣传大纲；孙中山逝世周年纪念宣传大纲；"五四"纪念宣传大纲等。

3．设立检阅会议，检阅党内外出版物。

4．设立上海交通局，沟通中央与全国各地的关系。自2月至5月发送北方及长江流域之宣传品41种，共计221 284份。

5．设立宣传委员会，讨论全国宣传事项，以汪精卫、顾孟余、陈公博、甘乃光、胡汉民、林祖涵、彭泽民、陈其瑗、邵力子、毛泽东等10人为委员。

6．加强中央宣传部与各省宣传部之间的联系。

7．设立了宣传材料储藏机关——宣传部图书室。

8．接办国民通讯社。国民通讯社仅次于国闻通讯社之第二家大通讯社，等等。

《宣传部工作报告》还对今后宣传工作做了具体的规划。第一，津贴各地报纸，扩大宣传。全国各省除边疆数处外，均有了国民党组织。在有国民党的地方就应有公开宣传机关。然到处办报实为人力财力所不许，若采用津贴报纸方法则所费不多，收效颇大。如全国重要地点以20处计，平均每处津贴报纸一家，每家津贴200元计，每月共费津贴洋4000元，仅抵一家党报之经费，然收效已遍全国。此等津贴之报纸，"其条件至少消极方面不攻击本党及国民政府，能办到适当地拥护本党及国民政府，自为我们之目的"。第二，计划编印国民运动丛书。在上海设立征稿处，任命沈雁冰为驻沪编纂干事，"其责任为征集丛书稿件，寄到中央宣传部，经审定后寄返上海印刷发行"。预计每月出书10种，半年内可出60种。宣传计划还具体列出编纂书目64种。[50]

在国民党二届二中全会上，蒋介石提出了旨在限制共产党、篡夺国民党党权的《整理党务案》，规定"凡他党党员加入本党者，不得充应本党中央机关之部长"等条文。中共中央派张国焘、彭述之指导出席这次全会的中共党团。在党团会上讨论是否接受《整理党务案》时，大家意见不一致，讨论7天毫无结果。最后，张国焘按照他同陈独秀商定的让步方针，要大家签字接受。毛泽东拒绝签字，主张"坚决顶住"。在国民党二届二中全会上表决所谓《整理党务案》时，就没举手。"当时没有举手的还有国民党内的两个人，一个何香凝，一个柳亚子。"〔51〕由于陈独秀、张国焘采取退让方针，致使《整理党务案》通过了。从此，在国民党中央党部任职的共产党员全部辞职。毛泽东也就离开了国民党中央宣传部。〔52〕

### 注　释

〔1〕埃德加·斯诺：《西行漫记》，生活·读书·新知三联书店1979年12月版，第134—135页。

〔2〕《徐梅坤回忆中共"三大"》（1980年3月），《"二大"和"三大"——中国共产党第二、三次代表大会资料选编》，中国社会科学出版社1985年8月版，第674—679页。

〔3〕高菊村等：《青年毛泽东》，中共党史资料出版社1990年3月版，第194—196页。

〔4〕林祖涵（1886—1960），字伯渠，湖南临澧县人，常德师范毕业，东渡赴日本留学，1909年归国在吉林巡抚陈昭常处任吏员，其兄林建藩（修梅）曾任零陵镇守使，曾起义，与国民党有渊源。林子1921年加入中国共产党。1923年任国民党本部总务部副部长，并参加改组国民党工作。——原注

〔5〕沈玄庐，原名定一，浙江萧山人，家资豪富，有沙田千顷，清末以捐款报效得任云南霑益知县，任满家居，有妻妾仆婢甚多，后在衙前做农民运动，借此与我党接近，随于1922年加入中国共产党，旋因其媳他恋迁怒于党，遂脱离党，后积极参加国民党清共工作，任国民党中委及浙江省政府委员。——原注

〔6〕罗章龙：《椿园载记》，东方出版社1989年6月版，第295—296页。

〔7〕见1924年1月20日《中国国民党全国代表大会会议录》。——原注

〔8〕〔9〕〔10〕见1924年1月22日《中国国民党全国代表大会会议录》。——原注

〔11〕见1924年1月29日《中国国民党全国代表大会会议录》。——原注

〔12〕见1924年1月31日《中国国民党全国代表大会会议录》。——原注

〔13〕高菊村等：《青年毛泽东》，中共党史资料出版社1990年3月版，第201—203页。

〔14〕罗章龙：《椿园载记》，东方出版社1989年6月版，第294—295，296—297页。

〔15〕《"二大"和"三大"》，中国社会科学出版社1985年8月版，第691—695页。

〔16〕高菊村等：《青年毛泽东》，中共党史资料出版社1990年3月版，第206—208页。

〔17〕蔡和森、项德隆都是三届中央委员；张伯简在中共中央宣传部负责《向导》周报出版发行工作，后任中共中央出版部书记、团中央候补执行委员。赵世炎刚从苏俄回国，旋即派任中共北京地委书记、北方区委宣传部长，接办《政治生活》。刘仁静当时任团中央执行委员，9月29日在团二届一次执委会上，当选为团中央委员长。——原注

〔18〕高菊村等：《青年毛泽东》，中共党史资料出版社1990年3月版，第196—201页。

〔19〕吴玉章：《第一次大革命的回忆》（1961年）。——原注

〔20〕〔21〕见1925年12月5日《政治周报》第1期。——原注

〔22〕见1925年12月4日《国民党第一百二十五次会议记录》。——原注

〔23〕〔24〕见1926年4月10日《政治周报》第6、7期合刊。——原注

〔25〕见1926年1月《中国国民党第二次全国代表大会会议记录》。——原注

〔26〕《中国国民党第二次全国代表大会宣言及决议案》，1926年2月，国民党中央执行委员会印行。——原注

〔27〕均见《中国国民党第二次全国代表大会会议记录》。——原注

〔28〕北京同志俱乐部属西山会议派，是国民党右派组织。——原注

〔29〕见《中国国民党第二次全国代表大会会议记录》。——原注

〔30〕高菊村等：《青年毛泽东》，中共党史资料出版社1990年3月版，第229—234页。

〔31〕见1925年12月13日广州《国民新闻》。——原注

〔32〕《十二月二十日，广州的反段大示威》，见1926年1月10日《政治周报》第4期。——原注

〔33〕《中国国民党选派学生赴莫斯科孙文大学》，见1925年12月13日《政治周报》第2期。——原注

〔34〕参见1974年9月18日谢华的回忆。——原注

〔35〕《理事毛泽东演说》，见1926年2月28日《中国国民党政治讲习班旬刊》第1期。——原注

〔36〕见1926年3月31日《中国国民党政治讲习班旬刊》第2期。——原注

〔37〕高菊村等：《青年毛泽东》，中共党史资料出版社1990年3月版，第

211—215页。

〔38〕《共产章程与实非共产》，见1925年12月5日《政治周报》第1期。——原注

〔39〕见1925年12月13日《政治周报》第2期。——原注

〔40〕《帝国主义最后的工具》，见1925年12月20日《政治周报》第3期。——原注

〔41〕《上海〈民国日报〉反动的原因及国民党中央对该报的处置》，见1925年12月20日《政治周报》，第3期。——原注

〔42〕《国民党右派分离的原因及其对于革命前途的影响》，见1926年1月10日《政治周报》第4期。——原注

〔43〕〔44〕〔45〕《国民党右派分离的原因及其对于革命前途的影响》，见1926年1月10日《政治周报》第4期。——原注

〔46〕高菊村等：《青年毛泽东》，中共党史资料出版社1990年3月版，第222—229页。

〔47〕《国民党中央党部第三次常务会议录》。——原注

〔48〕《国民党中央党部第五次常务会议录》。——原注

〔49〕见1926年4月2日中国国民党《中央执行委员会常务委员会第十七次会议录》。——原注

〔50〕见1926年5月20日《中国国民党第二次中央执行委员全体会议记录》。——原注

〔51〕邓颖超的回忆（1971年8月11日）。——原注

〔52〕高菊村等：《青年毛泽东》，中共党史资料出版社1990年3月版，第235—239页。

# 五、农民运动之王

## 韶山火种

1925年2月6日，毛泽东回到韶山养病，直至这年8月才离开。这期间，中国政治舞台发生巨大变化，爆发了震惊中外的五卅运动。在这场斗争中，湖南农民突然变得富有战斗性了，长期压抑着的怒火一下迸发出来。韶山也不例外。毛泽东从中看到了农民的力量。

高菊村等在《青年毛泽东》一书里写道：

1924年12月底，毛泽东自上海回到湖南。在长沙时，他与中共湘区委员会书记李维汉交换了情况，对于国民运动、农民运动"做了详细的谈话和讨论"。随后，偕杨开慧、毛岸英、毛岸青到长沙东乡板仓过春节。1925年2月6日（正月十四）偕妻孩回到韶山，同行者还有毛泽民。在此前后，还有一批共产党员、社会主义青年团员、进步知识分子如毛福轩、谭熙春、柳季刚、贺尔康、毛新梅等陆续回到或调来韶山。

毛泽东回家后，前来探望的乡亲川流不息。时值春节，农民常三五人不等聚在一起打麻将、玩骨牌。毛泽东亦参与玩乐，借此与乡亲们交谈，了解情况。他还利用农村结婚、丧葬、寿宴等机会向群众做宣传。有一次，松树滩办丧事，毛泽东借吊唁机会，向群众宣讲孙中山的三民主义。他常邀合毛福轩、贺尔康等走亲串友，与贫苦农民促膝谈心。他用农民们亲身的事实，以通俗易懂的语言和生动的比喻，给农民讲述国内外的政治形势，说明农民遭受穷苦并非命定，而是"洋财东"（帝国主义）和"土财东"（地主阶级）互相勾结剥削、压迫所致，动员大家团结起来，进行革命斗争。

当时湖南省省长兼湘军总司令赵恒惕，为了装饰门面，推行《湖南省宪法》，搞"平民教育"。毛泽东则以普及平民教育为由，依靠杨开慧、庞叔侃、柳季刚、李耿侯等进步知识分子，先后在毛氏宗祠、李氏祠堂、庞氏祠堂等处，利用原有族校设备，开办了二十来所农民夜校。他们通过教识字、学珠算，向农民进行马克思主义的启蒙教育。如讲"手""脚"二字时，即对农民说：人人都有手和脚，农民的手脚一年到头不停地劳动，可是吃不饱，穿不暖；地主有手不劳动，可是吃的鱼和肉，穿的绫和绸，有脚不走路，出门还要坐轿子，这原因在哪里？合不合理？从而启发农民的阶级觉悟。

在艰苦深入的思想发动的基础上，毛泽东团结了一批赤贫农民和贫苦的知识分子，于1925年春天，即开始组织秘密农民协会。据1926年《湘潭县农民运动报告》记载：韶山"农民所受压迫日重"，于1925年"二三月间即起组织"乡秘密农协，不久即发展到20余个。[1]

"五卅惨案"后，湖南成立援助青沪惨案的群众组织雪耻会，开展了声势浩大的反帝爱国运动。毛泽东以秘密农协为中心，在建立了雪耻会的基础上，成立了湘潭西二区上七都雪耻会，在成立会上，毛泽东讲述"五卅惨案"真相，揭露帝国主义侵略我国的罪行，号召大家联合起来，共同反对英、日帝国主义。……

雪耻会还组织部分进步教师和从长沙、湘潭等地回乡休假的学生及有觉悟的农民，成立宣传队、开讲演会、编演文明戏、散发传单和小册子、举行游行示威，并派出纠察队守在一些关卡上，检查洋货，禁止销售。

在组织农民的过程中，毛泽东十分注重在农村建立中共的基层组织。他在初步实践中，发现和培养了一批积极分子，发展了毛新梅、李耿侯、钟志申、庞叔侃等韶山第一批党员，于6月中旬，秘密地举行了新党员入党宣誓仪式，建立了中共韶山支部，毛福轩为支部书记。当时的誓词是：努力革命，阶级斗争；服从组织，牺牲个人；严守秘密，永不叛党。他还在韶山建立了中国社会主义青年团组织。在此同时，他还注意发展积极分子加入国民党，并选择一些地方上有一定威望的开明绅士、小学教师参加，建立国民党的基层组织。据贺尔康日记记载：7月5日，"民校[2]今日到韶山李氏祠开会。我到会时才八点钟，……到下午七点钟闭会，共开会四次，讨论有三项：一、党务问题；二、反帝国主义问题；三、乡的教育问题"。12日，"再到汤氏祠，九点钟国校[3]开会，成立第四区分部"。25日，"到唐氏祠找了国校开会的地点"。27日，"又到熊家冲、汤家湾开会，会了毛润之，约定初九日（指阴历六月初九——编者）来这边区分部开成立会"。8月1日，"晚饭后，邀集国校同志到吉安堂开第一次成立区分部大会。到会者同志十人，有区党委员三人，由润之主持。到十一点钟才散会"。毛泽东在韶山地区建立的国民党区分部，仅据贺尔康残缺的日记记载，就有7处。当时湖南尚处在赵恒惕的残暴统治之下，这些国民党基层组织都是秘密的。

毛泽东当年在韶山发动和组织农民的工作，十分艰苦。对此，贺尔康的日记曾有多处记载。如7月12日，毛泽东在汤家祠主持开会，从白天到夜晚一连开了几个会，至深夜一时一刻，"润之忽要动身回家去歇。他说，因他的神经衰弱，今日又说话太多了，到此定会睡不着。月亮也出了丈多高，三人就动身走，走了两三里路时，在半途中就越走越走不动，疲倦得很了，后就到汤家湾歇了"。

毛泽东在韶山建立党组织后，领导韶山人民发展了政治、经济和文化教育方面的初步斗争。7月间，韶山大旱，田地龟裂，青黄不接，饥民遍野。土豪劣绅却囤积居奇，高抬谷价。大土豪成胥生、何乔八乘机闭粜，把谷米运往湘潭等地，牟取暴利。毛泽东得知这一情况后，和中共韶山支部研究，决定采取"先礼后兵"的策略，一面派人与成胥生商议平粜，一面发动群众奔赴银田寺阻止谷米起运。在农民们的团结和巧妙斗争下，成胥生被迫开仓平粜，其他地主更不敢闭粜。这就是韶山历史上一次有名的"阻禁平粜"斗争。

与此同时，韶山还开展了夺取教育权的斗争。当时，韶山地区的教育权掌握在绅士唐默斋等人手里。他们坚持旧学，反对新学，贪污学款，克扣薪饷，还暗中破坏群众革命斗争，不准办农民夜校，甚至不准雪耻会向农民和学校师生宣传爱国。毛泽东和韶山党支部的同志们几次秘密开会，决定利用赵恒惕颁布的教育法令关于地方教育机构负责人任职年限的规定，发动师生改选教委会、学委会，以夺取教育权。这一史实，贺尔康日记做了记载。他在7月24日的日记中说："午后到石洋庞氏开会，是为改组教育会和学委会而秘密进行的一个弄（论）讨。"7月30日又记道："下午到郭家亭郭氏祠，教育会开会员大会，重新改组教育会和学务委员会。到会者有四十人，三时许才摇铃开会。因时间的短促，就只讨论通过两会章程和两会的职员完事，也是到晚十时才闭会。"经过激烈的辩论、斗争，终于夺取了教育行政管理权和财政权，共产党员庞叔侃、李耿侯、蒋梯空等分别当选为教委会和学委会成员。随后，韶山地区各公立学校和族校校长，都改为进步教师担任。

韶山初期农民运动，是毛泽东在农村中开展艰苦细致工作的成果，是无产阶级政党领导农民斗争、坚持统一战线中领导权的尝试。在韶山农民运动中，毛泽东以孙中山的三民主义号召群众，公开组织雪耻会，秘密组织国民党，将农村知识分子和农民先吸收在国民党内，经过考验，再将中坚分子吸收到共产党或青年团内。韶山农民运动的经验表明，党的国共合作的统一战线政策，为中国共产党人深入农村搭起了一道桥梁。韶山农民运动为毛泽东撰写《中国社会各阶级的分析》提供了宝贵素材，为以后党领导全国农民运动，摸索了经验。

毛泽东身在山村，心系全党全国。为了加强与中共中央、国民党中央党部、中共湘区委员会的联系，他派遣共产党员钟志申在湘潭银田寺办起"合作书店"，作为秘密联络点。书报、文件通过"合作书店"源源不断地传递到毛泽东手里。中共湘区委遵照中央通知，选派贺尔康、庞叔侃等人去广州第五届农民运动讲习所学习，都是毛泽东推荐的。[4]

张琼回忆说：

1925年2月，毛泽东回韶山冲边养病，边搞湖南农民运动，开慧姐跟随毛泽东回到韶山冲。那时，我在衡阳的湖南区委工作，我们区委的一位同志到韶山冲看望毛泽东，回来后他告诉我：开慧姐除了细心照顾毛泽东身体健康外，常常穿上草蒲鞋，深入韶山地区各个冲，到贫苦农民家里去串门、谈心，启发农民群众的阶级觉悟，提高他们的斗争勇气。后来毛泽东身体健康稍有好转，就到农村中去访贫问苦、调查研究。开慧姐跟随毛泽东在韶山冲附近的毛震公祠、毛氏公祠、李家祠堂等处做了大量的群众工作，在毛泽东的组织和发动下，韶山地区很快地办起了二十几所农民夜校。开慧姐在夜校里教书，宣传革命道理，每天要跑四五所夜校。有的农民要进夜校没有时间，她就进行思想动员，还发动大嫂子、大娃娃帮助邻居带小孩，让青年们上夜校。毛泽东和开慧姐在群众中享有很高的威信，有的农民连家里发生纠纷也来找毛泽东，毛泽东就叫开慧姐帮他们解决。农民夜校办起来了，毛泽东和开慧姐经常给农民讲课。当时韶山有的农民认为自己苦是"命苦"，穷是"命穷"，是什么"生辰八字不好"。在毛泽东的指导下，开慧姐编了顺口溜教他们唱。我还记得有一首是："农民苦，农民苦，打了粮食交地主；年年忙，月月忙，田里场里仓里光。"当讲到"洋油"这个词时，开慧姐就讲述帝国主义对我们的侵略、压榨，深入浅出地揭露帝国主义的反动本质。当讲到"手""脚"两个字时，开慧姐就说：我们农民有两只手，什么都要做；地主也有两只手，却什么也不会干。我们农民有两只脚，会上山砍柴，下泥作田；地主也有两只脚，却要我们用轿子抬着走。她启发大家团结起来打倒地主阶级。开慧姐还教农民唱歌谣："今天望，明天望，只望老天出太阳，太阳一出照四方，大家喜洋洋！"由于开慧姐讲课通俗生动，有时讲到农民受苦的情景，不少老太太都淌下眼泪。这期间，由于毛泽东的亲自领导，开慧姐不辞劳苦地工作，韶山地区相继建立了秘密的农民协会和公开的群众性革命组织——雪耻会。1925年6月，建立了我党在农村中最早的支部之一——中共韶山支部。后来，由于反动军阀赵恒惕要通缉毛泽东，毛泽东从韶山来到衡阳，以后又到上海。1925年8月，毛泽东到广州。毛泽东离开韶山后，开慧姐仍留在韶山搞农民运动，她还是废寝忘食地工作，收集了不少有关农民运动的重要材料。同年10月，开慧姐根据毛泽东指示，带着整理好的许多关于农民运动的材料来到广州，毛泽东审阅这些材料后，就将《中国社会各阶级的分析》等两文在广州定稿。开慧姐真是毛泽东的得力助手啊！[5]

　　在韶山养病期间，毛泽东第一次遇险。

　　据当年雪耻会会员郭运泉回忆："郭麓宾在县长办公桌上看到了赵恒惕的密电，上写着'立即逮捕毛泽东，就地正法'。他看后退出县长办公室，写信交给任郭士奎（在此县当炊事员），叫他连夜送给毛主席。主席拆开信看，我也在旁边看到，信上写着：'泽东兄，事急，省里密电拿你，务希在今晚离开韶山。'"

毛泽民的夫人王淑兰也回忆说："那天下午，泽东同志在潭佳冲开会，县里郭麓宾派人送信到家里，派来的人是竹山湾张满姑的崽，姓郭。送来信后，家里人就派人去潭佳冲喊了他。他接到信，又用开水泡点饭吃，轿子是我给他请的。泽东同志先给他们讲好，抬的谁，抬的郎中。送轿子的人，只一天一夜就回来了。团防局隔了几天才来捉泽东同志，因泽东同志没在家，只开了些钱就了事。"

毛泽东就这样结束了韶山养病的日子，回到长沙，不久又赴广州。湖南农民中蕴藏着的力量，给他以深刻的印象，也唤起他对农民问题的重视。

## 主持农民运动讲习所

1926年3月19日，国民党中常会第十三次会议，批准毛泽东为第六届农民运动讲习所所长。在此之前，毛泽东已经在为创办农讲所紧张工作着。

高菊村等在《青年毛泽东》一书中写道：

1926年2月5日，国民党中央农民部发出第一号通告，指出："本部为实行本党政纲及指导全国农民运动起见，提议中央设立农民运动委员会，并拟定组织大纲及委员名单。"经国民党中央第二次常务委员会决议照准，陈公博、毛泽东、甘乃光、宋子文、谭植棠、萧楚女、林祖涵、阮啸仙、罗绮园为农民运动委员会委员。

同日，农民部还决定开办广州第六届农民运动讲习所，扩充名额，全国各省党部送学生300名来粤训练。次日，农民部发出招生通告。招生条件是：1.决心做农民运动，并无他项思想者；2.中学程度，文理通顺；3.年龄18岁以上，28岁以下，身体强健无疾病；4.富有勇敢奋斗精神；5.不招女生。随即，向各省党部汇去学生来粤旅费。[6]据罗明回忆，毛泽东于2月上旬开始筹办农讲所，罗被派往福建招收学员。[7]

8日，毛泽东出席国民党中央执行委员会第三次常务会议，讨论农民部提出的农民运动讲习所会址问题，选定广州市番禺学宫为农讲所地址。[8]

3月16日，毛泽东出席国民党中央农民部农民运动委员会第一次会议，讨论农民运动讲习所问题。首由罗绮园报告第六届农讲所招生经过。接着讨论农讲所人选，决定所长一职"请毛泽东同志担任"，呈报国民党党部批准。[9]教员拟请汪精卫、林祖涵、陈公博、甘乃光、张太雷、萧楚女、熊锐、黄平、邓中夏、刘一声、高语罕、张伯简、谭植棠、阮啸仙、罗绮园担任。余各办事员由所长负责请人充任。国民党中央农民部部长林祖涵（林伯渠）大力支持毛泽东的工作。26日，国民党中央党部召开第十三次常务会议，林伯渠提出"农民运动讲习所经费7980元，请由中央设法拨给"；"请任毛泽东同志为农民运动讲习所所长"。[10] 林伯渠两个提案，都得到会议通过。

3月30日，农民部农民运动委员会召开第二次会议，毛泽东提出三项提案：一、任命高语罕为农民运动讲习所政治训练主任。二、变更在广西招生办法。他说，前次会议确定在广西招收学生40名，其中30名由南宁广西省党部选定，旅费均自给。昨天接到李血泪、杨文焅的报告，据称：宣传员养成所学生系广西各县平均派送，而广西农民运动宜从梧州附近数县着手，请将前次决议略为变更。三、民众运动与政治有密切的关系，目前各省农民运动，应以全力注意将来革命军北伐时经过之区域，如赣、直、鲁、豫诸省。三项提案都得到通过。

经过周密的筹备，20个省的学生于3月底陆续来粤。4月间，举行入学考试，录取学生327人，5月3日开学。因农讲所课堂为广东省第二次全省农民代表大会借用，延至15日正式开课。[11]

农讲所开设功课25门，授课4个多月，其中有两个星期赴海丰实习，理论讲授实际为13个星期。25门课，共授252小时，其中毛泽东讲授的《中国农民问题》课时最多，达23小时。他还担任了《农村教育》《地理》课教员。萧楚女是农民讲习所的教务主任，专任教员，讲授《帝国主义》《中国民族革命运动史》《社会问题与社会主义》等理论，并指导学生开展理论研究。当年发给学生的课外参考书31种，多是毛泽东、萧楚女搜集的。重要的书刊，由专任教师列出重点，提出问题，找出答案，交教师审阅。专任教师从答卷中选出数份加以改正，然后缮写标准答案，公布于众。然后又将学生习作发还，令其对照标准答案，自行纠正错误。这种以自学为主、教师指导为辅的学习方法，效果很好。

毛泽东一贯注重学生自学，更提倡学生从事实际问题的调查研究。7月间，他曾组织50多个学生赴韶关实习一星期。8月，又组织全体师生赴海丰实习两星期。据《第六届农民运动讲习所办理经过》记载："赴海丰实习在将毕业之时，学生于上课已久，接受各种理论之后，亲入革命的农民群众中，考察其组织，而目击其生活，影响学生做农民运动之决心极大。"农讲所还将学生按地区组成13个农民问题研究会，每星期开会一至两次。

农民问题研究会，由陆沉负责指导。研究的问题有：1.租率；2.主佃的关系；3.抗租减租平粜等风潮；4.利率；5.拖欠逼账及烂账等情形；6.田赋；7.抗粮情形；8.厘金、杂税及临时捐；9.自耕农、半自耕农、佃农、雇农数目之比较；10.地主的来源；11.货物价格与农产品价格之比较；12.工价；13.失业情形；14.祠堂组织及族政情形；15.地方公会组织及财产状况；16.地方政治组织；

17.地方政治情形；18.会党及土匪；19.团防情形；20.教育状况；21.销售何种洋货，影响如何；22.兵祸及影响；23.天灾及其影响；24.贪官污吏及其影响；25.烟赌偷抢各种情形；26.出产什么及其销售地；27.妇女的地位；28.农民的观念及感想；29.从前与现在地价之比较；30.从前与现在农产品价格之比较；31.农村组织状况；32.地质之肥硗；33.宗教之信仰状况；34.度量衡；35.民歌；36.成语。这些调查题，范围广泛，内容丰富，政治、经济、文化、阶级关系、宗教信仰、风俗习惯等等，都在调查研究之列。

毛泽东通过农民问题研究会的活动方式，一方面训练学生观察和解决实际问题的能力；另一方面获得了研究全国各地政治、经济状况和阶级关系的资料。毛泽东还将学生提供的调查报告、审核、修改后，编入《农民问题丛刊》正式出版，供全国从事农民运动的同志参考。原拟出版52种，至1926年11月，出版了17种，后来还陆续出版了一些。农讲所这些教学方法，是湖南自修大学教学方法的继承和发展。

尤为值得注意的是，毛泽东很重视学生的军事训练。农讲所设有军事课，聘请赵自选任专职军事教官。据记载：全所学生分为两队，每队分为6区队，设总队长1人，队长2人，区队长6人。于5、6、7三个月内，实行正规军事训练，共计训练10星期，上操128小时。由总队长赵自选，队长黄征洋、罗焕荣，区队长马天恨、毛华达、杨汉池、张士表、胡珩、田中杰等负责训练责任。[12]

农讲所师生关系平等，革命情深。课余或磋商问题、漫步交谈，或拳击习武、弈棋赛球，生动活泼。毛泽东爱和学生散步，交流思想。"他有的是强烈的求知欲，有的是甘当小学生的谦逊态度而毫无架子，和蔼可亲，所以同学们都乐意接近他。"[13]

在农讲所工作期间，毛泽东代表农讲所出席各种会议。8月14日至18日中华农学会在广州举行九届年会。在开幕式上，毛泽东代表农讲所致祝词：诸位在广东开会，请顶要紧的，不要忘记了80万以上的农民[14]。农民是农业的根本。诸位参观，最好就下乡去，直接指导农民，唤醒他们，抛去守旧的劣根性，从根本上救治农业。本地在农业学校毕业的学生很多，从外国回来者亦不在少数，但都是受农民梗阻——到今仍没有好多效果。现在农村经济非常苦涩，农民生活非常困难。因此，广东农民问题，当是诸位开会的一个问题，在大家更希望这个问题有完满的解决。[15]

9月11日，第六届农民运动讲习所学员举行毕业考试。随后，毛泽东在结业式上做了长篇讲话，总结上届农讲所开办以来的工作，指明当前农民运动的迫切任务，勉励学员"拜农民为老师，同农民做朋友，脱掉知识分子的皮服，放下臭架子；敢于同反动势力做斗争，不怕艰苦，不怕牺牲，为农民求解放，为农民谋利益，这才是我们的好学生"。[16] 至10月5日第六届农讲所学员除3人因病未出所外，"所有学员均已遣送回籍，从事工作"[17]。据王首道回忆，"9月结业，同学们立即分别秘密地回到各地参加实际斗争。有些同学从香港乘船绕道回到北方各省，我和许多同志当时是沿着北伐军由广东往湖南前进的道路，沿途做些宣传工作而回到了湖南的"。

学员们回到各省，有如播下的革命种子，迅速发芽、开花、结果，推动了农民运动迅猛发展。周恩来曾评价说："1925年五卅运动以后，工人运动、农民运动在全国得到了空前的大发展，规模之大是过去所从来没有的。从这个运动中，能看到革命的发展是走向农民的革命战争，能看到革命发展这个全局的在我们党内的代表是毛泽东同志。他接办农民运动讲习所，进行农民土地问题的调查研究，出了二十几种小册子。历届讲习所的学生后来分散到湖南、湖北和其他各地，发动了广大的农民运动。"[18] 各地农民运动中的骨干分子，多是农讲所学生。农讲所被誉为"革命的摇篮"。

毛泽东任农讲所所长的同时及前后，还在国民党中央党务宣传员养成所、国民党中央政治讲习班、国民革命军第二军军官学校第二期、国民党广东省党部青年部训育员养成所、广东大学附属中学、国民党广东青年部夏令营讲习班等处，讲授过《中国农民问题》《农民运动》《农工政策》《农民问题》和《对农民的宣传教育问题》等课程。此外，1926年5月15日，毛泽东出席广东省第二次农代会闭幕会，并在会上做了《关于农民之经济斗争与政治斗争之关系》的演说[19]；9月3日，在黄埔军官学校讲演国民革命与农民运动的关系[20]。

农民问题是中国新民主主义革命的中心问题。因为这个问题关系到无产阶级的领导权，关系到无产阶级革命的同盟军，关系到民主革命的成败。毛泽东在广州农民运动讲习所讲授的《中国农民问题》，对此做了最精辟的分析。

《中国农民问题》是农讲所的主课，在1926年5、6月间由毛泽东讲授，据农讲所的学员金绍绩、冯文江、周凯的听课笔记记载，全文共分五编。

第一编是"中国农民问题与中国革命"。

毛泽东说：中国农民问题，在以前是没有人研究过，远自文武周公，近至现在各学校都没有人研究它。现在中国能代表一般民众的利益的党，有两个，一是共产党，一是国民党。共产党对于农民问题，比较注意些。而国民党对于此问题，两年前才开始注意。在国民革命时候应该注意农运了。辛亥革命的失败，政权落于军阀之手，完全是未得三万万二千万农民的帮助和拥护。国民革命，就是工农商学兵联合起来的革命。唯有把农民动员起来，参加革命，国民革命才能成功。现在有两种错误观念，一种是只讲"商学联合"，另一种只谈"农工兵联合"。这两种观念，都使自己变成孤军了。且农民一支军，占全国人口80％以上，尤不可抛弃。

接着，毛泽东详尽、透彻地论述了"农民问题在国民革命中的位置"。

第一，从人口上论，中国人口四万万，农民占80％，当有三万万两千万以上。

第二，从生产上论，中国现在的经济还是农业经济，而大部分之生产还是农业生产，"故经济中心还在农业"。自帝国主义商品侵入中国农村后，受帝国主义压迫最惨的就是农民。现在农村中的农民无田耕、没饭吃、无衣穿等大问题，是国民革命要解决的大问题。

第三，从革命力量上说，没有农民，就没有革命。毛泽东从陈胜、吴广起义，到洪秀全领导的农民战争，从义和团运动到白朗的反袁斗争，从广东农民帮助东征军平定陈炯明，到打倒杨希闵、刘震寰，全面地论证了农民的革命力量。他说：倘若国民革命能将农民组织起来，就能打倒帝国主义与军阀。

第四，从革命胜败关系看，毛泽东认为上海五卅运动失败，奉系军阀的武力镇压，民族资产阶级的软弱、妥协是失败的原因，但还有一个最大的原因，就是全国生产主力军——农民未有起来，而让工人孤军奋斗了。

第五，从革命的目的说，国民革命的目标不仅是打倒帝国主义及军阀，而且是使中国一般人民，在政治上、经济上得有自由平等。要达到这个目标，首先要解决农民问题。因为，"中国国民革命是农民革命"，"中国革命的中心问题是农民问题"。

毛泽东1926年9月1日发表的《国民革命与农民运动》和12月《在湖南全省第一次工农代表大会上的讲话》二文最精辟、最全面地阐述了农民问题是国民革命的中心问题，可以视为《中国农民问题》第一编整理后的文字。

《国民革命与农民运动》是毛泽东为《农民问题丛刊》写的一篇序言。核心思想是"农民问题乃国民革命的中心问题。农民不起来参加并拥护国民革命，国民革命不会成功，农民运动不赶速地做起来，农民问题不会解决；农民问题不在现在的革命运动中得到相当的解决，农民不会拥护这个革命"。毛泽东提出了这一重大命题，而且分析了它的根据。毛泽东说：经济落后的半殖民地，帝国主义和封建统治阶级压迫榨取的对象是农民。他们能够实现其压迫与榨取则全靠那封建地主阶级给他们以死力的拥护，否则无法行其压榨。所以经济落后的半殖民地的农村封建阶级，乃是国内统治阶级国外帝国主义之唯一坚实的基础。不动摇这个基础，便万万不能动摇这个基础的上层建筑物。中国的军阀是这些乡村封建阶级的首领，说要打倒军阀而不要打倒乡村的封建阶级，是不知道轻重本末。明显的例子在广东：哪个县的土豪劣绅贪官污吏比较敛迹，哪个县必定是农民运动已经做起来，广大的农民群众加入农民协会，因此，中国革命的形势只能是这样：

不是帝国主义军阀的基础——土豪劣绅、贪官污吏镇压住农民，便是革命势力的基础——农民起来镇压住土豪劣绅、贪官污吏。中国的革命，只有这一种形势，没有第二种形势。因此，乃知凡属不重视甚至厌恶农民运动之人，他实际上即是同情土豪劣绅贪官污吏，实际上即是不要打倒军阀，不要反对帝国主义。

当时有人认为"买办阶级之猖獗于都市，完全相同于地主阶级之猖獗于乡村"，否定农民问题是国民革命的中心问题。毛泽东驳斥道："这话说猖獗对，说完全相同不对。"买办阶级集中的区域，全国不过香港、广州、上海、汉口、天津、大连等沿海沿江数处，不若地主阶级分布在整个的中国各省各县各乡。政治上，全国大小军阀都是地主阶级（破产的小地主不在内）挑选出来的首领，这班封建地主首领，利用城市买办阶级以拉拢帝国主义；财政上，军阀政府每年几万万元的消耗，百分之九十都是直接从地主阶级驯制下之农民身上刮得来。"故我总觉得都市的工人、学生、中小商人应该起来猛击买办阶级，并直接对付帝国主义，进步的工人阶级尤其是一切革命阶级的领导，然若无农民从乡村中奋起，打倒宗法封建的地主阶级之特权，则军阀与帝国主义势力总不会根本倒塌。"〔21〕

**曾在第六届农讲所当过学员的王首道回忆说：**

1926年1月，毛泽东出席了国民党在广州召开的第二次全国代表大会。会议根据毛泽东等共产党人的建议，通过了农民运动问题的决议案，设立了农民运动委员会，以毛泽东、林伯渠、萧楚女等9人为委员。为推动全国农村大革命高潮的到来，1926年5月，毛泽东在广州主办了第六届农民运动讲习所，并亲任所长，扩大了招生范围，为全国培养农民运动干部。

毛泽东主办农讲所的消息，像春风吹遍了全国各地，也传到了湖南。我们听到这个消息，高兴极了。当时，我们一些参加学生运动的进步青年，响应党的号召，在城里开办平民夜校，到乡间演文明戏，化装讲演，开展各种宣传活动。那时，我们进步青年多么渴望能在党的直接领导下，学到更多的革命道理，进行更多的革命工作啊！1926年3月，湖南党组织秘密通知我和其他35位进步青年到广州毛泽东主办的农讲所学习。我内心无比激动，怀着寻求真理的强烈愿望，从长沙经武汉、上海前往广州。经过长途跋涉，几经转折，终于来到了毛泽东主办的农讲所，来到了培养干部的革命摇篮。

这届农讲所，招收学员327人，来自全国20个省、区。他们大多是农民运动中的积极分子和有志于农民运动的进步青年学生。按照农讲所学员的条件，他们必须是决心从事农民运动、富于勇敢奋斗精神、身体强健无疾病和具有一定文化程度的进步青年。3月各地学员陆续到校，4月举行了入学考试，5月3日正式开学。我们学习的课程共有25门，主要是农民问题，也包括了中国革命各个方面的基本知识。毛泽东亲自讲授《中国农民问题》《农村教育》《地理》三门课程。许多教员都是由我党负责实际工作的领导同志兼任。同年9月毕业后，学员们秘密回到全国各地，从事农民运动的组织领导工作。

毛泽东为反对当时党内以陈独秀、张国焘为代表的右倾和"左"倾机会主义，在1926年3月发表了《中国社会各阶级的分析》，在农讲所亲自向我们做了专题讲授。毛泽东在这篇光辉文献里首先提出"谁是我们的敌人？谁是我们的朋友？这个问题是革命的首要问题"。他运用马克思主义阶级分析的方法，全面地具体地分析了中国社会各阶级的地位，相互关系及对革命的态度，正确地解决了关于中国革命的对象、动力、任务等一系列的根本问题，高举了民族民主革命的旗帜，提出了新民主主义革命的正确路线。

我还深深地记得，毛泽东讲授这篇光辉文献的基本观点时，常常采用他亲自调查得来的丰富材料和群众语言，讲得通俗易懂，深入浅出，形象生动，使学员听后，留下极其深刻的印象，经久不忘。例如他在讲到地主的产生时指出：地主的土地和钱不是天上落下来的，也不是命里注定就有的，是从佃户、雇农身上剥削来的。他具体分析了中国近代社会地主土地的来源，大体上有：前清的官僚和现在的政客、军阀，以其刮地皮所得之金钱购买土地，成为大地主；劣绅、匪首等，用霸占、抢夺取得金钱和土地；族长、会首、教长等利用祠堂、庙宇及各种地方公会以祀祖祀神等方法集资购买土地；城市及乡村商人与其他自由职业者积资购买土地；等等。毛泽东指出："在经济落后的半殖民地的中国，地主阶级和买办阶级完全是国际资产阶级的附庸，其生存和发展，是附属于帝国主义的。这些阶级代表中国最落后的和最反动的生产关系，阻碍中国生产力的发展。他们和中国革命的目的完全不相容。特别是大地主阶级和大买办阶级，他们始终站在帝国主义一边，是极端的反革命派。"

毛泽东用很多生动的事例，说明中国农民（中农、贫农和雇农）受的剥削最多，受的压迫最厉害。

他说，帝国主义对中国农民的剥削花样很多，而且非常严重：一是倾销商品，近五十多年来（1870—1925）中国对外贸易年年都是大量入超，致使我国大量的白银外流，加速了农村手工业和家庭副业经济的破产；二是帝国主义从中国农村廉价收购农产品的工业原料；三是中国反动政府借的大量外债及其利息，主要是农民负担的；四是战争赔款，如《南京条约》《马关条约》《辛丑条约》的赔款，也是落在农民身上。

讲到军阀对中国农民的剥削，就有：田赋、附加税、临时捐、军事特捐、厘金、盐税、正杂税等，直接的、间接的剥削，真是名目繁多，层出不穷。

至于地主对农民的残酷剥削，除了重租（农民要把租种地主土地所得收入的40%～70％交给地主）、重息（借地主和高利贷的钱粮，年息一般为36%～100％）、重捐（如田亩捐、丁捐、猪牛捐、民团费……）等经济剥削外，还有各种超经济的剥削，如敲诈勒索、贪污舞弊、无偿劳役、强迫送礼，以至公然抢掠……

毛泽东通过极有说服力的分析，向我们指出：农民辛辛苦苦终年劳动，过着牛马不如的生活；农民活不下去了，一定要起来闹革命，农民是中国革命的一支主力军，是中国无产阶级的最广大和最忠实的同盟军。这就从理论和实际上解决了实现无产阶级领导权必须依靠农民同盟军这个革命的中心问题。

讲到中国社会的阶级关系时，毛泽东把阶级压迫形象地比作一座多层的宝塔。他一面讲一面就在黑板上画出来，指着宝塔说：你们看，最下层是塔基，有工人、农民，还有小资产阶级，人数最多，受压迫和剥削最深，生活最苦；压在他们上面的一层，是地主阶级、买办阶级，人数不多；再上一层是贪官污吏、土豪劣绅，人数更少；更高一层是军阀；塔顶是帝国主义。毛泽东同志说：压迫、剥削阶级虽然很凶，但人数很少。只要大家齐心，团结紧，劳苦大众起来斗争，压在工农身上的几重大山就可推翻。百姓齐，泰山移，何愁塔之不倒乎！

毛泽东深刻地分析了中国社会各阶级的情况之后，做出科学的结论说："一切勾结帝国主义的军阀、官僚、买办阶级、大地主阶级以及附属于他们的一部分反动知识界，是我们的敌人。工业无产阶级是我们革命的领导力量。一切半无产阶级、小资产阶级，是我们最接近的朋友。那动摇不定的中产阶级，其右翼可能是我们的敌人，其左翼可能是我们的朋友——但我们要时常提防他们，不要让他们扰乱了我们的阵线。"毛泽东同志谆谆教导我们，只有"团结我们的真正的朋友，以攻击我们的真正的敌人"，革命才能取得胜利。

在毛泽东的教育下，我们开始懂得了马克思主义关于阶级和阶级斗争的学说；开始懂得在阶级社会里，每个人都是依附于一定的阶级，他的言论和行动都受他所属的阶级所支配；开始懂得观察和解决问题必须运用马克思主义阶级分析的方法。这对我们进行长期革命斗争是一门基本功。

毛泽东这篇光辉著作，指引着中国革命的胜利航程。毛泽东对中国社会进行阶级分析的方法，提出分清敌我"是革命的首要问题"的科学论断，是指导我们夺取革命胜利的光辉指南。

在农讲所，毛泽东经常教导我们：农民问题乃国民革命的基本问题，农民不起来参加并拥护国民革命，国民革命不会成功；农民运动不迅速地发动起来，农民问题不会解决；农民问题不在现在的革命运动中得到相当的解决，农民就不会拥护这个革命。但是，对这个关系到无产阶级革命成败的重大问题，当时在党内许多人中没有得到正确解决。以陈独秀为代表的右倾机会主义者，一味迁就资产阶级，只注意同资产阶级的合作，而忘记了农民这个最主要的同盟军，以张国焘为代表的"左"倾机会主义者，只注意工人运动，同样忘记了农民。右倾和"左"倾机会主义者都感到工人阶级力量单薄，但都不知道到哪里去取得最广大的同盟军。毛泽东在讲授"中国农民问题"和"农村教育"的课程中，深刻分析了农民问题在中国革命中的地位和作用，正确地解决了这个问题。

那时，毛泽东反复教导我们：在我们这样的国家里，农民占大多数，农民问题是中国革命的基本问题。但以前没有人研究过，而这是一个很重要、很复杂的问题。共产党对于农民问题比较注意些，但是，现在还有一些同志不肯到乡下去做农民运动工作，在党内存在这种思想，是错误的。

为了帮助我们加深认识，毛泽东就农民问题在中国革命中的地位和作用，进行了详细的非常令人信服的分析。他从中国社会性质和革命性质来说明农民的作用。他说，中国人民要反对帝国主义，而反帝不和反封建结合，则帝国主义是反不掉的。要在反帝反封建的民族民主革命中得到胜利，就一定要有农民这支主力军参加。他说，革命是要联合大多数人才能取得成功的，农民约占中国人口80％以上，所以一定不能抛掉农民这一支大军。他还着重指出：中国现在的经济主要还是农业，社会上绝大部分的东西，是农民生产出来的。中国革命如果没有生产的主力军——农民的参加，就不能成功。他批评了当时党内许多人认为"农民无知识，又不集中"，怀疑农民的革命力量的错误看法。他举了许多事例来说明，俄罗斯的无产阶级革命，如果没有得到农民之竭力拥护，是不能成功的。1925年和1926年春，广东省的农民帮助革命军队平定刘震寰、杨希闵的叛乱，消灭陈炯明……都出了很大的力。还有我国历史上的广州三元里平英团、太平天国农民军、义和团等，这些革命斗争，都是在农民还没有得到革命政党的正确领导时，就表现出这样伟大的力量。如果有了党对农民的领导，则农民力量之大是可以意料的。在反复阐明上述基本看法之后，毛泽东进一步指出：从革命的目的看，帝国主义和军阀不打倒，工人阶级要得到解放是不可能的。而要打倒帝国主义，打倒军阀，推翻地主的封建制度，没有农民参加是不可能的。总之，假如农民问题不能解决，则工农商学兵的问题都不能解决。所以，结论是：中国革命的基本问题就是农民问题。

这是多么深刻，多么透彻的分析啊！

我还清楚地记得，毛泽东在讲授"农村教育"这门课程时的一段既通俗又深刻的话。他在讲了农村存在地主豪绅和劳苦农民两大对抗阶级后，接着说，孔孟之道说什么"士农工商，以士为贵"，"万般皆下品，唯有读书高"。但我们在乡下看到的总是"上品人"很少，"下品人"很多。"上品人"只占农村人口的百分之五，是闲人、有钱人，是压迫、剥削阶级；"下品人"占农村大多数，是穷人，是被压迫、被剥削阶级。"下品人"在政治上、经济上、文化上遭受压迫剥削，起来造反，却又屡遭失败。现在，我们要进行农村教育，就是教育"下品人"，要发动广大的劳苦农民大众组织起来，进行斗争。工农商学兵联合一致，推翻列强和反动军阀及其在农村的基础封建地主阶级，农民问题才能解决，中国革命才能取得胜利。毛泽东的精辟论述和科学分析，使我们这些来自农村、做过农运的年轻人，思想豁然开朗，对农民在中国革命中的历史地位和伟大作用，有了更明确的认识和深入的理解。

毛泽东在农讲所始终坚持以武装的革命反对武装的反革命的思想教育学员，他用简单明了的语言向我们指出，搞革命就要刀对刀、枪对枪；要推翻地主武装团防局，必须建立农民自己的武装，刀把子不掌握在自己人手里，就会出乱子。他还说，农民占中国人口的大多数。但是，现在他们没有土地，没有教育，没有武装，中国革命还不能成功。所谓国民革命，就是要工农商学兵联合起来，要把广大农民组织起来，建立农民协会，建立农民武装，这样才能迫使地主阶级向农民减租减捐减息，进而推翻封建地主阶级，赶走帝国主义，取得革命的胜利。

为加深学员对武装斗争重要性的认识，毛泽东引导我们把学习军事知识和当时的阶级斗争实际紧密结合起来，组织我们调查研究"地方政治组织""团防情形""兵祸及其影响"等问题。为了使学员毕业后回到农村能文能武，成为农民武装斗争的组织者和指挥者，能够经受艰苦生活环境的考验，农讲所把军事训练作为一个重要的学习内容，训练时间占全课程的1/3。农讲所设立了一个军事训练部，专门负责军事训练工作。全体学员编为一个总队，两个中队，6个区队，共产党员赵自选同志任军事教官兼总队长。赵自选同志在黄埔军校毕业后，曾任"铁甲车队"军事教官，协助过广宁等农民自卫军进行政治军事训练，后任第五届农讲所的军事教官，具有丰富的军事经验。他根据毛泽东的指示，带领我们进行各种严格的训练。每天清晨，军号声一响，学员们就起床，在五分钟内就穿好军装，戴好军帽，打好绑腿，背起汉阳造步枪，精神抖擞，歌声嘹亮，到东校场进行操练。……

我们还经常到附近的黄花岗、白云山等地进行徒手队列操练，学习射击、刺杀和各种战术动作。在军事演习打野外时，不论是在沼泽地还是荆棘丛中前进，一听到"卧倒"的命令，就要立即卧倒，要求很严。经过一段时间练习，掌握基本动作以后，全体学员就到广州石井的广东兵工总厂进行实弹射击。记得1926年夏的一天，骄阳似火，东校场上，杀声震天，农讲所的学员们全副武装，龙腾虎跃，正进行着紧张的军事训练。这时，毛泽东来到了练兵场上，亲自指导学员演练，勉励我们要抓好枪杆子，练好杀敌本领，打倒地主和军阀。毛泽东的亲临指导，给了我们极大的鼓舞。除训练外，学员都要轮流站岗放哨，有时还进行夜间紧急集合。学员外出，必须请假销假，过着严格的军事化生活。通过严格的军事训练，培养了学员吃苦耐劳的精神和英勇顽强的革命意志，使学员成为既能宣传组织群众，又能领导武装斗争的革命干部。

……

毛泽东将全体学员按20个不同省、区组织了湖南、湖北、江西、两广等13个"农民问题研究会"，由教务部负责指导，学员推举干事、书记若干人，自己主持会务。提出了租率、田赋、地主来源、主佃关系、抗租减租平粜等风潮、地方政治组织、团防、妇女的地位等36个调查项目，引导学员对各省农村的政治、经济、军事等各方面情况进行调查。"研究会"每星期开会一至两次。此外，还经常印发一些调查表，要学员把家乡的情况按调查项目如实填写。每人发几张纸把自己熟悉的民歌和民间成语记录下来。通过这些调查，既获得了极为丰富的带有全国性的宝贵调查材料，又提高了学员研究分析问题的能力。有一次，提出对宗祠的看法的题目交学员解答，我们几位湖南学员经过研究讨论，一致认为，宗祠是土豪劣绅利用家族关系麻痹农民以进行压迫剥削的工具，必须彻底砸烂这个束缚劳动人民精神的枷锁。我们的解答受到了赞扬。毛泽东对学员的这些调查材料极为重视，亲自做了认真的修改，把一部分编进《农民问题丛刊》正式出版，以指导全国的农民运动。他在《农民问题丛刊》的序言中曾对这些材料做了介绍和评价，指出：各省农村情况调查一部分，乃农民运动讲习所第六届学生300余人所做，在学生们分别组织的各该省农民问题研究会内提出讨论，又经过相当的审查才付印的。他们以前多没有农民状况的详细调查，故所述只属大略，然从前连大略都没有，今有了一点，便也觉得可贵。我们应当拿了这一点大略，在不久时期内，从各地的实际考察中，引出一个详细的具体的全面的调查来。

在学习过程中，毛泽东还组织我们到广东农村调查实习。有一批学员曾到粤北韶关农村实习一星期。我们全体学员在毕业之前，专赴海丰县实习两个星期。我们从广州乘船到达汕尾登陆，然后连夜行军到海丰。当地的农会会员给我们提灯送水，敲锣打鼓，舞狮子，表示热烈欢迎。在那里，彭湃同志给我们介绍了海丰农民运动的情况，我们分头到农民协会和农民自卫军，进行访问参观，做宣传工作，调查了解农民的要求和思想，学习农民运动的经验，增加了感性知识，把理论与实际结合起来，增强了我们从事农民运动的决心和信心。

毛泽东还经常组织我们参加各种社会活动，在斗争中学习。刚开学的时候，广东省第二次农民代表大会正在广州举行，毛泽东就组织我们参加了这次大会，向代表们学习农民运动的经验。6月23日纪念"沙基惨案"一周年那天，毛泽东亲自率领全体学员冒着大雨参加了反帝示威游行。当我们的队伍从沙面东桥头沿着堤岸向西桥头行进的时候，大家举臂高呼"打倒帝国主义！""坚决收回一切租界"等口号，使盘踞在沙面租界的帝国主义者吓破了胆，大长了中国人民的志气，大灭了帝国主义者的威风。

毛泽东对我们的生活也做了深入的了解，给予我们无微不至的关怀，教导我们要保持艰苦朴素的作风，才能同广大农民打成一片，才能适应今后艰苦的斗争环境。他有时在学员饭堂里和学员一起吃饭，了解学员的伙食情况。开始的时候，伙食办得不好。毛泽东发现事务主任有贪污行为，就坚决把他撤掉，指示学员成立"膳食管理委员会"，发动群众对伙食实行民主管理，组织学员轮流外出购买东西，使伙食大有改善。为了照顾南北方学员的不同饮食习惯，学员分为吃面食和大米两组。为了照顾少数民族学员的饮食习惯，还专门设有回民学员用餐的桌席。

毛泽东不仅在坚持理论联系实际、深入调查研究方面，给我们以深刻的教育，而且在密切联系群众、保持艰苦奋斗作风方面，也是我们永远学习的榜样。每当学员外出调查归来，他总要仔细询问调查情况，帮助学员总结提高。他一有空，就同学员促膝谈心，了解学员思想情况和各地农村情况。他既是我们的师长，又是同学们的知心朋友。他有甘当小学生的谦虚态度，毫无架子，和蔼可亲。毛泽东的生活非常俭朴，穿的是粗布衫，住宿兼办公用的是一间小小的东耳房，睡的是用两条长凳架成的木板床，上面铺着陈旧的草席和白被单，床头放着一对湖南制的方形竹笼，里面盛衣物，上面堆放书报杂志。室内还有几把木椅和一张办公桌，桌上放着笔墨砚台之类。就在这样一间陈设极其简陋的小小耳房里，毛泽东夜以继日、孜孜不倦地工作着。为了备课，为了阅批学员的习作，为了编写指导全国革命斗争的刊物，为了劳苦大众的解放事业，毛泽东在这里不知送走了多少个漫长的夜晚，迎来了多少个战斗的黎明。至今回想起来，我仿佛还看到那东耳房里的灯光，透过窗台，迎接着东方拂晓的晨曦，指引着出发操练的学员队伍勇往直前。[22]

**高布泽博是蒙古族人。**他回忆起初到第六届农讲所时发生的一段往事：

1926年的初夏，我离开广州黄埔军官学校，坐船经上海回到北京，向党中央北方局汇报了情况之后，就住下休息。过了几天，赵世炎忽然来找我，说毛泽东在广州举办了一所农民运动讲习所，有十几位蒙古族同志要去学习，让我去送他们。他最后对我说："你若是想留在那里学习，也可以。"

……

我们到讲习所以后，首先去值星室报到，萧楚女听说我们来了，就从里间走出来，热情地接待了我们。……

傍晚的时候，值星室的同志来找我们，说所长请我们去。……

我们赶紧出了宿舍往前走，这时毛泽东已经迎在门口，我紧走了几步，上前握住他的手。因为很激动，连他向我们问候的话，我都没有听清楚。毛泽东领我们进了东耳房，让我们坐下，亲自给我们倒水，并且拿出香烟来，问我们会不会吸，我们都说不会。他自己点了一支烟，坐在桌后的木圈椅上。

这间房子，是很狭小的，屋里除了一张床、一套办公桌椅以外，还有一对湖南方形竹箩和一个小平橱，别无他物。毛泽东就是在这间简陋的房间里工作的。

他非常平易近人，和蔼可亲！……那时，我对民族问题认识得还不是那么清楚，所以当毛泽东问起我们那里的情况时，我就说："我们那里的蒙汉关系不大好，汉族压迫蒙古族很厉害。"接着我们又把军阀欺压老百姓的种种情况，以及土匪很多、生活不安定、灾情严重、穷人活不下去、饿死的、逃荒的和卖儿卖女的情形告诉了他。

毛泽东听了以后，慢慢地从椅背上抬起身子，很沉痛地说："是啊！我们人民的生活很苦。你们到这里来，主要就是学习人民为什么不能安然生活的道理，再就是怎样才能使人民过好生活。我们人民不仅有地方军阀压迫，还有洋鬼子在后面支持军阀，叫中国人打中国人，他们渔人得利。我们以后就一课一课地讲清楚。"他停了一下，笑了笑，接着又亲切地说，"要使各民族人民都解放，就得团结起来，不要分汉人蒙古人。其实，汉族的地主、官僚不仅欺压你们蒙古族，也一样欺压汉族；你们蒙古族的王公也同样不仅压迫、剥削汉族，也压迫、剥削你们蒙古族人民。汉族的地主、军阀跟蒙古族的王公们有勾结，他们是一家，我们蒙汉的人民又是一家，所以蒙古族人民要解放，就一定要跟汉族的穷苦农牧民联合起来，共同打倒他们。"说到这儿，他探着身子问我们，"我说的话，你们听懂听不懂？"我们说："听得懂，就是广东的本地话听不懂。"他又笑着对我们说："这里也有其他少数民族的同学，要使民族解放，就得有本民族的干部。你们要好好地学习，回去好向群众宣传。"

……

大家闷了多少年的问题，忽然豁然开朗了。

毛泽东给我们上课的情形，我永远也不会忘记。

那时，正是炎热的夏天。为了照顾大家，有时就在院子里上课。大成殿前面的庭院，满铺的是茸茸绿草，当中一条通大成门的砖甬路，两边长着一些树木，特别有几棵很高大的木棉树，把整个院子都遮得阴凉凉的。同学们就散坐在地上。在大成殿的前面摆上一张桌子，一套粗瓷茶壶茶碗，毛泽东就站在台阶上讲课。他那时还很清瘦，身材高高的，留着中分头，经常穿着一身竹布大褂和布鞋。他讲课慢慢的，一句一句，声音并不高，但即使坐最后边也能听得一清二楚。他讲得深入浅出、通俗易懂，特别能引导同志们联系实际。记得他给我们讲阶级分析的时候，谈了谁是我们的敌人、谁是我们的朋友以后，指出：农民在我们中国人口中的人数最多，他们是我们革命最广大、最可靠的朋友，应该团结他们一道反对我们的敌人。他进一步分析说：农民中也有好几种农民，有一部分是有余粮剩米的；有一部分是大体上可以自给的；有的需要租别人的田地，或者出卖一部分劳动力，经营小商，以资弥补。这一部分人每到春夏之间，青黄不接的时候，往往得高利向别人借贷，重价向别人粜粮维持生活；还有一部分是完全靠出卖劳动力维持生活的。讲到这里，他问我们："你们那里的农民怎么样？"我站起来说："……我们家乡流传这么一首歌：'借一斗还斗半，八斗九年三十石；簸箕簸扇子扇，二十五年整一万；小斗出大斗盘，升升合合还不算。'只要借上债，就再也还不清了。还有的就是专靠当长工生活，受剥削很厉害。我们那里有个村叫毛岱，全村几乎都是在外面当长工的，他们有两句话：'算盘子一响捆铺盖，两眼流泪回毛岱。'干一年活儿，结果啥也剩不下。"毛泽东说："对，地主和高利贷的剥削是很厉害的。那些没有土地的农民才最有革命性，他们要求吃饱穿暖，参加革命很坚决，他们才是我们革命的真正朋友，革命就应该团结、依靠他们。"接着，毛泽东又给我们仔细地讲了富、中、贫、雇农的经济情况和他们对革命的态度，使我们深刻地懂得了团结农民的重要性，懂得了应该依靠谁、团结谁和反对谁。[23]

1926年10月，毛泽东在第六届农讲所结束后，离开广州去上海，担任中共中央农民运动委员会书记。不久，他起草《目前农运计划》，提出在武昌开办一所农讲所。同年12月，他到达当时北伐革命的中心武汉，着手筹划创办农讲所。

1927年3月，国民党中央农民运动委员会第一次会议，正式批准中央农民运动讲习所章程，还推定邓演达、毛泽东、陈克文为该所常务委员。4月4日，中央农民运动讲习所在武汉举行隆重的开学典礼。

中央农民运动讲习所是由国民党左派和共产党人联合创办的。毛泽东是实际负责人。

对这段历史情况，曾在中央农讲所工作的张国基有详细的回忆：

1926年12月下旬，我从印尼回国。事先曾写信给毛泽东，说我决定回国。回国后，即到长沙清水塘去见毛泽东。记得当时毛泽东一见到我，就亲切地对我说：你回来了，好，什么时候回来的？有了工作没有？我一一做了回答，并交谈了国内情况和海外情况。毛泽东说：我过几天将去湘潭、湘乡、衡山、醴陵、长沙等县去做农村考察。毛泽东问我住在哪里。当时我住在一位医院朋友的家里，并常到我的一位姓王的老师家。王老在长沙办了一所中学，约我去教书，并已决定让我去教语文兼训育主任。当然我是很高兴在王老领导下工作的。但那时正放寒假，尚未开学。一个月以后，我接到毛泽东从武汉拍来的一封电报，叫我立即去武汉。我拿着电报去找王老商量。王老说："你还是去武汉吧，润之那里需要你，我这里可以另请人。"我到武汉见到毛泽东，毛泽东告诉我说：广州农民讲习所停办以后，现在武汉创办了一个中央农民运动讲习所，请你来帮助教务主任办事，具体工作是接洽教师和编排课表。其实教员多半是毛泽东事先亲自约定好了，叫我去和约定好了的教师商谈，确定讲课日期、科目，把编排的课表送去。因此，我每天都要和毛泽东商量一两次。

武汉农民讲习所在筹备期间，最初定名为"湘鄂赣农民运动讲习所"，招收名额450人，湖南、湖北、江西三省各150人；经费由这三个省分担。后来，考虑到革命形势发展的需要，和其他各省的要求，又加以扩充，改名为"中国国民党中央农民运动讲习所"。当时，毛泽东是中国国民党中央执行委员会委员，负责农村工作。筹备农讲所时，由毛泽东、邓演达、陈克文三人组成学校执行委员会，毛泽东是主任委员，邓演达是政治部主任，下设教务、总务、训导三个处。由周以栗任教务主任，季刚任总务主任，陈克文任训导主任。专职教员少，只有恽代英、张太雷、李达、李汉俊、邓初民等人，大多数教员是临时约请的，因此，每周要变动三五次课表。除上述三处外，另设军事教育委员会。军事教育是主要课，每天要出操演习三四个小时，军事教官多是黄埔军校来的。学生都发军衣和真枪。另外，有一个特别班，学员多是河南等省来的，有100多人。

毛泽东每天都亲自到所视察一两次，每次到所都问我教员是否能按时授课等情形。毛泽东还在百忙中亲自给学员讲课，著名的《湖南农民运动考察报告》就是最早在这里公开发表的。担任讲课的还有：于树德（农村合作）、邓初民（政治常识）、李立三（中国职工运动）、陈克文（中国农民运动之现状与趋势）、李一纯（革命歌曲）、钟皿浪（军事教官）等。周恩来也来校做过讲演，彭湃、方志敏等都来农讲所讲过农民问题。苏联大使馆的鲍罗廷、约尔克也来所讲过话。还有彭泽民（当时他是海外部长）、谭平山（农业部长）都来讲过。也请过瞿秋白多次，他都答应了，但到上课时常不来。

学员刘征回忆说：

1927年2月的一天，是我终生难忘的一天。那天，风和日暖，春光明媚，农讲所通知我们去进行口试。开始我的心情是紧张的，因为前几天，我们已经进行了笔试。我虽然写了六七张纸，但能否录取，心中并没有底。按考试程序，笔试后还要进行口试，并听说农讲所的领导人要亲自主持口试。我正担心：像我们这样出身贫苦农民家庭的青年，读的书不多，又没有见过大场面，能够考取吗？当我们进入考场坐下之后，毛泽东来了，他身穿长衫，健步走到讲台后面坐下，和蔼可亲地环顾了大家之后，亲自一个一个地叫名字，一份一份地批阅试卷。当叫到我的名字时，我立即走到讲台前端端正正地站着。毛泽东面带笑容地问：你是哪里人？

我答：直隶省（河北省）玉田县人。

毛泽东又问：你家有多少田？

我答：没有地，我家是佃农。

毛泽东还问：你原来干什么？你们那里农民运动搞得怎么样？……

我答：我是师范讲习所毕业，是小学教员。我们那里农民运动正在兴起，迫切需要农运干部，另外，还有些农运的道理搞不清楚。

毛泽东听了很高兴，看了一下我的试卷和组织介绍，亲笔在我的试卷上画了一个"C"字（共产党员的代号）。最后，毛泽东亲切地对我说：好，就这样吧。过了一两天，我们去看榜，一瞧，我的名字是第15名，我们直隶省来的十人都录取了。

农讲所于1927年3月7日开始上课，4月4日才举行开学典礼。学生共800多名，来自全国各省，湖南、湖北、江西最多。从学生的成分看，有实践经验的工农（特别是农民）占了很大的比重，这就保证了学生的政治质量，符合培养农运骨干的要求。

毛泽东亲自主持全所工作，制定教育方针和教学计划。明确规定创办农讲所的目的，是培养"领导农村革命人才"，"实行农村革命，推翻封建势力"。毛泽东还亲自选聘教职员。在教职员中，很多是共产党员。夏明翰等党的干部，都担任了农讲所的职务。中共中央委员恽代英、彭湃以及全国农协执行委员方志敏等也到农讲所讲过课。这样，农讲所就坚持了共产党的领导和无产阶级的政治方向。

……

当时正是革命与反革命、投降与反投降斗争十分尖锐激烈的时期，而这场斗争反映在对待轰轰烈烈的农民运动的态度方面。面对空前的农村大革命，广大革命人民无不拍手称快，同声赞好。而中层以上社会特别是国民党右派，却恶毒攻击农民运动"糟得很"。党内的右倾机会主义者，也跟在蒋介石的后面嗥叫。一时街头巷尾，议论纷纷。这种议论，在农讲所的学生中，也引起了不同的反应。多数学生对"糟得很"的滥调非常气愤，但也有部分学生认识模糊。为了痛斥敌人的无耻污蔑，提高学生的思想认识，在春末夏初，毛泽东亲自给我们讲授了《湖南农民运动考察报告》。讲课的那天，800多名学生和教职员工很早就到了教室。毛泽东手拿讲稿，英姿焕发地登上讲台。首先，他启发式地问大家："农民运动是好得很还是糟得很？"

我们异口同声地回答："好得很！"

毛泽东接着又问："为什么说农民运动好得很？"

我们一时答不上来。毛泽东便从他考察的大量事实，慷慨激昂地说：农民运动的兴起，"这是四十年乃至几千年未曾成就过的奇勋"，"农民的举动，完全是对的，他们的举动好得很"！讲到"好得很"三个字时，毛泽东的声音拖得很长，提得很高，对农民革命充满了深厚的无产阶级感情。教室里鸦雀无声，我们一个个都全神贯注地聆听和记录着毛泽东的教诲。毛泽东还讲了农民在土豪劣绅的小姐少奶奶的床上打滚，衡山白果的女子一屁股坐在祠堂里吃酒这些过去闻所未闻的奇事，热情地赞扬农民运动，讲得生动形象，风趣幽默，讲堂里不时腾起一阵阵掌声。

接着，毛泽东痛斥了国民党右派和陈独秀右倾机会主义者攻击农民运动"过分"的谬论，用简明生动的比喻来说明"矫枉必须过正"的道理，他说：一根弯竹子，要想把它弄直，总要几次扼过头，才能使它变直。毛泽东挥动巨手说："'好得很'是农民及其他革命派的理论"，"糟得很""明明是反革命的理论"。他教导我们要坚定地站在农民运动的前头，到乡间去，实行农村大革命！原来认识模糊的同学，心胸也豁然开朗了，他们说："毛泽东的报告，使我们的头脑开了窍。"在学习期间，毛泽东还给我们讲过《中国社会各阶级的分析》，教导我们要团结真正的朋友，以攻击真正的敌人。

……

"到农村去，实行农村大革命！"这是我们农讲所学生的战斗口号。经历3个多月的紧张学习、战斗之后，1927年6月18日，农讲所举行了毕业典礼。每个学生发有一枚铜质五角星证章，在证章上嵌有"农村革命"金光闪闪的四个字，标志着农讲所正确的革命方向。我在农讲所毕业之后，党组织分配我回冀东搞农运工作。[24]

## 考察湖南农民运动

1926年12月左右，毛泽东来到武汉，在当时的革命中心武汉设立中共中央农委办事处。不久，杨开慧带着岸英、岸青也来到了武汉。1927年4月4日，毛泽东的第三个儿子岸龙在武汉出生。可惜的是，岸龙只活到4岁，1931年初夏因病在上海广慈医院去世。

毛泽东一家在武汉时，陈玉英在他家做保姆。她回忆说：

1926年12月，我很幸运地来到长沙望麓园一号毛泽东和杨开慧的家里当保姆。当时，开慧即将生第三个小孩，岸英只有4岁，岸青还只有两岁多，家里需要人照料。那天我一进门，就看到毛泽东在房里看书，开慧在写字。他俩一见到我，都含笑地站起身来，表示欢迎。我想可能是我当时没有包小脚，剪掉了辫子，冲破了封建礼教的束缚，才被他们看上了吧。开慧很满意地对我说："你跟我们帮忙，我们彼此不分上下，不分什么你我，我们是一场朋友。"我心想，给人做了10多年女工，哪个主人不是把我当下等人，而今天这两位主人，却说我们不分彼此，不分上下，这真是世界上最好的人啊！

在望麓园期间，毛泽东经常到乡下去考察农民运动，一把雨伞，一双布鞋，风尘仆仆，有时一连几天都不回来。毛泽东每次回来时，总是忙碌紧张地写材料。当时，开慧身怀小孩不常出门，多半在家里帮助毛泽东整理和抄写材料。有时一些同志来家里开会，开慧也一起参加。在望麓园住了一个多月，毛泽东就到武昌去了。10天以后，开慧的母亲杨老太太、岸英、岸青和我一道坐火车也到了武昌，毛泽东还到车站来接我们。我们就来到了武昌都府堤四十一号，住在靠左边的房子里，开慧同志带岸龙睡在前面房里，我和杨老太太、岸英、岸青睡在后面房里。

都府堤四十一号住过很多革命同志，有毛泽民、毛泽覃、彭湃、蔡和森、夏明翰等。他们经常在这里开会，吃饭，十几个人围一圆桌，站的站，坐的坐，毛泽东和开慧也和大家一起吃饭。

毛泽东那时在农讲所讲课，还要写文章，一天到晚忙不停，经常很晚才回家。但就是这样忙，毛泽东还经常给我们讲革命道理。他说：搞农民运动，要发动农民起来革命，和地主阶级做斗争，推翻反动派的统治，要把他们打倒在地，农民才能翻身。我们的工作不要怕麻烦，干革命就不要怕苦，不要怕死。这些话，对我们的教育是极为深刻的。

那时，毛泽东经常写材料到深夜。我总是看见毛泽东房里的灯光很晚还亮着。一些革命同志也工作到很晚。毛泽东对他们很关心，有时叫我去买包子、面条之类的普通点心回来。毛泽东还很关心地叫我也吃一份。晚上，我见毛泽东和开慧深夜还在煤油灯下写文章，就悄悄地伴在他们旁边给小孩缝补衣服，做点针线活。可是，毛泽东和开慧总是催促我早些去睡，关切地对我说："孙嫂（我婆家姓孙），你先去睡吧，白天累了一天都没有休息一下，明天还要做事，身体不是铁打的，要爱护呵！"我听了他们这些亲切的话语，只得先去睡了。但他们房里的灯光，却久久地还亮着。毛泽东和开慧为了革命，常常是通宵熬夜啊！

毛泽东工作很辛苦，生活也很艰苦朴素。当时他只有两件汗衫，一件白衬衣，一件灰布长衫。出去上课他一般是穿白衬衣。有一天，我看见毛泽东的衬衣脏了，就拿去洗了。正巧毛泽东那天要去上课，就对开慧说："我今天没衣穿了。"开慧马上说："你的衣脏了，孙嫂给你洗了，我去给你借一件来。"毛泽东说："不用借，还是穿长袍子算了。"我当时很不安，但毛泽东连一句重话都没有说。开慧和毛泽东一样衣着简单，没有多余的衣服。但他俩对劳动人民却十分关怀，在武昌居住时，毛泽东和她一起找其他革命同志凑了20块钱送给一个贫苦老太婆安葬了儿子。一次我失手打破了一个热水瓶，开慧还一个劲地宽慰我。

毛泽东讲话轻言细语，待人体贴入微。刚到武昌不久，有次我在街上走错了路，因我不识字，又是宁乡口音，费了好大劲才回来。毛泽东知道了这件事后，很细心地用毛笔在一块白布条子上面写着"武昌都府堤四十一号"。毛泽东对我说："发个符号给你，以后上街把这个布条子放在口袋里，如果走错了路，拿出来问过路的人，别人就会告诉你怎么走的。"毛泽东和杨开慧对我还很信任，他们拿钱叫我去买东西时，从不要我算细账，而我呢，因为是苦水里泡大的，用钱也比较精打细算。有次，我听到毛泽东对开慧说："孙嫂真是你的好当家人，很把细。"开慧对毛泽东说："孙嫂人忠厚老实，我信得过她。"

1927年4月4日，开慧去医院生小孩，是我陪她一道去的。第4天，毛泽东到医院来探望。他亲切地对开慧说："开慧，这么多天了，我都没有来看望你，真对不起。"开慧诚恳地对毛泽东说："这不要紧的，你在工作。我生小孩，你在这里我要生，你不在这里我也要生，你工作要紧，孙嫂在这里，对我照顾很好，你放心好了。"我抱着出世4天的岸龙给毛泽东看，毛泽东接过毛毛，很喜欢很疼爱地看着，风趣地说："没有哪个把我的毛伢子换去吧。"我和开慧都笑了起来。一个星期后，毛泽东到医院来接了开慧、岸龙和我一起回家了。

毛泽东很关心开慧，开慧也很体贴毛泽东。有时毛泽东在外面开会，开慧就叫我把饭菜热在灶上，以免冷了。有时有点好些的菜，她自己不吃，留着给毛泽东吃。毛泽东工作时如果孩子在旁边吵闹，开慧就哄开他们，让毛泽东安静地工作。

在武昌住了4个多月，到7月15日，汪精卫叛变革命，国民党反动派四处捕捉革命同志。记得有一天，毛泽东回到家里对我们讲："今天好险啊！差点儿被人抓去了。我在汉口街上走，碰着两个人从我对面走来，问我看见毛泽东没有？我指着旁边的小巷子说：看见了，刚从这里过去的。敌人就朝我指的方向追去了。"毛泽东就这样机智地斗过了敌人，从从容容地回到了家里。

毛泽东为了挽救党、挽救革命，决定离开武汉，深入农村，开展武装斗争。他和开慧给长沙东乡板仓杨秀生写了一封信。不久，杨秀生找到武昌来接我们，接了岸青和我及11件行李，先回板仓。10天后毛泽东和开慧、杨老太太、岸英、岸龙也回板仓了。毛泽东很快就走了，去组织和发动了秋收起义，以后上了井冈山。〔25〕

张琼回忆说：

我和开慧姐最后一次见面是在长沙望麓园。那是1927年初的一天，当时毛泽东从武汉回到长沙考察农民运动。我到望麓园看他们的时候，开慧姐正在怀孕，她还是整天忙来忙去，有时连吃饭的时间都忘了，人瘦多了。我看了很心疼。但开慧姐精神显得很好，十分乐观。这时，她正在忙于将毛泽东从湘潭、湘乡、衡山、醴陵、长沙等县调查得来的材料，加以选择、综合和整理。后来，毛泽东就根据这些有价值的材料，写了《湖南农民运动考察报告》这篇光辉著作。我清楚地记得，那一次毛泽东在我们面前夸奖开慧姐说，我这个秘书，抄写起来比打字机还快！谁知这一次与开慧姐的见面，竟成了我们终生的永诀！〔26〕

在武汉期间，毛泽东同陈独秀等发生意见分歧。这使他下决心要到湖南去考察农民运动，回答党内外对农民运动的种种责难。

高菊村等著《青年毛泽东》一书写道：

毛泽东接到中共中央通知，旋即离开广州，乘船赴上海，出任中共中央农民运动委员会书记。杨开慧、毛岸英随同前往。

中共中央政治局和国际代表联席会议拟定的《中国共产党关于农民政纲的草案》结尾所附说明有这么一段记载："中央农民运动委员会，自去年扩大会议议决设立后，因种种困难原因，组织迄未完备。11月中毛泽东来任中央农委书记后，始正式决定以阮、彭、易、陆、萧、CY7人〔27〕合作共组成中央农委，以委员一人常以驻局办事，另在汉口设办事处，就便指导湘、鄂、豫、赣、川农运工作。"〔28〕所以，毛泽东后来回忆说：他"在上海指导共产党农民部的工作"。方志敏也曾在回忆录中写道：江西省农民协会召开第一次全省代表大会时，AB团想夺权，擅自圈定省农协委员。于是，"我电问中央农委——中央农委书记毛泽东同志，如何对付；得复电；须坚决反对，宁可使农协大会开不成功，不可屈服于圈定办法"。〔29〕

1926年11月，毛泽东到达上海后，便立即起草《目前农运计划》。计划规定了大力发展农运的地方必须具备的条件，提出了"在目前情况之下，农运发展应取集中的原则"。并指出："省城及其他重要城市之近郊农民，须特为组织'近郊农民协会'。此等城市之国民党党部或特别市党部，均须设立农民部指导近郊农民运动。"计划还决定"在武昌开办农民运动讲习所"。〔30〕

为实现这一计划，毛泽东于11月下旬亲赴长江一带视察农运情形，联络江西、湖南、湖北三省国民党省党部，拟在武昌合办农讲所。〔31〕林伯渠当时正随国民革命军第六军驻江西南昌。他在日记中记录：11月26日，"晚开会晤润之。归寓已十二时点"。27日"早起润之来，同访润安谈事。旋至政委会，又到军部西餐。六时郭沫若召饮"。〔32〕

12月，毛泽东到达武汉，以中共中央农委书记身份参加了中共中央在汉口召开的特别会议。会议根据陈独秀的政治报告做出决议，错误地认为当前主要的危险是民众运动勃起并日益"左"倾，蒋介石因恐惧民众运动而日益向右，"左"右倾距离日远，会破裂联合战线而危及整个国民革命运动。根据这一错误形势分析，会议规定当时党的主要策略是：限制工农运动发展，反对"耕地农有"，以换取蒋介石由右向左，同时扶持汪精卫取得国民党中央、国民政府和民众运动的领导地位，用以制约蒋介石的军事势力。实际上就是不惜牺牲工农群众的根本利益去迁就蒋介石的反动要求。陈独秀还在会议上斥责湖南工农运动"过火""幼稚""动摇北伐军心""妨碍统一战线"等等。陈独秀的意见得到共产国际代表吴庭康（维经斯基）、鲍罗廷的支持。据李维汉回忆：他当时以中央委员和湖南区委书记名义参加了这次会议，毛泽东"在会上主张土地革命，并支持湖南区委关于实行土地革命的建议"。但陈独秀说："鲍罗廷说，'中国没有土地问题'"，"搞土地革命，缺乏干部"，不能搞。毛泽东不同意陈独秀的看法，但讨论没有展开下去。

毛泽东对于陈独秀的右倾投降主义很不满意，打算实地考察湖南工农运动。是时，正值湖南全省第一次工农代表大会召开，电邀他回湘指导。电文说："湖北省农民协会转毛润之先生鉴：敝会已于本日开幕，现正讨论各案。先生对于农运富有经验，盼即回湘，指导一切，无任感祷！敬祝旅祺！"

12月17日，毛泽东偕杨开慧等回到了长沙。

1926年冬，湖南农运在北伐胜利进军的形势的推动下，有如暴风骤雨，席卷全省，进入了革命时期。据这年11月统计，全省5县中，有55县建立了农协组织，农会会员计1367 727人。凡有农协的地方，农民已对土豪劣绅、不法地主进行减租、减息、清算、罚款等斗争，从政治、经济、文化等方面打击了封建势力，动摇了帝国主义、封建军阀的基础。

为深入农民革命，制定斗争策略，湖南省农民协会与湖南省总工会于12月1日至28日召开第一次工人和第一次农民代表大会，并于大会开幕后电请毛泽东回湘指导工作。

毛泽东由武汉回到长沙后，湖南全省第一次工农代表大会于20日联合举行盛大欢迎会，并发出通告："毛先生泽东奔走革命，卓著勋绩。对于农民运动，尤为注意。去岁回湘养病，曾于湘潭韶山一带，从事农民运动。湘省之有农运，除岳北农会外，实以此为最早。后为赵恒惕所知，谋置先生于死地，先生闻讯，间道入粤。在粤历任中国国民党中央党部要职。此次革命军势力北展，先生为发展全国农运，奠定革命基础起见，遂于前月离粤赴长江一带视察农运情形。农民代表大会开幕时，曾电请先生回湘，指导一切。现已抵湘，农大会定于本日午后二时在幻灯场开会欢迎。"[33] 在欢迎大会上，除参加大会的300多名代表外，旁听者尤为踊跃，座无虚席。大会主席刘惊涛介绍说：今日下午我们欢迎两个人，第一个是毛润之先生。毛先生是湖南湘潭人，是中国革命的领袖，而对于农民运动尤为注意，此次系专为考察农运而回。我们非常欢喜。随即，毛泽东

演说。〔34〕

毛泽东的演说要点，刊登在1926年12月22日出版的《湖南全省第一次工农代表大会日刊》第21期上：

我去湘仅一年，而今年和去年的情形大不相同。在去年是不会有这种大会的。在去年是军阀赵恒惕的政府，今年是较能与人民合作的政府。去年农民运动仅是萌芽，今年已有1 200 000有组织的农民了。这是各同志努力的结果。我今日的题目是工农商学联合的问题。国民革命是各阶级联合革命，但有一个中心问题，国民革命的中心问题，就是农民问题。一切都要靠农民问题的解决。国民革命中工人的要求，要原料充足，生产品丰富。能解决这个问题的，就只有农民。国民革命的商人问题有两种：一种是工业家，一种是商业家。工业品的市场，是在乡村，购买工业品的是农民。商人货物的原料，是从农村中运来的。商人货物的销场，也在农村中。商人若想货物畅销，就要农民问题解决，有余钱可以购用品。国民革命中的学生，有做农工运动的。他们有学工业的，有学商业的，为什么不去从事于工业商业，就是农民问题没有解决。所以各国学生都反革命，而中国学生尤多从事于革命运动的。中国的学生多半是很苦的，并且毕了业出来无处可用，故不得不革命。中国的学生是很重要的，但不是唯一的重要的，譬如是一座三层的洋楼，上层是帝国主义者军阀土豪劣绅，下层是工农阶级，中层是学生。有上去与军阀帝国主义接头，有下去与工农接头的，还有些上不得、下不得的。中国学生的现象，革命的是少数，反革命的也是少数，不革命的最多。我们现在还不是打倒地主的时候，我们要让他一步，在国民革命中是打倒帝国主义军阀土豪劣绅，减少租额，减少利息，增加雇农工资的时候。这都是属于农民问题的。将农民问题解决了，其余工人、商人、学生、教职员……的问题都解决了。说毕已至4时，主席宣告休息5分钟。卜礼慈先生已到，即由先生继续报告。

关于会议情况，高菊村等在《青年毛泽东》一书中继续写道：

工农代表大会期间，代表们提了很多问题，由省农协委员长易礼容整理，请毛泽东解答。毛泽东侃侃而谈，代表们听得津津有味，解决了心中的疑团，鼓舞了斗争的勇气。大会通过了四十个决议案，肯定农民以暴力打击土豪劣绅是"革命斗争中所必取的手段"，指出当时中心任务是"根本铲除土豪劣绅的封建政权，建立农民政权"。毛泽东曾参加大会"议案起草委员会"，共同"商量起草各种决议案"，认为"此次决议各案大体还算切实"。〔35〕

12月27日，湖南全省第一次工农代表大会举行闭幕典礼，毛泽东出席会议，并做了关于革命联合战线问题的讲演。他指出："反革命方面已有国际、全国和全省的联合战线组织，革命方面也应该联合起来抵抗他们。"他严厉驳斥"惰农运动"之类对农民的诬蔑和"帝国主义没有打倒以前，我们内部不要闹事"的反动论调。他说:"过去军阀政府时代只准地主向农民做加租加息的斗争,现在农民向地主要求减点租、减点息就是'闹事'了吗?"他指出:"这种只准地主向农民压榨,不准农民向地主做斗争的人,就是站在帝国主义、反革命一方面,就是破坏革命的人。"毛泽东还特别提醒代表们注意:"现时湖南虽然由'国民政府'所统治,但是实际上还是'国民政府'与赵恒惕共同的统治,因为赵恒惕虽然不在湖南了,然而赵的余孽——土豪劣绅、贪官污吏在湖南还有很大的势力。"[36]使代表们进一步认识了同军阀、土豪劣绅做斗争的艰巨性。

工农代表大会后,中共湖南区委将代表中的共产党员留下,办了一个短期训练班,邀请毛泽东"做了三次关于农民问题及调查方法的报告"。[37]毛泽东鼓励共产党员多做社会调查,运用马克思主义观点,解决农民运动中的实际问题。[38]

关于这次大会后毛泽东考察湖南农民运动的情况,高菊村等在《青年毛泽东》一书里有详细的叙述:

为了回答党内外对农民运动的怀疑和指责,毛泽东以国民党中央候补执行委员身份视察湖南农民运动。毛泽东下乡前,国民党湖南省党部召开常务会议,决定派省党部监察委员戴述人陪同考察,并议定将"巡视重要意义六项"通告各县党部,要求协助做好考察工作。这六项是:1.考察各种纠纷之原因,指导解决方法;2.宣传农工运动之重要;3.解释开放米禁问题;4.指示解决民食问题的方法;5.注重全国的革命问题;6.宣传国民党中央各省联席会议决议案。[39]根据这一通告,毛泽东每到一县,各县国民党县党部都派人陪同视察,并做了详细汇报。

1927年1月4日至2月5日,毛泽东在戴述人等人陪同下,身着蓝布长衫,脚穿草鞋,手拿雨伞,考察了湘潭、湘乡、衡山、醴陵、长沙五县的农民运动。行经的路线是:1月4日乘船到湘潭县城,5日达银田镇,6日抵韶山,10日经杨林到湘乡县大坪。11日至湘乡县城,14日至横铺萧家冲,15日至衡山白果,17日抵福田,18日至宋桥(世上冲),20日至23日在衡山县城,24日返省。27日赴醴陵县城,31日至礼陵东富寺,2月1日(正月初一)上午回县城,下午至龙凤庵,2日至渌口,3日返回长沙。5日到长沙东乡板仓。[40]在湘潭、湘乡、衡山三县调查后,"回到区委向负责同志做了一次详细的报告,在党校、团校各做了一次报告"。在醴陵、长沙二县调查后,"又在区委做了一次报告"。[41]毛泽东在长沙期间,还出席了长沙郊区农协代表座谈会,了解农民禁烟、禁赌情况;到中共长沙县地方执行委员会解释孙中山"耕者有其田"的内容。[42]

毛泽东考察湖南农民运动,历时32天,行程700公里。他每到一处,都认真听取共产党地方委员会,国民党县、区党部、工会、农协、妇女、青年、商会等群众团体的汇报,邀集有代表性的农民及农运同志开调查会,还找懂得"三教九流"的下层人士、县衙门的小职员、开明绅士等交谈。他在衡山曾找在县监狱当过职员、时任县农协秘书的谭汉卿调查旧监狱的腐败情况。他以甘当小学生的精神向农民请教,按事先列出的提纲并灵活掌握,口问手记,展开同志式的讨论。他细心倾听群众的呼声,观察农运实情,及时解决农运中的问题。他在湘潭县银田寺的调查会上,听到宁乡高露乡农民揭发这个乡的国民党区分部实行的是"二民主义",便立即插问:什么"二民主义"?农民回答:他们取消平粜米,还将领导我们争取平粜米斗争的鞋匠欧二保关进县监狱,就是不要"民生主义"。毛泽东连连点头,说:这个"二民主义"的区分部,不但把民生主义丢了,而且把孙中山的联俄、联共、扶助农工政策中的"扶助农工"也丢了。我赞成你们的意见,到县政府去示威,要求释放欧二保,实行平粜米。并对坐在一旁的戴述人说:国民党宁乡县党部最近开县代表大会,你去出席,揭露那"二民主义"的区分部破坏农运的错误。继之,银田寺乡农协负责人汇报原团防局长汤峻岩杀了两个叫花子开张的大冤案。汤是杀人不眨眼的屠夫,在其任内,杀了50余人。当时又组织保产党,破坏农运,农民恨之入骨,一致要求法办。毛泽东赞同大家的意见,指示说:对那些残酷杀害农民的大土豪劣绅,枪毙一个,全县震动,于肃清封建余孽,极有效力;汤峻岩不诛,不足以平民愤。在毛泽东支持下,宁乡高露乡争取平粜米、银田寺人民镇压土豪汤峻岩的斗争均获胜利。

毛泽东考察各地,针对农民的要求和农运中的问题做了许多重要指示,概括起来有:

一、鼓励农民解放思想,自己解放自己。他在韶山特别区第三四乡农协欢迎会上说:民国十四年开展农运以前,人家说我们八字不好,现在农运搞得轰轰烈烈,只几个月光景,我们忽然走运,大家坟山都贯气,这个巧得很!如果不要农会,只要关圣帝君、观音大士,能打倒土豪劣绅吗?现在你们想减租,有什么法子呢?信神呀,还是相信农民协会呢?只有靠农会,靠团结,靠斗争。

二、赞扬农民运动"好得很",支持农民的革命行动。他以农运"好得很"的事实,驳斥农运"糟得很"的议论。以"贫农乃革命先锋"的事实,批判"痞子运动""惰农运动"的谬言。以从来没有什么联合战线的事实,驳斥农协破坏了联合战线的责难。他在衡山白果座谈时,表扬岳北人民像孙大圣钻进铁扇公主肚里一样,敢于在军阀赵恒惕的胞衣盘里闹革命,并且鼓励岳北农运干部要把南岳衡山的革命烽火引燃其他各"岳",让革命风暴席卷全国。中共衡山地方执行委员会汇报农会会员成分,贫农占90%,他听了高兴地说:"没有贫农,便没有革命。"这个贫农领导是非常之需要。湘乡、衡山的县知事打击贫农、关押基层农协干部是错误的。指出农运必须经过组织时期、革命时期、建设乡村联合战线时期。无论何地，必须经过革命时期，始能达到建立乡村联合战线时期。

三、农民必须推翻地主武装，建立农民武装；推倒封建地主阶级的统治，建立乡村联合战线的自治机关，即委员制的农民、小资产阶级联合战线的乡村民主政权。毛泽东考察期间，湘中地区农民与土豪劣绅的斗争非常激烈。土豪劣绅组织"保产党""富绅联合会"等，煽动团防残杀农民。湘乡县一个土豪劣绅逃到长沙，说什么"乡里农民协会办得一团糟，我们那里的喜四伢子是一个一字不识的黑脚杆，翻开脚板皮有牛屎臭，也当了区农协委员长，晓得搞么子，非把这些人杀掉不可"。有些土豪则伪装开明，企图躲过风险，等待时机。醴陵南二区三星里乡有大土豪易莘轩，原是"乡里王"，农会起来后，他见农协干部就低头作揖，给乡农会送了"革故鼎新"的金匾，并把儿子送到何键部。毛泽东听到这些情况后，反复教育干部，无论是气焰嚣张、公开对抗，还是伪装降服、表面老实的，作为一个阶级，他们不会甘心失败。他们的后面还有帝国主义、军阀。农民要坐稳江山，就要建立农民武装，建立乡村自治机关。他在湘乡县考察时，指示县农协迅速夺取团防局武装，建立农民自卫军常备队，你们没有军事人才，我就请省里派一个来，帮你们培养。不久，省农协果真派了一位黄埔军校的学生到湘乡，帮助培训农民自卫军。

四、农民问题实质是土地问题，减租、减息、阻禁、平粜，都是农民要求土地的表现。毛泽东指出，当前阻止谷米出境的，是占人口绝大多数的贫农。孙中山的"耕者有其田"不是宣传的问题，而是要立即实行的问题了。当前要引导农民极力做好政治斗争，集中精力破坏地主阶级的政治权力，并随即开展经济斗争，减租、减息、减押，直到没收地主阶级的土地分配给贫苦农民。

五、要大力发展中国共产党的组织，扩大国共合作的统一战线。毛泽东认为湖南农民的革命情绪，尤其是贫农"简直很迫切地要进行另一个革命"，而"我们党在许多地方都是表示不与群众的革命情绪相称，KMT[43]更不消说"。他每到一地，都接见了共产党和国民党组织的负责人，建议他们大力发展党的组织，扩大统一战线。他指出，湖南在6个月内共产党员由现在6000人应发展到2万人，凡有农民协会会员2万人以上的县均须建立共产党的地方组织。要在农民中，尤其在贫农中大力发展国民党员。湖南现有国民党员8万，其中农民党员仅14 000余，与农运发展很不相称，农村中的各种冲突，都必须用国民党的招牌去解决，万不可马上用共产党的旗号。这样做，有益于巩固农村统一战线。

毛泽东考察后，中共湖南区委制订了在农民中发展党组织的计划，发出了关于如何实现乡村民主政权的通告和对湖南农民运动的宣言、国民党湖南省党部、湖南省农民协会也先后发出训令贯彻毛泽东的指示，纠正农运中的错误。中共湖南区委1927年2月关于湘区1月份农民运动给中央的报告说："在此社会群向农民进攻之包围中，我们亦自认现在农运的确是太左稚，于是通告禁止农协罚款、捕人等事，而且限制区乡农协执行委员，皆须现在耕种之农民担任，对于发动罚款、逮捕之人，皆须扫除，几乎不自觉地站到富农、地主方面而限制贫农。自润之同志自乡间视察归来，我们才感贫农猛烈之打击土豪劣绅，实有必要。非如此不足以推翻现在乡村建立之政治。"[44]3月间，省农协委员长易礼容做《湖南农民运动现状》的报告，特别声明"我们是根据毛泽东同志调查湖南各地的农民问题的报告"讲的。[45]省农协还发出了"第642号训令"，果断地停止和批判了打击贫农的"洗会运动"，规定不得打击失业农民，"区乡协会，失业农民可当选为执委"，"罚款游团等事，如豪劣罪有应得，不得强抑"，"各地土豪劣绅如向农民进攻，须决绝地对他们施以打击"。毛泽东的考察，推动湖南农民运动进到了建立农民自卫军，夺取县、区政权，农民自动分配土地的新阶段。

2月12日，毛泽东由长沙到武汉。16日，给中共中央写了《视察湖南农民运动的报告》，说明三四月内写出详细的考察报告送给党中央。接着，毛泽东便赶写了《湖南农民运动考察报告》。3月5日，中共湖南区委机关报《战士》周刊第35、36期首次刊载了《湖南农民运动考察报告》第一章，第二章一、二节；第38、39期连载了第二章第三节。3月12日，中共中央机关报《向导》第191期发表了第一章，第二章一、二节。《湖南民报》、汉口《中央日报》副刊均先后连载。4月，瞿秋白以《湖南农民革命》为题，出版了《考察报告》的单行本，由长江书店印发。他为该书写了一个序言。序言说："中国革命家都要代表三万万九千万农民说话做事，到战线去奋斗；毛泽东不过开始罢了。中国的革命者个个都应该读一读毛泽东这本书，和读彭湃的《海丰农民运动》一样。"1927年5月27日和6月12日，共产国际执委会机关刊物《共产国际》先后用俄文和英文转载了《湖南农民运动考察报告》一文。这是该杂志反映中国人自己观点的第一篇论文。上世纪40年代，该文被编入《六大以前》《两条路线》和根据地、解放区出版的毛泽东文集或选集。1951年10月，该文被收入《毛泽东选集》第一卷。文章在各次出版时，几乎都有不同程度的改动。

《战士》周报第38期连载完此文第二章第一、二节后，文末没有"未完待续"字样；《向导》周报转载其内容及情况全同，但加有"2月16日长沙通信"的附题。毛泽东2月16日在给中央报告中说："详细情形，当从明日起三四日内写出一个报告送兄处察核，并登导报。"由此可见，该文第一章和第二章前两节即是他所写的"详细情形"，而《战士》周报刊载的第二章第三节，则是稍后加写的内容。它既可作为全文的一节，也可独立成章。在《湖南农民革命（一）》单行本中，则将它改为第三章，并对"农民与农民协会"所做24件大事，在文字上有不少改动。特别对第九件大事中提到的"中国的剪刀差问题"，在提法上有所改动，并回避了这一名词。毛泽东在1945年4月《"七大"工作方针》一文中说："1927年我写过一篇文章，有马克思主义的观点，但是在经济问题上缺乏马克思主义的观点，所以经济问题写错了。"其所指很可能就是这个问题。收入《毛泽东选集》时，在单行本的基础上，又对这个问题的论述做了修改，并在各章节中进行了不少删节和改动。

此外，还必须提出的是，《战士》版本和单行本在叙述"经济上打击地主"一节中，两处都有"还待后面再说""详细当待后段论列"这类字句，特别是《战士》周报第39期文末还有"第三节完，全篇未完"字样，可知毛泽东当时拟续写，但从未见刊出。[46]

### 注　释

〔1〕见1926年12月11日《湖南全省第一次工农代表大会会刊》第11期。——原注

〔2〕民校，指国民党。——原注

〔3〕国校，指国民党。——原注

〔4〕高菊村等：《青年毛泽东》，中共党史资料出版社1990年3月版，第240—245页。

〔5〕张琼的回忆，载1977年10月5日《文汇报》。

〔6〕《农民部工作报告》，转引《大革命时期广东工农青妇运动参考资料》，广东党史研究会编。——原注

〔7〕罗明回忆（1974年7月9日）。——原注

〔8〕见1926年3月17日广州《民国日报》。——原注

〔9〕《农民部农民运动委员会第一次会议记录》，载《中国农民》第4期，1926年4月出版。——原注

〔10〕《中央党部第十三次常务会议记录》，载于1926年3月26日广州《民国日报》。——原注

〔11〕见1926年11月《中国农民》第9期《第六届农民运动讲习所办理经过》。——原注

〔12〕《第六届农民运动讲习所办理经过》，见1926年11月《中国农民》第9期。——原注

〔13〕王首道：《革命的摇篮》。——原注

〔14〕指广东省农协会员数字。——原注

〔15〕参见1926年8月《中华农学会报》第52期。——原注

〔16〕亢维恪回忆（1965年6月20日）。——原注

〔17〕《第六届农民运动讲习所办理经过》。——原注

〔18〕周恩来：《关于一九二四年至一九二六年党对国民党的关系》。——原注

〔19〕见《粤省农民代表大会之经过》，载1926年5月广州《时事新报》。——原注

〔20〕见《本校5月3日改组以来大事记》，载黄埔军校《小丛书》第二种。——原注

〔21〕高菊村等：《青年毛泽东》，中共党史资料出版社1990年3月版，第246—254页。

〔22〕王首道：《怀念集》，湖南人民出版社1983年11月版，第99—110页。

〔23〕高布泽博：《忆农民运动讲习所的学习生活》，载于《民族团结》1962年7月号；又见《广州农民运动讲习所资料选编》，人民出版社1987年11月版，第342—347页。

〔24〕刘征：《在武昌中央农讲所》，载于1977年3月18日《光明日报》。

〔25〕陈玉英：《难忘的岁月　深切的怀念》，载于《怀念毛主席》，新疆人民出版社1977年版，第909—913页。

〔26〕张琼的回忆，载于1977年10月5日《文汇报》。

〔27〕指阮啸仙、彭湃、易礼容、陆沉、萧人鹄及团中央2人共7人。——原注

〔28〕见《中共中央政治报告选辑》（1922—1926），中共中央党校出版社1981年版，第150页。——原注

〔29〕方志敏：《我从事革命斗争略述》（1935在狱中）——原注

〔30〕《中共中央政治报告选辑》（1922—1926），第151—153页。——原注

〔31〕见1926年12月22日《湖南全省第一次工农代表大会日刊》第21期。——原注

〔32〕《林伯渠日记》（1926年7月—1927年6月），中共中央党校出版社1981年版第48页。——原注

〔33〕见1926年12月20日《湖南全省第一次工农代表大会日刊》第19期。——原注

〔34〕高菊村等：《青年毛泽东》，中共党史资料出版社1990年3月版，第263—266页。——原注

〔35〕毛泽东：《视察湖南农民运动给中共中央的报告》，1927年2月16日。——原注

〔36〕原载1927年1月29日《湖南民报》。——原注

〔37〕毛泽东:《视察湖南农民运动给中共中央的报告》,1927年2月16日。——原注

〔38〕高菊村等:《青年毛泽东》,中共党史资料出版社1990年3月版,第266—267页。

〔39〕见1926年12月28日湖南《大公报》。——原注

〔40〕毛泽东考察湖南农运行经路线,说法不一,到达湘乡县城、醴陵东富寺的时间这里采用的系其中一说。——原注

〔41〕毛泽东:《视察湖南农民运动给中共中央的报告》。——原注

〔42〕赵楚湘:傅学群的回忆(1984年4月)。——原注

〔43〕毛泽东:《视察湖南农民运动给中共中央的报告》,"KMT"是"国民党"的英文缩写。——原注

〔44〕《湘区一月份农民运动报告》,见《湖南革命历史文件汇集》甲第5集第60页,1984年中央档案馆、湖南档案馆编印。——原注

〔45〕见1927年3月25日《湖南民报》。——原注

〔46〕高菊村等:《青年毛泽东》,中共党史资料出版社1990年3月版,第268—274页。

# 六、心潮逐浪高

## 失败前夕的较量

1927年"四一二"事变前夕的武汉，同样大有"山雨欲来风满楼"之势。在大革命的危急关头，毛泽东联合国民党左派，同蒋介石等国民党新右派展开针锋相对的斗争。国民党中央全会及其土地委员会，就是这场殊死较量的政治舞台。

高菊村等在《青年毛泽东》一书中这样写道：

1927年3月10日至17日，国民党二届三中全会在汉口南洋大楼召开。国民政府迁都武汉后，在汉国民党中央委员与国民政府委员组织了一个有共产党、国民党左派参加的临时中央党政联席会议，代行最高职权，拟定3月1日召开二届三中全会。因蒋介石在南昌另立中央，与武汉临时中央党政联席会议对抗，迟迟不到，全会乃推到7日；7日蒋介石未来，乃改为预备会。在预备会上，谭延闿提出继续推迟，迁就蒋介石。毛泽东、吴玉章、于树德等强烈反对，遂决定8日开提案委员会，9日开审查委员会，10日正式开幕。针对蒋介石把持政务委员会政治会议的情况，毛泽东还向大会提议："现当在开全体会议期间，政治会议暂不开会，遇有重要事件发生，应授权主席团全权办理，但须向大会报告。"他还提议："因提案甚重，必有精细之讨论，讨论似属提案之责，而提案委员会之产生，由常务委员会之推举，可否再加新同志而得新意见。"这两项提议均被大会通过。[1]

3月10日国民党二届三中全会开幕，毛泽东以国民党候补中央执行委员身份出席会议。13日，国民党中央农民部农民运动委员会常务委员毛泽东、邓演达、陈克文向全会提交了《土地问题案》（后改为《农民问题案》）。14日，他们又联合提出《对农民宣言案》。15日，全会确定毛泽东、邓演达、恽代英、吴玉章、詹大悲、顾孟余、徐谦、王法勤、邓懋修组成审查委员会审定《对农民宣言案》及《农民问题案》。16日，全会通过了《对农民的宣言》和《关于农民问题决议案》。

《宣言》阐述了建立农民政权、农民武装、解决农民土地问题的极端重要性。提出："中国国民革命最大部分的目标在于使农民得到解放；农民如不得到解放，国民革命断不能抵于完成。"

因此，革命需要一个农村的大变动，必须使土豪劣绅不法地主及一切反革命派的活动，在农民威力之下完全消灭，使农村政治从土豪劣绅不法地主及一切反革命手中，转移到农民的手中，在乡村中建设农民领导的民主的乡村自治机关。这是完成民主政治的唯一道路。

《宣言》又指出：农民应有自卫的武装组织。封建地主阶级的武装，如民团、保卫团及团防局等均须解除，交予农民。同时，应设法使农民廉价购得武器，使农民有足以保卫其自己利益的武器。这是农村民主势力推翻封建势力的确实保障。

《宣言》强调中国的农民问题，其内容即是一个贫农问题。贫农问题不解决，一切纷扰变乱都不会平息，革命亦得终久没有完成之日。"贫农问题的中心问题，就是一个土地问题。"现在"广东湖南湖北农民运动发展的地方，贫农对于土地的要求已甚迫切"，如果"不使农民得到土地，农民将不能拥护革命至于最后之成功"。

《农民问题案》是《对农民宣言》的具体实施纲要。在讨论《农民问题案》时，毛泽东支持夏曦关于乡村骚动不安是革命的现象，不应由党和政府去加以所谓"改善"的观点，认为"夏同志理论甚确，应写到提案中去"。要杜绝农村骚动不安现象，唯有满足农民的土地要求，进行土地革命。因此，《关于农民问题决议案》特别指出："北伐胜利之结果，已有好几省在国民政府统治之下，加入农民协会之农民已有四百万，正在为自己之解放而努力奋斗。"但是"农民的敌人也以全力遏制农民运动之发达及阻碍本党决议之实现。这些农民的敌人，所谓乡村把持政权者，同时亦即国民革命之敌人"，一定要竭力保障农民，铲除敌人。"如果本党不能这样做去，国民革命将发生很大的危险。"[2]

17日，国民党二届三中全会闭幕。毛泽东自始至终参加了会议。会议通过了二十项议案，决定组织中央土地委员会。1927年4月2日，国民党中央土地委员会，经国民党中央常务委员会第五次扩大会议议决成立。由邓演达、谭平山、毛泽东、徐谦、顾孟余五人组成。其任务是调查研究中国的土地分配状况，提出解决土地问题的方案，呈送中央执行委员会核准后，交农政部执行。

这年四五月间，国民党中央土地委员会在武汉召开了二次委员会，四次扩大会，二次审查委员会（亦即扩大会）。每一次会议讨论得很热烈和详细，经常从下午7时后，一直到深夜一两点。毛泽东往往成为会议发言的中心人物之一，讨论的问题大多为他所提出和阐述。

4月12日，土地委员会召开第二次会议。毛泽东出席并任记录。他在会上提出了没收地主土地的主张。他说："所谓土地没收，就是不纳租，并无须别的办法。现在湘鄂农民运动已经到了一个高潮，他们已经自动地不纳租了，自动地夺取政权了。中国土地问题的解决，应先有事实，然后再用法律去承认它就得了。"[3]

土地委员会经过两次开会讨论，觉得这个问题太重大、太复杂，非征集各方面的材料和意见，很难得到一个确切的解决办法，决计召开扩大会，邀请中央委员，各省区党部，各省区农民运动负责人，各军军长、师长、军政治部主任等参加。出席者所代表的省份有湖南、湖北、广东、河南、直隶、山东、安徽、江苏、浙江、福建、热河、奉天、察哈尔、吉林、山西十五省。扩大会议中的报告有：谭平山的《全国土地分配状况》，俄人岳尔克《苏俄解决土地问题之经过》，林伯渠、夏曦、凌炳《湖南最近之土地问题》，湖北、广东、福建、直隶、热河都有土地问题的发言。讨论的中心是如何顾及农民的需要和全国的政治环境及农民本身的力量来解决农民的土地问题。

4月19日下午，毛泽东出席土地委员会第一次扩大会，向与会者报告第一、二次土地委员会开会经过。在讨论农民政权时，毛泽东多次发言，指出："政权问题，不过是形式的问题。我们切实实现本党的决议已经够了，即是能够扩大农民协会的组织，则农民的政权是不成问题的。"解决土地问题应有一个纲领，即：（1）确认并大力宣传解决土地问题的意义。（2）确定没收土地的标准及如何分配土地的方案。（3）建立农民的政权以便进行土地的没收和分配。（4）规定禁止买卖土地和土地国有问题。（5）解决地税问题，即如何征收田税的问题。

关于解决土地问题的意义，毛泽东概括为六点：（1）解放农民。"废除地主及一切压迫阶级的剥削和压迫。"这"实为本题的主要意义"。（2）增强农业的生产力。土地问题不解决则"不能解决农民的生活痛苦，不能改良土地"，也就不能增加生产力。（3）保护革命。"革命势力目前虽见发展，但亦到了一个危机，此后非有一支生力军必归失败。"要获得生力军，"非解决土地问题不可"。因为土地问题解决了，"农民要保护他们的土地，必勇敢作战"。（4）废除封建制度。（5）发展中国工业。（6）提高文化。[4] 会议赞同毛泽东的意见，并责成他和谭平山、顾孟余起草《解决土地问题的意义的决议案》。后来，虽然由于毛泽东生病，未能参加起草《决议案》，但5月6日最后一次扩大会议所通过的《决议案》基本上就是这六条。

在讨论政权问题时，毛泽东赞成邓演达的意见。邓认为：农民政权宜从下层着眼，消灭封建势力，建设乡村自治机关；建设乡村自治机关，须有农民武力的保障，解决农民武装问题。毛泽东对邓的意见做了进一步的发挥和补充。他说："国民政府农政部应即设乡村自治委员会，专门管理乡村自治机关的事项"；农民政权有两个阶段："在农村革命的时候，政权集中在农民协会"；"革命过后，乡村政府应在国民政府一个系统之下"，实行区乡村自治。这就需要各省有"几个中心的县份做榜样。湖南已经颁布过区乡自治条例，湖北亦可开始"。"现在我们需要承认农民的政权，并且促进农民的政权。"[5]

这次会议决定：国民政府农政部应组织一个委员会拟定乡区县自治机关组织条例；推促各省党部、省政府实行本党决议；由中央组织农民武装委员会，在军事委员会之下分配武器于农民，并由中央下令，在汉阳兵工厂拨出50％的产品给农民。

4月20日上午，毛泽东出席土地委员会第二次扩大会议，会议参加者26人，讨论《解决土地问题的纲要》。会议开了四个多小时，意见不一。毛泽东乃提议"没收土地问题为解决土地问题的中心问题"。这样的重要问题，不应仓促行事，主张暂时休会，"可指定少数同志，在明日休会时，提出大体方案，如关于没收标准、没收机关、禁止买卖等项，皆可先行规定大体方案。至于地税问题则比较复杂，可随后再讨论"。大会采纳了毛泽东的意见，决定由毛泽东、邓演达、岳尔克、陆沉、易礼容组织起草委员会，负责对这些问题意见的起草。[6]

4月22日上午，毛泽东出席土地委员会第三次扩大会议。参加会议者45人。会议主要讨论毛泽东参加起草的《关于土地问题七项决议草案》。首先由邓演达宣读决议草案，并做了八项说明：（1）政治没收，没收政治上仇敌的土地，即大地主大军阀的土地。（2）分配，以人口为标准，顾及年龄。（3）原则上以乡为单位进行分配，亦可以区为单位。（4）区乡自治机关派员没收土豪劣绅土地，分配给无地少地的贫农。土地委员会是区乡自治机关的一部分，负责土地没收，分配责任。（5）县、省、国家的土地委员会要有各级农协代表参加。（6）土地税，在没收大地主、军阀的土地后，对农民的税收亦应减轻。（7）土地归土地委员会管理，禁止买卖。（8）讨论后如能通过，即规定法令。

邓演达发言后，毛泽东做了极重要的补充，提出了四点：第一，解决土地问题必须分两步进行。第一步政治没收。"现在所决定为政治的没收，如土豪劣绅军阀等等的土地。"第二步经济没收。"凡自己不耕种而出租于他人的田，皆行没收。"先实行政治没收，是合适的。如果要求全国一步做到经济没收，则是空想。第二，解决土地问题必须因地制宜，根据不同地区的不同情况，实行不同的土地没收政策。经济没收在湖南已不成问题，农民正在自行分配土地。但是"湖北不能与湖南比，河南又不能与湖北比，其解决当然不同"。因此，除了上述的《土地问题决议草案》之外，还必须制定个别地区的土地没收政策。第三，在条件成熟的地区，必须实行经济没收。"湖南农民的口号是平均地权，实在是平分佃权"，即没收地主和富农出租的土地。不这样，革命在湖南是"无出路的"，将"立遭失败"。第四，没收的办法，就是农民"不缴租给地主"，并非没收一律"归国家"。[(7)]

毛泽东的这些主张，是从实际出发，在方法、步骤和没收标准等方面，提出了解决土地问题的正确方案，它既反对了不分地区、步骤，要求全国"一步做到经济没收"的"左"的倾向；又反对了不敢发动群众去彻底消灭封建剥削的右的倾向。

在毛泽东补充说明之后，会议对《土地问题决议草案》进行了初步讨论，并决定组织一个审查委员会，对草案进行审查。毛泽东被指定为审查委员会成员。由于何键、谭延闿等人也是审查委员会委员，因此，使问题变得更为复杂了。

4月24日下午，毛泽东出席土地委员会第四次扩大会议，出席会议者15人。会议通过汪精卫、何键等人提出的《革命军人土地保障条例草案》，打着保障革命军人利益的旗号，保护混进革命队伍的军阀们的土地。在讨论此案时，毛泽东多次发言，强调《革命军人土地保障条例》，应当保障革命战士有获得土地的权利。革命军人之无土地者，复员后，应由政府给予土地。"此是分配问题，分配即将地主剥削农民那部分取消，以剩余那一部分的土地分给农民。""分配是年年变更的，并不是分配一次便成永远的。"革命战士分配土地的时间，是"革命战争终了时"，因现时尚须作战。

鉴于军人有土地保障条例，随之，夏曦提出"应马上规定保障佃农的条例"，维护贫苦农民的利益。毛泽东支持夏曦的意见，提议定出保障佃农的办法，如免减租税，田主不得虐待等等。在4月26日土地审查委员会会议上，毛泽东又多次发表修正意见。如对第二条关于佃农缴纳租额占租地收获量40%的规定，是"最高的数目"，"各地方的党和政府按照地方情形酌量减少"。邓演达要求大家讨论这规定究竟"对地主有利些，抑对佃农有利些"。于是，毛泽东再次发言："（1）有利于地主，抑有利于农民，要看政府是什么政府；（2）'政府'应规定'地方政府'，不必指明省政府或县政府。"在讨论第9条"包佃及包租制应即废止"时，毛泽东又指出"包佃制名词不适用于长江上下游，应改换为包田制"。会议接受了毛泽东的意见，通过了《佃农保护法决议案》。

5月6日，土地委员会举行最后一次扩大会议，继续讨论《解决土地问题决议案》，陈独秀、鲍罗廷都参加了。陈独秀主张没收大地主的土地，鲍罗廷侈谈解决土地问题是乡村自治机关建立以后的事情。陈、鲍发言后，毛泽东重申"政治没收"和"经济没收"土地的意见。又针对谭延闿以"逆产处分委员会"名义分配土地的意见，坚持以"分配土地委员会"作为土地革命的办事机构。这不是名词之争，而是要不要解决土地问题的争论。

讨论的结果是："在革命过程中土地私有制是不能完全消灭的"，"现时全国的政治环境并不一致，农民的力量也随处有别，即此规定一般的具体的解决办法是不可能的，但是解决的原则是可以规定的"。一般的原则"只能做到政治没收"，"小地主及革命军人的土地均应加以保障"[8]。会议通过了《解决土地问题之纲领》《解决土地问题之意义》《农民政权与解决土地问题》《佃农保护法》《革命军人土地保障条例》《处分逆产条例》《解决土地问题》等决议案，呈报国民党中央执行委员会审查。

5月9日，毛泽东、邓演达、谭平山、徐谦、顾孟余五位委员写出了《土地委员会报告》。毛泽东、谭平山还向中国共产党中央写了《土地委员会工作报告》。然而这个很不彻底的《解决土地问题决议案》，在5月12日国民党中央执行委员会政治委员会第20次会议上被否决了。在4月27日至5月6日中国共产党第五次代表大会上，毛泽东提出"广泛地重新分配土地"的建议和"要求迅速加强农民斗争的方法"，也为陈独秀所拒绝，没有加以讨论。[9]

毛泽东在全国农民运动中负有盛名，特别在湘鄂农民中享有威望。3月5日湖北全省农民代表大会举行预备会，决定聘请毛泽东等人为大会名誉主席。[10] 3月底，国民党湖北省党部农民部聘请毛泽东为湖北省农民运动委员会委员。

当时，农民运动已遍及全国17个省区，计有粤、湘、鄂、赣、桂、闽、皖、川、浙、苏、豫、直、鲁、陕、热、察、绥，已正式成立省农民协会者有粤、湘、鄂、赣四省。有组织的农民达800余万人，内中以湘省最多，计500余万。在此形势下，全国农民运动需要有统一的农协组织。湖南全省第一次农民代表大会早就通过了《请求成立全国农民协会的决议案》，议定"本大会应即联合广东、湖北、江西、河南之省农民协会，在最短期间，召集全国农民代表大会，成立全国统一的农民协会，以确定会后全国农民运动的方针，统一全国革命的农民之行动"。[11]

3月27日国民党中央农民部农民运动委员会扩大会议，将筹组全国农民协会列入了农民部的工作计划。28日，中央农民部部长邓演达，农民运动委员会委员毛泽东、陈克文，湖南省农民协会执行委员周以栗、易礼容，湖北省农民协会执行委员陆沉，江西省农民协会执行委员方志敏、陆智西，河南武装农民代表大会执行委员陈子林、宋英、孔寅初聚会，由湘鄂赣三省农民协会执行委员会与河南武装农民代表大会执行委员会于本月30日开联席会议，推举临时执行委员会委员，委员人数定11人。全国农民协会临时执行委员会，有临时执行全国农民协会的职权及筹备全国农民代表大会诸事宜。并确定1927年"五一"节召开全国农民代表大会，代表总数为510名，以农民协会会员多寡为选派代表标准。[12]

3月30日，湘鄂赣豫四省农协代表在湖北省农协开会。讨论结果，全国临时农协执委会由11人增至13人，由广东彭湃、湖南易礼容、江西方志敏、湖北陆沉、河南萧寅谷和国民党中央委员毛泽东、邓演达、谭平山、孙科、徐谦、张发奎、谭延闿、唐生智组成临时执行委员会，以邓演达、毛泽东、谭平山、陆沉、谭延闿为常委，改定5月15日召开全国农民代表大会。〔13〕

4月9日，中华全国农民协会临时执行委员会委员发表就职通电，宣布"就职视事"，互推邓演达为宣传部长、毛泽东为组织部长、彭湃为秘书长。由于邓演达肩负国民革命军总政治部主任、国民党中央党部农民部长、湖北省政府主席等重任，全国农协临时执委会的日常工作主要落在毛泽东身上。

至此，无论在中国共产党内，或在中国国民党内，或全国农协临时执委会内，毛泽东都肩负了领导全国农民运动的重任。他为发展各地农会组织、培训农运干部、扩大农民武装、建立农民革命政权、着手解决土地问题等，付出了巨大而辛苦的劳动。

全国农协临时执委会刚组成，就面临严峻的形势，时局艰难。4月12日，蒋介石在上海发动了反革命政变。18日，蒋介石在人民的血泊中建立了南京国民政府，与武汉国民政府对立。22日，在武汉的包括毛泽东在内的国民党中央执监委员、国民政府委员、军事委员会委员40人联名签发"讨蒋通电"，声讨蒋介石勾结帝国主义，纠集新老军阀，屠杀革命民众的罪行，号召全国人民，尤以武装部队，共同"去此总理之叛徒，本党之败类，民众之蟊贼"。〔14〕

4月26日下午，毛泽东出席国民党中央农民运动委员会第五次扩大会议，提议"北方农民运动应该积极注意"。第二期北伐期间，"北方农运是十分重要的。如不得北方农民的同情，北伐军是孤军奋斗的。所以直、鲁、豫农协应早日成立"。〔15〕这个提案得到通过。为加强北方农民运动的指导，4月29日国民党中央农民部、全国农协临时执委会、国民革命军总政治部联合组织"战区农民运动委员会"，随北伐军进击河南，指导战区的农民运动。毛泽东是战区农民运动委员会常委。他从农讲所选拔了熟悉北方情形，并能吃苦耐劳、善于做宣传组织工作者百余人，赶赴河南战区做农运宣传。5月5日战区农民运动委员会成员及农讲所部分学员前往河南，毛泽东以全国农协代表身份参加欢送会，勉励他们努力工作。〔16〕

在全国农协临时执委会指导下，全国农民运动有了深入的发展。据1927年6月武汉政府农民部调查，河南有农协会员245 500人、湖北2 502 600人、陕西705 160人、广东700 000人、江西382 617人、四川33 200人、福建28 415人、山西17 050人、广西8144人、安徽6600人、热河5423人、察哈尔600人、直隶360人、山东284人，湖南居全国首位，会员有600余万人，遍布65个县。农民武装也迅猛发展，全省有农民自卫军7000余人枪，另有数十万的梭镖队。许多地方建立了区乡民主自治政权。长沙市已召开了市民代表会议，选举国民党左派朱剑凡为市长。国民党湖南省县市特别区党部联席会议已确定6月1日召开省民会议，选举民主自治的省政府。在农运组织健全的县，开始着手分配土地。浏阳、醴陵、湘潭等农民清丈田亩，插标分田，长沙霞凝乡已按人口和劳力正式分配土地了。

在全国农民运动蓬勃发展的重要时刻，革命的危急关头，中国共产党第五次全国代表大会，于4月27日至5月6日在汉口召开，毛泽东出席了这次大会。并在会上提出了支持农民开展土地革命，猛烈发展农民武装，建立农村民主自治政权的提案。但是大会在陈独秀、彭述之把持下，毛泽东的意见没有引起大会注意。很多同志尚没有认识陈独秀已形成了一条右倾机会主义路线。毛泽东、瞿秋白、周恩来、蔡和森等人对这条右倾机会主义路线，虽已有所察觉或认识，但处在少数，不可能彻底改变当时中央的路线。斯时，蒋介石已经叛变了革命，南京、上海、广州已落入反动派手中，但汪精卫、唐生智尚未分共，冯玉祥还在"革命"，武汉国民政府正在进行第二期北伐，因此多数共产党员尚未察觉大革命有失败的危险。这次大会上陈独秀继续当选为党的总书记，毛泽东仅被选为中央候补委员。

善于洞察秋毫的毛泽东，从"四一二""四一五"惨案中已预感风云将变，而中共第五次代表大会仍然不能改弦更张，纠正党的错误路线，他"心情苍凉，一时不知如何是好"。他独步长江岸，彷徨黄鹤楼，吟诗一首："茫茫九派流中国，沉沉一线穿南北。烟雨莽苍苍，龟蛇锁大江。黄鹤知何去？剩有游人处。把酒酹滔滔，心潮逐浪高！"面对滔滔的长江，心潮澎湃，思绪万千，毛泽东决心与蒋介石新军阀和陈独秀右倾机会主义者斗争到底。

5月31日，全国农协及湖北省农协在汉口普海春饭店欢宴太平洋劳动会议代表。宴会由毛泽东主持。在欢迎词中，他论述了"中国革命是世界革命的一部分"。他说，这个命题在过去"只能有空洞之口号，然在今天欢迎会上已充实了此口号的内在性"。他再一次强调中国农民"是革命进程中主要之力量"，无产阶级是农民的领导者，中国农民运动"深赖工人运动之影响与指导，其有益于革命前途，实在无可限量"[17]。这个论述对当时陈独秀放弃无产阶级对农民的领导权，特别是对武装的领导权，迁就资产阶级的右倾投降主义，无疑是一深刻的批判。

在毛泽东发表加强无产阶级对农民领导的演说的前一天，全国农协临时执行委员会发出了《对湘鄂赣三省农协重要训令》。"训令"充分肯定农民革命的重要性和打倒土豪劣绅的必要性。"训令"说：农民是遭受帝国主义和封建势力的政治和经济压迫最酷烈的阶级之一；农民为解除剥削和压迫，热烈参加革命，成为国民革命的主力军；农民协会的责任，在于领导农民参加国民革命，打倒帝国主义及封建势力的统治，建立民主政权，实现耕者有其田，进而解放全国民众，"使中国经济之生产力及工商业得有自由充分发展之可能"；农民向土豪劣绅猛烈反攻，实在是"尽其国民革命主力军之主要任务"，是"农民解放运动初步的必要手段，亦即国民政府实行初步民权之必要手段"。可是"农民方面反因未能及时得到国民政府之强有力的帮助，而受残酷的袭击"。

"训令"也实事求是地分析了湘鄂赣农民运动中的一些偏差，如少数农民有侵犯军人利益的行为，从而给土豪劣绅、蒋介石等反动派以造谣、挑拨离间的借口。又由于各地农民的斗争，有些限于地方性，没有处理好局部和整体的关系，不利于巩固统一战线。鉴于此，全国农协临时执委会训令湘鄂赣农民，必须"创设区乡县的自治机关，建立区乡县的民主自治政府"。这种民主自治政府，"以大多数农民为中心，其他中等阶级、小地主、中小商人、知识分子及一切非土豪劣绅非反革命派的人群，均得充分参加"。"训令"认为继续发展农协组织及创设乡区县自治机关，是农运发展到新阶段的新政策，并提出了乡区县自治机关的七项任务。因此，这个"训令"，实质上是全国农协临时执委会在夏斗寅、许克祥相继叛变的情况下指导全国农民运动的纲领。

为实现这个纲领，"训令"要求各地农协，"在目前必须严密农民协会的组织，整肃农民运动的步骤，势使地方农民运动与全国革命过程，合而为一"。唯有这样做，才能"巩固革命的联合战线，造成整个的打倒帝国主义及一切反动势力之森严的革命壁垒，以保障已得的革命胜利，力求耕地农有之实现，而达到解放全中国民众的目的"。[18]

农民夺取土地的斗争，震撼了新旧军阀和整个地主阶级。继蒋介石、夏斗寅、许克祥叛变后，江西又发生了遣送共产党员出境、屠杀工农的事件。湖北土豪劣绅尤其猖獗，仅距武汉国民政府十里之遥的汉阳农村，也发生了土豪劣绅残杀农民的事实。在6月上旬，湘鄂赣三省都处在白色恐怖中，共产党员、国民党左派、工人农民牺牲者"不下一万数千人"[19]。在此情况下，全国农民代表大会无法召开，全国农协没有正式成立。

在血雨腥风中，毛泽东、蔡和森团结国民党左派邓演达等，力挽狂澜。毛泽东、蔡和森多次接见逃亡武汉的工农干部，详细了解"马日事变"真相，邓演达多次听取湖北农民的申诉。6月13日，毛泽东出席武汉国民政府军事委员会会议，讨论马日事变的处理问题。他以大量事实驳斥"军工冲突""军农冲突"的谎言，澄清事实真相。他说：马日事变完全是潜伏在北伐军队伍里的反动军阀策动的叛乱，是许克祥的部队向湖南省农协进攻，向省总工会袭击，缴工农的枪，屠杀工农群众。这时，汪精卫集团尚没有公开叛变，力主"不用武力解决"。唐生智的主力部队远在河南，也不敢撕下伪装，"并愿亲自到长沙去走一趟"。中共中央在陈独秀把持下，亦采取"农军不得进攻长沙，湖南问题静候武汉国民政府解决"的方针。会议决定派唐生智回湖南处理马日事变。

毛泽东、蔡和森等力主以革命的两手对付反革命的两手，一方面争取和平解决马日事变，团结邓演达等，于当天以全国农协临时执行委员会名义，发出《临字第四号训令》，号召各级农民协会一致请求武汉国民政府，明令保护工农组织及工人纠察队和农民自卫军，惩办一切屠杀工农、扰乱北伐后方的反动派；明令惩办许克祥等叛军，解散其"救党委员会"，恢复湖南省农协、省总工会、国民党湖南省党部；明令禁止江西朱培德部驱逐共产党员及工农领袖；肃清湖北各县土豪劣绅、逆军、土匪，镇压蒋介石的奸细。另一方面，号召各省农协，努力团结农民，严密农会组织，迅速动员工农武装，反击土豪劣绅及反动军队的武装袭击。蔡和森还向中共中央提出了夺取湖南，建立两湖根据地的计划。毛泽东在汉口日租界一旅社召集驻汉的湖南同志会，要大家"回到原来的岗位，恢复工作，拿起武器，山区的上山，滨湖的上船，坚决与敌人做斗争，武装保卫革命"。[20]

鉴于汪精卫、冯玉祥、蒋介石先后在徐州会晤，预料汪精卫即将叛变，7月7日，毛泽东又以中华全国农民协会临时执行委员会名义签发"讨蒋通电"，揭露蒋介石到徐州是"谋反前敌武装同志及国民政府"，"加紧勾结帝国主义出兵华北"，对武汉实行经济封锁。指出"此贼不除，革命民众无幸存之理，国民革命亦无成功之望"。号召"全国民众及一切革命势力团结一致，共赋同仇，消灭蒋逆"。[21]这个通电，实际上是通告全国人民，汪精卫即将叛变革命。[22]

## 分歧与思索

中国政局到了1927年7月，汪蒋合流的危险已迫在眉睫。中国革命已到了最后关头。在毛泽东心中，一个积蕴在脑际的思想，越来越清晰可见。7月初，他在一次中共中央常委扩大会上，明确地表述了这一思想："上山可造成军事势力的基础。"

历史过了很久，人们才明白，这是一条崭新道路的初始点。

1936年，毛泽东对斯诺谈起这段往事时说：

以前我没有充分认识到农民中间的阶级斗争的程度，但是，在"五卅惨案"以后，以及在继之而起的政治活动的巨浪中，湖南农民变得非常富有战斗性。我离开了我在休养的家，发动了一个把农村组织起来的运动。在几个月之内，我们就组织了20多个农会，这引起了地主的仇恨，他们要求把我抓起来。赵恒惕派军队追捕我，于是我逃到广州。我到达那里的时候，正逢黄埔学生打败云南军阀杨希闵和广西军阀刘震寰。广州市和国民党内部弥漫着一片乐观气氛。孙中山在北京逝世之后，蒋介石被任命为第一军总司令，汪精卫任国民政府主席。

我在广州担任《政治周报》的主编，这是国民党宣传部出版的一个刊物。后来它在抨击和揭露以戴季陶为首的国民党右派时，起了非常积极的作用。我还负责训练农民运动组织人员，为此目的，开办了一个讲习所，参加学习的来自21个不同省份的代表，包括从内蒙古来的学生。我到广州不久，便任国民党宣传部长和中央候补委员。林祖涵那时是古国民党农民部长，另一个共产党员谭平山是工人部长。

我那时文章写得越来越多，在共产党内，我特别负责农民工作。根据我的研究和我组织湖南农民的经验，我写了两本小册子，一本是《中国社会各阶级的分析》，另一本是《赵恒惕的阶级基础和我们当前的任务》。陈独秀反对第一本小册子里表示的意见，这本小册子主张在共产党领导下实行激进的土地政策和大力组织农民。陈独秀拒绝在党中央机关报刊上发表它。后来它在广州《农民月刊》和在《中国青年》杂志上刊出了。第二篇论文在湖南出了小册子。大致在这个时候，我开始不同意陈独秀的右倾机会主义政策。我们逐渐地分道扬镳了，虽然我们之间的斗争直到1927年才达到高潮。

我继续在广州国民党内工作，大概一直到1926年3月蒋介石在那里发动他的第一次政变的时候。在国民党左右两派达成和解，国共团结得到重申以后，我于1926年春天前往上海。同年5月国民党第二次全国代表大会在蒋介石主持下召开。我在上海指导共产党农民部的工作，接着被派到湖南去担任农民运动的视察员。同时，在国共两党结成统一战线的情况下，1926年秋天开始了具有历史意义的北伐。

在湖南我视察了长沙、醴陵、湘潭、衡山、湘乡五个县的农民组织和政治情况，并向中央委员会做了报告，主张在农民运动中采取新的路线。第二年初春，我到达武汉的时候，各省农民联席会议正在举行。我出席会议并讨论了我的文章中提出的建议——广泛地重新分配土地。出席会议的还有彭湃、方志敏等人和约克、沃伦两个俄国共产党员，会议通过了决议，采纳我的主张并提交共产党第五次代表大会考虑。但是，中央委员会把它否决了。

党的第五次代表大会1927年5月在武汉召开的时候，党仍然在陈独秀支配之下。尽管蒋介石已经发动反革命政变，在上海、南京开始袭击共产党，陈独秀却依旧主张对武汉的国民党妥协退让。他不顾一切反对，执行小资产阶级右倾机会主义政策。对于当时党的政策，特别是对农民运动的政策，我非常不满意。我今天认为，如果当时比较彻底地把农民运动组织起来，把农民武装起来，开展反对地主的阶级斗争，那么，苏维埃就会在全国范围早一些并且有力得多地发展起来。

但是，陈独秀强烈反对。他不懂得农民在革命中的地位，大大低估了当时农民可能发挥的作用。结果，在大革命危机前夜举行的第五次代表大会，没有能通过一个适当的土地政纲。我要求迅速加强农民斗争的主张，甚至没有加以讨论。因为中央委员会也在陈独秀支配之下，拒绝把我的意见提交大会考虑。大会给地主下了个定义，说"有五百亩以上土地的农民"为地主，就没有再讨论土地问题。以这个定义为基础来开展阶级斗争，是完全不够和不切实际的，它根本没有考虑到中国农村经济的特殊性。然而，大会以后，还是组织了全国农民协会，我是第一任会长。

到1927年春天，尽管共产党对农民运动采取冷淡的态度，而国民党也肯定感到惊慌，湖北、江西、福建，特别是湖南的农民运动已经有了一种惊人的战斗精神。高级官员和军事将领开始要求镇压农运，他们把农会称作"痞子会"，认为农会的行动和要求都过火了。陈独秀把我调出了湖南，认为那里发生的一些情况是我造成的，激烈地反对我的意见。

4月间，反革命运动已经在南京和上海开始，在蒋介石指使下对有组织的工人的大屠杀已经发生。在广州也采取了同样的措施。5月21日，湖南发生了许克祥的叛乱，许多农民和工人被反动派杀害。不久以后，在武汉的国民党"左"派，取消了它和共产党的协议，把共产党员从国民党和政府中"开除"出去，而这个政府本身很快也就不存在了。

许多共产党领导人这时得到党的命令，要他们离开中国，到俄国去或者到上海和其他安全的地方去。我奉命前往四川，但我说服陈独秀改派我到湖南去担任省委书记，十天以后，他又命令我立刻回去，指责我组织暴动反对当时在武汉当权的唐生智。这时，党内情况处于混乱状态。几乎人人反对陈独秀的领导和他的机会主义路线。不久之后，武汉的国共合作瓦解，陈独秀也就垮台了。

我[23]问毛泽东，在他看来，对于1927年共产党的失败，武汉联合政府的失败，南京独裁政权的整个胜利，谁应负最大的责任。毛泽东认为陈独秀应负最大的责任，陈独秀的"动摇的机会主义，再继续妥协显然意味着灾难的时刻，使党失去了决定性的领导作用和自己的直接路线"。

他认为仅次于陈独秀，对于失败应负最大责任的是俄国首席政治顾问鲍罗廷。毛泽东解释说，鲍罗廷完全改变了他的立场，他在1926年是赞成大规模重新分配土地的，可是到了1927年又竭力反对，对于自己的摇摆没有提出任何合乎逻辑的根据。"鲍罗廷站在陈独秀右边一点点，"毛泽东说，"他随时准备尽力去讨好资产阶级，甚至于准备解除工人的武装，最后他也下令这样做了。"共产国际的印度代表罗易，"站在陈独秀和鲍罗廷两人左边一点点，可是他只是站着而已"。据毛泽东说，他"能说，而且说得太多了，却不提出任何实现的方法"。毛泽东认为，客观地来说，罗易是个蠢货，鲍罗廷是个冒失鬼，陈独秀是个不自觉的叛徒。

陈独秀实在害怕工人，特别害怕武装起来的农民。武装起义的现实终于摆在他面前的时候，他完全失掉了他的理智。他不能再看清当时的形势。他的小资产阶级的本性使他陷于惊惶和失败。

毛泽东说，在那个时候，陈独秀是中国共产党的彻头彻尾的独裁者，他甚至不同中央委员会商量就做出重大的决定。"他不把共产国际的命令给党的其他领导人看"，据毛泽东说，"甚至于不和我们讨论这些命令"。但是，到头来还是罗易促成了同国民党的分裂。共产国际发给鲍罗廷一个电报，指示党开始没收地主的土地。罗易得到了一个抄件，马上拿给汪精卫看。汪精卫那时是国民党左派武汉政府的主席。这种轻率的做法的结果 [24] 是大家都知道的。武汉政权把共产党人从国民党中开除出去，它自己的力量就垮了，不久就被蒋介石所摧毁。

看来共产国际在1927年提供给中国共产党的不是什么"意见"，而是干脆发的命令，中国共产党显然甚至无权不接受。当然，武汉的大失败，后来成了俄国国内在世界革命性质问题上的斗争的焦点。在这个阶段以后，俄国反对派被摧毁，托洛茨基的"不断革命"理论被弄臭，苏联开始认真"在一国建设社会主义"——它由此出发，今天成了世界和平砥柱的地位。

即使共产党在和国民党分裂以前采取了比较积极的政策，从工人和农民中创建了党的军队，毛泽东也并不认为反革命在1927年会被打败，"但是，苏维埃就可能在南方大规模展开，就可能有一个后来无论如何不会被消灭的根据地……"。[25]

白色恐怖很快蔓延到长沙。1927年5月21日，许克祥在长沙发动反革命政变，共产党组织、省农协遭到极大破坏。毛泽东紧急回到湖南，部署各级组织迅速转入地下。

高菊村等著《青年毛泽东》一书写道：

"马日事变"后，湖南处在白色恐怖下。至6月底，工会农协干部及国民党左派被杀者500人以上。原来从事工运、农运、统一战线的共产党员无法立足，原中共湖南省委主要成员已隐蔽转移，群龙无首，急需强有力的领导；又基层党员对原省委在事变后畏缩犹豫极为不满，纷纷要求毛泽东回湘。6月下旬，毛泽东自告奋勇，征得中央批准回湖南任临时省委书记。暂避武汉的湘省工会农协干部，亦大批回湘，转入地下工作。

毛泽东回湘后，冒着生命危险，在长沙、湘潭、衡山农村奔走，了解工农情绪、工农武装情况，恢复党、工会、农协组织，并将党、工会、农协的工作转入地下。

6月26日，唐生智回长沙。欢迎他的既有何键特使余湘三等策动的歹徒，也有中共长沙市基层支部组织的工农群众。唐到长沙，即被余湘三、张翼鹏、王东原等所左右，不几日，唐生智在余湘三等豪绅政客支持下，悍然致电武汉国民政府："工农运动领导失人，横流溃决、迭呈恐怖，到处捐罚款，肆意侮辱，甚至加以杀害，日言工农商学兵大联合，则日事拆散联合战线，提倡阶级斗争，务使各不相容。"明令取消工农团体，停办中等以上学校，取缔"二五减租"，公开反对共产党，默认长沙市公安局逮捕共产党员数十名，杀害五人，并企图危害毛泽东。在这种情况下，毛泽东为首的中共湖南省委毅然举起了反对唐生智政权的旗帜，制定了《中共湖南省委目前工作计划》，提出"一切民众的宣传和组织，一切经济的和政治的斗争，一切口号的鼓动，都以推翻唐生智的统治为目的"；建立以徐特立为首的国民党秘密省党部；指出"我们的总策略是坚决地留在国民党内奋斗，发展并领导左派群众，与其动摇分子或右派领袖奋斗"；重组全省总工会、全省农民协会，使广大工农团聚在秘密工会、农协之下；恢复各地党组织，健全领导力量，党的组织发展要深入群众，特别是农村；要洗刷动摇变节分子，提拔"马日事变"以来的坚定分子到各级领导岗位；在工农武装不能公开存在的地方，要设法保存武装，"首先编成合法的挨户团，次之则上山，再次之则将枪支分散埋入土中"。[26]

省委根据毛泽东主持制订的"工作计划"，确定"我们的人力、财力应集中于重要的县份，如长沙、湘潭、醴陵、湘乡、平江、浏阳、岳阳、湘阴、宁乡、安化、益阳、常德、南县、华容、衡阳、衡山、耒阳、郴州、宜章、汝城、宝庆等县，首先在这些地方重新组织县委或中心县委。对工农武装根据不同情况做出三种安排：已经暴露了的工人纠察队、农民自卫军，如湘潭、湘乡、宁乡、浏阳、平江、醴陵的工农组织，'上山学匪'，准备长期奋斗；尚在灰色或潜伏状态中的工农武装仍保持合法团体——挨户团名称，待到起义时，再打出自己的旗帜；力量弱小组织又不甚健全的工农武装，则把枪支埋于土内，人员分散隐蔽，或投入贺龙、叶挺部，或潜入国民党军队、反动团防，设法制造兵变，夺取枪支。同时，工农要用种种方法，如夺取溃军、团防的枪支，或集资购买，并且秘密地从事武装训练"。还要利用各派军阀的冲突做分化工作，特别要用种种方法破坏唐生智的军队。省委做出如上部署后，又曾"不下数十次"通知，告各地党组要求认真贯彻执行，而且派了许多人下去督促执行。据潘心源报告记载："我们在浏阳县城时（6月10日至7月1日），省委又派郭静茹（郭亮）由平来浏，……他主张我们退到浏阳与江西边界当大王，对平江也一样的主张。"[27]夏明翰派往安源，纠正安源工人武装领导人刘义顶着国民政府中央委员的招牌大吹大擂的错误，除将所有警兵改为工人，排长改同志外，还找了一灰色同志充当安源煤矿保安科长；毛简青被派回平江任县委书记，把县农民自卫军和工人纠察队合编为工农义勇队，由余贲民率领，开往离县城百余里的幕阜山区整训；湘潭西乡农军由县农协委员长郭咏泉率领撤往韶山宁乡边境山区；宁乡农军由喻东生、谢南岭统率撤到沩山，并于6月29日发动了沩山起义；宜章、郴州、资兴农军由陈东日、武文元指挥，先后撤至汝城县，与汝城农军及广东惠潮梅农军会合；醴陵全部工农武装撤至安源，与安源工人武装会合。这样，湖南保存了大量工农武装，约有两千支枪。集中在安源的工农武装和湘赣边的平江、浏阳农军，后来成了秋收起义的基本队伍；宜章、郴州、资兴、汝城、桂东、耒阳、安仁等地农军，成了湘南起义的重要力量。

毛泽东在湖南组织推翻唐生智的活动，引起了唐生智的嫉恨。唐急电武汉国民政府主席汪精卫，请求处置办法。陈独秀得知消息，命令毛泽东速回武汉。毛泽东与斯诺谈话时曾追忆："许多共产党领导人这时得到党的命令，要他们离开中国，到俄国去或者到上海和其他安全的地方去。我奉命前往四川，但我说服陈独秀改派我到湖南去担任省委书记。十天以后，他又命令我立刻回去，指责我组织暴动反对当时在武汉当权的唐生智。"〔28〕

毛泽东对湖南的工作做出全盘规划，特别是对工农武装做出安置后，于7月初去武汉参加4日召开的中共中央常委扩大会议。出席会议的还有：陈独秀、李维汉、邓中夏、蔡和森、柳直荀、周恩来、戴述人、张国焘等。会议在讨论湖南问题时，毛泽东曾有多次发言。当陈独秀提出国民党中央农民部派人改组农协时，毛泽东认为"派一左派同志为好"。在讨论工农武装的出路时，陈独秀提出省党部应特别注意已经叛变革命或即将叛变革命的"各军招兵问题"，"我们可以不客气地多将群众送给他们"。毛泽东针对陈独秀的这一错误主张，指出：这可不行。工农武装"改成安抚军合法保存，此条实难办到"。应该"上山"，"上山可造成军事势力的基础"。"不保存武力，则将来一到事变，我们即无办法。"为此，毛泽东还主张办军事"训练班"。在这次会议上，蔡和森也主张"农民自卫军上山"和"迅速发展乡村中党"。〔29〕这两位老同学、老战友在挽救革命危机的紧要关头，思想认识完全一致。〔30〕

这次湖南之行，使毛泽东痛切地感受到，革命已经暂时走向低潮，当务之急是如何保存革命力量，以待东山再起。这促使他在中共中央的会议上，提出"上山"的思想。

黄少群、张培林在《毛泽东的独特创造》一书中写道：

据老同志回忆和有关历史文献记载，大革命失败前夕，毛泽东在有关谈话和党的会议上曾有三次提出农民自卫武装"上山"的问题。

第一次："马日事变"后，湖南一些工作同志跑到汉口，向党中央农委书记毛泽东痛诉机会主义政策的错误，因为不让大力发展工农武装，致遭受许克祥等反革命屠杀时无力还击，力陈今后一定要以革命的武装反击反革命的武装。[31]毛泽东此时刚邀集彭湃、方志敏等各省农协负责人在武汉开完了联席会议。这个会议针对当前的险恶形势，积极主张深入开展农民土地革命，领导群众进行坚决的斗争；提出建立农民武装和工农政权是解决土地问题的先决条件，制订了普遍解决农民土地问题的方案，并把它送交党中央和即将召开的党的"五大"（这个提案在党的"五大"上被陈独秀否决了）。湖南同志的反映和他的思想完全一致。所以他听了以后立即表示，完全赞成他们武装工农的主张。他在和他们谈到工农武装现时的出路时，提出了"靠山的上山，滨湖的上船"[32]的响亮口号。这最早提出的"上山下湖"的思想，是与他自1925年以来所一贯主张的开展农民土地革命，发展农民武装斗争的思想相一致的，可以看作是他关于将党的工作重心从城市移向农村的天才的、创造性构想的初步萌芽。

第二次：6月下旬，毛泽东受中共中央任命回湖南任省委书记。他针对当时武汉政府收缴工农自卫军枪械、解散工农武装的情况，对湖南工农武装的去向问题做出三种安排：一种是改成挨户团，用合法形式保存下来；一种是已经暴露的（不能以合法形式存在的）就上山；一种是主观力量不足，把枪支埋下来。对这三种办法，毛泽东虽未加区分，但从他一个月前刚号召"上山下湖"、这次又提出"上山"的思想来看，无疑他是侧重于工农武装要走"上山之路"的。

第三次：毛泽东任湖南省委书记仅10天，就又奉调回中央。7月4日出席中央政治局常委扩大会议。这次会议着重讨论湖南省农民协会和农民自卫武装应当如何对付敌人的搜捕和屠杀。毛泽东在会上再次明确提出"上山"思想，将"上山"作为农民自卫武装最好的出路之一加以强调，认为"上山可造成军事势力的基础"。

对这次中央政治局常委扩大会议，我想进一步做点剖析。

这次会议的出席者有9人：仲（仲甫，即陈独秀）、罗（罗迈，即李维汉）、毛（泽东）、中（邓中夏）、和（蔡和森）、柳（何人不详，疑为柳直荀）、周（恩来）、述之（彭述之）、特立（张国焘）。会议录有5人次发言，都出现了好几种主张。现将5人次发言顺录如下：

仲甫：省党部应特别注意各军招兵问题，他们要办工会和农会，我们可以不客气地多将群众送给他们，但要保存着与农会的关系，以维持其阶级性革命性。……

毛：省农协二策略：1.改成安抚军合法保存，此条实难办到。2.此外尚有两路线：a.上山；b.投入军队中去。上山可造成军事势力的基础，给养可以卖炮。

特立：以为可以上山，但不必与C.P发生关系，可以打富济贫。

仲甫：不能如此。枪藏不了的可以上山，招兵工作省党部应用大力来做。

毛：不保存武力，则将来一到事变，我们即无办法。

这次会议未见有正式结论，但从开会记录中可以看出，毛泽东的主张和陈独秀、张国焘的主张有明显的不同。陈独秀的本质思想是将农民武装交给国民党新军阀或藏枪解散队伍，共产党的手里不要再保存武力。他两次发言都着重强调各省党部要"特别注意"和"用大力来做"招兵工作。这正是他"二次革命论"思想的反映；所谓"维持其阶级性革命性"，在队伍已交出去的情况下，也只是"等待下次革命"的同义语。在这次会议前的一周，即6月28日，他刚刚迫使湖北省总工会下令解散了工人纠察队，向武汉汪精卫政府交出了所有枪械，这一行动正是他在这次会议上的思想的一个注脚。他虽然也说了"可以上山"的话，但那是在进不了国民革命军、枪又"藏不了"的情况下的勉强同意一种迫不得已的办法，完全是一种消极的避战主义，不含任何的积极因素。张国焘则更"彻底"，他干脆主张农民武装脱离共产党（C.P）的领导，"上山"去当"打富济贫"的"山大王"，连陈独秀也连声反对："不能如此。"总之可以看出，陈独秀、张国焘的主张，都是取消党对农民武装力量领导权的右倾机会主义主张。

毛泽东的发言，没有正面批驳陈独秀和张国焘，他只是着重论证他自己的设想，他提出农民武装的出路有"两策略"，但在提出第一策略时随即加以否定，认为"此条实难办到"；第二策略他提出可以有"两路线"，但也将"上山"作为第一路线加以肯定，并对"上山"的优点做了言简意赅的论证，实际上就否定了他下面提出的第二路线："投入军队中去"，同时也在实质上反对了陈独秀和张国焘的错误主张。毛、陈、张的发言中都有"上山"的提法，但毛与陈、张的主张都有明显的不同。毛泽东的主张是：1.武装"上山"；2.上山的农民武装必须在共产党的领导下；3.上山不是消极避战，更不是去"打富济贫"，而是为了"造成军事势力的基础"，准备将来进行更大的斗争。

我们从毛泽东的发言中，还可以看出他在思想认识上的发展：一是他已经敏锐地看出武汉汪精卫政府会搞阴谋"事变"，所以他极力主张党的手里一定要"保存武力"，要做好准备，以便汪精卫一旦发动"事变"时，好有"办法"对付之，他强调说："不保存武力，则将来一到事变，我们即无办法。"这既是对会议的提醒，也是对陈独秀、张国焘主张的批评，表明毛泽东的头脑十分清醒。二是正因为他看出了汪精卫会搞"事变"，所以他对农民武装的出路问题，也改变了他10天前任湖南省委书记时的安排，即认为"改成安抚军合法保存"也已经是"实难办到",而"把枪埋下来"也不是办法。最好的战略路线就是"上山"。这个思想已可看得十分清楚。当然，此时由于陈独秀还把持着党中央的领导大权，武汉政府也还未公开树起叛旗，所以党中央不可能提出武装暴动的主张，毛泽东一时也不能或不便提出这样的主张。[33]

## 出席"八七"会议

1927年7月15日，汪精卫在武汉公开叛变革命。在此之前，7月12日，中共中央改组了领导核心，停止陈独秀、彭述之等的领导职务，由张国焘、周恩来、李维汉、李立三、张太雷组成中央政治局临时常委会。7月20日，临时常委会发出《中央通告农字第九号——目前农民运动的总策略》，明确提出中国革命已"进到一个新阶段——土地革命的阶段"。

毛泽东率先响应通告的精神。

7月底，毛泽东起草了《中共湖南省委关于湘南运动的大纲》（简称《湘南暴动大纲》），8月1日得到了中央常委的批准。在这个文件中，毛泽东表述了下列意见：

"一、湘南特别运动以汝城县为中心，由此中心进而占领桂东、宜章、郴州等四五县，成一政治形势，组织一政府模样的革命指挥机关，实行土地革命，与长沙之唐政府对抗，与湘西之反唐部队取联络；此湘南政府之作用有：（1）使唐在湖南本来未稳定的统治更趋于不稳定，激起唐部下之迅速分化；（2）为全省农民暴动先锋队，造成革命力量之中心，以达推翻唐政府之目的。"

因此，毛泽东在中共中央"八七"紧急会议上，成为武装反抗国民党、实行土地革命新方针的积极倡导者和执行者。高菊村等在《青年毛泽东》一书中写道：

1927年8月7日，在共产国际的帮助下，中共中央在汉口召开了紧急会议，即"八七"会议。出席会议的有中央委员，候补中央委员，监察委员，共青团代表，上海、湖南、湖北代表和军委代表，共计21人，毛泽东参加了会议。会议总结了大革命失败的经验教训，彻底结束了陈独秀右倾投降主义在中共中央的统治，确定了土地革命和武装反抗国民党反动派的总方针，并把发动农民举行秋收起义作为当前党的最主要任务。毛泽东在会上做了重要发言。他揭露了陈独秀在革命统一战线中自动放弃领导权，使大革命遭到失败的严重错误，阐明了革命的统一战线必须由我党领导，由工农大众做主人的道理。他说：国民党关系问题，在吾党是很长久的问题，直到现在还未解决。首先是加不加入的问题，继又发生什么人加入的问题，产业工人应不应该加入的问题。当时我党实际上不仅对产业工人，即对农民都无决心令其加入。"大家的根本观念都以国民党是人家的，不知它是一架空房子等人去住。其后像新姑娘上花轿一样勉强挪到此空房子去了，但始终无当此房子主人的决心。我认为这是一大错误。其后有一部分人主张产业工人也加入，闻湖北亦有此决定，但仅是纸上空文，未能执行。过去群众中有偶然不听中央命令的抓住了国民党的下级党部，当了此房子的主人，但这是违反中央意思的。直到现在，才改变了策略，使工农群众进国民党去当主人。"在谈到农民问题时，毛泽东批判了陈独秀右倾投降主义者反对农民革命的错误，主张没收地主的土地以满足农民的要求。他指出："农民要革命，接近农民的党也要革命，但上层的党部则不同了。当我未到长沙之先，对党完全站在地主方面的决议无由反对，及到长沙后仍无法答复此问题。直到在湖南住了30多天，才完全改变了我的态度。我曾将我的意见在湖南做了一个报告，同时向中央也做了一个报告，但此报告在湖南产生了影响，对中央则毫无影响。广大的党内党外群众要革命，党的指导却不革命，实在有点反革命的嫌疑。这个意见是农民指挥着我成立的。我素以为领袖同志的意见是对的，所以结果我未十分坚持我的意见。"在讨论土地问题时，毛泽东说：（1）大中地主标准一定要定，不定则不知何为大中地主，我意可以50亩为限，50亩以上不管肥田瘦田通通没收。（2）小地主问题是土地问题的中心问题，困难的是在不没收小地主土地，则有许多没有大地主的地方，农协则要停止工作。所以，要根本取消地主制，如此方可以安民。（3）自耕农问题。富农与中农的地权不同，农民要向富农进攻了，所以要确定方向（划定中农与富农的标准）。（4）土匪问题是非常大的问题。因为这种会党、土匪非常之多，我们应讲究策略。有些同志以为只可以利用他们，这是中山的办法，我们不应如此。只要我们实行土地革命，那一定是能领导他们的，我们应认他们是我们自己的弟兄，不应看作客人。在谈到武装斗争问题时，他说："从前我们骂中山专做军事运动，我们则恰恰相反，不做军事运动专做民众运动。蒋唐都是拿枪杆子起的，我们独不管。现在虽已注意，但仍无坚决的概念。比如秋收暴动非军事不可，此次会议应重视此问题，新政治局的常委要更加坚强起来注意此问题。湖南这次失败，可说完全由于书生主观的错误，以后要非常注意军事。须知政权是由枪杆子中取得的。"[34]毛泽东的发言，是在党领导革命的根本性问题上，不但总结了以往的经验教训，而且提出了对尔后具有重要意义的方针。会议通过了《中共"八七"会议告全党党员书》《最近农民斗争决议案》《最近职工运动决议案》及《党的组织决议案》等，并选举了临时中央政治局，毛泽东被选为政治局候补委员。

8月9日，毛泽东出席由瞿秋白主持召开的临时中央政治局第一次会议。会议进一步讨论了湘、鄂、赣、粤四省秋收起义问题和各地党的工作。在讨论湖南问题时，还有人提出由湘南工农武装，编成一师与南昌起义部队配合共同取粤，看轻湘省暴动。毛泽东表示反对。他指出："组织一师往广东是很错误的。大家不应只看到一个广东，湖南也是很重要的。"他认为："湖南民众组织比广东还要扩大，所缺的是武装，现已适值暴动时期，更需要武装。前不久我起草经常委通过的一个计划，要在湘南形成一师的武装，占据五六县，形成一政治基础，发展全省的土地革命。纵然失败也不用去广东而应上山。现在的省委是在事变后收拾残局的，成立不到两月，它在恢复湖南组织上是建立了一点功劳的。以后省委应增加工农同志的指导是很对的，以前党内群众对党的负责人是不满的。"〔35〕在会议进行中，瞿秋白提议毛泽东去上海党中央工作。毛泽东回答："我要跟绿林交朋友，我定上山下湖，在山湖之中跟绿林交朋友。"〔36〕会议结束后，毛泽东立即回到湖南，领导湘赣边界的秋收起义。〔37〕

关于"八七"会议的情况，当时任中央政治局五人临时常委之一的李维汉回忆说：

"八七"会议是1927年8月7日在汉口召开的。参加这次会议的人数，我过去回忆是二十几个人。现据"八七"会议记录记载，出席会议的中央委员，候补中央委员，监察委员，共青团代表，上海、湖南、湖北代表和军委代表，共计21个人。瞿秋白、张太雷、邓中夏、任弼时、苏兆征、顾顺章、罗亦农、陈乔年、蔡和森、李震瀛、陆沉、毛泽东、杨匏安、王荷波、李子芬、杨善南、陆定一、彭公达、郑超麟、王一飞、罗迈（就是我）等人参加了会议。同时，参加会议的还有邓小平。当时，他任党中央秘书处长。此外，国际代表罗明纳滋和其他两个俄国同志也出席了会议。虽然出席会议的人不多，但因环境险恶，中央内部交通却花了3天工夫，将他们一个一个地带进会场。一进一出前后花了6天工夫。

"八七"会议的会场，设在汉口市原三教街41号（现在是鄱阳街139号）。这是一座公寓式的房子，会场选在楼上的一间房内。当时我对会场的安全负有责任，对这个地方的环境和条件很注意，因而留下了比较深刻的印象。邓小平、陆定一也都认定这个地方是"八七"会议会场所在，因而现在中共武汉市委决定在这里陈列会议有关文物，开馆展览。

由于环境险恶，"八七"会议由上午到晚上只开了一天。

会议由我担任主席。我代表常委首先向大家报告会议酝酿和筹备的经过，随后宣布这次会议的三项议程：

第一项议程——由共产国际代表罗明纳滋做报告。他在报告中首先指出了召开中央紧急会议的重要性和迫切性，以及这次紧急会议所要解决的问题。而后他就《中共"八七"会议告全党党员书》（以下简称《告党员书》）草案的主要内容做了长篇发言。由于国际代表的报告很长，加上他讲一段还得由瞿秋白替他翻译一段，这样他的报告就花去了将近一个上午的时间。国际代表报告完毕，我随即向大家指出：国际代表的报告中包括几个重要问题：一、阶级斗争与国民革命；二、工人问题；三、农民问题；四、对国民党的关系问题；五、对国际的关系问题。并向大家说明：这个报告常委已经接受，现在各同志可以发言。

毛泽东首先发言，着重讲了四个问题：第一是国民党问题，批评党的领导对共产党员加入国民党不是去做主人而只是去做客人的错误。第二是农民问题，指出他的《湖南农民运动考察报告》在湖南发生了影响，但对中央则毫无影响，广大的党内党外的群众要革命，党的指导却不革命，实在有点反革命的嫌疑。第三是军事问题，批评不做军事运动专做民众运动的错误，指出湖南这次失败可说完全由于书生主观的错误。他强调说，秋收起义非军事不可，要求新政治局常委要更加坚强起来注意此问题，"须知政权是由枪杆子中取得的"。第四是组织问题，指出以后上级机关应尽心听下级的报告，然后才能由不革命的转入革命的。

随后发言的中夏、和森、亦农、弼时等都指出，五次大会后党中央机会主义领导的中心在于强调联合小资产阶级，拒绝执行大会关于土地革命的决议。所谓联合小资产阶级，实际只看见上层，却不见群众（中夏并指出：甚至把谭延闿等等地主买办军阀都看成为小资产阶级了）。为了向上层让步，把国民革命引向深入发展阶段的关键——土地革命束之高阁。亦农还指出党不注意为夺取政权而掌握武装。和森还指出：过去一切错误都无五次大会后的错误那样厉害，并自我批评说，他是过去政治局的一员，应负此错误的责任。弼时还指出机会主义者不但未深入领导民众，而且还要抑制群众的斗争。党要改变过去的错误，非有新的领导机关不可。秋白只对《告党员书》提了几点需要补充的意见。

发言者都表示拥护国际代表的报告，同意改组中央领导机构，都着重地揭发和批判以陈独秀为代表的投降主义领导的错误。由于大家的意见比较一致，我便建议停止讨论，由国际代表做结论。接着，国际代表对鲍罗廷、罗易、魏金斯基的错误问题，领导机关的工人成分问题，目前形势的估计问题和民族革命中的几个矛盾问题，发表了结论性的意见，并提议对《告党员书》在原则上付诸表决。这个《告党员书》，是由国际代表罗明纳滋起草的，并由瞿秋白在8月6日晚上连夜翻译成中文。在会上，瞿秋白把它念了一遍，大家就在原则上一致通过了。并决定以瞿秋白、我和苏兆征三人组成委员会进行文字修改。

第二项议程——瞿秋白代表常委做党的新任务的报告。秋白不是5人常委的成员，为什么却能代表常委向"八七"会议做报告？这是因为秋白在7月中旬由武汉赴庐山，下旬已从庐山回到武汉，参加了中央常委的领导工作，并主持了"八七"会议的筹备工作。秋白在报告中，首先分析了当时的形势和任务。随后，他又根据当时的形势提出了党的策略是独立的工农阶级斗争。为了使这一斗争策略付诸实现，他提出了三条具体方针。第一，要更加注意与资产阶级争夺领导权；第二，为了纠正过去的错误，要由下而上地注意争取群众；第三，要在暴动中组织临时的革命政府。最后，秋白提出将《最近职工运动议决案》《最近农民斗争议决案》和《党的组织问题议决案》交会议讨论通过，同时要求会议对1927年7月《中国共产党中央执行委员会致中国国民党革命同志书》予以追认。

接着，我依次将常委与国际代表起草的三个议决案，即《最近职工运动议决案》《最近农民斗争议决案》和《党的组织问题议决案》，一一提请大家讨论。在讨论这三个议决案时，都是先由秋白宣读议决草案全文，经大家发表意见后，由秋白做结论或由国际代表答复问题。会议决定，三个议决案的文字修改权交临时政治局，政治局应将会议讨论通过的新政策发布各地。

第三项议程——选举临时中央政治局。开始，先由国际代表提议政治局委员7人，候补委员5人，并提出候选人名单付诸讨论。讨论中，我和蔡和森等主张让毛泽东加入政治局，而毛泽东却一再提出，他准备去参加秋收起义，不能加入政治局。后来，国际代表认为可将名单付表决。表决前决定正式委员和候补委员各增两名。表决结果，选出临时政治局正式委员9人，候补委员7人。9名正式委员是：苏兆征、向忠发、瞿秋白、罗亦农、顾顺章、王荷波、罗迈、彭湃、任弼时；7名候补委员是：邓中夏、周恩来、毛泽东、彭公达、张太雷、张国焘、李立三。

选举完毕，我宣布会议圆满结束。

会议结束以后，8月9日，由秋白主持，召开临时中央政治局第一次会议，选举秋白、兆征、罗迈为临时中央政治局常委。决定由秋白兼管农委、宣传部并任党报总编辑，兆征兼管工委，我兼管组织部和秘书厅。[38]

从此，中国历史又跨入一个新的阶段。

## 注 释

〔1〕见1927年3月8日汉口《民国日报》。——原注

〔2〕《中国国民党第二届中央执行委员会第三次全体会议宣言及议决案》，1927年国民党中央印发。——原注

〔3〕《土地委员会第二次扩大会议记录》。——原注

〔4〕〔5〕《土地委员会第一次扩大会议记录》。——原注

〔6〕《土地委员会第二次扩大会议记录》。——原注

〔7〕《土地委员会第三次扩大会议记录》。——原注

〔8〕陈克文：《土地委员会开会经过》，见1927年6月《中国农民》第2卷第1期。——原注

〔9〕斯诺：《西行漫记》。——原注

〔10〕《湖北全省农民代表大会之第二日》，见1927年3月6日汉口《民国日报》。——原注

〔11〕《湖南革命史资料集》第二卷（下），第377页。——原注

〔12〕《全国农协之筹备》，1927年3月30日汉口《民国日报》。——原注

〔13〕《全国总农民协会将成立》，1927年4月2日汉口《民国日报》。——原注

〔14〕见1927年4月22日汉口《民国日报》。——原注

〔15〕1927年4月26日《武汉中央农民运动委员会扩大会议记录》。——原注

〔16〕《战区农民运动委员会成立》，1927年4月29日汉口《民国日报》；《今日欢送战区农运委员》，1927年5月5日汉口《民国日报》。——原注

〔17〕《国省两农协欢宴太平洋劳动会议代表》，见1927年6月6日汉口《民国日报》。——原注

〔18〕1927年6月4日《农民运动》第26期。——原注

〔19〕《全国农协临字第四号训令》，1927年6月15日、17日汉口《民国日报》。——原注

〔20〕袁任远：《石门南乡的起义》，见《星火燎原》第1集，人民出版社1964年版。——原注

〔21〕1927年7月8日汉口《民国日报》。——原注

〔22〕高菊村等：《青年毛泽东》，中共党史资料出版社1990年3月版，第280—295页。

〔23〕即美国记者埃德加·斯诺。

〔24〕从国民党左派观点来看的这个事件和这个时期的一个有趣的叙述，见唐良礼（译音）著《中国革命内幕史》（1930年伦敦）。——原注

〔25〕埃德加·斯诺：《西行漫记》，生活·读书·新知三联书店1979年12月版，第135—139页。

〔26〕《中共湖南省委目前工作计划》，见《湖南革命历史文件汇集》1927年甲第5集，第104—112页。——原注

〔27〕潘心源：《湘东各县综合性的报告》，1927年7月2日。——原注

〔28〕埃德加·斯诺：《西行漫记》，第137—138页。——原注

〔29〕1927年7月4日中共中央常委会扩大会议记录。——原注

〔30〕高菊村等：《青年毛泽东》，中共党史资料出版社1990年3月版，第296—299页。

〔31〕〔32〕据何长工回忆。——原注

〔33〕黄少群、张培林：《毛泽东的独特创造》，河北人民出版社1991年5

月版，第2—5页。

〔34〕《毛泽东著作选读》（上册），第23—24页。——原注

〔35〕毛泽东在"八七"会议上的发言。——原注

〔36〕何长工：《秋收起义和井冈山时期毛主席的伟大实践》。——原注

〔37〕高菊村等：《青年毛泽东》，中共党史资料出版社1990年3月版，第301—303页。

〔38〕李维汉：《回忆与研究》（上），中共党史资料出版社1986年4月版，第162—165页。